I libri di Viella

226

Prima edizione: settembre 2016
ISBN 978-88-6728-599-0

Questo volume è stato pubblicato con il contributo del Dipartimento di Scienze Storiche, Geografiche e dell'Antichità dell'Università di Padova nell'ambito del Progetto FIRB 2012 "Frontiere marittime nel Mediterraneo: quale permeabilità? Scambi, controllo, respingimenti (XVI-XXI secolo)".

viella
libreria editrice
via delle Alpi, 32
I-00198 ROMA
tel. 06 84 17 758
fax 06 85 35 39 60
www.viella.it

Indice

Abbreviazioni e note

Archivi e biblioteche

ASPF Archivio Storico de Propaganda Fide
- SC *Scritture riferite nei congressi*
- SOCG *Scritture originali riferite nelle congregazioni generali*

ASVa Archivio Segreto Vaticano
- ANAN *Archivio della Nunziatura apostolica di Napoli*

ASDN Archivio Storico Diocesano di Napoli
- SV *Sacre Visite*

ADPB Archivio Diocesano Pio IX di Barletta

ASVe Archivio di Stato di Venezia

ASN Archivio di Stato di Napoli
- MAE *Ministero degli Affari esteri*
- PA *Processi antichi*
- PV *Pandetta Vassallo*
- SMC *Supremo magistrato di commercio*
- TA *Tribunali antichi*

ASBT Archivio di Stato di Bari, Sezione di Trani
- NB *Notai di Barletta*
- SRUPT *Sacra regia udienza provinciale di Trani*

ABMC Archivio Biblioteca Museo Civico di Altamura

Pesi e misure

some misura di capacità del vino corrispondente a due barili

oncia unità di peso di valore corrispondente a circa 30 grammi, usata soprattutto per metalli e pietre preziose

tomolo/a	misura di capacità per aridi, corrispondente a Napoli a 1/3 di ettaro = 24 misure
versura	unità di misura di superficie agraria, in uso in Capitanata, in Terra di Bari e in Basilicata, corrispondente a circa 123,45 are = 12.345,00 m^2
ducato	moneta d'argento o di conto (ducato corrente) in uso nel Regno di Napoli, corrispondente a 10 carlini = 100 grana = 4,4 lire
grano/a	moneta napoletana e siciliana, sottomultiplo dell'oncia, corrispondente a un soldo, si divideva a sua volta in 12 parti chiamati denari in Sicilia e cavalli a Napoli

Avvertenze

Le citazioni di testi in lingua straniera sono state tradotte cercando di rimanere quanto più possibile fedeli all'originale. Nelle citazioni delle fonti, le abbreviazioni sono state sciolte.

Introduzione

Dopo la riconquista turca della Morea (1718), Andrea Vido, un giovane greco di Napoli di Romania, fu condotto come schiavo a Costantinopoli. Da qui fu portato a Belgrado, dove fu circonciso e introdotto al servizio di un generale turco, un rinnegato moscovita. Liberato dalle armate asburgiche dopo la battaglia di Belgrado e abiurata la «fede maomettana», si tolse il turbante, «segno di monsulmano», e si vestì «alla tedesca». In seguito decise di andare a Roma per ricevere gli ordini minori dal vescovo greco-cattolico, un ecclesiastico originario di una delle tante colonie italoalbanesi di rito greco esistenti nel Regno di Napoli. Nella città pontificia incontrò un vescovo greco, giunto a Roma dal Levante per fare la professione di fede nel Santo Uffizio prima di andar questuando presso i prìncipi d'Europa. La conoscenza di molte lingue lo portò per alcuni anni a seguire in giro per il continente, in qualità d'interprete, il vescovo greco, fino a quando tornò in Italia, dove visse tessendo relazioni con altri greci residenti a Venezia, a Napoli e a Malta. Infine, si stabilì sull'isola dei cavalieri, dove sposò una donna latina e amministrò per alcuni anni la chiesa greca locale.[1]

La storia di Andrea Vido ci introduce appieno nel mondo descritto all'interno di questo libro. Un mondo in cui la diversità religiosa esisteva all'interno di un orizzonte cattolico marcato da confini confessionali vivi, i quali imponevano a chi li attraversava di passare attraverso un processo continuo di cambiamento, adattamento e negoziazione del proprio status.

1. La vicenda è riferita in una serie di memorie e attestati contenuti negli atti della Congregazione generale del 6 ottobre 1729 (ASPF, Acta, 6 ottobre 1729, Andrea Vido greco di Napoli di Romania vorrebbe essere ordinato al servizio della chiesa greca di Malta, n. 2, cc. 438r-440r; vedi anche: SOCG, vol. 668, 21 agosto 1730, cc. 79r-101v).

Come gli studi sulla confessionalizzazione in Europa hanno mostrato, la creazione delle identità confessionali non fu un processo coerente, in grado di modellare in modo uniforme le società e i gruppi che vivevano al loro interno.[2] Le vite degli individui e delle comunità ortodosse presenti all'interno del mondo cattolico furono tuttavia influenzate, in modo spesso significativo, da questo processo.

La prima metà del XVIII secolo è generalmente considerata dagli studiosi come l'epoca in cui l'irrigidimento dei confini confessionali in atto all'interno del mondo ortodosso e di quello cattolico portò ad un definitivo estraniamento tra questi due rami della cristianità.[3] Nella lunga fase post-tridentina, il progetto di costruzione di uno spazio cattolico nel Mediterraneo si dispiegò anche attraverso uno sforzo inteso a rafforzare il controllo della Chiesa romana sulle comunità cattoliche del Levante e ad estenderne la protezione su tutti i cristiani orientali residenti dentro e fuori i confini cattolici, «benché fossero talvolta de' scismatici».[4] Durante il Settecento, ciò avvenne in competizione con la Russia ortodossa, la quale, proiettata sempre più sul Mediterraneo, emerse come un referente politico e ideale fondamentale per le popolazioni cristiano-ortodosse dei Balcani e della diaspora. Qui, nei territori occidentali, alcuni intellettuali greci – molti dei quali erano mercanti ed ecclesiastici – avevano proprio allora cominciato a pensare alle origini e alle sorti del *γένος* (popolo) ortodosso all'interno di

2. Vedi in particolare: Luria, *Sacred boundaries*; le raccolte di saggi: *Defining community; Living with religious diversity in early-modern Europe*; *Getting along?: religious identities and confessional relations*. Per una rassegna storiografica sul tema della confessionalizzazione, vedi: Lotz-Heumann, *Confessionalization*.

3. Cfr. Ware, *Orthodox and Catholics in the seventeenth century*; Santus, *La communicatio in sacris*; Lavenia, *Quasi haereticus*.

4. Il termine «scismatici» era utilizzato dalla Chiesa romana per indicare i fedeli del rito greco soggetti al Patriarcato di Costantinopoli, i quali non riconoscevano l'autorità del Pontefice come capo della Chiesa universale e aderivano ai dogmi della Chiesa greca. Nel libro questo termine sarà spesso utilizzato per marcare la distinzione tra questi e coloro che dichiaravano obbedienza a Roma. ASPF, SC, Greci, vol. 3, Libretto stampato per i tipi Giannini & Mainardi nel 1729 in occasione di una causa promossa dai monaci e abitanti dell'isola di Patmos, vittime dei corsari maltesi. Nel 1710 la Congregazione inviò il libretto al Gran Maestro affinché ordinasse ai comandanti delle galere «di sua Religione» di non danneggiare nei mari di Levante i cristiani orientali e di risarcirli eventualmente per evitare che questi ultimi «prendessero da ciò motivo d'infierire contro i cattolici» (c. 446r); nel 1711 la Congregazione scrisse al Granduca di Toscana, al Gran Maestro di Malta e al Viceré di Napoli ordinandogli di proibire ai loro corsari di danneggiare «i Greci anche scismatici di Levante», specialmente quelli delle isole dell'Arcipelago (c. 447rv).

una nuova semantica politica e culturale, non contrapposta ma in linea con la costruzione di un'identità confessionale ortodossa pan-balcanica.

Sullo sfondo di questi processi e cambiamenti, il libro esamina l'esperienza greca del potere cattolico all'interno della penisola italiana, in particolare nel Regno di Napoli. Attraverso l'analisi dei modi in cui il potere cattolico influenzò l'esistenza quotidiana dei cristiani ortodossi, si cercherà più in generale di comprendere la realtà di una minoranza religiosa all'interno di un mondo in transizione.

1. *Ortodossi nel Mediterraneo: il lungo Settecento*

Nell'opera *The Great Sea* di Abulafia, il racconto degli anni compresi tra il 1560 e il 1700 è dedicato alla vicenda di quelle che egli chiama «diasporas in despair». In quest'epoca – osserva lo storico – i poteri cristiani e musulmani attribuivano grande importanza all'identità religiosa degli individui che si muovevano attraverso i territori posti sotto il proprio controllo. È in un simile contesto che si svolse la storia di persecuzione ed espulsione delle minoranze ebraica e morisca, costrette ad un'esistenza dispersa e sospesa fra mondi e fedi diverse e spesso contrapposte.[5] Al contrario, la storia della dispersione ortodossa nel Mediterraneo non fu segnata da migrazioni forzate, generate dall'identità religiosa dei migranti o tantomeno dalle sofferenze provocate da un dominio dispotico. Soprattutto nel Settecento, l'espansione commerciale costituì la molla principale all'interno di questo processo. Ciò non significa, tuttavia, che in questa vicenda le divisioni politiche e religiose che attraversavano il mondo mediterraneo e quello cristiano fossero prive di rilevanza.

In Levante come in Occidente, i contrasti interni alla cristianità, divisa tra greci e latini, potevano essere anche più intensi di quelli generati dall'antagonismo tra cristiani e musulmani.[6] Il Settecento, come abbiamo già detto, vide il compiersi del lento processo di reciproco straniamento tra le due parti della cristianità, almeno nella sfera ecclesiastica e dottrinale. Sul piano dei rapporti tra le potenze cristiane e musulmane, già prima della pace di Karlowitz (siglata nel 1699 tra gli Asburgo e la Porta ottomana), la lotta aveva cominciato a lasciare il posto agli accordi e ai trattati, senza eliminare del

5. Abulafia, *The Great sea*, pp. 470-487.
6. Cfr. Greene, *A shared world*, p. 6.

tutto il conflitto.[7] Lo scontro e la diplomazia tra i poteri cristiani e l'Impero islamico – dentro i cui confini viveva la maggior parte dei cristiani ortodossi d'Europa – contribuirono entrambi a ridisegnare la geografia dell'ortodossia nella regione mediterranea nel corso dell'età moderna.

L'avanzata turca nel Mediterraneo orientale agli inizi dell'età moderna e, in seguito, le guerre turco-veneziane e quelle austro-turche provocarono esodi, talvolta consistenti, di popolazione ortodossa verso i territori cattolici. La conquista turca dell'Albania fu all'origine della nascita, alla fine del XV secolo, di numerose colonie albanofone di rito greco nell'entroterra feudale del Regno di Napoli e di Sicilia.[8] Dopo l'assedio di Vienna (1529) e la conquista turca dell'Ungheria, i profughi provenienti da alcune regioni della Slavia ortodossa si stabilirono nella zona di frontiera turco-austriaca.[9] All'indomani delle guerre austro-turche del 1683-1699 e del 1737, per sottrarsi alle rappresaglie dei turchi, migliaia di transfughi s'insediarono oltre la Sava e il Danubio sotto la guida dei loro Patriarchi Arsenio III Crnojević e Arsenio IV. Dopo questo secondo esodo, l'Imperatrice Maria Teresa elesse la città di Karlowitz a sede austriaca del metropolita serbo, il quale già dal 1708 aveva ricevuto il riconoscimento da parte del suo successore sul suolo ottomano, il Patriarca serbo di Peć.[10] Alla fine del Seicento, con la pace di Karlowitz, la circolazione di uomini e di beni tra l'Impero ottomano e quello asburgico si fece più intensa.[11] Fu però soprattutto l'accordo di libero commercio siglato a margine del trattato di Passarowits nel 1718 a determinare un aumento consistente dei flussi migratori da est verso l'Europa centrale, in particolare verso Vienna e i territori ungheresi.[12] Qualche anno prima, il trattato di Rastatt

7. Cfr. Poumarède, *Pour en finir avec la Croisade*, pp. 436-451.

8. Nel periodo esaminato, questi due Regni costituivano due entità distinte, anche se soggette alla medesima autorità; soltanto nel 1816 questi due territori divennero parte di uno Stato unificato, il Regno delle due Sicilie.

9. Cfr. Frasca, *L'origine e l'evoluzione della "militärgrenze"*.

10. Cfr. *Storia religiosa di Serbia e Bulgaria*, pp. 256-258; Hösch, *Storia dei paesi balcanici,* pp. 143-147.

11. Greene, *The early modern Mediterranean*, p. 96. Tra la fine del XVII secolo e i primi decenni di quello successivo, i territori di Transilvania e d'Ungheria, che fino a quel tempo erano stati soggetti alla sovranità diretta o indiretta della Porta ottomana, furono inglobati all'interno della compagine imperiale austriaca. Fu allora che nella regione danubiana, la quale sin dall'inizio del XVI secolo era stata percorsa da mercanti ortodossi provenienti dai Balcani ottomani (vlacchi, greci, serbi, bulgari), comparve un insediamento ortodosso stabile e diffuso.

12. Da allora, lo status dei sudditi ottomani nei territori imperiali non fu più regolato da accordi stipulati *ad hoc* con le autorità locali, ma fu definito da un trattato ufficiale tra i

del 1714 aveva inaugurato la nuova politica mediterranea della Monarchia asburgica: il piano concepito da Carlo VI era quello di armonizzare le potenzialità produttive e commerciali dei territori imperiali, che per alcuni anni, in seguito a quel trattato, inclusero a sud anche il Regno di Napoli e la Sicilia.[13] Con il proclama imperiale del 1717, «sotto il colore della libertà dei mari Carlo VI si diede per programma il confinamento di Venezia nell'Adriatico, programma che facilitava l'eliminazione del pericolo turco a est assicurata dalla pace di Passarowitz».[14] Le reti dei mercanti ortodossi e di altri sudditi ottomani sostennero fortemente l'espansione dell'economia asburgica verso oriente. Fu soprattutto all'interno di questo spazio transimperiale e dentro i confini dell'Impero ottomano che l'economia mediterranea manifestò nel Settecento tutta la sua vitalità.[15]

All'interno di uno scenario mediterraneo segnato da un declino solo relativo,[16] nel XVIII secolo uno degli sviluppi più importanti fu costituito dal successo economico e commerciale dei sudditi non musulmani della Porta. L'ascesa dei mercanti greci, in particolare, non fu limitata ai territori dell'Impero asburgico, né essi emersero soltanto come competitori dei mercanti francesi all'interno dell'Impero ottomano. I numerosi conflitti che coinvolsero su altri scenari le potenze europee favorirono la penetrazione dei sudditi cristiani della Porta anche nei mercati del Mediterraneo centrale e occidentale.[17] Già dopo il crollo dell'Impero bizantino, la ricostruzione di un esteso potere imperiale nel Mediterraneo orientale aveva sostenuto l'azione economica e dunque la diffusione dei mercanti, armatori e marinai ottomani, non soltanto a est ma anche nelle città mercantili della penisola italiana.[18] Nel corso del Seicento, i mercanti ortodossi avevano cominciato lentamente a riempire il *vacuum* lasciato da Venezia in Levante e nell'Adriatico. L'«invasione orientale», evocata da Gelina Harlaftis per descrivere l'espansione della navigazione e del commercio greci nel Mediterraneo del Settecento e del primo Ottocento,

due Stati. Quest'ultimo stabiliva al 3% l'imposta doganale sulle merci introdotte dai mercanti ottomani nei territori austriaci, a Trieste, a Vienna, a Praga e in altre piazze dell'interno (cfr. Seirinidou, *Grocers and wholesalers, Ottomans and Habsburgs, foreigners and "our own"*; Katsiardi-Hering, *Central and peripheral communities in the Greek diaspora*).

13. Frigo, *Trieste, Venezia e l'equilibrio italiano nel Settecento*, pp. 14-29.
14. Romano, *Le commerce du Royaume de Naples,* p. 66.
15. Greene, *The early modern Mediterranean,* p. 99.
16. *Ibidem.*
17. Cfr. Harlaftis, *The 'eastern invasion'*, pp. 233-245.
18. Greene, *The early modern Mediterranean*, p. 94.

dà la misura della crescita che il fenomeno conobbe in quest'epoca.[19] Anche in questa fase, il potere imperiale ottomano giocò un ruolo importante. Dopo la fine del viceregno austriaco nel Regno meridionale (1707-1734), Carlo di Borbone, divenuto sovrano di uno Stato indipendente, diede continuità nel Regno alla politica d'intesa, di pace e «utilità» avviata dagli Asburgo con la Porta.[20] Intanto, in seguito agli accordi stipulati a Vienna tra le potenze europee, nel 1737 un ramo degli Asburgo s'insediò nel Granducato di Toscana. L'avvento dei Lorena in Toscana dopo la lunga dominazione medicea inaugurò una nuova fase nelle relazioni con l'Impero ottomano e con le Reggenze barbaresche: i trattati di pace e di commercio stipulati tra il 1747 e il 1749 miravano a garantire una maggiore sicurezza marittima e ad incoraggiare l'apertura a Livorno di case commerciali ottomane.[21] Il loro stabilimento nella seconda metà del secolo si andò allora ad innestare su un tessuto urbano e commerciale reso già vivace dalla neutralità e liberalità che avevano segnato l'evoluzione del porto franco sin dalle origini della città, dalla legge Livornina del 1593 alle successive «costituzioni».[22] In conseguenza di tali accordi, nel Settecento le direttrici delle migrazioni ortodosse verso ovest tesero sempre di più a seguire le nuove geografie mercantili ridisegnate dalla diplomazia e dalle politiche commerciali degli Stati mediterranei.

Visti da est, il declino e la marginalizzazione del Mediterraneo nel Settecento appaiono dunque più attenuati. Certamente, «dopo Lepanto e pressoché sino alla fine del Settecento, il sistema degli Stati europei gravitò sempre meno sul Mediterraneo, che divenne un vasto lago senza alcun dominatore indiscusso».[23] Ciò nonostante, il controllo di questo spazio marittimo e commerciale rimase un elemento importante nella definizione dell'egemonia intra-europea.[24] La periferizzazione dello spazio mediterraneo nel Settecento appare tanto più relativa quando volgiamo lo sguardo alla Russia e al suo ambizioso "progetto greco". Già con Pietro il Grande, alla fine del XVII secolo, la Russia aveva cominciato la sua espansione a sud, verso il mar di Azov e il Caucaso. «L'idea che lo zar fosse l'erede religioso e politico dell'imperatore bizantino – e Mosca la

19. Harlaftis, *The 'eastern invasion'*, pp. 224-225.
20. Cfr. Mafrici, *Diplomazia e commerci tra il Regno di Napoli e la Sublime Porta.*
21. Castignoli, *La comunità livornese dei greci non uniti*, p. 3.
22. Fettah, *Livourne: cité du Prince, cité marchande,* pp. 179-195.
23. Tenenti, *Introduzione*, p. 10.
24. Fusaro, *After Braudel*, pp. 4-5.

"terza Roma" – non era stata accantonata quando Pietro stabilì la sua nuova capitale sul Baltico, a San Pietroburgo».[25] Dopo alcuni iniziali arretramenti, sanciti dalla pace del Prut nel 1711 e da quella di Jassi nel 1739, le guerre russo-turche della seconda metà del Settecento aprirono la strada all'avanzata russa nel Mediterraneo. Il trattato di Küçük Kaynarca, siglato nel 1774 a conclusione della guerra russo-ottomana del 1768-1774, garantì finalmente alla flotta russa la libera navigazione nel Mar Nero e il passaggio delle sue navi mercantili attraverso il Bosforo nel Mediterraneo.[26] Fu allora che Caterina II attribuì alla Russia il ruolo di protettrice di tutti popoli ortodossi e, nello stesso tempo, cominciò a fomentare ribellioni attraverso i Balcani tra i sudditi ortodossi del Sultano. Nel 1789, mentre la zarina era in guerra con gli ottomani, i corsari greci al servizio dei russi assalivano le navi turche nelle acque dell'Adriatico e dell'Egeo.[27] La pace con la Porta nel 1792 e la fondazione di Odessa sul Mar Nero nel 1796 diedero un impulso decisivo all'espansione commerciale russa nel Mediterraneo, nella quale fu cruciale il ruolo giocato dai mercanti greci.[28]

Il progetto russo di restaurare un potere imperiale ortodosso nelle terre bizantine trovò un ostacolo nell'ascesa di Napoleone. L'inedita alleanza con la Sublime Porta costituì allora un fronte non soltanto contro l'espansione francese in Levante, ma anche contro i sobillatori interni che, come Alì Pashà di Giannina, avevano cominciato a guardare con interesse alla Francia.[29] Mentre nel 1807, dopo la pace siglata a Tilsit con Napoleone, la Russia abbandonò le sue ambizioni mediterranee, le aspirazioni d'indipendenza che gli zar avevano contribuito a suscitare tra i popoli ortodossi dei Balcani innescarono sviluppi nuovi all'interno di un quadro politico fluido e instabile.[30] I riflessi di questi sviluppi e sommovimenti si riverberano, in modi spesso contraddittori, sulla penisola italiana, dove si svolge in gran parte la storia raccontata all'interno di questo libro. Prima di presentare le principali questioni, le fonti e la struttura di quest'ultimo, converrà soffermarci brevemente sui modi in cui l'esperienza ortodossa in Occidente è stata sin qui raccontata e analizzata all'interno della letteratura storica.

25. Abulafia, *The Great sea*, p. 504.
26. Ivi, p. 508.
27. *Ibidem*.
28. Ivi, p. 511.
29. Ivi, pp. 513, 518.
30. Ivi, p. 523.

2. *La diaspora greca nella storiografia*

Nel 1939 Nicolae Iorga elaborò il mito di «Byzance après Byzance» per raffigurare l'«immutabile perennità bizantina» dopo il crollo dell'Impero cristiano.[31] Lo sguardo dello storico rumeno era rivolto alle forme che l'eredità culturale bizantina assunse nei Principati danubiani di Moldavia e Valacchia, nel cuore dell'Impero ottomano, il *Phanar*,[32] nelle autonomie locali e tra gli «exilés» in Occidente. In modo particolare Venezia, definita già dal cardinale greco Bessarione «quasi alterum Byzantium»,[33] occupa un posto importante all'interno delle opere molteplici dedicate negli ultimi decenni alla presenza ortodossa nei territori occidentali.[34] Le vicende storiche e religiose e i caratteri economico-sociali anche di altre comunità ortodosse dell'immigrazione sono stati oggetto di numerosi studi.[35] In generale, la storia dell'Ortodossia fuori dai confini dell'*oikoumene* cristiano-orientale appare frammentata in molteplici storie locali di comunità e in diverse narrazioni, ciascuna incentrata su un aspetto particolare di un fenomeno complesso e multiforme. Numerosi sono gli studi sul contributo intellettuale dei *réfugiés* alla cultura rinascimentale[36] e sulle reti dei mercanti, dei marinai e degli armatori greci che in età moderna attraversavano le principali città del continente e i maggiori por-

31. Iorga, *Byzance après Byzance,* p. 6.

32. È il nome di origine bizantina del quartiere in cui avevano sede a Costantinopoli il Patriarca di Costantinopoli e le famiglie dell'aristocrazia greca durante la dominazione ottomana.

33. Bessarione definì in questo modo Venezia nella lettera indirizzata al doge Cristoforo Moro quindici anni dopo la caduta di Costantinopoli, per giustificare il lascito a quella Dominante della sua inestimabile biblioteca (Ronchey, *Bessarion Venetus*, p. 375).

34. Vedi in particolare la raccolta di saggi: *I greci a Venezia*; Mavroidi, *Aspetti della società veneziana del '500*; Ead., *I serbi e la confraternita greca di Venezia*; Fedalto, *Stranieri a Venezia e a Padova*; Thiriet, *Sur les communautés grecque et albanaise à Venise.*

35. La letteratura sulle comunità ortodosse è sterminata. Qui si citano: Giura, *La comunità greca di Napoli*; Belli, *La comunità greca a Napoli*; Hassiotis, *Sull'organizzazione, incorporazione sociale e ideologia politica dei greci a Napoli*; Fiorella, *La comunità greca di Barletta*; Castignoli, *La comunità livornese dei greci non uniti*; Christopoulos, *Greek communities abroad*; Tsilis, *Η ελληνική παροικία της Μασσαλίας*; Vlami, *Το φιορίνι, το σιτάρι και η οδός του κήπου*; Dogo, *La comunità serbo-illirica di Trieste*; Katsiardi-Hering, *Η ελληνική παροικία της Τεργέστης*; Seirinidou, *Έλληνες στη Βιέννη*. Per ulteriori riferimenti bibliografici si veda la bibliografia.

36. Vedi ad esempio: Bisaha, *Creating East and West*; Geanakoplos, *Greek scholars in Venice.*

ti del Mediterraneo.[37] Particolare attenzione è stata rivolta al ruolo dei mercanti greci nella formazione, durante il periodo dell'Illuminismo neogreco, di un milieu intellettuale inter-balcanico e grecofono, dai connotati sempre più secolari.[38] Le ricerche sulle sottoscrizioni di libri in lingua greca[39] e sui meccanismi di diffusione della stampa periodica greca nei principali centri dell'immigrazione ortodossa e in Levante,[40] hanno messo in luce la centralità delle reti mercantili nella trasmissione e circolazione delle idee dell'Illuminismo europeo nei territori dell'Oriente greco.[41] Gli studi di Konstantinos Dimaras[42] e quelli di Paschalis Kitromilides hanno documentato il ruolo della cosiddetta diaspora nella secolarizzazione del pensiero e, quindi, nella complessa transizione dei popoli ortodossi dei Balcani verso forme d'identità secolari e moderne.[43] Mentre le emigrazioni sono state spesso interpretate, soprattutto dai demografi, come fenomeni di rottura e di sradicamento,[44] il paradigma diasporico è apparso agli studiosi di questa e di altre minoranze più adatto a descrivere il modello di connessioni e di mobilità sviluppato da questi gruppi dispersi.

37. La letteratura sulla diaspora commerciale greca è vasta. Si citano qui i saggi contenuti in: *Diaspora entrepreneurial networks*; Katsiardi-Hering, *The Greek diaspora: its geography and typology*. Per ulteriori riferimenti bibliografici si rimanda ai capitoli 2 e 3 e alla bibliografia.

38. Cfr. Katsiardi-Hering, *Il mondo europeo degli intellettuali greci della diaspora*; Kitromilides, *Orthodoxy and the West*.

39. Nella seconda metà del XVIII secolo sulle colonne dei giornali cominciarono ad apparire liste contenenti i nomi di coloro che, come acquirenti, sottoscrivevano la pubblicazione di libri in caratteri greci, traduzioni di opere dell'Illuminismo europeo ma soprattutto testi di carattere religioso (Roudometof, *From Rum millet to Greek nation*, p. 22; Cfr. Iliou, *Βιβλία με συνδρομητές*).

40. Una rete di corrispondenti, distribuiti tra le principali città europee, garantiva la diffusione in Europa e in Levante dei periodici greci che cominciavano ad essere pubblicati nelle stamperie greche avviate dai migranti in diversi centri della diaspora, soprattutto a Vienna e Trieste (cfr. *The publishing centres of the Greeks*; Vlassi Sponza, *I Greci a Venezia*; Kechagioglou, *Ξενόγλωσσες εκδόσεις ελληνικων τυπογραφείων της Βενετίας*; Ploumidis, *Τό βενετικόν τυπογραφεῖον*).

41. Grenet, *La fabrique communautaire,* pp. 154-155.

42. Dimaras, *Νεοελληνικός Διαφωτισμός*.

43. Kitromilides, *Νεοελληνικός Διαφωτισμός.*; Id., *The enlightenment as social criticism*. Kitromilides respinge tuttavia l'idea di un rapporto di continuità tra diaspora e nazione, per la natura mutevole delle comunità della diaspora nel tempo e per la diversità delle forme di «comunità» correlate a queste due differenti realtà (cfr. Id., *Diaspora, identity, and Nation-building*, pp. 323-331).

44. Sanfilippo, *Problemi di storiografia*, p. 23; cfr. Dupâquier, *Mobilité et migrations*.

L'interesse di molti di questi studi è certamente indiscusso. Nel suo insieme, tuttavia, questa letteratura ha finito per rappresentare la presenza ortodossa nei territori cattolici attraverso alcuni tratti socio-culturali peculiari. Inoltre, ponendo enfasi sul rapporto tra comunità migranti e madrepatria o sulle connessioni orizzontali tra una comunità e l'altra, la nozione di diaspora ha prodotto in molti casi un'interpretazione di tipo culturalista della migrazione, basata più sull'attributo dell'origine (espresso nella lingua, religione, etnia) che sulla dinamica migratoria nel suo complesso. Negli ultimi anni, il nesso tra comunità diasporiche e identità nazionale è stato messo in discussione all'interno di numerosi studi.[45] Ciò nonostante, le comunità d'immigrazione sono ancora spesso rappresentate come insiemi chiusi e culturalmente omogenei.[46] La maggior parte degli studi sulle comunità ha riguardato i luoghi in cui si sono conservati gli archivi delle antiche confraternite, dove la presenza ortodossa assunse una forma organizzata attorno a chiese e istituzioni collettive, spesso protette dalle pretese di ortodossia e controllo avanzate dalle gerarchie ecclesiastiche cattoliche grazie a privilegi e concessioni secolari. Nonostante il richiamo degli studiosi alla «storicità»[47] e al carattere socialmente costruito delle comunità della diaspora, il nesso tra ortodossia ed ellenismo[48] definisce lo spazio culturale in cui si articolano molteplici altre affiliazioni. Come osserva Floya Anthias, il concetto di diaspora, pur emerso dall'*impasse* creato da una visione statica delle culture e delle differenze culturali, «non ha in alcun modo sostituito né in realtà avrebbe potuto sostituire un interesse per l'etnicità».[49] In sintesi, dunque, il paradigma diasporico ha contribuito a cristallizzare sul piano storiografico un'immagine del fenomeno unitaria e largamente omogenea. Le storie particolari, con alcune poche eccezioni, sono prevalse sull'elaborazione d'indagini comparative di più ampio re-

45. Sulla discontinuità tra diaspora antica e moderna vedi le riflessioni critiche di Hassiotis (*Past and present in the history of modern Greek diaspora*, pp. 93-101). Sulla discontinuità tra nazione e comunità diasporiche vedi: Kitromilides, *Diaspora, identity, and Nation-building*, pp. 323-331; Grenet, *La fabrique communautaire*, pp. 3-9.

46. Cfr. Rosental, *Maintien/rupture*, p. 1407.

47. Su questo aspetto, vedi in particolare: Aymes, *La communauté d'historicité*.

48. All'interno di questi studi l'ellenismo non è inteso come entità etnica, bensì come una realtà sociale e storico-culturale pan-balcanica, definita dall'uso della lingua greca nel commercio, nella liturgia e nell'insegnamento (cfr. Kitromilides, *Orthodox culture and collective identity*, pp. 137-139; Mackridge, *Language and national identity in Greece*, pp. 32-79).

49. Anthias, *Evaluating 'diaspora'*, p. 576.

spiro, mentre sono state lasciate quasi del tutto nell'ombra le situazioni più periferiche e marginali, spesso devianti dal paradigma diasporico.[50]

Alcune ricerche condotte su altre minoranze e gruppi dispersi hanno consentito negli ultimi anni di portare alla luce l'eterogeneità delle diaspore, di osservarne le differenze e le ramificazioni interne.[51] Negli studi sulle migrazioni ortodosse restano ancora minoritari gli sforzi di storicizzare la varietà delle configurazioni osservabili. Quasi del tutto assente appare il tentativo di comprendere più in profondità le relazioni con il contesto cattolico, dentro cui si svolse in gran parte questo processo migratorio.[52] Partendo da questa prospettiva, questo libro intende contribuire alla revisione di alcuni aspetti legati all'uso e alla costruzione del paradigma diasporico.

3. *Una storia del Mediterraneo: questioni, fonti, struttura*

Il più grande Mediterraneo di Braudel costituisce la principale area geografica dentro cui si dispiegò il fenomeno esteso e variegato delle emigrazioni ortodosse durante i secoli dell'età moderna. Mentre le storie e le traiettorie che compongono questo fenomeno intersecano l'intera area mediterranea, questo studio è rivolto in particolare all'Italia e alle sue isole limitrofe (Corsica e Malta comprese). In questi territori, sottoposti alla giurisdizione romana, durante l'età moderna l'Ortodossia penetrò nella forma di una miriade di comunità eterogenee, stratificazione ognuna di successivi flussi migratori. Nelle carte dell'archivio della Sacra Congregazione di Propaganda Fide

50. Nuove e interessanti prospettive sono state aperte in particolare dagli studi di Grenet, *La fabrique communautaire*; Seirinidou, *Η εγκατάσταση των Εκκήνων στη Βιέννη*, pp. 237-245; Id., *The "old" diaspora, the "new" diaspora, and the Greek diaspora*, pp. 155-159; Carras, *Έμπόριο, πολιτική και αδελφότητα*.

51. Vedi in particolare: Israel, *Diasporas within a diaspora*; Markovits, *The global world*.

52. Gli studi sulle relazioni tra cattolici e ortodossi hanno riguardato soprattutto il Mediterraneo orientale (vedi ad esempio: Arbel, *Roman Catholics and Greek Orthodox*; Pagratis, *Chiesa latina e missionari francescani conventuali*; Viggiano, *Riti, consuetudini, istituzioni ecclesiastiche ortodosse dello Stato da mar*; Ivetic, *Cattolici e ortodossi nell'Adriatico orientale veneto*; Ware, *Eustratios Argenti*; Frazee, *Catholics & Sultans*; Slot, *Archipelagus turbatus*). Per le province arabe dell'Impero ottomano vedi in particolare lo studio di Heyberger, *Les chrétiens du Proche-Orient au temps de la réforme catholique*. Particolarmente innovativo è lo sguardo di Molly Greene sull'ambiguità religiosa dei mercanti cristiani nel Mediterraneo orientale (*Catholic pirates and Greek merchants*).

relative ai cristiani orientali, quest'area assume i contorni di una regione a sé. L'irrigidimento dei confini confessionali venne delimitando qui, in senso barthiano, il perimetro di un Mediterraneo cattolico, ovvero di una «unità culturale» la cui continuità era definita dalla frontiera (*boundary*) piuttosto che dall'omogeneità culturale dei suoi caratteri intrinseci.[53] La rete dei missionari, dei nunzi e dei vescovi organizzati attorno alla Sacra Congregazione di Propaganda Fide, delimita e costruisce questo territorio confessionale, solo apparentemente omogeneo.

La concettualizzazione storica del Mediterraneo come spazio cattolico non allude qui all'esistenza di una forza in grado di innescare processi di assimilazione e quindi di generare identità omogenee. Piuttosto, essa definisce la prospettiva di analisi, orientata principalmente sui modi in cui il contesto – la frontiera confessionale – influenzò l'esperienza ortodossa fuori dai confini tradizionali del "Commonwealth" post-bizantino.[54] A livello locale, infatti, le situazioni erano piuttosto fluide e mutevoli nel tempo e nello spazio: all'interno delle singole compagini statuali i confini confessionali furono negoziati con i poteri secolari in modo discontinuo e con esiti diversi e spesso ambigui. Nello Stato pontificio e nel Regno di Napoli, però, la frontiera confessionale costituì una realtà più viva e duratura che altrove. Per questo, la capitale del Regno borbonico e la sua provincia adriatica di Terra di Bari definiscono qui in modo più preciso il campo d'analisi. Lo studio di questo contesto micro-regionale consente anche di introdurre all'interno della narrazione convenzionale della diaspora greca la dimensione di un Mediterraneo terrestre, rurale, la cui vita si svolgeva in continuità e non in contraddizione con quella del mare e delle sue genti. La società provinciale del Regno di Napoli, con la sua dimensione adriatica e il carattere prevalentemente rurale della sua economia, si sottrae alla dicotomia tra colonie rurali e colonie marittime, offrendo la possibilità di esplorare ruoli e forme sociali più varie e peculiari di quelle generalmente analizzate nella letteratura sulle minoranze diasporiche.

Il Mediterraneo non costituisce perciò soltanto uno scenario inerte: la sua eterogeneità, fisica e culturale, le divisioni e la familiarità che legava l'una all'altra le sue aree geografiche e socio-culturali, la prossimità tra le

53. Barth, *Introduction*, p. 14.

54. Kitromilides, *An Orthodox Commonwealth*. Sul concetto di frontiera vedi in particolare: Viazzo, *Frontiere e "confini"*; Heyberger, *La frontière méditerranéenne*, p. 16; Fabietti, *L'identità etnica*, pp. 104-112; Barth, *Introduction*, pp. 15-16.

sue coste, generatrice di legami e connessioni, plasmarono in profondità le forme dell'ortodossia occidentale. Lo studio della minoranza ortodossa nei territori cattolici consente perciò di comprendere un frammento di storia del Mediterraneo moderno. Allontanando lo sguardo dalle civiltà e dalle loro «singolari permanenze», le relazioni tra Occidente latino e Oriente ortodosso sono qui ricostruite attraverso la lente degli individui che nel corso dell'età moderna giunsero dal Levante nei territori cattolici e del loro complesso mondo relazionale. Ponendo al centro dell'analisi soprattutto le vite ordinarie di piccoli e medi mercanti, soldati e religiosi, sostituendo il racconto delle traiettorie individuali a quello dei rapporti istituzionali, il libro ricostruisce un quadro delle relazioni cattolico-ortodosse diverso da quello sin qui tracciato all'interno degli studi sui ceti intellettuali[55] e di storia ecclesiastica.[56] La letteratura sul rito greco in Italia, in particolare, ha analizzato soprattutto le norme, le forme di controllo e disciplinamento esercitate dalla Chiesa post-tridentina sulle comunità albanofone di rito greco dei Regni di Napoli e di Sicilia.[57] Perciò, queste comunità sono state sin qui considerate e studiate come parte della storia dell'uniatismo e del cattolicesimo orientale[58] oppure, fuori dall'ambito della storia ecclesiastica, come isolati culturali e antropologici.[59]

55. Analizzando le rappresentazioni culturali dell'altro, Nancy Bisaha ha mostrato come i dotti greci immigrati in Italia ricorressero alla cultura e alla storia della Grecia antica per alimentare un senso di differenza culturale tra Ovest ed Est; agli occhi degli umanisti italiani, invece, essi apparvero come figure continuamente oscillanti tra Oriente e Occidente, tra cristianesimo ed eresia (Bisaha, *Creating East and West*).

56. Vedi ad esempio gli studi di Giorgio Fedalto per l'ambito veneziano (*La comunità greca, la Chiesa di Venezia, la Chiesa di Roma*, pp. 83-102); e i saggi raccolti negli atti del Convegno storico interecclesiale (Bari, 30 apr. - 4 magg. 1969): *La Chiesa greca in Italia dall'VIII al XVI secolo.*

57. Le ricerche sono molteplici e frammentate in una miriade di contesti locali, per lo più relativi all'Italia meridionale: dagli studi di Primaldo Coco pubblicati sulla rivista «Roma e l'Oriente», ai numerosi saggi pubblicati su «Oriente cristiano», nel «Bollettino della Badia greca di Grottaferrata» e in «Studi sull'Oriente Cristiano», ai tre volumi de *La chiesa greca in Italia dall'VIII al XVI secolo*, agli studi monografici di carattere più generale di Vittorio Peri (vedi ad esempio: *Chiesa Romana e "rito" greco: G.A. Santoro e la Congregazione dei Greci (1566-1596)*; *Orientalis varietas. Roma e le Chiese d'Oriente*).

58. Pochi studiosi hanno sottolineato l'irriducibilità di queste comunità rispetto alla Chiesa romana (cfr. Ferrari, *Gli italo-albanesi tra Costantinopoli e Roma*, pp. 349-356; Greco, *Le forme del ministero cristiano*, pp. 121-133).

59. Per una rassegna generale, vedi: Vaccaro, *Fonti storiche e percorsi della storiografia sugli albanesi d'Italia,* pp. 131-192.

Una molteplicità di frammenti e traiettorie biografiche costruisce qui la trama di un quadro più articolato, sfumato dei gruppi e delle identità confessionali. Dagli anni settanta, un'enfasi crescente è stata rivolta alle interazioni transculturali,[60] alla fluidità e all'ibridismo come tratti costitutivi delle culture e delle realtà sociali.[61] Negli ultimi due decenni tutto ciò si è tradotto soprattutto in un rinnovato interesse per la storia mediterranea.[62] In virtù della sua eterogeneità e degli scambi intensi che unirono nel tempo le sue coste e le sue microregioni,[63] il Mediterraneo è apparso agli studiosi come il terreno ideale per studiare i gruppi umani, le culture e le civiltà oltre la metafisica della nazione.[64] Come osserva Anthony Molho:

> gli abitanti del bacino del Mediterraneo nei primi anni della modernità si confrontavano con un mondo che non presentava né consentiva la creazione di identità sociali semplici, lineari e ben integrate. I confini fisici e simbolici erano molto più fluidi di quanto non lo siano stati in tempi più recenti [...] le conversioni religiose forzate o volontarie, strumentali o genuine accadevano abbastanza frequentemente per indebolire le pretese di ortodossia avanzate dalle autorità religiose.[65]

La recente storiografia sul Mediterraneo ha perciò contribuito a denaturalizzare le identità etniche e a decostruire le dicotomie confessionali e

60. Vedi ad esempio: Pagden, *European encounters with the New World*; *Hommes de l'entre-deux*; Rubiés, *Travel and ethnology in the Renaissance*; Abulafia, *Mediterranean encounters, economic, religious, political*; Greene, *A shared world*; Krstić, *Contested conversions*; la raccolta di saggi: *Religion and trade*; Bentley, *Old world encounters*; Ortega, *Negotiating transcultural relations in the early modern Mediterranean*; Minchella, *Frontiere aperte*. Per un quadro generale degli studi su questo tema, vedi: Parker, *Global Interactions in the Early Modern Age*.

61. Cfr. Bhabha, *The location of culture*; Gilroy, *The Black Atlantic*; Hall, *Cultural identity and diaspora*, pp. 222-237. Per una riflessione più generale su questi temi e approcci, vedi: Burke, *Cultural hybridity*; Bonnell, Hunt, Biernacki, *Beyond the cultural turn*.

62. Cfr. Horden, *Mediterranean excuses*, pp. 25-30; Brummett, *Visions of the Mediterranean*. Per una sintesi e riflessione critica sulle interpretazioni e rappresentazioni del Mediterraneo all'interno degli studi, vedi: Bromberger, *Bridge, wall, mirror*, pp. 291-307; Marino, *Mediterranean studies*; Dursteler, *On bazaars and battlefields*.

63. Sull'interpretazione del Mediterraneo come un'unità di micro-regioni diverse e interconnesse, vedi Horden, Purcell, *The corrupting sea*.

64. Vedi ad esempio i lavori di: Greene, *Catholic pirates and Greek merchants*; Epstein, *Purity lost*; Dursteler, *Venetians in Constantinople*; McKee, *Uncommon dominion*; la raccolta di saggi: *Mediterranean identities in premodern era*. Si veda la bibliografia per ulteriori riferimenti.

65. Molho, *Comunità e identità nel mondo mediterraneo*, p. 37.

culturali tra Oriente e Occidente.[66] Dentro il paradigma storiografico delle «storie connesse» – osserva Bernard Heyberger:

> non è più un'"area culturale", cioè una civiltà, posta una di fronte a un'altra, ma il contatto e l'incrocio di molte, messe in luce nella maniera di agire di un individuo o di un gruppo, che si tenta di cogliere sotto differenti aspetti, o a volte, in differenti momenti.[67]

La maggior parte di questi studi ha messo in luce la porosità dei confini attraverso storie di appartenenze e identità fluide e d'interazione tra gruppi e individui di fede e origine diversa. I fenomeni di conversione e di dissimulazione erano però spesso generati dall'esistenza di rigidi confini confessionali, più che da processi spontanei di acculturazione.[68] L'uso corrente nelle fonti ecclesiastiche romane di termini come abiura o conversione è il segno della distanza che, agli occhi della Curia, separava cattolici e ortodossi. Manipolando i confini, i migranti ortodossi spesso cercarono perciò una strada all'integrazione, all'inclusione, pur mantenendo un senso vivo della propria diversità, del proprio status particolare, collettivo e individuale.[69]

Se la religione, dunque, rappresenta un fattore di contesto imprescindibile, più problematico è il ruolo giocato dalla religione nella definizione delle solidarietà di gruppo. All'interno del processo di revisione delle categorie di analisi applicate allo studio delle minoranze diasporiche, hanno particolare rilevanza le critiche alla diaspora come categoria unitaria costruita sull'appartenenza etnico-religiosa.[70] In linea con tali studi, questo libro intende porre in termini problematici il tema dell'identità confessionale

66. Vedi ad esempio: Greene, *A shared world*; Brummett, *Ottoman seapower and Levantine diplomacy*; Goffman, *The Ottoman empire and early modern Europe*; *L'identità dissimulata*; Ortega, *Negotiating transcultural relations in the early modern Mediterranean*; *Hommes de l'entre-deux*; *Cultural encounters between East and West*; Dursteler, *Venetians in Constantinople*; *A faithful sea*; Epstein, *Hybridity*.

67. Heyberger, Verdeil, *Introduction*, p. 11.

68. Nel suo saggio (*Bridge, wall, mirror*) Bromberger critica le nozioni di «hybridity» e di «metissage» non solo perché incompatibili con la logica delle religioni monoteiste, ma anche perché l'idea di fluidità sociale a cui rimandano questi concetti non nasce fuori dalle pratiche dell'identità e dell'appartenenza. Per una riflessione su questo tema vedi anche: Burke, *Civilizations and frontiers*, pp. 123-141; cfr. Hess, *The forgotten frontier*; Krstić, *Contested conversions*.

69. Cfr. Lappa, *Religious conversions within the Venetian military milieu*; Rothman, *Brokering Empire*, pp. 24-25; Ortega, *Negotiating transcultural relations in the early modern Mediterranean*, pp. 47-51.

70. Cfr. Markowits, *The global world*, pp. 4-8; 20-24.

nel contesto dell'emigrazione ortodossa, analizzando e mettendo in discussione l'importanza dell'appartenenza religiosa come fattore di costruzione di uno spazio di connessione chiuso e omogeneo. Secondo Kitromilides, le relazioni tessute dai migranti ortodossi all'interno della spazio diasporico avrebbero sostanzialmente riprodotto al suo interno l'unità culturale e religiosa del Commonwealth ortodosso.[71] La transizione dal mondo premoderno alla modernità sarebbe stata dunque segnata soprattutto da un processo di slittamento nella definizione delle appartenenze da un orizzonte confessionale a uno secolare/nazionale. In realtà, analizzando i legami comunitari tra i cristiani ortodossi nell'Anatolia tardo ottomana, Ayşe Ozil ha efficacemente mostrato come la presenza ortodossa nell'Impero possa essere compresa più come un «variabile insieme di contesti e situazioni» che come un corpo omogeneo e insulare.[72]

La critica alle categorie identitarie è qui svolta attraverso una verifica empirica delle tassonomie etniche e confessionali, basata sull'esame di fonti e contesti plurali. Gli studi sulle comunità ortodosse della diaspora si sono sin qui avvalsi soprattutto di documenti prodotti dalle istituzioni comunitarie, come ad esempio le Confraternite, o dalle autorità politiche e, nell'ambito delle ricerche di storica economica, delle scritture prodotte dai mercanti e dalle loro compagnie commerciali. La volontà di analizzare i rapporti dei migranti ortodossi con Roma e con il contesto sociale cattolico ha richiesto il ricorso a fonti di natura diversa. L'ultilizzo delle fonti custodite nell'archivio storico di Propaganda Fide porta naturalmente con sé il rischio di una visione parziale del mondo dell'immigrazione ortodossa. Queste fonti, tuttavia, non sono utilizzate per costruire una narrazione alternativa a quella basata sui documenti prodotti dalle comunità ortodosse. Piuttosto, queste fonti hanno consentito di arricchire il quadro già esistente, illuminando aspetti e problemi sin qui lasciati nell'ombra. Le memorie, le lettere e i dispacci inviati al dicastero romano da una molteplicità di soggetti diversi hanno permesso di analizzare il rapporto complesso e spesso contraddittorio tra Roma e i fedeli del rito greco in Italia e di ripensare in modo critico al ruolo giocato dall'appartenenza confessionale all'interno della diaspora.

L'allargamento dell'analisi oltre i confini della comunità è stato possibile anche attraverso l'uso di fonti di natura legale, soprattutto per lo studio

71. Kitromilides, *Balkan mentality*, p. 171; Id., *Orthodox culture and collective identity*, pp. 133-134.

72. Ozil, *Orthodox christians in the late Ottoman Empire*, p. 15.

della nazione greca nel Regno di Napoli.[73] L'analisi ha riguardato in questo caso soprattutto, ma non solo, le carte dei processi civili custodite nel fondo Processi antichi dell'archivio di Stato di Napoli, degli atti notarili rogati dai notai di Barletta, dei processi civili conservati nel fondo della Sacra regia udienza provinciale di Trani e, infine, dei registri parrocchiali della chiesa greca di Napoli e del Capitolo della cattedrale di Santa Maria Maggiore di Barletta.[74] La ricerca condotta attraverso queste fonti ha permesso di portare alla luce i legami tra i migranti greci e una molteplicità di soggetti, non solo istituzionali, presenti all'interno della società locale, consentendo in tal modo una ricostruzione più densa del loro universo sociale.

Il libro è diviso in cinque capitoli. Il primo capitolo si apre con la ricostruzione, nel quadro delle dinamiche politiche e confessionali di lungo e breve periodo, delle fasi del lungo processo migratorio che tra i secoli XV-XVIII trasformò il Mediterraneo centrale in una zona di contatto tra le due cristianità. I processi migratori posero gli individui di confessione ortodossa a contatto con sistemi normativi, civili ed ecclesiastici differenti rispetto a quelli di origine. Perciò, il secondo paragrafo ripercorre il processo di creazione e definizione canonica ed ecclesiale dei confini confessionali da parte della Curia romana, soffermandosi sulle ambiguità e le resistenze che segnarono la ricezione di quelle norme nelle comunità di rito greco. L'interazione tra questi individui e comunità eterodosse con gli spazi normativi definiti dalle autorità politiche e dalla Chiesa romana generò spazi d'identificazione individuali e collettivi plurimi e spesso sovrapposti. Il capitolo si chiude con la descrizione degli insediamenti ortodossi presenti nel Settecento in Italia e nelle isole limitrofe. La divisione nell'esposizione tra le comunità oriunde albanesi dell'entroterra del Regno di Napoli e di Sicilia, le colonie di popolamento di Corsica, Abruzzo e Sardegna e le comunità rivierasche del Mediterraneo, non mira a stabilire tipologie omogenee e tra loro differenti.[75] Mentre questa divisione riflette il riconoscimento degli

73. Il termine «nazione» non rimanda qui a una realtà etnica. Esso è utilizzato nelle fonti e in questo libro per indicare un gruppo particolare di mercanti o una comunità particolare, più o meno formale, riconosciuti come tali dall'autorità politica.

74. A ciò bisogna aggiungere i fascicoli, contenenti soprattutto memorie e copie di lettere e di comunicazioni ufficiali tra i ministri dello Stato napoletano sulla «nazione greca» e l'Albania, contenuti nel fondo Affari esteri dell'archivio di stato di Napoli; fonti a stampa ottocentesche custodite nella biblioteca della società napoletana di storia patria e altra documentazione d'interesse, per la quale si rimanda, *infra*, alla bibliografia.

75. Cfr. Valensi, *L'exercice de la comparaison au plus proche, à distance*, pp. 27-30.

elementi di eterogeneità e discontinuità interni all'Ortodossia occidentale, nel loro insieme questi insediamenti emergono dall'analisi come micro società di frontiera.

Nel secondo capitolo, gli ecclesiastici, i mercanti e la variegata schiera d'intermediari ortodossi che nel Settecento operavano al servizio dei poteri mediterranei, emergono come individui liminali, al confine tra spazi confessionali, politici ed economici diversi. Mentre nel primo paragrafo sono analizzati i comportamenti di confine del clero ortodosso, il secondo paragrafo, dedicato ai mercanti, tratteggia il profilo sociale complesso dei membri della nazione greca in Terra di Bari. I legami commerciali con il Levante e con le altre comunità disperse non delimitavano qui una sfera esclusiva di azione e di appartenenza. Al confine tra spazi economici, sociali e confessionali diversi, qui i migranti ortodossi non appaiono perciò come i membri di una minoranza chiusa, etnicamente definita. Infine, nel terzo paragrafo, si osserva come i migranti ortodossi – mercanti, preti, soldati e faccendieri – fossero in grado di sfruttare la liminalità[76] del proprio status per attrarre a sé favori e benefici, manipolando le divisioni politiche e confessionali che attraversavano il Mediterraneo nel Settecento.

Nel terzo capitolo sono ricostruiti i diversi spazi di relazione in cui si scompone il fenomeno ampio e generale della circolazione ortodossa nel Mediterraneo. Anche in questo capitolo, come nel precedente, diversi piani – religioso, economico e sociale – s'intersecano: per mostrare le connessioni ma anche le spaccature interne al variegato mondo dell'ortodossia occidentale. Nel primo paragrafo, le reti religiose organizzate e orientate dal dicastero romano di Propaganda Fide intersecano e talvolta si sovrappongono a quelle generate dai contatti tra i membri delle comunità ortodosse sparse sulla penisola. Nel secondo e terzo paragrafo, i mercanti ortodossi del Regno di Napoli costituiscono ancora una volta il centro dell'analisi: contribuendo da un lato ad approfondire la conoscenza dei legami dell'economia napoletana con il Levante nel Settecento; dall'altro, a tracciare su scala locale e trans-locale i confini della nazione greca attraverso l'esplorazione della sua complessa dimensione relazionale.

Il quarto capitolo esplora la prassi della comunità. Partendo dal caso studio della comunità greca di Terra di Bari, l'analisi comparativa si al-

76. Il significato di questo termine corrisponde qui a quello della parola inglese «liminality», piuttosto che al significato dell'aggettivo italiano «liminale», impiegato soprattutto in ambito psicologico e fisiologico.

larga ad altri casi e situazioni, non tutte confinate al mondo ortodosso. In discussione qui è soprattutto un modello interpretativo basato sull'interrelazione tra una dimensione normativo-istituzionale e la formazione di un «sentimento comunitario». Il modello informale e diffuso di comunità rappresentato dall'organizzazione dei mercanti greci in Terra di Bari consente di interpretare l'istituzionalizzazione dei legami comunitari sotto una luce diversa, aprendo ad una esplorazione più ampia dei fattori in gioco nella formazione (e rottura) dei legami comunitari. Mentre da un lato la formazione dei legami comunitari non appare dipendente da fattori quali la contiguità spaziale dell'insediamento, la condivisione di uno spazio religioso e l'endogamia matrimoniale ed economica, dall'altro la comunità formale emerge soprattutto come l'esito di un processo di produzione di località. L'esplorazione della prassi della comunità si conclude con l'analisi degli effetti prodotti sulla forma e sulla coesione della comunità dall'integrazione nella società locale e dall'ambiente.

Nel quinto e ultimo capitolo, l'analisi delle molteplici dimensioni dell'appartenenza consente di ricondurre gli esiti delle indagini precedenti verso un ripensamento degli status e delle identità individuali e collettive, delle differenze linguistiche e confessionali. Le appartenenze e le differenze religiose, linguistico-culturali e di status, politico e legale, sono analizzate nella loro dimensione pratica, come l'esito di processi di «identificazione» messi in atto di volta in volta in risposta a specifiche esigenze e condizioni.[77]

***

Questo libro è in gran parte il frutto delle ricerche svolte come dottoranda dell'Università di Padova tra il 2011 e il 2013. Un sincero ringraziamento va a tutti coloro che, in momenti diversi e in vari modi, hanno contribuito alla realizzazione di questo progetto. Desidero ringraziare innanzitutto il coordinatore e la direttrice del dottorato, il Prof. Walter Panciera e la Prof.ssa Maria Cristina La Rocca, senza il supporto dei quali questa ricerca non sarebbe stata possibile. Al mio tutor, il Prof. Egidio Ivetic, va la mia gratitudine per avermi stimolato e guidato con entusiasmo e intelligenza lungo questo percorso. Ringrazio il Prof. James Pettifer e il Prof. Peter Mackridge per avermi dedicato tempo e attenzione nei mesi trascorsi all'Università di Oxford e i membri del Seeger Center for Hellenic

77. Cfr. Brubaker, *Ethnicity without groups*; Remotti, *L'ossessione identitaria*; Buono, *Identificazione e registrazione dell'identità*.

Studies (Università di Princeton), con i quali ho avuto la possibilità di discutere e confrontarmi durante la stesura della tesi in occasione della “Fifth International Graduate Student Conference in Modern Greek Studies” (2013). Il mio grazie va anche al personale degli archivi e delle biblioteche, che mi ha assistito nella ricerca, ascoltando e interpretando con intelligenza le mie richieste. Per l’elaborazione e la realizzazione finale di questo lavoro è stata fondamentale la partecipazione al progetto FIRB “Frontiere marittime nel Mediterraneo: quale permeabilità? Scambi, controllo, respingimenti (XVI-XXI secolo)”, avviata nei mesi successivi al conseguimento del dottorato. Desidero ringraziare soprattutto i colleghi dell’unità di ricerca di Padova, Andrea Caracausi, Francesco Vianello, Benedetta Crivelli, Alessandro Buono e Chiara Lucrezio Monticelli, i quali mi hanno permesso di crescere e maturare attraverso un confronto vivo, assiduo e costruttivo. Un ringraziamento speciale va al coordinatore dell’unità, il Dott. Caracausi, che con la sua guida esperta ha contribuito in modo decisivo allo sviluppo di questo lavoro. Infine desidero esprimere la mia sincera gratitudine al Dott. Mathieu Grenet, al Dott. Roberto Zaugg e al Prof. Gerassimos Pagratis, per avermi aiutato nella revisione finale del libro con critiche e osservazioni argute e puntuali.

1. Un'ortodossia occidentale nel Mediterraneo moderno

Ne *La Mediterranée* Braudel individuava come «la più singolare cicatrice dei paesi mediterranei» quella che, «tra Oriente e Occidente, di là dalle barriere marittime», separava l'area di civilizzazione latina dall'entroterra balcanico. La barriera terrestre che passa tra Zagabria e Belgrado era intesa dallo storico francese come una frontiera culturale, alla stregua di quella che più a sud, tra i greci dell'Arcipelago e di Candia, separava la civiltà ortodossa da quella latina. Pur riconoscendo le «singolari permanenze» che distinguono e separano ogni civiltà dall'altra, Braudel attribuiva tuttavia un ruolo fondamentale alla mobilità umana, generatrice dell'unità mediterranea.[1] L'esperienza dei migranti ortodossi che in epoca moderna si stabilirono negli stati cattolici consente di illuminare il problema dei confini culturali nel Mediterraneo e, insieme, gli effetti prodotti su di essi dalla mobilità umana. La penisola italiana, lambita in modo intenso da questa mobilità, durante l'età moderna assunse sempre di più i connotati di una frontiera: permeata dalle reti e dalle strutture di controllo della Chiesa romana, quest'area costituiva un luogo in cui le tensioni e gli antagonismi generati dalle differenze confessionali talvolta si andarono cristallizzando, talaltra lasciarono il posto agli scambi, ai contatti e alle finzioni identitarie. Come osserva Bernard Heyberger, «il termine "frontiera" si applica primariamente a uno spazio che subisce un "processo di frontiera", secondo delle forme molto varie, che hanno la loro propria storicità».[2] Nelle pagine seguenti si tenterà allora di descrivere i fattori principali di questo processo: le migrazioni, le norme – ecclesiastiche e civili – che regolavano la

1. Braudel, *Civiltà e Imperi del Mediterraneo*, vol. 2, pp. 814-816.
2. Heyberger, *La frontière méditerranéenne*, p. 16.

presenza ortodossa a livello locale e centrale e infine la realtà composita degli insediamenti di rito greco.

Relegati all'interno della semantica della diaspora, i migranti ortodossi sono stati troppo spesso compresi in relazione al contesto di origine o al più come intermediari tra due aree culturali distinte e internamente omogenee.[3] Qui, al contrario, la prospettiva d'analisi è costruita soprattutto a partire dal contesto di arrivo e dalla comprensione delle dinamiche locali che accompagnarono la formazione di una ortodossia occidentale dagli inizi dell'età moderna fino al Settecento.[4] Dopo aver descritto il momento dell'innesto, si tratteggerà il processo di negoziazione e definizione dello status dei migranti all'interno delle diverse società cattoliche. Come si vedrà, l'intreccio tra orizzonti normativi secolari ed ecclesiastici non implicava l'esistenza di uno spazio completamente confessionalizzato. Sul piano individuale, la fisionomia di straniero o lo status politico definivano, spesso ancor prima di quello religioso, la posizione dei membri della minoranza ortodossa dentro le società cattoliche.[5] La storia collettiva degli insediamenti ortodossi, cui è dedicata la sezione conclusiva, fu invece soprattutto la storia di una complessa negoziazione tra un potere sovrastatale, la Chiesa romana, e le autorità secolari locali.

I protagonisti di questa storia erano molto diversi tra loro. Diversi per origine e caratteristiche sociali erano certamente i migranti ortodossi residenti nelle città portuali del Mediterraneo dagli oriundi albanofoni dei casali rurali dell'Italia meridionale. Questa diversità, considerata spesso irriducibile, ha trovato sul piano storiografico diverse declinazioni. Una rappresentazione dualistica – solo in parte radicata nella realtà – dell'ortodossia d'Italia si trova ad esempio riflessa già nel Settecento nelle rappresentazioni ufficiali della Curia romana e in quelle prodotte dalla élite erudito-ecclesiastica italoalbanese attraverso alcuni scritti sulle origini storiche delle comunità albanofone. Nel 1923 Adrian Fortescue, nella sua

3. Per gli studi sulla diaspora greca, vedi l'introduzione, pp. 16-19 e la bibliografia.

4. I numerosi studi esistenti sulle singole comunità ortodosse hanno ricostruito soprattutto la vicenda conflittuale dei rapporti ufficiali tra ortodossi e autorità ecclesiastiche cattoliche su scala locale. Vedi ad esempio: Fedalto, *La comunità greca, la Chiesa di Venezia, la Chiesa di Roma*; Manoussacas, *La comunità greca di Venezia e gli arcivescovi di Filadelfia*; Nikas, *La chiesa e confraternita dei greci di Napoli*; Frattarelli Fisher, *Alle radici di una identità composita*; Rentetzi, *La chiesa di Sant'Anna dei greci di Ancona*.

5. Vedi anche: Grenet, *Entangled allegiances: Ottoman Greeks in Marseille*; Id., *«Grecs de nation», sujets ottomans*; Greene, *Catholic pirates and Greek merchants*, pp. 41-44; cfr. Baghdiantz McCabe, *La diaspora marchande arménienne de la Nouvelle-Djoulfa*.

storia delle Chiese uniati, ricostruì all'interno di un *continuum* storico e geografico l'eredità bizantina e post-bizantina nella penisola italiana: le comunità di rito greco d'Italia e delle isole adiacenti, da quelle meridionali fino a quelle di Venezia e Livorno, sono considerate da Fortescue come espressioni di un universo cattolico multiforme per la varietà dei riti e delle lingue che esso storicamente aveva inglobato al suo interno. Secondo l'autore, le continue ondate migratorie di scismatici dal Levante da un lato e la progressiva assimilazione al rito latino che nel tempo occorse in alcune di esse dall'altro, avrebbero nel tempo modificato i confini di questo spazio di civilizzazione unitaria, rompendone l'unità interna e l'armonia con la Chiesa romana.[6] La storiografia sulla cosiddetta diaspora ellenica, invece, assumendo l'esistenza del nesso ortodossia/ellenismo alla base del fenomeno dell'immigrazione ortodossa, ha escluso dal proprio orizzonte le comunità italoalbanesi dell'Italia meridionale. In realtà, come vedremo, dietro la distinzione tra cattolici (o uniti) e scismatici, tra orientali e italo-albanesi, s'intravede una realtà più ambigua e complessa di quella tramandata dalle rappresentazioni settecentesche della Curia romana e del clero erudito italo-albanese, oggi riflessa nell'esistenza di storiografie tra loro divergenti.

1. *Ortodossi verso il Mediterraneo cattolico*

Dopo la firma del trattato di Passarowitz (1718), alcuni mercanti ortodossi «vassalli» della Monarchia asburgica rivolsero un appello agli altri «Nazionali (*ομογενεις*) dell'istessa fede» per promuoverne l'insediamento nell'Impero. Il volantino a stampa in lingua greca era rivolto non solo a tutti i *Romioi*[7] di Morea, allora riconquistata dalle armate ottomane, ma anche ai numerosi cristiani ortodossi «delli luoghi d'Italia» che, per sottrarsi all'«incursioni de Nemici della fede», si erano insediati nel tempo in

6. Fortescue, *The Uniate Eastern Churches*, pp. 101-145.

7. Ρωμαιοι/Romani è il termine con cui erano designati i sudditi dell'Impero bizantino; tale denominazione si conservò anche dopo la conquista ottomana per indicare l'insieme dei cristiani orientali che vivevano nei territori della Rumelia (Grecia centro-meridionale, Turchia europea, Bulgaria, Serbia, Tracia, Albania e Morea), un tempo parte dell'Impero bizantino. Vedi: Droulia, *Towards modern Greek consciousness*, p. 54; per una discussione sull'uso di questo termine, vedi: Mantouvalou, *Romaios-Romios-Romiossyni*; Livanios, *The quest for Hellenism*).

quella regione.[8] Sin dai primi secoli dell'età moderna, la penisola italiana, infatti, fu attraversata da un intenso movimento di uomini, beni e comunità provenienti dall'Oriente ortodosso. Insieme all'Europa centrale,[9] soprattutto dalla fine del XV secolo, quest'area divenne una zona di frontiera tra i territori ortodossi del Levante ottomano e veneziano e il Mediterraneo cattolico, dove la giurisdizione della Chiesa romana si estendeva su un paesaggio politico, sociale e culturale eterogeneo e frammentato.

Le migrazioni ortodosse verso l'Italia e le isole del Mediterraneo centrale s'inscrivono all'interno del «sistema reticolare mediterraneo».[10] Lungi dal costituire un processo peculiare e omogeneo nel tempo e nello spazio, allo sguardo dello storico queste migrazioni si scompongono in una molteplicità di spostamenti e tipologie migratorie, dentro la «congerie di casi di mobilità» che interessarono in quest'epoca la penisola italiana e la regione mediterranea nel suo complesso.[11] Molti dei tratti caratterizzanti il fenomeno generale delle migrazioni di antico regime definiscono, quindi, anche il quadro particolare dell'emigrazione ortodossa. Emigrazioni di crisi e di mestiere, stabili e itineranti coesistono all'interno di questo quadro. A cavallo tra i secoli XV-XVI, la creazione di numerose colonie albanofone di rito greco nell'entroterra rurale dei Regni di Napoli e Sicilia fu l'esito graduale di un'intensa mobilità geografica originata da un evento traumatico, l'avanzata ottomana nel Mediterraneo orientale: due dinamiche migratorie contrapposte, una di «rottura» e l'altra di «conservazione»,[12] caratterizzarono l'evoluzione di queste comunità. Mentre l'esaurimento graduale del-

8. ASPF, SC, Greci, vol. 2, 1701-1736, c. 243v. Il testo originale del foglio in lingua greca fu inviato al Vicario Apostolico di Durazzo Filoteo Zassi, ordinante per il rito greco a Roma; da costui fu tradotto in lingua italiana e poi trasmesso con una lettera del 17 gennaio 1721 al protonotario e segretario di Propaganda Fide Domenico Passionei (cc. 237r-237v). Alcune note interessanti sull'origine del documento si trovano in: Tsirpanlis, *Η 'Σοσιετά των Γραικών'*.

9. Sulla presenza ortodossa nell'Impero asburgico, vedi in particolare la raccolta di saggi: *Encounters in Europe's Southeast*; Seirinidou, *Έλληνες στη Βιέννη*; Katsiardi-Hering, *Greek merchant colonies in central and south-eastern Europe*; Ead., *Greeks in the Hasburg lands*.

10. Moatti, Kaiser, *Introduction*, p. 9.

11. Pizzorusso, *I movimenti migratori*, p. 4. Per questo aspetto si veda anche: *Migrations et diasporas méditerranéennes (X^e^-XVIe siècles)*; *Le migrazioni in Europa secc. XIII-XVIII*; *L'Italia delle migrazioni interne*; *Gens de passage en Méditerranée de l'antiquité à l'époque moderne*; *La mobilité des personnes en Méditerranée de l'Antiquité à l'époque moderne*.

12. Sulla distinzione fra queste due dinamiche, vedi: Rosental, *Maintien/rupture*, pp. 1409-1410.

le migrazioni dal Levante e le caratteristiche dell'insediamento portarono nell'arco di alcuni decenni a una sostanziale dissoluzione dei legami materiali con il territorio di provenienza, altri fattori impedirono l'assimilazione dei migranti al tessuto locale. L'evoluzione di queste comunità fu per certi versi simile a quella degli emigranti valdesi che, soprattutto nel XV secolo, abbandonarono i centri urbani dell'Italia settentrionale e del sud della Francia per insediarsi in Puglia e in Calabria, dentro siti remoti e impervi. Proprio l'isolamento dalle capitali della Riforma protestante indebolì nel tempo la capacità di reazione di queste popolazioni alle norme e alla disciplina romane, mentre rimase vivo un «senso di appartenenza alla comunità, che valicava senz'altro il mero aspetto religioso».[13]

Accanto a questa fenomenologia migratoria, altrove distinguiamo una tradizione per molti versi simile a quella delle migrazioni alpine. Sebbene non riconducibili a uno stesso modello,[14] entrambe queste tradizioni erano legate a strategie di tipo imprenditoriale. La consuetudine delle mete, il mantenimento dei legami con il luogo di origine e un'organizzazione di tipo familiare o collettivo caratterizzavano queste forme differenti di mobilità. Nonostante la formazione di comunità stabili, intensi erano il ricambio e la mobilità dei loro membri per la forte incidenza di pratiche migratorie itineranti e la stagionalità degli spostamenti. Data la prevalente specializzazione mercantile, le rotte dei migranti erano dirette in questo caso soprattutto verso le città della costa, dove i mercanti levantini erano in molti casi attratti da una legislazione speciale favorevole agli stranieri. Inserito all'interno del quadro generale della mobilità in età moderna, il movimento dei migranti ortodossi tra il Levante e i territori latini appare dunque meno il prodotto di un'asimmetria tra le aree sottosviluppate del Mediterraneo orientale e i centri economicamente più avanzati dell'Occidente,[15] quanto piuttosto l'espressione di una diffusa «cultura della mobilità».[16] Come gli emigranti alpini, gli ortodossi non sempre fuggivano da un ambiente misero e ostile, ma adattandosi ai cambiamenti e alle frequenti crisi «si proiettavano verso una molteplicità di attività disperse in un vasto spazio».[17]

13. Scaramella, *"Sotto manto de santità"*, p. 62.

14. Sul modello migratorio alpino, vedi: Viazzo, *Migrazione e mobilità in area alpina*; Fontaine, *Montagnes et migrations de travail.*

15. Stoianovich, *The conquering Balkan Orthodox merchant*, p. 305.

16. *La montagna mediterranea*, p. 12, citato in Bevilacqua, *Società rurale e emigrazione*, p. 99.

17. *Ibidem.*

L'immagine convenzionale del cristiano in fuga dalla tirannia del Turco, riproposta anche dagli estensori del volantino citato all'inizio di queste pagine, non riflette, dunque, il carattere composito di queste migrazioni. Inoltre, una molteplicità di altre esperienze di mobilità e pratiche migratorie complica il quadro sin qui delineato, mentre riconduce ancora una volta il fenomeno delle migrazioni ortodosse ad una dimensione più generale. Nella storia delle migrazioni ortodosse verso la penisola ritroviamo, infatti, altre forme di mobilità d'antico regime. I migranti/coloni del Regno di Napoli, sia quelli delle aree del latifondo sia quelli residenti nelle città contadine a ridosso della costa, erano entrambi coinvolti in continui spostamenti a breve raggio che ne accomunano l'esperienza a quella di altri soggetti residenti in territori rurali o semi-rurali.[18] Una mobilità di altro tipo era quella legata a progetti di colonizzazione diretti dallo stato, al reclutamento militare e alla mobilità ecclesiastica. Sempre più soggetta dai primi decenni del XVIII secolo al controllo degli stati,[19] quest'ultima, come vedremo più avanti, sembra incarnare più di altre pratiche migratorie l'aspetto del vagabondare picaresco e i caratteri di marginalità e povertà spesso associati alla mobilità in epoca moderna.[20] La mobilità del clero ortodosso non investiva soltanto Roma, centro di attrazione per pellegrini ed ecclesiastici appartenenti a diverse denominazioni religiose, provenienti da tutta Europa o da aree geografiche più lontane. Gli spostamenti dei religiosi tra le comunità di rito greco presenti in Cristianità s'inserivano all'interno di una più generale mobilità inter-comunitaria che coinvolgeva anche altri soggetti e caratterizzava l'esistenza pratica anche di altri gruppi migranti non ascrivibili a categorie etno-confessionali.[21] Come in molteplici altri casi di mobilità, le strategie e le reti familiari e la provenienza dalla stessa località svolgevano un ruolo fondamentale nella creazione di queste connessioni, così come in generale nell'organizzazione della migrazione.[22]

La formazione di un'ortodossia occidentale fu dunque l'esito di un

18. Cfr. Pizzorusso, *I movimenti migratori,* p. 9.

19. Cfr. Heyberger, *Chrétiens orientaux dans l'Europe catholique*, p. 63; Bertrand, *Pour une approche comparée des modes de contrôle.*

20. Sanfilippo, *Problemi di storiografia*, p. 23.

21. Pizzorusso, *I movimenti migratori*, p. 3.

22. Cfr. Fontaine, *Solidarités familiales*; Ramella, *Reti sociali, famiglie e strategie migratorie*; Schurer, *The Role of the family in the process of the migration*; Markovits, *The global world,* pp. 7-8; Ortega, *Negotiating transcultural relations in the early modern Mediterranean*, p. 20.

complesso, dinamico e multiforme processo migratorio. Le pagine seguenti sono dedicate alla ricostruzione dei flussi che furono all'origine di questo fenomeno. La descrizione di questo processo migratorio, il quale non è riconducibile a un unico punto di origine nel tempo e nello spazio, prelude al tentativo più ampio, svolto all'interno di questo libro, di storicizzare la presenza ortodossa all'interno dei territori cattolici e di analizzarne i caratteri e le dinamiche fuori dal quadro semantico della diaspora.

Sin dalla dominazione bizantina in Italia meridionale,[23] il canale d'Otranto funse da asse di collegamento tra le due sponde dell'Adriatico, divenendo al tempo dell'assedio di Otranto nel 1481 uno degli avamposti della Cristianità contro l'avanzata turca.[24] Da qui, tra i secoli XV-XVI, migliaia di ortodossi in fuga davanti alla progressiva avanzata ottomana transitarono dalle regioni dell'Epiro, dell'Albania e del Peloponneso nelle città costiere e nell'entroterra del Regno di Napoli *citra et ultra Pharum* (Puglia, Molise, Campania, Calabria e Sicilia). La migrazione ortodossa verso le terre dell'Italia meridionale fu un processo composito e discontinuo: ad esso presero parte gruppi sociali e linguistici diversi, i quali a ondate successive ripopolarono colonie preesistenti, fondarono nuovi insediamenti all'interno di casali diruti e abbandonati o, più di rado, formarono piccole comunità all'interno dei centri urbani del litorale. Nelle relazioni settecentesche inviate alla Congregazione di Propaganda Fide si racconta che gli albanesi erano giunti in Italia dopo la morte del loro «gloriosissimo Principe Giorgio Castriotto detto Scanderbegh», «da quando fu l'Albania occupata dal Turco», nel periodo compreso tra il 1468 e i primi decenni del XVI secolo.[25] I tradizionali legami della corte napoletana con l'Epiro e la forte crisi politica, demografica ed economica che investì il Regno nei secoli XIV-XV, favorirono l'insediamento di nuovi coloni all'interno dei numerosi feudi rimasti disabitati e incolti a causa dell'imperversare di pestilenze e carestie e delle lotte intestine.[26] La creazione delle prime colonie è da ricondursi probabilmente all'insediamento di gruppi di mercenari albanesi, giunti nel Regno al soldo degli Aragonesi e degli Angioini, in

23. Sulla presenza greca in Italia meridionale in epoca medievale, vedi: Peters-Custot, *Les grecs de l'Italie méridionale post-byzantine*.

24. A proposito delle incursioni turche sul litorale orientale della penisola italiana, vedi: Ricci, *I turchi alle porte*; sulle percezioni della minaccia turca in Europa, vedi dello stesso autore: *Ossessione turca*.

25. ASPF, SC, Italogreci, vol. 4, Palazzo Adriano, 3 ottobre 1755, c. 341r.

26. Giacomarra, *Albanesi di Sicilia*, p. 266.

lotta per la supremazia nella regione.[27] Quando al termine delle operazioni militari Scanderbeg tornò in patria per guidare la resistenza anti-turca, parte delle sue truppe si fermò in alcuni casali diroccati nella provincia di Taranto, dando vita ad un insediamento diffuso e frammentato. Fu questa l'origine della cosiddetta Albania tarantina.[28]

Negli anni successivi, un numero cospicuo di contadini e diseredati in fuga si riversò sulle coste pugliesi: mentre alcuni riuscirono a integrarsi nell'ambiente sociale indigeno, gruppi più consistenti si stabilirono nei centri rurali del Tarentino e nelle vicine province dell'entroterra,[29] in Capitanata – in particolare nella diocesi di Larino[30] – e soprattutto in Calabria citeriore. Qui, la formazione delle colonie albanesi avvenne attraverso successive aggregazioni e separazioni di nuclei di profughi,[31] favorite da disposizioni regie volte a fornire forza-lavoro ai feudatari locali e a ripopolare i centri disabitati.[32] Dopo la creazione dei primi insediamenti nei pressi di Catanzaro e Crotone (Calabria Ultra), i casali più popolosi sorsero sulle pendici della Sila (Calabria Citra) negli anni successivi alla morte di Castriota e alla caduta di Kruja, tra il 1476-79.[33] Nello stesso periodo, sul sito di alcuni antichi casali abbandonati, sorsero in Sicilia Contessa Entellina,[34]

27. Mazziotti, *Immigrazioni albanesi in Calabria,* p. 72.

28. Vedi in particolare Coco, *Casali albanesi nel Tarentino.*

29. Mazziotti, *Immigrazioni albanesi in Calabria,* pp. 78-79.

30. *Relazione del Rev. papàs Andrea Figlia,* p. 3. Cfr. Tomai-Pitinca, *Comunità greco-albanesi in diocesi di Larino.* In Ducellier *et alii, Les chemins de l'exil,* p. 386, a questa migrazione si fa risalire anche la fondazione nella provincia di Campobasso dei villaggi di Sant'Elena, Santa Croce e Colle del Lauro. In Capitanata altri nuclei di albanesi e slavi si stabilirono in quest'epoca anche nella provincia di Foggia (Casale della Trinità, Lucera, San Severo, S. Giovanni Rotondo, Monte S. Angelo e in altri paesi garganici), anche se già nel XVI non ve n'è più traccia nella numerazione dei fuochi. Cfr. Fiorella, *L'Albania d'Italia,* pp. 37-39.

31. Mazziotti, *Immigrazioni albanesi in Calabria,* p. 71.

32. Ivi, p. 87.

33. I migranti giunti qui prima della caduta di Scutari e Croia ripopolarono i paesi di S. Demetrio, Macchia, Vaccarizzo, S. Giorgio, S. Cosmo, Spezzano, Santa Sofia d'Epiro, Lungro, Firmo e altri siti sulle alture bagnate dallo Ionio; dopo quegli eventi sorsero i casali di Castroregio, Acquaformosa, Frascineto, Cavallerizzo, Civita, Cerzeto, Percile, S. Basilio, S. Benedetto Ullano, Santa Caterina, Cervicato, S. Giacomo, Serra di Leo, Marri, Percile, Mongrassano, Plataci, Rotagreca e molti altri, di alcuni dei quali si sono perdute le tracce. Coco, *Casali albanesi nel Tarentino*, p. 42.

34. Ducellier [*et alii*], *Les chemins de l'exil*, pp. 404-405; *I capitoli delle colonie greco-albanesi di Sicilia,* p. 8.

Mezzojuso e Palazzo Adriano, a sud di Palermo, e successivamente i casali di Biancavilla, di Piana degli Albanesi e di S. Michele di Ganzeria.[35] La conquista turca di Scutari nel 1478 generò nuove migrazioni verso l'Italia meridionale: questa volta i migranti, molti dei quali erano cattolici di rito latino, si diressero verso i paesi della Basilicata, mentre gruppi consistenti si stabilirono a Venezia e nelle città della terraferma veneta. Già negli anni successivi al 1467 molti migranti albanesi erano giunti nel territorio lucano dai centri litorali della Puglia, senza tuttavia dar vita ad un insediamento stabile. Fu solo a partire da questa data che li ritroviamo numerosi nella provincia di Potenza: mentre alcuni si inserirono in diversi centri abitati, finendo nel giro di pochi decenni assimilati alla popolazione locale, altri andarono a popolare alcuni antichi casali diruti.[36]

A distanza di diversi decenni dalla creazione di questi primi insediamenti, nuove ondate migratorie andarono a incrementare la popolazione delle prime colonie e in alcuni casi a fondarne di nuove. È quanto avvenne, ad esempio, nel 1534 in seguito alla caduta di Corone in mano ai turchi. Il gruppo dei migranti provenienti dal Peloponneso comprendeva una popolazione linguisticamente mista, composta da elementi grecofoni e arvaniti, i quali parlavano un particolare dialetto greco-albanese:[37] originari dei paesi ortodossi dell'Albania meridionale, questi ultimi erano emigrati nel Peloponneso e nelle vicine isole greche davanti all'avanzata delle armate ottomane tra i secoli XIV-XV. Secondo una tradizione tramandata da Pietro Pompilio Rodotà e ampiamente diffusa, i profughi coronei sarebbero stati di nobile lignaggio e avrebbero ottenuto da Carlo V particolari privilegi ed esenzioni. Desideroso di «concedere ai suoi progenitori una patente di nobiltà»,[38] attraverso una simile rivendicazione l'erudito ed ecclesiastico italo-albanese mirava verosimilmente ad ottenere il riconoscimento di uno status privilegiato, il quale, seppur originariamente concesso, sarebbe stato

35. Ivi, p. 10. Alcuni esponenti dell'aristocrazia albanese ottennero dai baroni o dagli ecclesiastici locali il permesso di insediarsi con la propria gente nei loro feudi disabitati.

36. Dai registri del fondo «Tesorieri e percettori» si rileva la presenza di esuli anche in numerosi centri del potentino come Avigliano, Cancellara, Laurenzana, Oppido, Vaglio e Vignola. Palestina, *Fuochi albanesi nella Provincia di Potenza,* p. 69. Invece, i casali lucani ripopolati dai profughi albanesi in questa fase furono: Barile, Brindisi di Montagna, Ginestra, Maschito e Rionero. Fiorella, *L'Albania d'Italia*, pp. 44-48.

37. Mazziotti, *Immigrazioni albanesi in Calabria*, pp. 109-113. Per l'origine degli arvaniti, vedi: Mackridge, *Aspects of language and identity.*

38. Mandalà, *Mundus vult decipi*, p. 179.

perduto nel tempo.[39] In realtà, i pochi albanesi presenti tra i profughi della Morea erano in maggioranza contadini e pastori: mentre questi ultimi raggiunsero i casali albanesi dell'entroterra al seguito di alcuni esponenti del clero greco, la maggior parte degli elementi grecofoni, di origine urbana, riuscì ad inserirsi nel tessuto sociale dei centri costieri.[40] Alcuni – racconta nel Settecento Vincenzo Meola – «seguendo il destino de' legni, sopra cui erano imbarcati, rimasero in Sicilia; altri nelle Calabrie; gran parte finalmente in Napoli: ove le navi si ritirarono».[41] Ai coronei fuggitivi che si stabilirono nella capitale risale l'origine della comunità ortodossa di Napoli;[42] quelli che rimasero in Sicilia si stabilirono a Messina[43] e a Palermo,[44] mentre altre famiglie andarono ad incrementare la popolazione della colonia albanese di Palazzo Adriano. Gruppi di coronei, sotto la guida di Lazzaro Mathes, fondarono in Basilicata tre nuovi insediamenti in prossimità del confine calabro (S. Costantino Albanese, S. Paolo e S. Chirico Nuovo);[45] altri si stabilirono a Melfi, da dove nel 1597 sarebbero passati a Barile, mentre altri ancora andarono a popolare i casali albanesi preesistenti. Altri nuclei si stanziarono nelle colonie albanesi dei contadi di Bisignano e Rossano in Calabria (S. Benedetto Ullano, S. Demetrio Corone), in Capitanata[46] e nei centri del litorale pugliese.

In Puglia l'arrivo dei coronei s'inserì all'interno di un preesistente insediamento di origine balcanica, il quale appare più frammentato e discontinuo che altrove, talmente diffuso e composito che non sempre le fonti ci con-

39. Privilegi ed esenzioni furono sicuramente concessi da Carlo V ai numerosi soldati albanesi mercenari giunti nel regno, come ad esempio a Lazzaro Mathes. Mazziotti, *Immigrazioni albanesi in Calabria*, pp. 83-84.

40. Petta, *L'esodo dei coronei,* pp. 53-54, citato in Mandalà, *Mundus vult decipi*, pp. 175-181.

41. Meola, *Delle istorie della Chiesa Greca in Napoli esistente*, pp. 91-96.

42. Cfr. Giura, *La comunità greca di Napoli*, p. 124. Prima dell'arrivo dei profughi del Peloponneso non è documentata una presenza stabile di greci nella capitale. Hassiotis, *La Comunità greca di Napoli dal XV al XIX secolo*, pp. 477-494.

43. La città di Messina era uno dei principali centri del monachesimo basiliano; inoltre qui aveva sede un *metochion* (comunità dipendente) del monastero di Santa Caterina del Sinai. O'Mahony, *'Between Rome and Constantinople'*, pp. 232-251.

44. Sciambra, *Clero di rito greco*, pp. 3-28.

45. Coco, *Casali albanesi nel Tarentino*, pp. 45-47.

46. *Relazione del Rev. papàs Andrea Figlia,* p. 5. I coronei si stabilirono anche in Campania a Greci nella diocesi di Benevento (vedi: Tomai-Pitinca, *Comunità greco-albanesi in diocesi di Larino*, pp. 23-24n; Id., *Comunità di rito greco in diocesi di Benevento*, pp. 217-232).

sentono di distinguere con esattezza al suo interno le diverse stratificazioni temporali, linguistiche e confessionali. In Terra di Bari i coronei, guidati dal vescovo di Corone Benedetto, approdarono a Barletta, sulle coste settentrionali della Puglia, dove la loro presenza è documentata dal 1536.[47] Altri profughi coronei si fermarono a Brindisi: qui, come pure a Tuturano[48] e ad Oria, le fonti indicano già nella seconda metà del XV secolo la presenza di albanesi, greci e schiavoni tra i governanti della città. Sin dagli ultimi decenni del XV secolo, greci, albanesi e schiavoni erano presenti anche a Manduria[49] e a Lecce, come risulta da diversi documenti e cronache locali.[50] Numerosi «sclavuni» s'insediarono anche nei dintorni di Bari, sebbene in molti casi non sia possibile documentare con certezza la pratica del rito greco. Certamente nel 1615 gruppi provenienti da Cattaro, guidati da un sacerdote ortodosso, andarono ad abitare nel casale di S. Michele: il feudatario del luogo, un ebreo di origine portoghese di nome Michele Vaaz, agli inizi del XVII secolo «mandò in Dalmatia tre suoi grossissimi galioni [...] e fè condurre da quella parte molta gente»[51] affinché popolasse il suo territorio disabitato. Nei dintorni di Lecce, la Platea dell'Abbadia di S. Nicola di Casole registra nel 1665 la presenza di una chiesa *sub titulo* S. Nicola degli Albanesi.[52] Le visite pastorali documentano la presenza di altri paesi greci (Casarano, Galatone, Seclì) nella stessa diocesi[53] e in quelle di Ugento e di Castro, dove ancora nella prima metà del XVIII secolo esistevano ben quindici paesi di rito greco, grecofoni e di origine bizantina.[54] Numerosi insediamenti di fondazione bizantina erano

47. Fiorella, *La comunità greca di Barletta*, pp. 8-11. Sulla colonia greca di Barletta, vedi anche: Bucci, *Relazioni tra greci e latini a Barletta*; Vista, *La Madonna degli Angeli e la colonia greca.*

48. Coco, *Casali albanesi nel Tarentino*, pp. 137-138; Lisi, *La fine del rito greco in Terra d'Otranto*, p. 71; cfr. Jurlaro, *Gli Slavi a Brindisi fino al XVIII secolo*, pp. 147-162 .

49. Greco, *Immigrazione di albanesi e levantini in Manduria*. Una precoce politica di alleanze matrimoniali con le famiglie autoctone portò ad un rapido inserimento delle famiglie albanesi nel tessuto sociale locale, al punto da determinare la scomparsa di ogni traccia di albanità nel XVII secolo (Delille, *I meccanismi sociali*, pp. 101-113).

50. Giannotti, *Il rito greco a Lecce,* pp. 24-25.

51. D'Addabbo, *San Michele e una colonia serba*, pp. 289-310. Questa citazione è stata tratta dall'autore da una memoria manoscritta conservata nell'Archivio della Chiesa di S. Croce.

52. Coco, *Casali albanesi nel Tarentino*, p. 139.

53. Cfr. Tsirpanlis, *Memorie storiche*, pp. 849-851.

54. Vedi: Lisi, *La fine del rito greco in Terra d'Otranto*, pp. 78-79. Su queste comunità si conservano pochissime scritture relative al Settecento nell'archivio di Propaganda Fide, a riprova della loro progressiva scomparsa nel corso del secolo. Vedi pure la *Relazione alla*

presenti anche nell'arcidiocesi di Otranto e costituivano un'area identificata in una mappa dei primi dell'Ottocento con il toponimo di Grecia salentina.[55] Sin dal XIII secolo, «dalla Grecia e massime [...] da Terra d'Otranto»,[56] una popolazione grecofona seguace del rito greco si era insediata ad Altamura, nell'entroterra di Bari.[57] Sia Altamura che le comunità salentine gravitavano intorno all'Abbazia di S. Nicola di Casole: questo centro d'irradiazione culturale greca continuò a esercitare la sua influenza economica e culturale su tutta l'area almeno fino alla fine del XVI secolo, garantendo la continuità di rapporti tra il clero di rito greco dei due territori anche dopo la sua distruzione per mano dei turchi nel 1480.[58] Questi territori grecofoni di origine bizantina rimasero quasi totalmente impenetrabili ai profughi greci e albanesi. In un documento del 1577 i capi religiosi delle terre e casali delle diocesi di Otranto – che «di indioma et di natione ab immemorabili tempo sono stati greci chiamati italo greci αυτοχθονοι» – rifiutavano in modo perentorio ogni legame e relazione con quella «gente accoglittizza», formata da «Schiavoni, Albanesi e Schimarroti scismatici» proveniente dall'Oriente.[59] Tra i paesi della Grecia salentina, Galatina fu probabilmente l'unico ad accoglier nel corso dei secoli XV-XVI anche una popolazione albanofona,[60] giunta in quel luogo al seguito degli eredi di Scanderbeg.

Abbandonato il paesaggio sparso e frammentato delle colonie albanofone dell'entroterra – riflesso di una precisa volontà politica di evitare ogni pericolosa concentrazione[61] – nei centri del litorale adriatico troviamo un diverso modello d'insediamento. Già osservabile a sud nei porti pugliesi di Brindisi e Barletta, questo era costituito dall'inserimento di colonie dentro

Congregazione del Sacro Concilio fatta da Mons. Giovanni Battista Costantini, Vescovo di Castro, il 12 aprile 1736, pubblicata da Maggiulli, *Castro*, p. 214.

55. Vacca, *La Grecia e l'Albania Sallentine*, pp. 139-150; Lisi, *La fine del rito greco in Terra d'Otranto*, pp. 72-73. Cfr. Tsirpanlis, *Memorie storiche*.

56. ADA, Fondo del Capitolo della Cattedrale, Miscellanea, vol. V, *Esame testimoniale*, 1581, cc. 1-56.

57. Basile, *La comunità greca di Altamura*; Corsi, *La comunità greca di Altamura*; Incampo, *La fine del rito greco in Altamura*, pp. 439-446.

58. ABMC, Cartella 218, n. 312, cc. 35-47; cfr. Corsi, *Altamura bizantina e sveva*, pp. 13-14; Basile, *La comunità greca di Altamura*, p. 40.

59. *De Graeco-italorum et Orientalium grecorum usibus,* trascritto anche in Coco, *Vestigi di Grecismo in Terra d'Otranto*, p. 127.

60. Giancarlo Vallone rileva la presenza di greci, albanesi e altri levantini nella numerazione dei fuochi del 1545 (Vallone, *Aspetti giuridici e sociali nell'età aragonese,* p. 168).

61. Ducellier *et alii*, *Les chemins de l'exil,* p. 414.

il tessuto sociale ed economico urbano. Tra i secoli XV-XVI, l'avanzata ottomana nel Mediterraneo orientale e lo sviluppo dei traffici commerciali tra le due sponde dell'Adriatico stimolarono consistenti movimenti migratori anche in direzione di Ancona e Venezia. I primi a giungere nella laguna furono «quelle famiglie che qua passarono dopo la caduta di Costantinopoli nel 1453; e di altre provincie d'Oriente in mano ai turchi».[62] Fino alle soglie del XVIII secolo, l'emigrazione ortodossa verso la Serenissima rimase legata soprattutto alla presenza veneta in Levante e al monopolio commerciale della Serenissima sull'Adriatico.[63] Nonostante la posizione dominante di Venezia nello spazio mercantile adriatico, anche Ancona, nello Stato Pontificio, accoglieva intorno alla metà del Cinquecento un gran numero di forestieri, soprattutto ragusei, ebrei levantini, turchi e numerosi ortodossi.[64]

Agli inizi dell'età moderna anche l'isola di Malta, un tempo parte della sfera d'influenza bizantina, tornò ad accogliere nuove comunità cristiane di rito orientale. Nel 1530 i Cavalieri Ospitalieri abbandonarono Rodi e approdarono sull'isola con numerosi greci al seguito, come loro in fuga dai turchi. Le comunità di rito greco che sorsero al Borgo (Città Vittoriosa) e nella città di La Valletta nei secoli successivi accolsero anche mercanti greci provenienti da altri paesi del Levante, albanesi e oriundi italiani, i quali, stabilitisi da tempo in Oriente, si erano uniformati alla tradizione liturgica bizantina.[65] I documenti dell'Archivio di Propaganda Fide menzionano anche la presenza nelle parrocchie greche di alcuni arabi melchiti, forse giunti sull'isola al seguito dell'emiro Fakhr al-Dīn al- Ma'anī, originario del Libano, al tempo del viaggio che quest'ultimo effettuò in Italia e a Malta tra il 1613 e il 1618.[66]

Sul versante occidentale del Mare interno, la promulgazione della legge *Livornina* nel 1593 trasformò presto la nuova città-piazzaforte di Livorno in

62. ASVe, Consultori in Jure, b. 424, *Greci, II* (s.d.), citato in Falcetta, *Comunità ortodosse nell'alto Adriatico e in Dalmazia veneta*, pp. 100-101.

63. Sulla presenza greca a Venezia, si veda in particolare Papacosta, *Ηπειρώτες έμποροι στη Βενετία*; *I Greci a Venezia*; Mavroidi, *Aspetti della società veneziana del '500*; Fedalto, *Le minoranze straniere a Venezia*; Id., *Stranieri a Venezia e a Padova*.

64. Caracciolo, *Il porto franco di Ancona*, pp. 22-23.

65. Lupi, *Il rito greco a Malta*, p. 1250. Molte delle informazioni sono desunte dall'opera del papàs Chetta-Schirò, *Memorie su le chiese e il rito greco in Malta*.

66. Tale fu l'origine della migrazione melchita nel porto di Livorno (Grenet, *La fabrique communautaire*, p. 39). Sul viaggio dell'emiro in Cristianità, vedi Benigni, *Terre cristiane e confini d'Europa*.

un approdo per un numero crescente di mercanti provenienti soprattutto dai paesi del Mediterraneo orientale.[67] La chiesa greca unita della Santissima Annunziata divenne presto un punto d'incontro non solo per cristiani di fede ortodossa, ma anche per greci di rito latino provenienti dalle isole del mar Egeo e arabi melchiti e maroniti provenienti dalla Siria.[68] Durante il XVII secolo la creazione di nuovi insediamenti ortodossi nell'area tirrenica fu soprattutto conseguenza d'iniziative promosse dagli stati. All'interno di uno «spazio fluido di emigrazione»,[69] molteplici progetti d'espatrio collettivi si incrociano con altrettanto numerose possibilità di impiego al servizio dei sovrani cristiani o di colonizzazione di terre "nuove" e talvolta marginali.[70] Il primo nucleo di cristiani orientali giunse in Toscana intorno alla metà del XVI secolo, quando, al fine di potenziare le galere granducali, marinai, soldati e bombardieri furono reclutati nel Levante veneto da un agente di Cosimo I, Dionisio Paleologo.[71] Negli ultimi decenni del Cinquecento, i Granduchi di Toscana promossero diversi piani di popolamento nei paesi della Maremma: i primi coloni provenienti dalla Himara (nell'Albania meridionale) si stanziarono a Saturnia, dove giunsero anche grazie alla mediazione degli albanesi impiegati come marinai sulle navi granducali e alla circolazione di informazioni ad opera dei connazionali stabilitisi nel Regno di Napoli.[72]

Circa un secolo più tardi, intorno al 1670, nuovi negoziati si svolsero tra il Gran Duca Cosimo III e alcune famiglie della penisola del Mani (Peloponneso meridionale), appartenenti al clan dei Medici. Costretti a lasciare la loro terra in seguito alla conquista ottomana, a ondate successive, tra il 1671 e il 1682, i maniotti si stabilirono in diversi villaggi della diocesi di Volterra (tra cui quelli di Casalapi e di Bibbona) e nei dintorni di Sovana, vicino Grosseto.[73] Numerose famiglie maniotte provenienti da Pressio si insediarono nel 1674 anche a Mottola, nella regione di Taranto, dove furono accolte dal Duca di Martina,[74] mentre altri gruppi della stes-

67. Vedi in particolare Frattarelli Fischer, *Livorno città nuova 1574-1609*; Ead., *Livorno 1676: la città e il porto franco*; Calafat, *Être étranger dans un port franc*.

68. Cfr. Panessa, *Presenze greche ed orientali a Livorno*.

69. Stopani, *Établissement des colonies étrangères*, pp. 425-451.

70. Cfr. Papadia-Lala, *Collective expatriations*, pp. 127-133.

71. Frattarelli Fischer, *Alle radici di una identità composita*, p. 49.

72. Stopani, *Établissement des colonies étrangères*, pp. 439-443.

73. Vedi in particolare Spiliotakis, *Νεώτερα στοιχεία*.

74. Rodotà, *Dell'origine, progresso e stato presente del rito greco in Italia*, vol. 3, pp. 96-97; cfr. Tsirpanlis, *Οι Μανιάτες της Τοσκάνης*; Hassiotis, *Ελληνικοί αποικισμοί*.

sa città si imbarcarono verso la Toscana su una nave inglese.[75] Altri maniotti si stabilirono più tardi in Capitanata, nel Regno di Napoli: secondo il racconto di Rodotà, nel 1680 alcune famiglie giunsero dal «Braccio di Maina» nelle comunità albanofone di Chieuti e Campomarino, guidate da due sacerdoti, Georgio e Macario Sevastò.[76] Un altro clan proveniente dalla penisola del Mani, quello degli Stefanopoli, si stabilì nel 1676 in Corsica, a Paomia, in seguito a una lunga trattativa avviata già nel 1663 da alcuni loro rappresentanti con la Repubblica di Genova.[77] Nel secolo successivo, mentre i maniotti di Toscana furono gradualmente assimilati alla popolazione locale,[78] quelli di Corsica vissero una nuova fase di dispersione. Dopo il trasferimento coatto nella città di Ajaccio nella prima metà del XVIII secolo, molti tornarono in Levante, altri, invece, passarono a Napoli e a Livorno. Gruppi di maniotti lasciarono la Corsica per stabilirsi a Minorca, nella città di Porto Maone, dove alcuni mercanti greci si erano insediati dal 1745.[79] Nelle relazioni dei missionari di Propaganda si racconta che i maniotti, a causa di contrasti con i greci scimastici e con le autorità inglesi, da qui passarono in Sardegna. Su quest'isola, in particolare a Montresta, dopo lunghe trattative con Carlo Emanuele III, altri maniotti erano giunti dalla Corsica nel 1754 per popolare e bonificare alcune terre incolte e disabitate.[80]

Dopo un secolo segnato soprattutto da una mobilità negoziata, nuove migrazioni, di natura soprattutto commerciale, favorirono nel corso del Settecento la creazione di nuove comunità o la rinascita di quelle preesistenti. Com'è stato già accennato, l'emergere di una presenza commerciale gre-

75. Tsirpanlis, *Οι Μανιάτες της Τοσκάνης*, pp. 151-52; Rodotà, *Dell'origine, progresso e stato presente del rito greco in Italia,* vol. 3, p. 96.

76. Ivi, p. 94; cfr. Papadopoulos, *Μανιάτες έποικοι.*

77. Nicholas, *History of the Greek colony of Corsica,* p. 36; cfr. Tsirpanlis, *Οι Μανιάτες στην Παόμια.*

78. Nei volumi miscellanei sugli italogreci conservati nell'Archivio storico di *Propaganda Fide* si fa menzione delle comunità maniotte di Toscana solo fino agli ultimi anni del XVII secolo. Le condizioni malsane del clima in Maremma ridussero drasticamente nel giro di qualche anno la popolazione di quelle colonie. I piccoli nuclei superstiti, costretti a passare al rito latino, finirono per essere rapidamente assimilati alla popolazione locale; questo fu anche il destino dei maniotti di Mottola. Cfr. Tsirpanlis, *Οι Μανιάτες της Τοσκάνης.*

79. Svoronos, *Η ελληνική παροικία της Μινόρκας*, pp. 323-324.

80. ASPF, SC, Italogreci, vol. 4, Livorno, marzo 1761, cc. 510r-511v. Sui greci in Sardegna vedi in particolare: Salice, *Colonizzazione sabauda e diaspora greca*; *Nostos, Montresta e i greci*; Stephanopoli de Comnéne, *Les Grecs-maniotes en Sardaigne 1754.*

ca nelle città portuali della penisola risale già al XVI secolo. Allora, questa presenza era stata favorita non soltanto dal ruolo di Venezia in Levante e nell'Adriatico, ma anche e soprattutto dalla «ricostruzione di un esteso potere imperiale nel Mediterraneo orientale» che, dal Mar Nero ai porti italiani, sostenne le attività dei mercanti, marinai e armatori ottomani, molti dei quali erano di fede ortodossa.[81] Nel Settecento, l'evoluzione del quadro diplomatico e le politiche mercantiliste degli stati diedero nuovo impulso alla presenza commerciale greca fuori dai confini del Mediterraneo orientale. Il mutamento degli equilibri di potere e delle geografie commerciali in questa fase orientò la mobilità ortodossa soprattutto a nord della penisola italiana: verso i territori asburgici dell'Europa centrale, in direzione degli empori inglesi e olandesi e verso la regione del Mar Nero.[82] A sud, nel Mediterraneo, nuove aree come l'Egitto, la Spagna e le isole iberiche attrassero in questa fase un numero crescente di mercanti e armatori greci.[83]

All'interno di questo scenario, i porti e le città mercantili della penisola assunsero sempre di più il ruolo di «ingranaggi subordinati alle esigenze di scambio di un'economia avente le dimensioni di grandi o medi Stati ed ambizioni crescenti di contatto mercantile internazionale».[84] Nonostante i molteplici fenomeni di riflusso, gli scali marittimi italiani, durante tutto il XVIII secolo, attrassero nuovi arrivi dal Levante. La politica d'intesa, di pace e «utilità» avviata dagli Asburgo con la Porta nel 1718 favorì l'insediamento di mercanti ottomani non soltanto a Vienna, ma anche sul litorale austriaco, in particolare nel nuovo porto franco di Trieste.[85] Monopolio veneziano fino alle soglie del XVIII secolo, l'Adriatico divenne da quel momento un'area di aperta competizione commerciale.[86] Da questo cambiamento trasse vantaggio anche Ancona, la quale nel 1732 ottenne dal Pontefice «la grazia del porto franco».[87] Dopo una lunga fase di declino, durante la quale la colonia greca si era ridotta alla presenza di poche famiglie, il porto pontificio divenne meta di numerosi mercanti itineranti,

81. Greene, *The early modern Mediterranean*, pp. 94-95.

82. Per un quadro generale, vedi: Katsiardi-Hering, *The Greek diaspora: its geography and typology*; Harlaftis, *Mapping the Greek maritime diaspora*.

83. Harlaftis, *The 'eastern invasion'*, p. 245; Harlaftis, Laiou, *Ottoman state policy in Mediterranean trade and shipping*, pp. 7-10; Corrales, *Greek-Ottoman captains*.

84. Caracciolo, *Il porto franco di Ancona*, p. 68

85. Cfr. Frigo, *Trieste, Venezia e l'equilibrio italiano nel Settecento*.

86. Costantini, *Commerci ed economie nell'Adriatico d'età moderna*, pp. 371-372.

87. Caracciolo, *Il porto franco di Ancona*, pp. 72-73.

attratti verso quel tratto di costa anche dalla crescente importanza assunta nella regione dalla fiera di Senigallia.[88] Anche nel Regno di Napoli Ferdinando IV, desiderando espandere il commercio con i territori del Levante, negli ultimi decenni del Settecento cercò di persuadere «mercanti ricchi Greci di rito di portarsi in Napoli, Messina e Brindisi per istabilirsi colle loro famiglie»:[89] a tal fine nel 1784 il sovrano borbonico dichiarò nuovamente porto franco la città di Messina[90] e dal 1789 tentò di promuovere alcuni interessanti progetti di colonizzazione nel porto brindisino e nel suo entroterra, attraverso l'arrivo di famiglie greche da Candia e dalla Morea. Lo stabilimento di «una fiera a Brindisi per trar colà tutti i vantaggi che ha Sinigaglia» e l'adozione di altri provvedimenti di carattere economico e religioso, avrebbero concorso, insieme alla bontà del clima e del suolo, «à le faire préfère par les Grecs [il regno di Napoli] au séjour de la Russie, et des Etats de la maison d'Autriche».[91] Sull'effettivo stabilimento a Brindisi di una colonia di rito greco alla fine del Settecento, tuttavia, non si hanno notizie certe. Diversi autori contemporanei riferiscono di un progetto di colonizzazione presto fallito: Angelo Masci, nel suo *Discorso*, riporta che Ferdinando IV «accolse una nuova colonia in Brindisi, proteggendola, incoraggiandola, e somministrandole tutto il bisognevole, quantunque l'evento poi non corrispose alle sue mire».[92] Durante il Settecento due importanti comunità mercantili fiorirono certamente a Barletta e a Lecce, già sedi di comunità ortodosse. La comunità greca di Barletta, decimata dalla peste del 1656, cominciò a rifiorire soprattutto grazie all'arrivo, all'indomani del trattato siglato con la Porta nel 1740, di numerosi mercanti provenienti

88. Cfr. Katsiardi-Hering, *Λησμονημένοι ορίζοντες ελλήνων εμπόρων*.

89. ASN, MAE, Affari con l'Albania (1789-1799), b. 4253, *Riflessioni necessarie intorno alle famiglie greche, che vengono a stabilirsi in Brindisi* e altre carte relative allo stesso affare (inc. 1, cc. 1r-12v); *Greci di Morea e Candia, Memoire di Eleuterio Yhary,* cc. 2r-3v.

90. Korinthios, *I greci di Napoli,* pp. 256-260; sui privilegi concessi nel Settecento al porto di Messina, vedi anche: ASVa, ANAN, (1818-1860), fascicoli diversi - Propaganda Fide (1838-1850), n. 200, cc. 100-103.

91. ASN, MAE, Affari con l'Albania (1789-1799), b. 4253, *Riflessioni necessarie intorno alle famiglie greche.*

92. Masci, *Discorso del Consigliere di Stato Angelo Masci,* p. 78. Dagli stati delle anime della Chiesa cattedrale e delle altre parrocchie di Brindisi esaminati da Rosario Jurlaro «non risulta dalla metà e fino alla fine del '700, alcuna nuova immissione di orientali» (Jurlaro, *Gli slavi a Brindisi fino al XVIII secolo*, p. 154; cfr. Lisi, *La fine del rito greco in Terra d'Otranto*, p. 72).

da Giannina (Epiro). A Lecce, dove la più antica colonia greco-albanese dalla fine del XVII secolo aveva iniziato a mescolarsi con gli abitanti del luogo,[93] alcuni mercanti con le loro famiglie giunsero dalla Morea intorno al 1715.[94] Anche la comunità greca di Napoli dagli inizi del secolo cominciò ad accogliere un numero crescente di mercanti, caffettieri e cappottari, ai quali si aggiunsero, dopo il 1737, i numerosi soldati greci e cimariotti[95] arruolati nel nuovo Reggimento real macedone.

In questa fase, i nuovi dinamismi economici ridefinirono le gerarchie commerciali – e insieme con esse le rotte migratorie – non soltanto sul litorale orientale della penisola. Sulle coste tirreniche, Livorno, principale centro del commercio di transito nel Mediterraneo, soprattutto nella seconda metà del Settecento divenne sede di una fiorente comunità mercantile ortodossa.[96] I benefici prodotti dalla neutralità e liberalità che avevano segnato l'evoluzione del porto franco sin dalle sue origini, furono accresciuti in questa fase da una nuova politica d'intesa con il Sultano in materia di scambi e di navigazione.[97]

Nel corso del XVIII secolo nuovi progetti di colonizzazione portarono alla creazione nel Regno di Napoli di nuove colonie albanofone. Il papàs Andrea Figlia[98] racconta che nel 1743, a causa di alcune lotte intestine, un gruppo di «cimariotti» in fuga dall'Albania approdò in Brindisi, da dove nello stesso anno fu condotto da tre ufficiali del Reggimento macedone in Abruzzo, nel «luogo detto la Badessa». In Sicilia, un gruppo di coloni originari di Piana degli Albanesi nel 1691 fondò un nuovo insediamento a S. Cristina Gela. Quest'ultimo andava così ad aggiungersi alle altre numerose colonie italoalbanesi che, dalla Sicilia alla Calabria, dalla Basilicata[99] alla provincia di Capitanata, erano sopravvissute ai tentativi di latinizzazione del clero latino e che ancora nel XVIII secolo continuavano a preservare una propria distinta fisionomia culturale e religiosa.

93. Coco, *Casali albanesi nel Tarentino*, pp. 140-41.

94. Giannotti, *Il rito greco a Lecce,* p. 32; Vacca, *La città*, pp. 478-480.

95. Originari della regione di Cimarra, oggi Himara, nel sud dell'Albania.

96. Vlami, *Το φιορίνι, το σιτάρι και η οδός του κήπου,* pp. 67-77; Grenet, *La fabrique communautaire,* pp. 79-82.

97. Cfr. Lo Sardo, *Tra Greci e Turchi,* pp. 239-243.

98. Papàs è l'appellativo con cui sono designati i sacerdoti della Chiesa greco-ortodossa e quelli delle diocesi italo-albanesi dell'Italia meridionale (http://www.treccani.it/enciclopedia/papas/).

99. Pedio, *Contributo alla storia delle immigrazioni albanesi*, p. 179.

2. *Confini confessionali e orizzonti politici*

Le società plurime dentro cui gli individui e i nuclei di popolazione provenienti dall'Oriente ortodosso si insediarono, non erano spazi sociali e istituzionali inerti su cui le solidarietà comunitarie dei migranti si andarono fluidamente ad innestare. Plasmate da molteplici pratiche di definizione dei confini, queste società erano il luogo di una complessa negoziazione tra autorità secolari ed ecclesiastiche, tra istituzioni e attori sociali e tra diversi poteri statali. Per inquadrare la presenza ortodossa all'interno del Mediterraneo cattolico, converrà perciò osservare più da vicino l'insieme di queste dinamiche, cui è legata la problematica definizione dello status confessionale e legale dei migranti ortodossi all'interno delle società cattoliche.

L'analisi della presenza ortodossa nei territori cattolici non può prescindere innanzitutto dal considerare le pratiche di costruzione dei confini confessionali che, nel periodo successivo al concilio Tridentino, trasformarono gli equilibri e gli assetti all'interno dell'antica *respublica christiana.* Già prima del compiersi di questo processo di costruzione normativa e istituzionale, la Chiesa romana aveva tradizionalmente forgiato la propria identità attraverso una strenua opposizione alle espressioni di fede eterodosse e alla diversità religiosa che da epoca medievale attraversavano le società europee. Durante la cosiddetta età confessionale[100] la Cristianità continuò ad essere uno spazio multireligioso dove «le persone si trovarono ad essere divise dalla fede» all'interno delle stesse famiglie, comunità o villaggi.[101] Mentre all'interno dei milieux colti andava emergendo la rappresentazione di un'epoca e una società tollerante e illuminata, ancora nel Settecento rimanevano prevalenti il conflitto religioso, la presenza di forme regolate di coesistenza o le disparità di status tra gruppi appartenenti a fedi e confessioni differenti.[102] «Mentre cresceva l'attenzione dei poteri cattolici verso la definizione dei confini religiosi, anche la loro consapevolezza e preoccupazione per l'evanescenza e la violazione di questi confini divennero più intense».[103]

100. Sul dibattito intorno al concetto di confessionalizzazione, vedi: Lotz-Heumann, *Confessionalization*; Reinhard, *Disciplinamento sociale, confessionalizzazione, modernizzazione*; Luria, *Sacred boundaries*; Battistoni, *Comportamenti di confine*; Forster, *With and without confessionalization.*

101. Kaplan, *Divided by faith*, pp. 2-4.

102. *Ibidem.*

103. Siegmund, *The Medici State and the ghetto of Florence*, p. 3.

In quest'epoca, anche le relazioni tra Roma e il mondo ortodosso mutarono profondamente. Tra i secoli XVII e XVIII, la Chiesa romana intensificò gli sforzi volti a consolidare o, in certi casi, a espandere i propri confini a est. All'interno di questo quadro s'inserisce la fondazione nel 1622 della Sacra Congregazione di Propaganda Fide e la successiva organizzazione di numerose missioni cattoliche nei domini ottomani e negli stati vassalli della Porta, soprattutto in quei territori in cui piccole comunità cattoliche vivevano a contatto con una popolazione in maggioranza di fede musulmana e ortodossa.[104] Secondo l'interpretazione di alcuni studiosi, lo scisma avrebbe trovato definitivo compimento soltanto nel secondo quarto del XVIII secolo, proprio in conseguenza degli effetti profondi prodotti dai processi di confessionalizzazione in atto all'interno sia del mondo cattolico sia di quello ortodosso.[105] In Moldavia, dove i cattolici praticavano il nicodemismo, la Chiesa greca si oppose strenuamente ai tentativi dei missionari cattolici di convertire la popolazione di fede ortodossa.[106] Sul versante cattolico, la proibizione a partire dal 1729 della comunicazione *in divinis*, ovvero della partecipazione dei fedeli alle liturgie e ai sacramenti di un'altra confessione, divenne il segno tangibile di una volontà più ferma di separazione e irrigidimento confessionale, in Oriente come in Occidente.[107] All'interno delle comunità dei fedeli la distanza tra il piano pratico e quello normativo rimase a lungo ampia; tuttavia a livello istituzionale, la politica più aggressiva perseguita nell'Impero ottomano dalle gerarchie cattoliche dalla metà del XVII secolo, portò nel 1724 alla creazione in Siria di un Patriarcato cattolico-melchita.[108] Nei territori latini, invece, gli sforzi romani di disciplinare i cristiani ortodossi lì residenti non si tradussero nella nascita di un cattolicesimo orientale, strutturato in modo unitario in-

104. Per le missioni cattoliche nei terriori ottomani, vedi in particolare: Heyberger, *Les chrétiens du Proche-Orient au temps de la Réforme catholique*; Molnar, *Le Saint-Siège, Raguse et les missions catholiques de la Hongrie Ottomane*; Id., *Baluardi mediterranei del cattolicesimo sul confine d'Europa*; Tóth, *Politique et religion dans la Hongrie du XVIIe siècle*; Girard, *Impossible independence or necessary dependency*?; Chelaru, *Il problema della conversione*; Id., *Venezia e l'attività missionaria cattolica nell'Europa Centro-Orientale*; Frazee, *Catholics and Sultans,* pp. 67-152. Nelle isole venete del mar Ionio, vedi invece: Pagratis, *Chiesa latina e missionari francescani conventuali.*

105. Ware, *Eustratios Argenti*, pp. 23-32; *Orthodox and Catholics in the seventeenth century*; cfr. Santus, *La communicatio in sacris,* p. 326; Lavenia, *Quasi haereticus*, pp. 7-9.

106. Chelaru, *Il problema della conversione,* pp. 396-399.

107. Santus, *La communicatio in sacris*, pp. 326-328.

108. Salzmann, *Notes from Rome*, pp. 244-245.

torno ad una gerarchia e ad un corpus di norme e tradizioni proprie come accadde in Medio Oriente.[109] Ciò nonostante, quegli sforzi, di cui andremo di seguito a ripercorrere le tappe, furono spesso in grado di generare effetti concreti sull'esistenza dei cristiani ortodossi residenti nelle diocesi latine della Cristianità. La dialettica tra questi sforzi e le dinamiche prodotte dagli attori sociali vennero così definendo nel tempo uno spazio frontaliero, negoziale e d'adattamento, conflittuale e precario.

I primi consistenti flussi migratori dall'Oriente ortodosso verso i territori di giurisdizione della Chiesa latina ebbero luogo nei decenni successivi al concilio di Firenze (1439), nel contesto di una ristabilita, seppur controversa, unione tra le Chiese. È all'interno di questo clima che nel 1456 i greci giunti a Venezia dopo la caduta di Costantinopoli,[110] auspicando la costruzione di una chiesa del loro rito, ricorsero alla mediazione del metropolita di Kiev il cardinale Isidoro, araldo dei decreti unionisti in Oriente.[111] Nello spirito dell'unione, e dunque del riconoscimento delle tradizionali autonomie della Chiesa bizantina, il Papa accordò la giurisdizione sulle comunità greche e albanesi «totius Italie et Occidentis» all'arcivescovo filocattolico di Ocrida,[112] dal quale dipendeva il metropolita d'Agrigento, deputato alla cura pastorale di quelle comunità dal 1536.[113] L'instaurazione di una giurisdizione mista nelle diocesi latine s'inquadrava in un contesto politico fluido, in cui, nonostante il fallimento dell'unione, i contatti epistolari tra i Pontefici e le gerarchie ecclesiastiche orientali proseguivano sotto la spinta dell'avanzata ottomana nel Mediterraneo orientale. Già prima della nomina del primo metropolita orientale d'Italia, con il *Breve Accepimus Nuper* Leone X[114] aveva riconosciuto nel 1521 l'esistenza nei territori di giurisdizione latina di una Chiesa greca, organizzata intorno ad

109. Vedi: Heyberger, *Les chrétiens du Proche-Orient au temps de la Réforme catholique*, pp. 383-550; Girard, *Le christianisme oriental (XVIIe-XVIIIe siècles)*.

110. Manoussacas, *La comunità greca di Venezia*, p. 49.

111. Calabi, *Gli stranieri e la città*, p. 919.

112. Posta al confine tra Albania meridionale e Macedonia, Ocrida era la sede dell'episcopato autocefalo bulgaro, la cui giurisdizione copriva trenta diocesi distribuite tra l'Albania, la Serbia, la Macedonia e la Bulgaria. O'Mahony, *Between Rome and Constantinople*, p. 237.

113. Peri, *I metropoliti orientali di Agrigento*, pp. 296-301.

114. Il Pontefice, «ultimo papa umanista del Rinascimento romano», incoraggiò anche l'insegnamento del greco attraverso la fondazione di un Ginnasio (1514- 1521), di cui fu ispiratore il dotto Giano Lascaris, destinato all'educazione dei giovani greci (Tsirpanlis, *Il primo e secondo Collegio greco di Roma*, pp. 507-511).

una gerarchia e ad un ordinamento canonico propri.[115] Nella Repubblica veneta l'accordo fiorentino sarebbe rimasto a lungo «la magna charta sulla quale si misuravano le relazioni e le convenzioni reciproche» tra Stato, comunità orientali e Chiesa latina.[116] Alla fine del XVI secolo, la pressione turca nel Mediterraneo orientale e il mutamento nei tradizionali rapporti tra Chiesa e Stato consentirono agli ortodossi residenti nella Serenissima di dedurre conseguenze radicali dal principio, ormai altrove declinante, dell'indipendenza della Chiesa greca dalle autorità ecclesiastiche locali. Nel 1577, attraverso il capitolo generale della sua confraternita, la comunità greca di Venezia elesse il primo Metropolita di Filadelfia, Gabriele Seviros.[117]

Un anno dopo l'istituzione di quel seggio, nel 1578 fu eletto l'ultimo metropolita di Agrigento. Il concilio di Trento (1545-1563) aveva segnato una forte cesura nei rapporti tra la Chiesa romana e i cristiani di rito orientale residenti nelle diocesi latine della Cristianità.[118] Fu allora che l'originaria convivenza tra le due Chiese si dissolse nella distinzione tra pluralità dei riti e delle tradizioni liturgiche e unicità della dottrina e della disciplina canonica, definite da quel momento rigorosamente nel solco dell'ortodossia cattolica.[119] Il *Breve* di Pio IV del 1564, con il quale i fedeli del rito greco furono sottoposti ai vescovi latini, fu il primo di una serie di provvedimenti

115. Il Breve di Leone X fu ratificato dalla Bolla di Clemente VII nel 1526 e temporaneamente revocato nel 1542 dal breve di Paolo III, il quale nel 1549 ripristinò i privilegi precedentemente riconosciuti ai fedeli del rito greco. Manoussacas, *La comunità greca di Venezia e gli arcivescovi di Filadelfia*, p. 52; cfr. Varnalidis, *Le implicazioni del breve "Accepimus nuper" di Papa Leone X.*

116. Fedalto, *La comunità greca, la Chiesa di Venezia, la Chiesa di Roma*, p. 90.

117. Consacrato dal Patriarca ecumenico o dagli arcivescovi ortodossi residenti nei domini veneziani, quest'ultimo riceveva la licenza per esercitare il suo ministero direttamente dal Patriarca di Costantinopoli, attraverso l'emissione di un sigillo patriarcale (Manoussacas, *La comunità greca di Venezia* pp. 57-63). Nel 1583 la confraternita con una delibera rifiutò di riconoscere il giuspatronato del Patriarca di Costantinopoli: questo atto, segno dell'emergere nel corpo laico della comunità di uno spirito di autonomia dalle gerarchie ecclesiastiche, orientali e latine, probabilmente intendeva ribadire la sottomissione della nazione al potere secolare, il quale non guardava con favore alla dipendenza dei suoi sudditi o degli esteri domiciliati nei suoi territori da autorità politiche o ecclesiastiche situate all'esterno dei confini statali (Fedalto, *La comunità greca, la Chiesa di Venezia, la Chiesa di Roma*, pp. 99-100).

118. Cfr. Peri, *Il Concilio di Trento e la Chiesa greca*; Id., *Orientalis varietas*; Lamacchia, *La Chiesa Italo-Albanese.*

119. Croce, *La stratégie missionnaire de l'église romaine*, p. 65.

attraverso cui il Papato cercò di regolare in modo organico la presenza ortodossa in conformità con le istanze di normalizzazione e disciplinamento espresse dal concilio di Trento.[120] Al termine dei lavori conciliari erano andate moltiplicandosi da parte dei vescovi dell'Italia meridionale le denunce contro gli «abusi» e le deviazioni liturgiche e dottrinali in cui vivevano i fedeli orientali presenti nelle loro diocesi a causa soprattutto dei vescovi scismatici che giungevano da Oriente.[121] Spinti anche dalla necessità di raccogliere maggiori decime in un territorio caratterizzato da una bassa densità demografica,[122] i vescovi latini cercarono di attuare ogni forma di pressione e coercizione per procurare l'estinzione del rito greco.[123]

Senza rinunciare ad esercitare il controllo su quelle popolazioni, le autorità romane andarono progressivamente abbandonando il progetto della *reductio Grecorum*. Nel 1577 Papa Gregorio XIII eresse a Roma il Collegio greco di Sant'Atanasio con lo scopo di formare un clero cattolico di rito greco in grado di emendare gli «errori» dei propri correligionari nell'Occidente latino come in Oriente.[124]

> Per moltissimi anni – si legge nella memoria di un vescovo – continuarono gli Albanesi [...] di mandare fin a Roma i loro figli. Da circa un secolo poiché lì l'aria era poco confacente al naturale di questa nazione [...] cominciò a diminuire il numero degli alunni che da queste terre andavano lì, così crebbe l'ignoranza nelle colonie italo-greche del Regno e molti paesi per mancanza di ecclesiastici di rito greco abbandonarono il suddetto rito e passarono al latino.[125]

120. Prima di allora i concili diocesani delle zone in cui erano presenti comunità di rito greco avevano elaborato di volta in volta singoli provvedimenti, in risposta alle situazioni concrete e contingenti. Peri, *La Congregazione dei Greci (1573),* pp. 153-157.

121. O'Mahony, *Between Rome and Constantinople*, p. 236; per la Calabria, vedi: Mazziotti, *Immigrazioni albanesi in Calabria,* p. 117.

122. ASPF, SC, Italogreci, vol. 4, Vaccarizzo, 7 maggio 1742, cc. 53r-54r.

123. Cfr. Farella, *I decreti sinodali dell'arcivescovo Lelio Brancaccio,* pp. 672-673.

124. Gli alunni del Collegio erano formati nella grammatica greca e latina e nella cultura classica (letteratura, filosofia, dialettica), e introdotti alla scienza teologica attraverso lo studio di Tommaso d'Aquino e dei Padri orientali (Tsirpanlis, *Il primo e secondo Collegio greco di Roma*, pp. 511-514).

125. ASPF, SC, Italogreci, vol. 6, San Benedetto Ullano, 22 febbraio 1783, *Memoria del Vescovo italo-greco d'ambedue le Sicilie,* c. 53v. Nel 1648 Leone Allacci erudito grecista, bizantinista e teologo, custode della Biblioteca Vaticana, scrisse: «I loro sacerdoti sono obbligati dalla Sede Romana, cui appaiono sottomessi, a conservare il rito d'origine, ma anche a subordinare al rilascio di patenti da parte dell'Ordinario latino l'esecuzione del proprio ministero sacerdotale, quando per dispensa pontificia non vengano addirittura ordinati

Per porre rimedio a questa situazione, nel 1732 Benedetto XIV dispose la fondazione in Calabria, a San Benedetto Ullano, del Collegio Corsini, trasferito nel 1794 a San Demetrio Corone.[126] Solo due anni dopo, nel 1734, il pàpas italoalbanese Giorgio Guzzetta fondò a Palermo un Seminario greco-albanese per l'educazione del clero locale. Simili opere, volte alla salvaguardia del rito greco, furono promosse e sostenute dalla Curia romana anche nell'intento di proteggere il rito latino dalla contaminazione con credi e pratiche liturgiche mai completamente inquadrati all'interno dell'ordinamento cattolico. Soprattutto nelle diocesi meridionali, la «mescolanza dei riti» nei casali albanofoni era una realtà diffusa alla quale nel 1742 papa Benedetto XIV cercò di porre un argine con la bolla *Etsi Pastoralis*: la rigida separazione tra i riti venne allora per la prima volta regolata attraverso l'elaborazione di norme precise, ad esempio in materia di matrimoni misti, fondate sul principio della supremazia del rito latino sul rito greco.[127]

Affinché il rito greco fosse ridotto alla mera espressione di una tradizione cattolica unica e multiforme, era necessario che ogni legame con le gerarchie ecclesiastiche orientali fosse estinto. A tal fine nel 1578 fu creato a Roma un vescovo cattolico di rito greco, privo di giurisdizione, con il compito di provvedere esclusivamente all'ordinazione del clero al quale era affidata la cura pastorale dei fedeli di rito greco residenti in Italia e in altri territori di giurisdizione latina.[128] Per esimere i propri nazionali dall'incombenza di portarsi a Roma, nei primi decenni del Settecento un gruppo di alunni del Collegio greco, originari dei casali albanofoni dell'Italia meridionale, chiese alla Sacra Congregazione di Propaganda Fide d'istituire in quelle parti un vescovo per l'ordinazione del clero.[129] Dopo l'istituzione nel 1735 di un vescovo italogreco in Calabria, nel 1784 anche gli Italoal-

da un vescovo italiano "more latino", però sempre per il rito greco» (Allatii, *De Ecclesiae Occidentalis atque Orientalis perpetua consensione libri tres*, Coloniae Agrippinae 1648, lib. III, cap. 8, p. 1092, citato in Peri, *Chiesa romana e "rito" greco*, p. 21).

126. Bugliari, *Vita di Mons. Francesco Bugliari*, pp. 89-101.

127. La costituzione apostolica prescriveva l'impossibilità per il marito latino di abbracciare il rito orientale della moglie e l'obbligo per quest'ultima di uniformarsi al rito del coniuge. Nel caso in cui il marito fosse stato di rito orientale era precluso alla moglie un analogo passaggio, mentre i figli avrebbero dovuto seguire il rito paterno solo nel caso in cui la moglie latina non avesse voluto educarli nel proprio rito. Fortino, *Esempio significativo di ecclesiologia di comunione tra Chiese*, pp. 15-16; cfr. Pellegrini, *Benedetto XIV e le Chiese orientali.*

128. Cfr. Foscolos, *I vescovi ordinanti per il rito greco a Roma.*

129. ASPF, Acta, 26 settembre 1718, cc. 560v-566r.

banesi di Sicilia, sostenuti dall'autorità regia, ottennero la creazione di un proprio seggio vescovile, come gli altri privo di giurisdizione.[130]

La maggior parte degli sforzi cattolici tesi a disciplinare la presenza ortodossa dentro i confini della giurisdizione latina interessò le colonie italoalbanesi dei Regni di Napoli e Sicilia: qui, infatti, ancora nel Settecento, risiedeva il corpo più consistente dell'ortodossia occidentale. Le politiche romane nei confronti dei fedeli orientali erano tuttavia rivolte anche alle comunità ortodosse del litorale. Sin dalla pubblicazione nel 1595 della *Perbrevis Instructio,* una raccolta di prescrizioni di carattere disciplinare *super aliquibus ritibus Graecorum* destinata ai vescovi latini, tutti i fedeli del rito greco sparsi «nelle diocesi latine d'Italia e delle isole adiacenti» furono raggruppati sotto la denominazione generale di italogreci.[131] Alla stregua dei cristiani uniati di Ucraina e Transilvania,[132] gli italogreci erano considerati *de jure* «Orientales *uniti* Sanctae Sedi», in quanto tali distinti dai greci cosiddetti scismatici residenti in Levante, fedeli al Patriarca ecumenico di Costantinopoli, i quali tuttavia si confondevano spesso con i primi all'interno delle stesse comunità. L'obbligo di pronunciare la professione di fede cattolica, originariamente prescritto ai soli alunni del Collegio greco, nel 1634 fu esteso a tutto il clero greco presente in Cristianità. Da allora i parroci delle chiese greche furono in molti casi sottoposti a un attento esame dottrinale da parte degli ordinari diocesani.[133] I riflessi di queste politiche furono disomogenei e in alcuni casi soltanto effimeri. A Napoli, prima di celebrare il matrimonio nella chiesa greca, i promessi sposi erano costretti a subire il processetto matrimoniale, nel corso del quale erano indotti a dichiarare la loro appartenenza alla Chiesa apostolica romana. Altrove il potere del clero latino sortì effetti più profondi: in Terra di Bari, ad esempio, le gerarchie ecclesiastiche locali riuscirono a lungo ad impedire la concessione di una chiesa di rito greco ai migranti provenienti dal Levante,[134] mentre ad Ancona sostennero l'esclu-

130. Croce, *La stratégie missionnaire de l'église romaine*, p. 66.

131. L'espressione «italogreci» deriva dal linguaggio curiale della seconda metà del XVI secolo. Con questo termine furono definite inizialmente le popolazioni grecofone di origine bizantina presenti in Puglia e in Calabria e i gruppi immigrati dall'Albania nei secoli XV-XVI. Il termine venne quindi esteso a tutti i fedeli del rito greco residenti in Italia e nelle isole adiacenti, nonostante le distinzioni liturgiche e culturali. Cfr. Peri, *Chiesa romana e "rito" greco,* pp. 15-48.

132. Ivi, pp. 34-35.

133. Croce, *La stratégie missionnaire de l'église romaine*, p. 66.

134. È quanto si evince dalla risposta del Supremo magistrato di commercio napoleta-

sione di questi ultimi dallo spazio sacro della Chiesa e dalla gestione delle istituzioni comunitarie.[135]

A differenza degli abitanti degli antichi insediamenti ellenofoni di origine bizantina – per i quali la designazione di italogreci era stata originariamente coniata – i migranti ortodossi giunti in Italia meridionale in epoca moderna e i loro discendenti, salvo alcuni casi, svilupparono un distinto senso di appartenenza al cattolicesimo soltanto in epoca recente.[136] Nonostante le disposizioni papali e, talora, la corruzione delle tradizioni liturgiche originarie,[137] anche i coloni italoalbanesi non cessarono mai di sentirsi parte dell'universo spirituale e culturale orientale.[138] Anche in seguito al concilio di Trento, nelle colonie albanofone in molti continuarono a osservare comportamenti liturgici e credenze proprie dell'universo sacro orientale e i vescovi diocesani a denunciare queste pratiche come «abusi» e pericolose novità.[139] Ancora nel XVIII secolo, le lettere indirizzate dal clero latino a Propaganda riferiscono dei «molti abusi presenti tra gli italogreci di Calabria, Puglia e Abruzzo»[140] come nelle parrocchie greche di Livorno, Messina e Venezia,[141] dove venivano stampati i libri liturgici «scismatici» utilizzati anche nelle comunità ufficialmente greco-cattoliche di Corsica e del Regno di Napoli. Sebbene le comunità di rito greco racchiuse sotto la categoria di italogreci fossero realtà ecclesiali, sociali e culturali *de facto* molto eterogenee, esse erano legate ad uno stesso «gruppo di riferimento» o «espace investi».[142] Negli ultimi decenni del Settecento, gli appelli alla protezione degli zar di Russia a difesa del culto e della fede ortodossa riecheggiarono da tutte le comunità di rito greco della penisola: non soltanto da quelle di Livorno, Ve-

no a una supplica rivolta a quell'autorità dai mercanti di nazione greca di Barletta nel 1748 (ASN, TA, SMC-Dispacci, b. 1729 (1777-1785), fasc.120, 10 gennaio 1785, cc. 5r-6r).

135. Vedi *infra*, p. 207.

136. Ferrari, *Gli Italo-albanesi tra Costantinopoli e Roma*, pp. 349-356.

137. Nella costruzione di nuovi altari, nella distribuzione della comunione sotto un'unica specie, nel modo di amministrare i sacramenti Vittorio Peri ha ravvisato alcune delle alterazioni introdotte dalle norme e dalle politiche post-tridentine. (Peri, *Culto e pietà popolare degli Albanesi d'Italia,* p. 12).

138. Cfr. Ferrari, *Gli italo-albanesi tra Costantinopoli e Roma*, pp. 351-356.

139. Varnalidis, *Le implicazioni del breve "Accepimus nuper"*, pp. 359-382.

140. ASPF, SC, Italogreci, vol. 6, S. Benedetto Ullano, 22 febbraio 1783, *Memoria del Vescovo italo-greco d'ambedue le Sicilie Mons. Archiopoli,* c. 53rv.

141. ASPF, SRC, Italogreci, vol. 3, 15 luglio 1718, *Notizie date dall'Abb.te Balsarini intorno alli disordini et abusi de Greci isistenti in Christianità*, c. 65r.

142. Su questa nozione, vedi: Rosental, *Maintien/rupture*, p. 1408.

nezia e Ancona, dove numerosi erano i mercanti scismatici provenienti dal Levante, ma anche dal casale siculo-albanese di Piana, a testimonianza dei legami che univano alcune comunità italoalbanesi al resto dell'ortodossia orientale. La prassi di ricevere l'ordinazione da vescovi orientali non era mai stata completamente abbandonata dal clero siculo-albanese, parte del quale, ancora nel XVIII secolo, continuava a recarsi in Levante o a ricevere il crisma sacerdotale dai vescovi scismatici di passaggio sull'isola. Nonostante i provvedimenti adottati dalla Curia per dissolvere ogni legame tra le comunità italogreche e la gerarchia ortodossa orientale, fin oltre il Settecento, i territori cattolici continuarono ad essere percorsi da monaci questuanti provenienti dai monasteri ortodossi del Monte Athos, del Sinai e di Patmos.[143] Numerosi erano pure i vescovi orientali che giungevano a Roma dal Levante per chiedere assistenza e i poveri chierici in cerca di un sussidio papale o di un impiego all'interno delle tante parrocchie greche della Cristianità. Anche le colonie italoalbanesi erano lambite da questo continuo peregrinare. Nella prima metà del Seicento un frate agostiniano di Candia, Diodato Solera, ne descriveva gli effetti deleteri in una scrittura intitolata «sopra il sollievo della Cristianità particolarmente della Grecia»:

> Da Levante capitano [nel Regno di Napoli] molti Greci, Piroti, Albani, e Moraiti, così secolari, come anche sacerdoti, e prelati, li quali [...] non trovano quel sussidio, e raccoglimento, che si dovrebbe, e che sperano di ricevere nel Cristianesimo, il perché fanno ritorno in Grecia disperati [...] Laonde, chi si dà in preda alla perfidia dello scismo, e chi affatto riniega la fede, e vi e più nell'animo de Greci imprimono l'odio, il rancore contro della Nazione latina, dal che si va impossibilitando l'unione de Greci alla Santa Sede Apostolica. I Preti Greci [...] sendo loro poverissimi con carica di famiglia, sono quei, che talora [...] negl'animi de Greci, tuttocché Italianati, pongono l'odio alla Nazione Italiana, raccordando gl'Abusi antichi.[144]

In un altro passo della stessa scrittura, il frate agostiniano osservava come nel Regno di Napoli «si trovano molte teste, e casali de Greci, et Albanesi [...] li quali tuttocché nell'esteriore per timore delle temporali pene faccino alla latina, ad ogni modo confondono il rito greco col Latino senz'os-

143. Croce, *La stratégie missionnaire de l'église romaine*, p. 65.

144. ASVa, Missioni (di Propaganda Fide), Scritture e lettere Grecia (1611-1784), fasc. n. 116, *Scrittura del P. Diodato Solera Agostiniano diretta à Benedetto XIV sopra il sollievo della Cristianità particolarmente della Grecia*, s.d., cc. 2r-13r; qui c. 3r. Cfr. Mazur, *A Mediterranean port in the confessional age*, pp. 228-229.

servanza d'amendue...».[145] Durante il XVII secolo e oltre, anche in Oriente, da Costantinopoli al Cairo, dalla Georgia a Corfù, nei luoghi in cui cattolici e ortodossi convivevano l'uno accanto all'altro, la comunicazione *in divinis* era diventata una prassi sempre più diffusa.[146] La realtà descritta da Solera avrebbe continuato a sopravvivere e a destare preoccupazione nella Curia romana anche nel secolo successivo. Non è un caso che una copia della relazione del frate greco-agostiniano fosse stata recapitata al pontefice Benedetto XIV, fautore nel Settecento della rigida separazione dei riti.

Gli studi recenti sulle relazioni interconfessionali tra protestanti e cattolici hanno portato alla luce le pratiche attraverso cui gli adepti di entrambe le confessioni cristiane sfidavano le definizioni ufficiali di comunità, costruite prevalentemente sul criterio dell'appartenenza confessionale.[147] Come osserva Keith Luria nel suo studio sulla convivenza religiosa nella Francia del Seicento, «cattolici e ugonotti attraversavano spesso [il confine confessionale] in una molteplicità d'interazioni quotidiane [...]. Durante simili scambi il confine confessionale non necessariamente si dissolveva, ma esso non impediva alle persone appartenenti alle due fedi di vivere insieme».[148] Le osservazioni di Luria potrebbero essere estese anche alle relazioni tra cattolici e ortodossi. L'attraversamento dei confini confessionali, tanto avversato da Roma, connotò l'esperienza di quelle comunità che maggiormente subirono il controllo del clero latino, in particolare quelle dei Regni di Napoli e di Sicilia. Le maggiori interferenze qui erano esercitate dai vescovi latini e riguardavano non soltanto la vita delle comunità dell'entroterra, i cui membri erano sudditi del Re cattolico, ma anche quella dei greci forestieri del litorale. Ad esempio, nel caso dei mercanti di nazione greca residenti a Barletta e in tutta Terra di Bari, la comunicazione *in divinis* con i latini divenne presto una pratica diffusa per l'assenza *in loco*, fino al 1789, di una chiesa di rito greco. Contro le prevaricazioni del clero locale, tuttavia, era intervenuto nel 1701 lo stesso pontefice con la pubblicazione di un *Monitorio cum inhibitione Apostolica*: in esso si confermava ai greci e agli albanesi presenti o di passaggio nel Regno, «in particolare in Brindisi, Otranto, Taranto, Gallipoli e Napoli», la «quieta e pacifica pos-

145. ASVa, Missioni (di Propaganda Fide), Scritture e lettere Grecia (1611-1784), fasc. n. 116, *Scrittura del P. Diodato Solera*, c. 2v.

146. Santus, *La communicatio in sacris*, pp. 330-331.

147. Vedi ad esempio i saggi raccolti nel volume: *Defining community in early modern Europe*.

148. Luria, *Sacred boundaries*, p. XXVI.

sessione di esercitare tutte le ragioni parrocchiali ed amministrare tutti li sagramenti».[149] Spinti da interessi di natura politica ed economica, anche i viceré e in seguito i sovrani borbonici cercarono a più riprese di sottrarre la nazione greca alla tutela dell'arcivescovo di Napoli e dei vescovi diocesani.[150] In generale, tuttavia, tra i regnanti prevalse un atteggiamento accondiscendente verso le pretese del clero cattolico locale. Anche il privilegio del porto franco di Messina, con il quale nel 1784 fu nuovamente accordata «sicurezza reale» e «tolleranza civile» a tutti i forestieri non cattolici,[151] fu segnato nella pratica da limiti e contraddizioni.

Prima della promulgazione dell'editto borbonico, altri sovrani cattolici, influenzati dai principi di una gestione razionale e utilitaristica dello stato, avevano visto nella tolleranza religiosa una pratica per accrescere la ricchezza dei propri stati. Come a Messina, l'autonomia dalla giurisdizione del vescovo latino era compresa tra le franchigie riconosciute ai migranti ortodossi all'interno del quadro normativo del porto franco. A Livorno e a Trieste, in particolare, il potere politico fu in grado di opporsi più fermamente all'aspirazione della Chiesa romana a «costituirsi in istituzione territoriale, obbligatoria, universale».[152] A Trieste, nel 1751 l'Imperatrice Maria Teresa consentì ai mercanti greci e illirici residenti nel porto asburgico di erigere una «Chiesa greca del Dogma de Greci Orientali non uniti alla Romana».[153] A Livorno, dove dal 1605 esisteva una chiesa greca unita, la concessione di una chiesa scismatica nel 1757 fu vincolata *all'exercitium religionis privatum.*[154] Nella Serenissima, per ragioni più di natura politica che economica, l'autonomia dei cristiani orientali e del loro capo spirituale, il metropolita di Filadelfia, trovò a lungo un baluardo nel Senato veneziano.[155] Il mutare degli equilibri di potere in Levante e il diverso orienta-

149. ASN, MAE, Chiese greche nei domini napoletani, Diversi, (s.d.), b. 4240, Exequatur della Curia del Cappellano maggiore sopra un monitorio per l'osservanza dei privilegi apostolici a favore de parrochi della Nazione greca, 1702.

150. Belli, *La comunità greca a Napoli,* pp. 459-461; Hassiotis, *Sull'organizzazione, incorporazione sociale e ideologia politica dei Greci a Napoli,* pp. 430-431.

151. ASN, MAE, Chiese greche nei domini napoletani, Diversi, (s.d.), b. 4240, *Copia degli articoli IV. V. X. dello Editto Reale per lo stabilimento, ed ampliazione dei privilegi, e del salvocondotto della Scala, e Porto franco della Città di Messina.*

152. Brambilla, *Statuto delle minoranze religiose e secolarizzazione*, p. 176.

153. Cfr. Falcetta, *Comunità ortodosse nell'alto Adriatico e in Dalmazia veneta*, p. 110.

154. Brambilla, *Statuto delle minoranze religiose e secolarizzazione,* p. 180.

155. L'avanzata ottomana nel Mediterraneo orientale alla fine del XVI secolo convinse le autorità venete – a quell'epoca dominate da forze antipapali e antispagnole – della

mento dei ceti dirigenti portarono, tuttavia, agli inizi del Settecento, a una messa in discussione temporanea della tradizionale politica ecclesiastica veneta.[156] In generale, dove ai migranti ortodossi fu concessa una maggiore autonomia dalla giurisdizione latina, come a Livorno e a Trieste, le confraternite annesse alle chiese nazionali vennero a definire spazi di privilegio all'interno dei quali i migranti ortodossi si costituirono in gruppi separati da più rigidi confini dalla popolazione di rito latino, non soltanto sul piano giuridico e confessionale, ma anche nella sfera delle relazioni private. Il configurarsi dei rapporti tra cattolici e ortodossi fu perciò in larga misura plasmato dai rapporti di forza tra potere secolare e autorità ecclesiastica.

Per comprendere la posizione dei cristiani ortodossi all'interno delle società cattoliche, occorre infine considerare la distinzione giuridica tra sudditi e forestieri. Nei luoghi in cui gli ortodossi erano sudditi del sovrano cattolico,[157] questo status non necessariamente implicava la dissoluzione dei confini comunitari, né esso comportava ovunque una maggiore soggezione al monopolio territoriale esercitato dalla Chiesa cattolica. I greci di Venezia, provenienti in maggioranza dalla Stato da Mar, formavano un «corpo suddito,

necessità di smussare le intransigenze della Chiesa latina nei confronti dei suoi sudditi di rito greco (Tsirpanlis, *La posizione della comunità greco-ortodossa*, p. 123).

156. Agli inizi del XVIII secolo la Repubblica impose per alcuni decenni ai parroci della chiesa greca di S. Giorgio l'obbligo di fare la professione di fede cattolica e la sottomissione al Patriarca latino. Solo nel 1780 fu consentita di nuovo l'elezione del Metropolita di Filadelfia, la cui sede era rimasta quasi ininterrottamente vacante dalla morte del primo metropolita greco-cattolico Meletios Tipaldos nel 1712 (Manoussacas, *La comunità greca di Venezia,* pp. 66-68). L'atteggiamento condiscendente verso le ingerenze della Curia nel governo degli ortodossi sudditi e forestieri, soprattutto nella Dominante e in Dalmazia, fu probabilmente indotto dalla necessità di ricorrere all'aiuto papale nelle lunghe guerre contro i turchi (Gullino, *La politica ecclesiastica veneziana*, p. 15). Secondo altre ipotesi, questo cambiamento sarebbe stato determinato soprattutto dalla constatazione che il Patriarca ortodosso non poteva essere più di alcun aiuto per la Serenissima dal momento che il Fanar – il quartiere patriarcale a Costantinopoli – era controllato dai turchi e che la Dalmazia, dopo l'espansione dei suoi confini e l'inclusione di migliaia di slavi ortodossi, era caduta nell'orbita d'influenza russa (Tsirpanlis, *La posizione della comunità greco-ortodossa*, p. 144).

157. Un nucleo consistente di sudditi di fede ortodossa risiedeva anche nei territori ungheresi della monarchia asburgica. Qui Ödön Füves, sulla base dei censimenti del 1754 e del 1769-1770 e di altri dati d'archivio, l'ha stimata nell'ordine di circa 10.000 anime, raggruppate in 30 comunità religiose. A questi bisogna aggiungere i mercanti ottomani naturalizzati di Vienna e Trieste. Porfyriou, *La diaspora greca fra cosmopolitismo e coscienza nazionale,* pp. 235-236. I dati forniti da Füves sono tratti da: Füves, *Οι Ελληνες της Ουγγαριας*; le stime demografiche relative all'Ottocento, sono desunte invece da Fényes Elek.

e nazionale».[158] Nel Regno di Napoli, la popolazione italoalbanese, composta interamente di «regnicoli», ovvero sudditi del re borbonico, era organizzata all'interno di *universitates* proprie, distinte da quelle latine, fondate su antichi statuti e capitolazioni.[159] Certamente, le dinamiche di attraversamento dei confini confessionali e in alcuni casi anche di vera e propria acculturazione al contesto locale interessarono in modo particolare l'esperienza degli ortodossi sudditi, sia veneti che napoletani. La costituzione a Venezia nel 1708 di una confraternita greco-cattolica, annessa alla chiesa latina di Sant'Antonino e distinta da quella ortodossa di San Giorgio,[160] fu opera di un élite composta per lo più di sudditi veneziani di origine ionica e cretese, per la quale l'adesione al cattolicesimo, nelle sue diverse forme e gradazioni (dall'uniatismo al latinismo), era parte di una consapevole strategia d'integrazione.[161] Anche numerose colonie albanofone del Regno napoletano abbracciarono nei secoli il cattolicesimo latino, pur continuando a preservare la lingua e i costumi originari. Diverso era tuttavia nei due stati lo statuto delle chiese greche e di conseguenza anche la posizione confessionale dei sudditi di rito greco. Nella visione di Paolo Sarpi, con l'«acquisto» di Costantinopoli del 1204 aveva avuto inizio il giuspatronato veneziano sulle Chiese orientali, il quale «proseguiva anche in regime di occupazione turca delle sedi».[162] Nello Stato da Mar l'assunto del Sarpi non aveva soltanto il valore di un'argomentazione storico-giuridica. Nel Settecento, quando il dominio veneto sui territori greci si ridusse sostanzialmente alle Isole Ionie,[163] i membri della *Deputazione estraordinaria ad Pias Causas* riconoscevano come

> lo stato di questa Chiesa [di S. Giorgio], e della sua Prelatura non ha potuto mai esser diverso da quello dell'altre suddite chiese del levante dello stesso rito, siccome diversi non furono mai questi Greci da quelli, coi quali tengono infiniti vincoli di patria, di parentela o di traffico, e con i quali formano in sostanza una sola e medesima Nazione.[164]

158. ASVe, Consultori in jure, Greci, I, b. 422, Lettera indirizzata al Principe dalla Deputazione straordinaria ad Pias Causas (27 marzo 1773), in Falcetta, *Comunità ortodosse nell'alto Adriatico e in Dalmazia veneta,* p. 119.

159. Vedi *infra*, p. 68.

160. Vedi: Ploumidis, *La Confraternita greco-cattolica di Santo Spiridione a Venezia (1708).*

161. Vedi in particolare Koutmanis, *Το τρίτο είδος,* pp. 408-412.

162. Fedalto, *La comunità greca, la Chiesa di Venezia, la Chiesa di Roma,* pp. 101-102.

163. Falcetta, *Comunità ortodosse nell'alto Adriatico e in Dalmazia veneta,* p. 101.

164. Ivi, p. 119.

La continuità di questi legami, documentati diffusamente negli atti testamentari,[165] induceva i consultori veneti a considerare la comunità greca veneziana come un'emanazione dei possedimenti levantini, dove la Chiesa ortodossa aveva una giurisdizione propria, distinta da quella romana. Perciò, essi giudicavano un'illegittima e pericolosa «innovazione» la distinzione in seno a quella comunità tra «uniti» e «separati», dal momento che una simile distinzione era inesistente nelle «patrie greche» da cui provenivano i suoi membri.[166] Nel Regno di Napoli, invece, la Chiesa romana rimase tenacemente coestensiva e connessa in modo inestricabile allo Stato. Questa condizione, come abbiamo accennato, pesò profondamente sullo status confessionale delle comunità suddite come di quelle estere.

All'interno delle società cattoliche, la posizione e le prerogative dei forestieri di fede ortodossa non erano definite esclusivamente in base al criterio dell'appartenenza confessionale. Come è stato osservato anche a proposito dei mercanti armeni presenti nei porti cattolici, agli occhi dei poteri europei questi ultimi erano innanzitutto sudditi ottomani o persiani e, dunque, il loro trattamento dipendeva dall'impero o dallo stato cui erano soggetti.[167] A Venezia le capitolazioni regolavano i rapporti con i mercanti ottomani, senza alcun riguardo per la loro appartenenza confessionale.[168] Un insieme complesso di relazioni di potere attraversava i confini mediterranei, legando tra loro persone e istituzioni differenti e influenzando profondamente le vite degli individui che si muovevano attraverso quei confini.[169] In virtù della propria provenienza e del proprio status legale, lo straniero poteva essere destinatario di una pluralità di esenzioni e privilegi definiti all'interno della legislazione statale e di accordi interstatali. La legge del porto franco, le pratiche dei tribunali commerciali e i trattati diplomatici vennero perciò talora definendo orizzonti pratici e normativi paralleli a quelli negoziati all'interno del rapporto tra Stato e Chiesa romana. Dentro questi spazi, lo status collettivo e individuale dei migranti non era definito in modo prevalente in base all'appartenenza confessionale.

165. Ivi, pp. 112-122.

166. ASVe, Consultori in jure, Greci, II, b. 424, Greci di Venezia, «Avvertenze» compilate nel 1783 a margine di alcuni articoli scritti dai Consultori *in jure* riguardo la posizione ecclesiastica dei greci di Venezia il 30 aprile 1775.

167. Baghdiantz, *Opportunity and legislation*, p. 66.

168. Greene, *Catholic pirates and Greek merchants*, pp. 32-41.

169. Ortega, *Negotiating transcultural relations in the early modern Mediterranean*, pp. 8-10.

Nel corso del XVIII secolo, ad eccezione del caso veneziano, la maggior parte dei forestieri di fede ortodossa presenti nelle città della penisola italiana proveniva dall'Impero ottomano. Nonostante le vecchie logiche di contrapposizione militare e religiosa tra Europa cattolica e Oriente ottomano non fossero solo un retaggio del passato, l'organizzazione della vita mediterranea fu sempre più spesso regolata da una serie di accordi diplomatici e commerciali siglati tra i soggetti gravitanti all'interno di queste due aree. Già nel XVI secolo, nell'ambito delle relazioni veneto-ottomane, era emerso, come abbiamo accennato, quello che Molly Greene chiama «un mondo di sudditi e sovrani»,[170] in cui la libertà e la sicurezza degli individui sul mare e dentro i confini territoriali altrui erano regolate all'interno di specifici accordi inter-statali. Nel 1764 l'abate Mably dedicò un intero capito della sua opera sul *Droit public de l'Europe*[171] ai «Traités des Puissances Chrétiennes avec la Porte».[172] Dall'Impero asburgico al Granducato di Toscana al Regno di Napoli, durante questo secolo un numero crescente di stati siglò con la Porta ottomana trattati diplomatici e commerciali. All'interno di questi accordi, gli interessi degli stati contraenti erano negoziati insieme alle prerogative e allo status dei rispettivi sudditi. Perciò si comprende come i mercanti ortodossi fossero generalmente identificati dalle autorità politiche come sudditi ottomani e non come scismatici. Negli ultimi anni la storiografia ottomana ha mostrato come anche all'interno dell'Impero la categoria di comunità etno-confessionale o millet non sia in grado di riflettere la realtà sociale più sfumata e complessa dentro cui si svolgeva l'esistenza dei *raya* non musulmani del Sultano. «L'alienazione dei cristiani dal mondo ottomano» – che la nuova storiografia ha contribuito a porre in discussione[173] – appare una realtà tanto più opinabile quando si adottano come punto di vista l'auto-percezione e lo status dei sudditi ortodossi della Porta fuori dai confini ottomani. Qui, le istanze collettive o individuali rivolte alle autorità civili, così come la definizione di schieramenti e alleanze all'interno del corpo comunitario, erano spesso modulate intorno allo status politico più che a quello confessionale.[174]

170. Greene, *Catholic pirates and Greek merchants*, p. 17.
171. Bonnot de Mably, *Principes des négociations*, p. 1.
172. Bonnot de Mably, *Le droit public de l'Europe,* tome I, pp. 343-525.
173. Cfr. Ozil, *Orthodox Christians in the late Ottoman Empire,* pp. 10-14.
174. Sullo scontro tra greci ottomani e veneziani all'interno della comunità di Napoli, vedi: Korinthios, *I greci di Napoli,* pp. 217-223; per la separazione tra sudditi asburgici e sudditi ottomani a Vienna, vedi: Seirinidou, *Έλληνες στη Βιέννη.*

«L'estraneità», dunque, poteva diventare una risorsa non soltanto in virtù di specifici trattati inter-statali o all'interno dei porti franchi, dove la provenienza era un criterio essenziale d'identificazione e dunque di accesso a una serie di franchigie e immunità.[175] A Napoli, ad esempio, l'accesso a un regime giuridico sovralocale, basato sulla procedura sommaria, dal 1746 divenne privilegio esclusivo dei mercanti forestieri.[176] Anche la creazione all'interno delle principali città portuali mediterranee di associazioni come le Borse o le Camere e Deputazioni di commercio, offriva ai mercanti forestieri ulteriori risorse attraverso cui negoziare con lo Stato e con le autorità municipali i propri interessi corporativi e/o individuali.[177] All'interno delle società cattoliche, tuttavia, l'appartenenza confessionale restava in molti casi un meccanismo fondamentale d'inclusione ed esclusione, il quale si contrapponeva ad ogni costruzione negoziale, sociale e volontaristica della cittadinanza.[178] Perciò, attraverso pratiche pubbliche di dissimulazione religiosa, i migranti ortodossi cercavano continuamente di aggirare il monopolio che la religione cattolica aveva nell'attribuzione così come nell'esclusione dalle risorse locali. Per questo il supplicante Anastasio Giampieri, mercante di gioie, rivolgendosi in cerca di giustizia al Segretario di Stato napoletano, dichiarava di essere sì suddito della Porta ottomana, ma di «nazione greca cattolica».[179]

3. *La frontiera: insediamenti di rito greco nell'Italia del Settecento*

Negli ultimi decenni, le analisi molteplici dei fenomeni di contatto, sincretismo, conversione e métissage attraverso il Mediterraneo moderno hanno contribuito a forgiare l'immagine di una civiltà unitaria, dove l'incontro e l'amalgama tra elementi culturali eterogenei sarebbero stati favoriti nel

175. Calafat, *Être étranger dans un port franc*, p. 110.

176. Zaugg, *Judging foreigners*, p. 178. Più in generale sul nesso tra stranieri e giustizia sommaria in antico regime, vedi i lavori di Simona Cerutti: *Giustizia sommaria*; *Statut juridique individuel, statut juridique corporatif*; *Les «misérables» en droit italien*, pp. 223-226.

177. Gekas, Grenet, *Trade, politics and city space(s) in Mediterranean ports*, pp. 96-97.

178. Cerutti, *Étrangers*, pp. 127-146.

179. ASN, AE, Nazione greca, b. 4403 (dal 1736 al 1772), fasc. Palazzo, 18 giugno 1745.

tempo dalla prossimità geografica e da una connettività intensa.[180] Questi fenomeni d'interazione, però, avevano luogo all'interno di contesti caratterizzati da relazioni di potere altamente asimmetriche. Le comunità ortodosse presenti all'interno del Mediterraneo cattolico furono anch'esse profondamente plasmate da questa asimmetria. Il dualismo confessionale non era riflesso soltanto nel rapporto gerarchico tra una minoranza religiosa (ortodossa) e un contesto culturale, politico e sociale dominante (cattolico). Come si vedrà nelle pagine seguenti, esso attraversava all'interno gli insediamenti e le comunità ortodosse. In alcuni casi questo dualismo assunse la forma del conflitto e della separazione. In altri, lo scontro rimase circoscritto all'interno della comunità, dove due partiti internamente fluidi ed eterogenei si fronteggiavano, prevalendo a fasi alterne l'uno sull'altro. Quasi ovunque, il dualismo confessionale produsse la formazione di diffuse zone interstiziali, in cui il confine tra cattolicesimo e ortodossia era reso ambiguo da frequenti atteggiamenti dissimulatori. La distinzione tra cattolici e scismatici perciò non discendeva in modo deterministico da attributi intrinseci a due distinti gruppi confessionali. Nella maggioranza dei casi queste distinzioni emergevano all'interno di uno spazio fluido, continuamente ridefinito dalle norme del potere secolare ed ecclesiastico e dalla volubilità dei comportamenti e dalle strategie individuali e collettive. Anche nel caso delle colonie albanofone dei Regni di Napoli e di Sicilia, identificate nelle fonti e nella storiografia come cattoliche, le testimonianze documentarie ci restituiscono il quadro di una realtà confessionale magmatica, non riducibile *tout court* alla categoria di uniatismo. In generale, uno scarto evidente esisteva tra le denominazioni con cui le autorità politiche e religiose erano solite identificare e ordinare la diversità interna alle società mediterranee e le pratiche e i comportamenti degli attori sociali, i quali continuamente sfidavano le pretese di ortodossia del potere ecclesiastico.[181]

Dal punto di vista dei processi storici (migratori, politici, sociali), delle pratiche sociali e dell'ubiquità che caratterizzava l'esistenza di molti

180. Vedi ad esempio i lavori di David Abulafia, *Mediterranean encounters*; Id., *The Great Sea*; Horden, Purcell, *The corrupting sea*; Greene, *A shared world*; Epstein, *Purity lost*; Dursteler, *Venetians in Constantinople*; Goffman, *The Ottoman Empire and early modern Europe*; Molho, *Ebrei e marrani fra l'Italia e l'Impero ottomano*; *Cultural encounters between east and west, 1453-1699*; Ortega, *Negotiating transcultural relations in the early modern Mediterranean*. Per un'ampia rassegna storiografica, vedi: Dursteler, *On bazaars and battlefelds*.

181. Molho, *Comunità e identità nel mondo mediterraneo*, p. 31.

migranti, gli insediamenti ortodossi, pur tra loro così eterogenei, appaiono dunque come spazi di frontiera.[182] Com'è possibile osservare anche altrove e in altre epoche storiche, i confini dei gruppi religiosi che abitavano la regione mediterranea e le linee che li separavano gli uni dagli altri non erano chiari né costanti: talvolta erano sfumati dall'acculturazione e dal sincretismo, talaltra erano marcati da dinamiche di conflitto e di separazione.[183] All'interno delle città e dei villaggi in cui i migranti s'insediarono, questi ultimi non assunsero quasi mai i tratti di una presenza fissa e omogenea. Istituzioni collettive quali chiese e confraternite, dove presenti, conferirono nel tempo stabilità a queste comunità, mentre una generale flessibilità connotava la consistenza e le caratteristiche del corpo sociale. Nelle città questa flessibilità era legata alla mobilità dei migranti, alla stagionalità dei flussi e al continuo ricambio dei membri. Nei centri rurali dell'entroterra dei Regni di Napoli e di Sicilia, non più raggiunti da flussi migratori di origine levantina, intense migrazioni interne a livello micro-regionale e la conseguente interazione con la popolazione latina indussero nel tempo profonde trasformazioni nelle popolazioni albanofone di origine epirota. In entrambi questi contesti, la comune origine geografica e/o culturale e le istituzioni comunitarie definivano solo in parte il contesto di relazione all'interno del quale si svolgevano le vite dei migranti/coloni ortodossi.[184] L'insediamento all'interno di una società diversa da quella di origine implicava l'inserimento del migrante all'interno di un sistema di relazioni – sociali e istituzionali – composito. Lo studio della comunità, perciò, non può risolversi in generiche assunzioni formulate «semplicemente guardando alle strutture [comunitarie], prestando spesso scarsa attenzione a ciò che queste strutture significavano in pratica, senza domandarsi se esse funzionavano e in tal caso come».[185]

Un'eredità antica

Ancora nel XVIII secolo, il corpo più consistente dell'ortodossia occidentale viveva nell'entroterra dei Regni di Napoli e di Sicilia, benché le migrazioni dal Levante verso queste aree si fossero esaurite nel tempo. Nel corso del XVII secolo, molte delle colonie albanofone di fondazione

182. Cfr. Feci, *Cambiare città, cambiare norme*, p. 6.
183. Cfr. Catlos, *Religious minorities*, pp. 361-362.
184. Cfr. Arru, Ramella, *Introduzione*, p. XIV.
185. Ozil, *Orthodox Christians in the late Ottoman Empire*, p. 18.

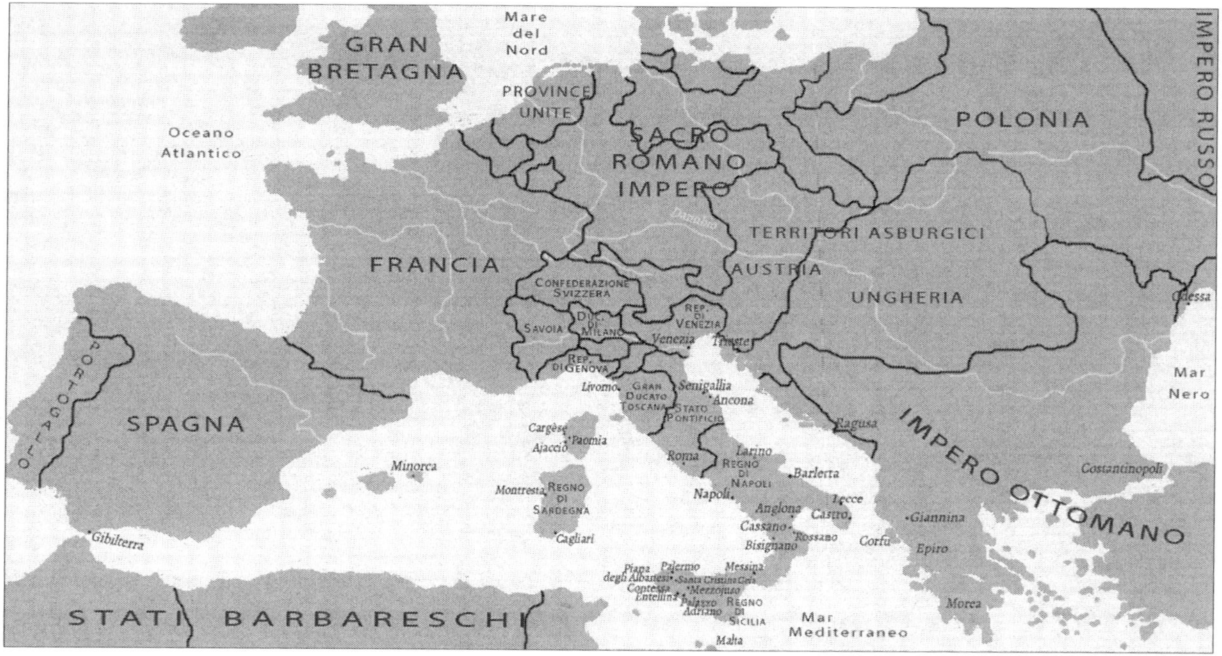

Mappa 1. Europa e Mediterraneo nel 1789. Insediamenti di rito greco nell'Italia del Settecento.
Anglona, Cassano, Rossano e Bisignano sono i nomi delle diocesi di appartenenza delle colonie italoalbanesi di Calabria. Castro è il nome della diocesi di appartenenza dei paesi grecofoni di rito greco di fondazione bizantina ancora esistenti nei primi decenni del XVIII secolo in Terra d'Otranto.

quattro-cinquecentesca erano state trasformate da un intenso processo di latinizzazione; ciò nonostante, ancora nei primi decenni del Settecento, il numero dei sudditi albanofoni di rito greco sembra ascendesse all'incirca a quaranta mila anime.[186]

Tra tutte le «Colonie Albanesi che in Capitanata di Puglia si rattrovano stabilite», il papàs Andrea Figlia lascia intendere che già nel 1680 «non vi era rito Greco [...] ché nella nostra di Chieuti».[187] Qui, tuttavia, nella seconda metà del XVIII secolo, il culto orientale appariva ormai «spirante e moribondo», essendo i fedeli del rito greco ridotti a sole 106 unità a fronte di circa 1106 latini.[188] È lontano dalle pianure costiere, in particolare nella provincia di Calabria Citra e in Basilicata, che i discendenti dei profughi d'Epiro e d'Albania riuscirono a preservare in maggior numero e più a lungo il rito greco, e con esso la lingua e le usanze natie.[189] Intorno al 1770 sembra che il numero degli «albanesi dispersi ne' luoghi di questa provincia, e di quella di Matera» ascendesse a circa ventiduemila anime.[190] Diverse migliaia erano pure i coloni albanofoni in Sicilia, la maggior parte dei quali nel XVIII secolo viveva raggruppata all'interno di quattro principali colonie: Piana,[191] nella diocesi di Monreale, Palazzo Adriano[192] e Contessa, nella diocesi di Girgenti (Agrigento) e Mezzojuso, nella diocesi di Palermo. Nel capoluogo siciliano anche la parrocchia greca di S. Nicolò, originariamente retta da greci «levantini», nel Settecento era amministrata e frequentata prevalentemente da individui di origine albanese.[193]

186. ASPF, SC, Italogreci, vol. 3, 1722, *Nota di Archivio sopra i Greci nelle Diocesi di Rossano, Bisignano, e Cassano Anglona e Lerino nella Calabria*, cc. 240r-247v; s.d., *Foglio istruttivo per il Nunzio di Vienna sopra la necessità di un vescovo di rito Greco per i Greci*, cc. 333r-334r.

187. *Relazione del Rev. Papàs Andrea Figlia*, p. 3.

188. ASPF, Acta, 22 marzo 1762, *I latini frammischiati con i greci*, cc. 144v-145r.

189. Cfr. Fiorella, *L'Albania d'Italia.*

190. ASN, Camera di Santa Chiara, Carte e processi riguardanti i Greci di Barletta e Sicilia, Inc. 1, cart. 46 - Diversi II parte B (ex Sommaria – Diversi, II/27), Lettera inviata al segretario di Stato Tanucci da S. Benedetto Ullano il dì 18 gennaio 1770, fasc. b, cc. 1r-22r.

191. Secondo i dati demografici forniti da Giacomarra, la popolazione di Piana passò da 3.864 abitanti a circa 5.000 tra il 1652 e il 1798 (Giacomarra, *Albanesi di Sicilia*, p. 269).

192. Qui nel 1652 il paese contava 3.106 abitanti, mentre nel 1798 il numero degli abitanti ascendeva a 4.832 anime (ivi, p. 271).

193. Sciambra, *Clero di rito greco*, pp. 14-18; Id., P*rime vicende della comunità greco-albanese di Palermo*, pp. 95-115.

Il clero italoalbanese e la Curia romana consideravano le comunità italoalbanesi come parti di un medesimo corpo, le cui radici affondavano nelle comuni origini albanesi ed epirote.[194] In realtà, nel Settecento, dei legami che avevano originariamente unito le colonie del continente a quelle di Sicilia si ritrova qualche traccia soltanto nei cognomi[195] e nelle memorie tramandate dal clero italo-albanese. Nonostante alcun rapporto esistesse allora tra quelle popolazioni, esse condividevano ancora alcuni tratti particolari, che le distinguevano da gran parte delle comunità di rito greco presenti nella stessa epoca in altre diocesi latine della Cristianità. Oltre alla lingua e al rito greco, l'esperienza delle colonie italoalbanesi fu resa per molti versi uniforme innanzitutto dalle strutture economico-sociali locali e dalle forme comunitarie. In secondo luogo, dall'introduzione nel culto di alcuni ibridismi liturgici, dovuta a una maggiore promiscuità con la popolazione latina e soprattutto alla presenza di un clero latino che qui, più che altrove, fu in grado di esercitare e imporre la sua giurisdizione.[196]

Le colonie italo-albanesi – o almeno le più popolose fra esse – erano generalmente organizzate come dei corpi municipali, sul modello delle altre *universitates* del Regno.[197] Vassalle di un vescovo, di un monastero o di un barone laico,[198] queste colonie poggiavano su una architettura complessa, articolata attorno a molteplici dipendenze, temporali ed ecclesiastiche.[199] A distanza di qualche decennio dal loro insediamento, i primi coloni avevano ottenuto importanti concessioni dai baroni del luogo, favoriti anche dalla crisi della grande signoria feudale e «dal bisogno di nuove braccia che

194. ASPF, SC, Italogreci, vol. 6, S. Benedetto Ullano, 22 febbraio 1783, *Memoria del Vescovo italo-greco d'ambedue le Sicilie Mons. Archiopoli,* c. 53r; la stessa formula si ripete in una lettera dell'arciprete greco della terra di Lungro Abramo de Marchis (ASPF, SC, Italogreci, vol. 5, Lungro, 14 giugno 1766, cc. 186r-187v).

195. Schirò, *Cenni sulla origine e fondazione delle colonie albanesi di Sicilia*, pp. 76-77.

196. L'introduzione di cappelle all'interno delle chiese greche, tipica della tradizione latina, o di confraternite religiose, costituisce un esempio visibile di questa contaminazione. Mazziotti, *Immigrazioni albanesi in Calabria,* p. 174.

197. Cfr. Bulgarelli Lukacs, *Le 'Universitates' meridionali.*

198. Alcuni di questi casali dipendevano da antiche strutture monastiche di origine bizantina, come S. Demetrio, soggetto al monastero basiliano di S. Adriano, e Lungro, dipendente dalla badia basiliana di S. Maria (Delille, *I meccanismi sociali*, p. 103).

199. Anche l'insediamento all'interno di antichi villaggi abbandonati poteva creare «un groviglio di obbligazioni feudali» (Giura, *La vita economica degli Albanesi in Calabria*, p. 74).

dissodassero i latifondi».[200] I primi a beneficiarne furono gli albanesi di S. Demetrio, in Calabria, i quali nel 1471 ottennero «capitolazioni e grazie» dall'archimandrita di S. Adriano.[201] Oltre ad imporre una serie di obblighi e pesi, i quali avrebbero conosciuto negli anni un progressivo inasprimento,[202] i «Capitula gratiarum» riconoscevano a molte di quelle comunità anche una serie di «exemptiones» e «immunitates».[203] Numerosi documenti mostrano come queste popolazioni ancora nel Settecento fossero consapevoli delle proprie prerogative e non mancassero di esercitarle soprattutto a difesa del rito greco e della propria specificità culturale. Ad esempio, intorno alla metà del secolo, l'università di S. Benedetto Ullano, attraverso numerosi ricorsi promossi dai suoi rappresentanti, cercò di ristabilire il suo diritto di eleggere il rettore del Collegio Corsini e parroco di quella comunità. Il presidente del seminario italogreco, Nicolò de Marchis, era accusato di aver usurpato quel diritto, assegnando la carica di parroco a un soggetto non albanese, un certo abate Carbone. Attraverso la rivendicazione di quell'antico *jus* – fondato sulla consuetudine del luogo – la comunità di S. Benedetto intendeva garantire che quella carica fosse ricoperta da «un soggetto del loro linguaggio», il quale, dovendo essere anche «rettore di anime» nel paese, potesse loro predicare la divina parola nella lingua natia e nella medesima udire anche le confessioni e celebrare i «riti, canti, e cerimonie greche».[204] Nelle suppliche rivolte dalle comunità albanofone alle autorità cattoliche, le preoccupazioni di natura spirituale si sovrapponevano a quelle per il buon funzionamento dell'ordinamento civile. La stessa università di S. Benedetto sarebbe tornata negli anni successivi a difendere la propria autonomia contro il suo stesso vescovo ordinante, Monsignor Giacinto Archiopoli, accusato di aver più volte interferito «nell'elezione del sindaco ed altri negozi secolari della comunità». In particolare, la comunità accusava il prelato albanese di agire come il «solo dispositore dei pubblici affari» e di essere la causa con i suoi sperperi e maneggi del «deplorevole stato in cui detta comunità s'attrova».[205] Le ragio-

200. de Leo, *Condizioni economico-sociali degli albanesi in Calabria*, p. 50.

201. Ivi, p. 49. Sulle capitolazioni concesse ai casali albanesi di Calabria, vedi: Tocci, *Memorie storico-legali*. Il testo dei capitoli è stato riedito da Cassiano, *Le comunità arbresh nella Calabria del XV secolo*.

202. Cfr. Giura, *La vita economica degli albanesi in Calabria*, pp. 79-80.

203. Di Miceli, *Contessa Entellina*, p. 26; Palestina, *Fuochi albanesi nella provincia di Potenza*, pp. 8-9, p. 70.

204. ASPF, SOCG, v. 746, 19 gennaio 1751, cc. 188r-189r.

205. ASPF, SC, Italogreci, vol. 4 (1741-1760), s.d., Supplica della comunità di S. Benedetto Ullano, c. 470rv.

ni della contestazione erano rafforzate dall'avversione contro un prelato che, benché albanese di rito greco, era solito vestirsi «alla latina con mozzetta, e sottana paonazza».[206]

Al pari di quanto accadeva anche nelle altre *universitates* meridionali di antico regime, «la memoria dell'istituzione che [...] governava [la comunità], resa possibile dalla difesa dei propri diritti»,[207] costituì lo strumento attraverso cui le popolazioni albanofone costruirono e mantennero nel tempo il senso della propria alterità. La difesa del rito, perno della costituzione tradizionale delle colonie italo-albanesi, divenne perciò funzionale alla salvaguardia dei confini comunitari. Vincolando i diritti ereditari alla fedeltà al rito greco[208] o rivendicando l'antica ascendenza albanese per perpetuare il rito originario all'interno della propria comunità di origine, rimasta priva di aspiranti al sacerdozio,[209] i coloni italoalbanesi cercarono di opporsi alle tendenze assimilatrici e latinizzanti e alla perdita del proprio status. La coesione interna delle comunità italoalbanesi fu indubbiamente favorita anche dalle strutture del latifondo feudale. Mentre la mezzadria era legata a un insediamento disperso in case coloniche e poderi isolati, in Calabria soprattutto i braccianti impiegati nella coltivazione dei vasti possedimenti dei signori feudali, vivevano aggregati in grossi borghi rurali.[210] Questo modus d'insediamento, mentre portò i coloni albanesi a organizzare lo spazio secondo moduli architettonici e abitativi propri,[211] non precluse l'accesso a e la commistione con la popolazione limitrofa di rito latino.

Nelle relazioni indirizzate a Propaganda, i vescovi latini descrivono talvolta gli albanesi come «naturalmente nemici degli italiani»;[212] in re-

206. ASPF, Acta, 15 settembre 1760, Ricorso del popolo di S. Benedetto Ullano contro Archipoli, n. 5, cc. 364v-365r.

207. Senatore, *Gli archivi delle Universitates meridionali*, p. 498.

208. ASPF, SC, Italogreci, vol. 5, Palazzo Adriano, 2 maggio 1778, c. 560r.

209. ASPF, SC, Italogreci, vol. 6 (1781-1810), S. Cosmo (diocesi di Rossano), s.d., c. 270r.

210. Capalbo, *Il paesaggio agrario e gli insediamenti urbani*, p. 68. Cfr. Sereni, *Storia del paesaggio agrario italiano*.

211. De Rosa, *The Balkan minorities*, p. 453.

212. ASPF, SOCG, vol. 769, 8 marzo 1757, *Lettera del Vescovo di Mileto Monsignor Carafa*, c. 380v. Un simile giudizio ricorre anche altrove, ad esempio nelle *Riflessioni per il buon regolamento del Collegio Italo Greco di Calabria*, dove si legge che i greci «sebbene da secoli dimoranti in Italia, sono tuttavia avversi ai latini, e ciò può sempre recar discordie, e scandali» (ivi, c. 382v).

altà, una precoce integrazione con la popolazione indigena aveva cominciato a trasformare profondamente quelle popolazioni già pochi decenni dopo il loro arrivo, senza tuttavia alterare la coscienza delle loro origini storiche e culturali. Dal catasto onciario e dai registri parrocchiali calabresi emerge il quadro di una mobilità geografica intensa, seppur limitata per lo più ai confini provinciali.[213] Dalla metà del XVII secolo, le maggiori garanzie accordate sul possesso della terra e dei beni produssero una più intensa mobilità geografica. I «Capitoli d'accordio» stipulati nel 1640 tra il clero di S. Sofia e il Vescovo di Bisignano consentirono per la prima volta ai coloni albanesi di poter abbandonare il casale senza perdere i propri beni mobili e immobili.[214] Questa mobilità e l'arrivo crescente di gente latina nei casali albanofoni presto produssero una «mostruosa promiscua mescolanza», di cui si trova traccia evidente in un prospetto settecentesco sulla popolazione di S. Benedetto Ullano. Per descrivere questa complessa amalgama, il cancelliere Alessandro Tocci, compilatore del documento, ricorre a ben cinque diverse categorie etno-confessionali: accanto agli albanesi di rito greco, che costituivano la maggioranza della popolazione (448), c'erano gli albanesi che praticavano il rito latino per proprio comodo o a imitazione dei loro progenitori (157); seguivano gli albanesi provenienti dalle terre vicine, in cui il rito greco era scomparso da tempo, i forestieri italiani, seguaci del rito latino nonostante i loro figli fossero stati battezzati nel fonte greco (320) e, infine, gli albanesi latini abitanti nella vicina terra di Marri (40).[215] La presenza dei medesimi cognomi all'interno dei diversi gruppi costituisce il segno di una prolungata e pacifica convivenza. Le molteplici stratificazioni linguistiche e confessionali che compongono il composito paesaggio umano di S. Benedetto Ullano riflettono una realtà più estesa e diffusa. Così scriveva nel 1750 un consultore pontificio: «chi non sa, che gli Italo Greci Albanesi i quali abitano nelli Regni di Napoli, e di Sicilia, siano composti di poche famiglie vere italo greche, descendenti da padri, e madri italo greche. Molte altre discendono di padre greco e di madre italiana, e moltissime altre da padre italiano, e da madre greca».[216]

213. Di Miceli, *Contessa Entellina*, p. 36; vedi anche: Capalbo, *Il paesaggio agrario e gli insediamenti urbani*, p. 57.

214. Ivi, pp. 45-46.

215. ASPF, SOCG, v. 793, S. Benedetto Ullano, 12 luglio 1762, cc. 229r-231v.

216. ASPF, SC, Italogreci, vol. 4, 1750, c. 193rv. La scrittura fu compilata da un

L'incontro con la popolazione locale, dunque, nella maggior parte dei casi, si risolse in un processo di graduale assorbimento di elementi indigeni all'interno delle micro-società albanofone. In molti casi la coesistenza tra greci e latini si tradusse in una «miscela» dei due riti. In alcuni casali, due economi, uno greco e uno latino, amministravano i sacramenti, confessavano e predicavano «ad ambedue latini e greci indifferentemente» all'interno della stessa chiesa.[217] A Lungro – racconta il vescovo – vi era un convento di carmelitani nella cui chiesa erano soliti recarsi «per devozione» e comunicare in azimo anche molti del rito greco. La prolungata convivenza generò all'interno dei casali albanesi forme di sociabilità inter-confessionale: nei digiuni, nelle astinenze e nelle feste religiose i loro comportamenti tendevano a convergere, scanditi com'erano dai ritmi della vita quotidiana e dagli usi e dalle consuetudini locali.[218] Anche «nelle quattro Colonie Albanesi di Sicilia», dove i fedeli dei due riti convivevano «senza restrizione di domicilio, e parentandosi scambievolmente [...] nell'ultima settimana, e giorni ultimi del carnevale per questa diversità di rito sotto l'aspetto di convenienza si rompe nell'uso de cibi la rispettiva disciplina».[219]

Per porre un argine alla promiscuità tra greci e latini i vescovi concessero progressivamente ai latini che andavano stabilendosi nei paesi albanesi «chiese filiali delle matrici chiese greche», riconoscendo nella maggior parte dei casi al loro clero una posizione d'inferiorità rispetto a quello greco.[220] Queste innovazioni, tuttavia, nella maggior parte dei casi non riusci-

consultore in risposta alla denuncia del sindaco di Castroreggio contro la tendenza di molti soggetti nati, battezzati e cresciuti sotto il rito greco a passare al rito latino.

217. ASPF, SC, Italogreci, vol. 6, Rossano, 10 gennaio 1796.

218. ASPF, Acta, 22 marzo 1762, *I latini frammischiati con i greci*. In seguito alla presa d'atto che nella Terra di S. Benedetto Ullano «vi erano degli abitanti latini frammischiati con quel popolo greco, il di cui rito in tutto osservano», la Congregazione di Propaganda il 20 giugno dello stesso anno scrisse ai vescovi delle diocesi calabresi e di Larino, ingiungendo loro di scrivere un preciso ragguaglio sulla situazione esistente nei paesi albanofoni presenti nelle loro rispettive diocesi. Le suddette informazioni sono tratte da queste relazioni. La relazione della visita pastorale compiuta nel 1841 da Monsignor Mussabini nelle colonie di rito greco del Regno delle due Sicilie mostra il persistere anche allora di questa promiscuità, soprattutto nelle diocesi calabresi. ASPF, Acta 1841, *Ristretto con voto e sommario sulla visita fatta da Mons. Mussabini Arcivescovo di Smirne nelle colonie greco-albanesi nel Regno di Napoli*, agosto 1841, riferita il 20 sett., Card. Angelo Mai, cc. 480r-487v.

219. ASPF, SC, Italogreci, vol. 6, Palermo, luglio 1784, c. 84rv.

220. Su questo aspetto particolare della storia degli italoalbanesi di Sicilia, vedi: Schirò, *Cenni sulla origine e fondazione delle colonie albanesi di Sicilia*.

rono a impedire quella promiscuità sociale e confessionale ripetutamente contrastata dalle istruzioni pontificie e denunciata dal clero latino.[221] Le dispute tra greci e latini di cui ci raccontano le fonti non riflettono tanto lo scontro tra due comunità etniche distinte e socialmente separate – quella degli autoctoni latini e quella dei greco-albanesi – quanto piuttosto la lotta di potere tra fazioni contrapposte di una medesima comunità.[222] A Mezzojuso, nei primi decenni del XVII secolo, il conflitto tra greci e latini si risolse con l'elevazione a chiesa matrice anche della parrocchia latina, la quale era allora retta da un albanese, un certo Giorgio Reres.[223]

La creazione nel Settecento di nuove identità sociali, trasversali ai confini culturali e confessionali, rappresenta uno dei segni più evidenti della compiuta integrazione delle colonie albanofone nella società regnicola. In Calabria alcuni esponenti del ceto ecclesiastico cominciarono allora a fregiarsi del titolo di «nobile coroneo» per affermare non tanto le proprie origini culturali quanto il prestigio del proprio status sociale all'interno della società locale.[224] La formazione di una "aristocrazia" ecclesiastica italoalbanese si accompagnò alla creazione di rapporti e legami tra i suoi esponenti e gli ambienti aristocratici e colti della capitale e del Regno. Un esempio emblematico è quello di Francesco Saverio Rodotà: a sostegno della sua candidatura alla carica di vescovo e presidente del Collegio italogreco di Calabria, molte autorità temporali ed ecclesiastiche locali testimoniarono con alcune «fedi» l'antica nobiltà di quella famiglia di origine coronea, la quale aveva sempre «fatto matrimoni con Patrizi della città di Cosenza, ed Amantea» ed edificato molte chiese nella regione.[225]

I rapporti estesi e ramificati con la società regnicola e Roma da un lato, e con l'Oriente ortodosso dall'altro, collocavano il clero italo-albanese all'interno di una frontiera confessionale. Per molti giovani chierici

221. ASPF, SC, Italogreci, vol. 4 (1741-1760), s.d., *Riflessioni del Vescovo di Marsico nuovo sull'istruzione di Benedetto XIV Etsi Pastoralis,* c. 74rv. Cfr. Di Miceli, *Contessa Entellina,* p. 44; Schirò, *Cenni sulla origine e fondazione delle colonie albanesi di Sicilia,* pp. 97-98.

222. Schirò racconta che agli inizi del XIX secolo i giurati e il sindaco di Piana chiesero al Re di stabilire i limiti fra i diritti dei greco-albanesi e quelli dei latini, così nel temporale come nell'ecclesiastico (ivi, pp. 99-100).

223. Ivi, pp. 60-61.

224. Mazziotti, *Immigrazioni albanesi in Calabria,* p. 105; Giura, *La vita economica degli Albanesi in Calabria*, pp. 77-78.

225. ASPF, SC, Italogreci, vol. 6, 1789, Fedi di vari soggetti e istituzioni a sostegno della nomina di Francesco Saverio Rodotà, cc. 190r-206v.

che oltrepassavano i confini patri per compiere la propria formazione negli istituti religiosi della capitale o a Roma, l'abbandono della patria di origine poteva implicare il graduale distacco, talvolta solo temporaneo, dalle proprie tradizioni.[226] Angelo Bellizzi, italogreco della terra di S. Basilio, non avendo trovato alcuna cappellania vacante nelle chiese greche di Napoli, aveva dovuto celebrare in rito latino nella chiesa di S. Giacomo della nazione spagnola «non essendo il popolo avvezzo al rito greco».[227] Un altro religioso italoalbanese, Angelo d'Orsa della terra di Civita, «battezzato ed educato nel rito greco», ancora adolescente si era trasferito a Napoli «al servigio del Signor Duca di Cassano» e lì aveva vissuto per diversi anni secondo il rito latino; tornato poi nella sua patria, aveva sposato una giovane greca e aveva chiesto di poter tornare al rito orientale.[228]

Numerosi erano anche gli ecclesiastici italoalbanesi inviati dalla Congregazione di Propaganda come missionari o vicari apostolici in Levante. Nel 1743 Giorgio Guzzetta, fondatore del Seminario greco-albanese di Palermo, immaginò la creazione, «a beneficio dell'Oriente», di «un braccio di gesuiti greci di rito», in cui avrebbero potuto confluire i molti giovani albanesi dei due Seminari di Sicilia e Calabria.[229] Lo stesso Collegio greco di San Benedetto Ullano era stato istituito «non solo per il sovenimento de' bisogni speciali della loro nazione, ma anche per le missioni d'Oriente».[230] Alcuni preti della Congregazione dell'Oratorio greco di S. Filippo Neri di Palermo avevano progettato di erigere due collegi, uno a Corfù e l'altro a Cefalonia. Questi istituti, destinati alla «buona educazione della gioventù, bisognevole di cultura, e nelle lettere greche, e nel Santo timor di Dio; e nelle scienze latine», sarebbero stati realizzati con il supporto di due nobili greci, il Conte Capodistria e il Conte Giorgio Corafà, ufficiale del Reggimento real macedone.[231] Questi progetti settecenteschi avrebbero dovuto dare nuovo vigore alla presenza missionaria italoalbanese nel Levante greco e in particolare nella provincia di Himara, in Epiro, dove già nel se-

226. ASPF, Acta, 18 novembre 1737, *Teodoro La Lejinna italogreco della diocesi di Cassano supplica di essere dispensato dal portarsi in Ullano per ordinarsi e di poter prendere gli ordini da Mons. Matranga che trovasi in Napoli*, n.15, cc. 456r-457v.

227. ASPF, SC, Italogreci, vol. 6, Napoli, 10 giugno 1786, c. 97r.

228. ASPF, SC, Italogreci, vol. 4, Roma, 20 luglio 1756, Risposta al vescovo di Cassano, c. 379rv.

229. ASPF, SC, Italogreci, vol. 4, Napoli, 30 marzo 1743, cc. 107r-109v.

230. ASPF, SC, Italogreci, vol. 3, 31 maggio 1735, Memoria sul Collegio Corsini, cc. 530r-535r.

231. ASPF, SC, Italogreci, vol. 4, Napoli, 30 marzo 1743, cc. 107r-109v.

colo precedente erano giunti da Mezzojuso i primi missionari guidati dallo jeromonaco Nilo Catalano.[232] Nella colonia siciliana, nel 1609, Andrea Reres aveva fondato un monastero allo scopo di far rifiorire il «vero» rito greco-orientale.[233] Nel suo testamento Reres aveva disposto che quel luogo sacro dovesse accogliere non solo italoalbanesi ma soprattutto monaci d'Oriente: fu così che molti monaci ortodossi giunsero in Sicilia da Creta, dalle altre isole dell'Egeo e dalla Grecia continentale.[234] Nella prima metà del Seicento, nei registri parrocchiali di Mezzojuso e di Palermo si registra la presenza di famiglie provenienti da Creta e, nel capoluogo siciliano, anche da Cipro, da Scio, dalle Isole Ionie, dalla Morea e dal sud dell'Albania. Nel XVIII secolo il clero di S. Niccolò era composto quasi esclusivamente di sacerdoti siculo-albanesi,[235]mentre tra i fedeli giunti dall'Oriente la maggior parte era costituita dai soldati di nazione albanese arruolati nel battaglione macedone.[236]

I rapporti del clero siculo-albanese con il Levante e con i greci levantini, tuttavia, proseguirono per tutto il Settecento. Negli anni ottanta un parroco di Palazzo Adriano intratteneva una relazione epistolare con un mercante albanese residente a Salonicco.[237] Nelle relazioni inviate a Propaganda dagli ecclesiastici italoalbanesi di Sicilia, talvolta si riferisce d'incontri avuti con alcuni mercanti o più genericamente con dei «Greci orientali» di passaggio sull'isola. Con alcuni di questi si era «più volte abboccato» Francesco Bidera di Palazzo Adriano. Nella città di Sciacca, a sud di quel casale – racconta Bidera – alcuni negozianti «Greci Orientali» di Smirne, «dal mal tempo colà trasportati», avevano istigato due preti orientali a proporgli alcuni casi di coscienza, risolti i quali il sacerdote italoalbanese aveva promesso che avrebbe provveduto alla stesura di una teologia in idioma greco «per sapersi regolare ne' loro dubi».[238] Ancora nella prima metà del Settecento poteva accadere che i chierici italoalbanesi di Sicilia andassero in Levante per ricevere l'ordinazione dai vescovi sci-

232. Schirò, *Origine degli insediamenti albanesi in Italia*, p. 33.

233. ASPF, SC, Italogreci, vol. 5, Mezzojuso, 10 novembre 1772, cc. 428r-429r; cfr. Di Marco, *La Chiesa bizantina di Sicilia*, pp. 207-208.

234. Cfr. Schirò, *Cenni sulla origine e fondazione delle colonie albanesi di Sicilia*, p. 62.

235. ASPF, SC, Italogreci, vol. 4, Palazzo Adriano, 26 giugno 1750, *Relazione sull'origine, stato presente e qualità degli Albanesi di Sicilia*, cc. 222r-224r.

236. Sciambra, *Clero di rito greco*, p. 18.

237. ASPF, SC, Italogreci, vol. 6, Palazzo Adriano, 5 giugno 1783, c. 60rv.

238. ASPF, SC, Italogreci, vol. 4, Palazzo Adriano, 18 maggio 1759, c. 476rv.

smatici.[239] I rapporti complessi e in gran parte ancora oscuri che il clero italoalbanese intratteneva con l'Oriente ortodosso, certamente contribuirono a preservare la memoria delle origini e, attraverso quest'ultima, a fondare e alimentare nel tempo un'identità locale italoalbanese.

La mobilità negoziata

Durante i secoli dell'età moderna, il movimento incessante di uomini di cui ci raccontano le fonti non era un movimento «ovunque e sempre libero».[240] Questo era particolarmente vero nei casi in cui la migrazione era legata all'attuazione di progetti di colonizzazione, dove esigenze di ripopolamento s'intrecciavano spesso con strategie di tipo politico-militare. Il trasferimento nelle ultime decadi del XVII secolo di centinaia di famiglie cristiano-ortodosse dalla penisola del Mani (Peloponneso) verso la Corsica, fu per la Repubblica di Genova soprattutto un espediente per controllare la riottosa popolazione locale.[241] L'insediamento in Abruzzo nel 1743 di diciotto famiglie ortodosse provenienti dalla Himara rappresentò invece il tentativo di stabilire all'interno del Regno di Napoli un nucleo stabile di soldati, la cui prole avrebbe dato continuità al progetto politico e militare realizzato pochi anni prima con la costituzione del Reggimento real macedone.[242] In entrambi i casi, l'insediamento dei coloni ortodossi in queste due periferie mediterranee fu l'esito di una negoziazione tra i poteri cattolici, laici ed ecclesiastici, da un lato e i «capi» o «primati» delle comunità migranti dall'altro. La società cimariotta e quella maniotta condividevano una struttura gerarchica in cui poche famiglie governavano in condizione di sostanziale autonomia un territorio inaccessibile e montagnoso.[243] Questi tratti originari, insieme alla natura regolata di queste fondazioni, influirono fortemente sui processi di costruzione comunitaria all'interno delle due colonie.

239. ASPF, Acta, 24 febbraio 1739, *Che i chierici greci di Sicilia, i quali non sono ordinati dai propri vescovi e che vanno a farsi ordinare dai vescovi scismatici in Levante, non si assolvino dalla S. Sede*, n. 3, cc. 50r-51r.

240. Moatti, *Introduction*, p. 3.

241. Nicholas, *Negotiating a Greco-Corsican identity*, p. 93.

242. Bellizzi, *Villa Badessa*, p. 87. Vedi anche: ASN, MAE, Affari con l'Albania (1789-1799), b. 4253; *Corrispondenze diplomatiche veneziane da Napoli. Dispacci. Vol. XVII: 30 giugno 1739 - 24 agosto 1751, passim.*

Bellizzi, *Villa Badessa*, p. 44.

243. Cfr. Pappas, *Greeks in Russian military service*, pp. 35-45.

Le comunità di Paomia e Villa Badessa costituivano delle entità giuridico-demografiche definite *ad hoc* da un contratto di colonizzazione. All'atto della sua fondazione, sulla base di un contratto notarile, il territorio di Badessa, parte dell'università di Pianella, fu diviso in lotti tra i capi delle famiglie albanesi, ai quali soltanto spettava il potere di decidere l'ammissione di altri «commilitoni».[244]Anche a Paomia, situata nella giurisdizione (pieve) di Vico, i terreni furono divisi tra i coloni e concessi in enfiteusi «per essi, e loro discendenti così maschi, come femine»: il beneficio sarebbe decaduto «in mancanza d'alcuna delle discendenze».[245] La struttura familiare clanica modellava dunque il corpo sociale e i capi, accanto alle istituzioni religiose, costituivano il perno su cui si reggeva la coesione sociale della colonia. Quando, con il trasferimento della colonia maniotta a Cargèse nel 1775, dei podestà eletti sostituirono i capi ereditari,[246]le famiglie maniotte cercarono una nuova fonte di riconoscimento e legittimazione nel mito della comune discendenza dalla famiglia imperiale dei Comneni.[247] La concessione di questo titolo nobiliare da parte della Corona francese, la quale era subentrata ai genovesi nel governo dell'isola, fu per i capi maniotti anche un espediente per riprodurre e dare continuità a quello status privilegiato che tradizionalmente aveva connotato la colonia nei suoi rapporti con l'autorità politica.[248]

Il legame privilegiato con il potere politico, insieme alla presenza di un clero nazionale, fu uno dei principali fattori che contribuì nel tempo a marcare i confini delle due colonie rispetto al mondo esterno. Una delle famiglie più importanti di Badessa era quella dei Vlasi, la quale annoverava tra i suoi membri due colonnelli del Reggimento macedone, Zaccaria e Costantino.[249] A testimonianza dei legami esistenti tra i nuovi coloni e la Corona borbonica, il Marchese Antonio Castiglione da Penne, luogo-

244. Bellizzi, *Villa Badessa*, p. 101.

245. ASPF, SC, Italogreci, vol. 6 (1781-1810), s.d., *Breve relazione della venuta de' Greci da Morea in Corsica*, c. 346r.

246. Nicholas, *History of the Greek colony of Corsica*, p. 48.

247. Nicholas, *Negotiating a Greco-Corsican identity*, p. 121.

248. Così scrive Patrizio Stefanopoli in una lettera indirizzata a Propaganda: «Sotto il dominio francese ci siam lusingati rientrare al possesso de' molti nostri beni, o almeno in parte, e con cangiar sorte. Dunque esporsi i meriti, che colla Francia stessa avea la mia casa, e le preminenze da questa godute sotto i Genovesi al disopra di tutte l'altre, come quella ch'era la prima famiglia, e la direttrice di tutta la colonia...» (ASPF, SC, Italogreci, vol. 5, Livorno, 25 settembre 1775, 25 c. 502rv).

249. Nel 1744 Costantino Vlasi aveva partecipato alla battaglia di Velletri e più tardi,

tenente del Re Carlo di Borbone, compare nei registri parrocchiali come padrino di Alessio Gica, battezzato dallo ieromonaco Macario Nikas poco dopo l'arrivo dei cimariotti nel Regno.[250] Tra gli obblighi prescritti ai coloni maniotti nelle capitolazioni c'era anche quello di servire in caso di bisogno la Repubblica come soldati o marinai.[251] Perciò, allo scoppio della rivolta corsa nel 1729, i coloni impugnarono le armi contro i ribelli, per un bisogno di auto-preservazione oltre che per lealtà nei confronti della Repubblica. Trasferiti ad Ajaccio nel 1731 dopo la distruzione di Paomia, la Repubblica ordinò ai maniotti di arruolarsi nelle milizie. Fu allora che la colonia assunse un carattere soprattutto militare.[252]

Questa condizione di privilegio si tradusse presto in uno status di separatezza e spesso di conflittualità rispetto alla popolazione autoctona. La gente di Badessa è descritta dalle autorità locali come «refrattaria e di ostacolo al progresso del comune centrale di Rosciano», nel quale era stata incorporata agli inizi del XIX secolo.[253] Nella memoria dei sacerdoti maniotti l'annoso conflitto con la popolazione corsa costituì un elemento fondante delle loro alterità, sebbene in realtà i rapporti con i corsi non fossero stati sempre ostili. L'abate Stefanopoli ricorda come in origine i maniotti avessero vissuto pacificamente con i corsi, «benché sempre con qualche picciol sospetto, per esser tra di loro continuamente in zizania».[254] Nelle lettere e nelle relazioni inviate dal vescovo al dicastero nelle prime due decadi del Settecento, si denuncia la promiscuità tra le due popolazioni nella religione e nella sfera privata, visibile in alcuni atti di sincretismo liturgico e nella pratica dei matrimoni misti.[255] Nonostante i divieti di andare a lavorare

all'interno della stessa brigata, combattè contro l'armata francese (Bellizzi, *Villa Badessa,* p. 43); vedi anche: Passarelli, *Le icone e le radici*, pp. 9-11.

250. Bellizzi, *Villa Badessa,* p. 92.

251. ASPF, SC, Italogreci, vol. 6 (1781-1810), s.d., *Breve relazione della venuta de' Greci da Morea in Corsica*, c. 346rv.

252. ASPF, SC, Italogreci, vol. 6 (1781-1810), s.d., *Breve relazione dello stato presente delli Greci dimoranti in Ajaccio*, cc. 354r-358r.

253. «Decreto 4 maggio 1811 per la nuova circoscrizione delle 14 province del Regno di Napoli», in Bellizzi, *Villa Badessa*, p. 102.

254. ASPF, SC, Italogreci, vol. 6 (1781-1810), s.d., *Breve relazione della venuta de' Greci da Morea in Corsica*, c. 348r.

255. ASPF, SC, Italogreci, vol. 2, 23 marzo 1715, Lettera del vescovo di Sagona, c. 448rv. ASPF, SOCG, vol. 599, 7 e 27 maggio 1715, Relazione del vescovo di Sagona su Paomia, 23 febbraio 1715, cc. 89r-92r. Nicholas fa risalire le prime unioni esogamiche al 1727 (Nicholas, *Negotiating a Greco-Corsican identity,* p. 93).

«o a fare altri travagli proibiti» nelle terre dei corsi nei giorni di festività e nei periodi di digiuno e di unirsi in matrimonio con donne locali, nel 1720 la colonia, composta di seicento maniotti, ospitava anche venticinque latini.[256] Secondo il racconto dell'abate Stefanopoli, la situazione mutò radicalmente dopo il 1730, quando «si commosse tutto il Regno, una parte mostrandosi fedele, ed un'altra gran parte ribelle».[257] Nonostante l'esiguità demografica, l'antagonismo con la popolazione autoctona e il rapporto privilegiato con l'autorità politica probabilmente ritardarono l'assimilazione dei coloni nel tessuto della popolazione locale; nello stesso tempo, questi fattori favorirono l'emergere di una forte identità comunitaria, la quale nel caso dei maniotti affondava le sue radici più nel territorio d'insediamento che nei legami con la patria d'origine. La precoce identificazione della patria con Paomia e lo scontro con i corsi s'inscrivevano nello spazio politico segmentato della società corsa, dove l'appartenenza e l'identità erano profondamente radicate nella famiglia e nel villaggio.[258]

Anche la difesa del rito greco, la quale trovò un forte baluardo nell'autorità politica, contribuì nel tempo a rinnovare e perpetuare i confini comunitari.[259] Le capitolazioni che regolavano l'insediamento dei maniotti in Paomia imponevano ai coloni la soggezione al vescovo di Sagona, delegato apostolico dei greci, e l'obbligo di osservare la religione «nel Rito Greco conforme e subordinato al S. Pontefice Romano».[260] Per impedire che i maniotti fossero assimilati alla riottosa popolazione locale, le autorità genovesi cercarono di contrastare i tentativi di latinizzazione da parte dei vescovi latini,[261] favorendo la nomina di sacerdoti greco-cattolici provenienti da Chio e, dopo il 1709, avocando direttamente al potere centrale la scelta del cappellano.[262] D'altra parte, l'adesione formale al cattolicesimo costringeva i maniotti a

256. ASPF, SC, Italogreci, vol. 2, 23 novembre 1715, Lettera del vescovo di Sagona al parroco Giacomo Stefanopoli, c. 481rv.

257. ASPF, SC, Italogreci, vol. 6 (1781-1810), s.d., *Breve relazione della venuta de' Greci da Morea in Corsica*, cc. 347v-348r.

258. Sulla società corsa, vedi in particolare: Dal Passo, *Il sistema clanico e la "vendetta" corsa.*

259. Ceraldi, *Memoria per la Chiesa, e confraternita de' nazionali greci,* pp. 127-129.

260. Sulla storia della colonia maniotta in Corsica, vedi: Nicholas, *History of the Greek colony of Corsica*; Tsirpanlis, *Οι Μανιάτες στην Παόμια*; il testo dei «capitoli» è stato pubblicato da Varnalidis, *Contributo alla storia dei Greci Mainotti di Corsica*, pp. 104-106.

261. ASPF, SC, Italogreci, vol. 2, 9 agosto 1697, Lettera di Onofrio Costantini, Arcivescovo di Derbe, c. 286rv.

262. ASPF, SC, Italogreci, vol. 2 (1681-1715), s.d., *Greci di Corsica*, cc. 166r-168r;

dover negoziare e marcare continuamente la loro distanza dai latini.[263] Di qui i ripetuti sforzi volti a preservare l'esistenza di un clero nazionale. Nel 1702 i maniotti chiesero al dicastero di Propaganda «ad esempio degli altri greci che soggiornano in Calabria, Sicilia, e Puglia l'introduzione, et allevo de loro figli nel Collegio Greco [...] ad utile proprio, e de loro nationali».[264] Dopo la distruzione della colonia per mano dei ribelli corsi, nuove suppliche furono indirizzate a Roma affinché i loro compatrioti, partiti in gran numero dall'isola per procurarsi il vitto altrove, facessero ritorno in patria.[265] Anche alle famiglie albanesi di Badessa fu inizialmente imposta l'osservanza del rito greco-cattolico, insieme all'obbligo per i candidati al sacerdozio di sottoporsi all'esame dell'ordinario diocesano e di sottostare agli ordini di un delegato apostolico.[266] Nello stesso tempo, tuttavia, la chiesa di rito greco fu posta sotto regio padronato e la nomina dei suoi sacerdoti fu avocata al Re, il quale avrebbe dovuto sempre preferire soggetti albanesi agli altri dello stesso rito.[267] A differenza di quanto avvenne per la colonia maniotta e per le altre comunità di rito greco del Regno, qui il padronato regio si trasformò negli anni nell'esenzione dalla giurisdizione del vescovo latino.[268] Negli anni venti del XIX secolo, il consultore regio Canofari osservava come la colonia di Badessa «dee dirsi l'unica che di presente conserva nella sua perfezione il rito Greco Orientale nel Regno di Napoli [...] anche per ragione di statuti muniti di Regio Assenso».[269]

All'interno dell'orizzonte locale della colonia, dunque, i maniotti e i cimariotti negoziarono continuamente con i poteri cattolici le forme e le

ASPF, Acta, 7 maggio 1715, *Il Vescovo di Sagona dà relazione dello stato spirituale della colonia dei Greci di Corsica*, n. 30, c. 223v.

263. Secondo Nicholas, il monastero, residenza del vescovo e di dodici calogeri, ebbe un ruolo importante nell'impedire l'assimilazione dei maniotti, nella misura in cui esso agì come «un centro istituzionalizzato di opposizione al cattolicesimo» (Nicholas, *Negotiating a Greco-Corsican identity*, pp. 101-119).

264. ASPF, SC, Italogreci, vol. 2, Genova, 28 gennaio 1702, 28 cc. 324r.

265. ASPF, SC, Italogreci, vol. 5, Ajaccio, 24 ottobre 1773, c. 445r; Ajaccio, 7 gennaio 1772, c. 384rv.

266. Bellizzi, *Villa Badessa*, p. 101.

267. *Ibidem*.

268. ASN, MAE, Chiese greche nei domini napoletani, Diversi, (s.d.), b. 4240, Copia: Consolato generale del regno delle Due sicilie in Gracia.

269. Giunto a Badessa il 26 settembre 1843, Edward Lear notava ancora con stupore la peculiarità dei costumi nazionali degli abitanti del luogo (Lear, *Illustrated excursion in Italy*, vol. 1, pp. 102-103).

regole dalla comunità. All'esterno, i legami con le altre comunità disperse e con l'Oriente ortodosso contribuirono a plasmarne i caratteri, alimentando nel tempo il senso di appartenenza all'universo culturale ortodosso. Fino a quando il metropolita greco di Filadelfia rimase in carica a Venezia, i sacerdoti maniotti preferirono andare in laguna per ricevere l'ordinazione.[270] Dalla Serenissima, inoltre, provenivano i libri liturgici, a causa dei quali – secondo il clero latino – i maniotti rimanevano «confusi nei loro errori».[271] L'esperienza della migrazione fu una costante nella vita della colonia maniotta, costituendo spesso una risposta alla penuria di risorse e alle tensioni esistenti tra opposte fazioni.[272] Le vicine comunità ortodosse del Tirreno, in particolare quelle di Napoli[273] e Livorno,[274] e quella di Minorca, funsero da principali poli di attrazione. I maniotti di Corsica furono coinvolti anche in nuovi disegni di colonizzazione, nella vicina isola di Sardegna,[275] in Maremma[276] e nella lontana Florida,[277] verso luoghi in cui poter riprodurre i caratteri e le forme originarie della comunità. Le comunità ortodosse situate lungo le coste della penisola esercitarono una forte attrazione anche sugli abitanti di Badessa. Da qui provenivano molti soldati arruolati nel Reggimento macedone di stanza a Napoli e alcuni parroci della chiesa greca della capitale, come Nestore Palli, il quale – come tutta la sua colonia d'origine – intratteneva forti legami con l'Epiro e con le gerarchie ecclesiastiche orientali.[278] In una relazione inviata al dicastero di Propaganda nel 1841, Monsignor Mussabini definiva la popolazione di

270. Nicholas, *Negotiating a Greco-Corsican identity*, p. 103.

271. ASPF, SC, Italogreci, vol. 2, Paomia, 15 ottobre 1681, cc. 15r-16v.

272. Per le migrazioni maniotte in Puglia e in Toscana vedi *supra*, pp. 42-43.

273. ASDN, Registri parrocchiali della parrocchia dei SS. Pietro e Paolo dei greci, libro dei battesimi 1736-1777, Vittorio Attanasio, 20 luglio 1765. Ad esempio dalla Corsica giunse a Napoli Andrea Iacovizi, originario della Schiavonia, con sua moglie Caterina Stefanopoli, i quali nel 1766 celebrarono nella chiesa greca il battesimo della loro figlia Elena alla presenza del padrino Giovanni Stefanopoli, sacerdote greco-corso (ivi, Elena Iacovizi, 5 maggio 1766).

274. ASPF, SC, Italogreci, vol. 4, Castel Gandolfo, 20 giugno 1756, cc. 353r-354v.

275. ASPF, SC, Italogreci, vol. 6 (1781-1810), s.d., *Breve relazione dello stato presente delli Greci dimoranti in Ajaccio,* cc. 356v-358r.

276. ASPF, SC, Italogreci, vol. 4, Pisa, 14 giugno 1756, cc. 351r-352v.

277. Nicholas, *History of the Greek colony of Corsica*, p. 66.

278. Sulla figura di Nestore Palli, vedi: Korinthios, *I greci di Napoli,* pp. 300-308; ASPF, Acta, 26 novembre 1827, cc. 520a rv; 520b rv; 520c rv; 520d r. Alcune delle famiglie greco-albanesi giunte nel 1743 provenivano dalle Isole Ionie (vedi: Passarelli, *Le icone e le radici,* p. 10).

Badessa «ignorantissima, e aderente allo scisma», individuandone le ragioni proprio nei contatti e nelle relazioni frequenti che essa intratteneva da sempre con il Levante e con altre comunità scismatiche della Cristianità, in particolare con quella di Barletta.[279]

Flussi e riflussi dal mare

Attraversate nel tempo da continui arrivi e movimenti migratori, le comunità ortodosse situate nei centri urbani del litorale appaiono come le più eterogenee. Questi flussi, soprattutto durante il XVIII secolo, furono alimentati prevalentemente dal commercio. Sebbene, come altre migrazioni da lavoro, quella dei commercianti ortodossi verso le città mercantili della penisola si fondasse generalmente su una tradizione migratoria di gruppo o familiare,[280] le comunità greche della diaspora non costituivano degli insiemi chiusi, stabili e omogenei sotto il profilo sociale e confessionale.[281]

La distribuzione dei migranti nel tessuto urbano dei grandi centri mercantili riflette nella maggior parte dei casi l'eterogeneità del corpo sociale. A Venezia, mentre una parte della popolazione ortodossa abitava attorno alla chiesa di San Giorgio, un numero consistente di greci, per lo più di umili condizioni, viveva disperso nel sestiere di Castello, nelle strade dove più intensa era la presenza di stranieri.[282] A Livorno, le abitazioni dei ricchi mercanti greci sorgevano lungo le principali vie della città. Un gruppo economicamente più modesto viveva invece in prossimità della chiesa non unita della Santissima Trinità, mentre altri ancora continuarono ad abitare nelle vicinanze della chiesa greco-unita della Santissima Annunziata, anche dopo la costruzione della chiesa scismatica nel 1760.[283] In generale, l'«effetto di polarizzazione» prodotto dalla presenza di una chiesa o di altri edifici «emblematici» tende a dissolversi all'interno di una geografia della residenza largamente variabile.[284] A Napoli, dove la chiesa e il suo patrimonio immobiliare marcavano in modo visibile la presenza ortodossa

279. ASPF, Acta 1841, *Ristretto con voto e sommario sulla visita fatta da Mons. Mussabini*, cc. 477r-479v.

280. Bade, *Migration in European history*, pp. 4-6.

281. Per i riferimenti bibliografici sulla diaspora commerciale greca si rimanda ai capitoli 2 e 3 e alla bibliografia.

282. Grenet, *La fabrique communautaire*, p. 214.

283. Ivi, p. 218.

284. Cfr. Chauvard, *Scale di osservazione*, pp. 85-107.

nel territorio urbano,[285] alcuni processetti matrimoniali sette-ottocenteschi testimoniano la penetrazione e dispersione dei greci all'interno delle parrocchie latine della città.[286] A Lecce i pochi greci residenti in città vivevano «dispersi per varie parrocchie latine, in case però separate dalli Latini».[287] A Barletta, dove la nazione greca rimase a lungo priva di una chiesa, anche dopo la sua restituzione nel 1789, i mercanti ortodossi continuarono ad alloggiare nei sottani o nelle case annesse alle botteghe, dentro le stesse abitazioni o nelle stesse strade dove anche altri mercanti stranieri di diversa provenienza vivevano mescolati alla popolazione locale.[288] La disposizione delle abitazioni dei mercanti greci a Messina, registrate nei riveli della metà del Settecento, riflette le stesse logiche.[289]

La distribuzione della popolazione ortodossa nel tessuto urbano sembra dunque smentire l'esistenza di *enclave* chiuse e omogenee. Il grado di separazione/integrazione dei migranti all'interno delle società cattoliche è rivelato in modo più precipuo dai modelli matrimoniali. A Trieste, fino agli ultimi anni del XVIII secolo, Olga Katsiardi-Hering ha riscontrato una pratica esclusiva dell'endogamia.[290] Anche a Venezia l'esogamia non divenne mai una pratica prevalente tra i membri della colonia.[291] A Livorno, ad una «disciplina collettiva» che imponeva ai membri della confraternita dei greci non uniti una stretta endogamia, gli uomini risposero con una pratica diffusa del celibato.[292] Nel porto toscano l'esogamia

285. Korinthios, *I greci di Napoli,* pp. 192-201.

286. ASDN, Processetti matrimoniali: 1753, lettera N, Niccolò Plastarà e Caterina Angela Castelli; 1764, lettera A, Attanasio Zavojani et Sofia di Nicola; 1992, lettera A, Attanasio Gerocariti e Maria Elena Brancacci; 1799, lettera S, Spiridione Domero et Elisabeth Lalla; Stefano di Giovanni ed Elena Varelà; 1831, lettera S, Stefano Palli e Anna Maria Battaglino.

287. ASPF, SC, Italogreci, vol. 3, Lecce, 4 luglio 1730.

288. ADPB, Capitolo della cattedrale di Santa Maria Maggiore, *Stato, o sia numeraz.e di tutte le anime che vivono nel ristretto di qsta Regia Colleg.ta Insig.e* [...] *in questo corrente anno 1795*, c. 77v.

289. Cigni, *Le proprietà immobiliari della comunità greca a Messina,* pp. 328-329.

290. Nel periodo 1781-1830 la studiosa registra 268 matrimoni, di cui 49 (18,2%) misti; soprattutto per gli anni 1815-1830, quando i dati sono più coerenti, la percentuale in numeri assoluti è di 77 matrimoni endogamici e 36 misti (Katsiardi-Hering, *Εκπαίδευση στη διασπορά*, pp. 153-176).

291. Grenet, *La fabrique communautaire,* pp. 123-125.

292. Nella seconda metà del Settecento, la pratica quasi esclusiva dell'endogamia all'interno della comunità dei greci non uniti divenne parte di una «strategia commerciale» (ivi, pp. 123-125; 147-148).

fu una pratica diffusa soprattutto nella prima generazione di migranti, in particolare tra gli appartenenti agli strati sociali inferiori, i quali vedevano nel matrimonio con donne locali, per lo più cattoliche, uno strumento d'integrazione nella società locale.[293] I matrimoni misti erano invece una pratica abituale all'interno del gruppo eterogeneo dei greci uniti, il quale comprendeva oriundi, cattolici levantini e arabo-melchiti. La sorella del negoziante cattolico-levantino Nicola Demori, ad esempio, aveva sposato l'«ingegnere di mare» del Gran Duca, mentre Teodoro Samne damasceno era «accasato con una maltese» di rito latino.[294] L'esogamia era praticata anche dai greci residenti all'interno delle città del Regno di Napoli. Dai dati desunti dai libri parrocchiali della chiesa greca di Napoli tra il 1717 e il 1863, si rileva che circa il 60% degli individui registrati era sposato con donne latine, napoletane o forestiere.[295] Anche i mercanti greci residenti a Messina e quelli di cui si trova traccia nei registri parrocchiali di Barletta o nei documenti notarili, erano «accasati» con mogli latine. Accanto a questi nuclei di migranti stabili, esisteva anche una moltitudine di mercanti itineranti, di passaggio. Molti fra questi avevano moglie e figli nella patria d'origine, come Giovanni Fasulo, un mercante di Giannina che negli anni novanta del Settecento gestiva una bottega nella piazza di Bari.[296] L'esempio fornito dalle comunità ortodosse presenti nei porti dell'Italia meridionale è interessante perché mostra come lo stabilimento di rapporti più stretti con la società ospitante, fin dentro la sfera delle relazioni private, non comportasse necessariamente l'abbandono delle credenze e delle tradizioni orientali, la rottura dei legami comunitari o l'assimilazione. Nicolò Plastarà, facoltoso commerciante originario di Giannina, nel 1753 sposò a Napoli una donna fiorentina, Caterina Angela Castelli della «Venerabile Parocchiale Chiesa di S. Liborio alla Carità».[297] Mentre davanti alle autorità ecclesiastiche il mercante epirota millantava origini cattoli-

293. Ivi, p. 125. Così, ad esempio, Demetrio Simopulo Cappottaio e Demetrio Boccia Pellicciaio, i quali – come riferisce Stefanopoli – «dopo la publica professione del cattolicesimo han fatto ritorno allo scisma con non piccolo scandalo», erano entrambi sposati con «latine italiane» (ASPF, SC, Italogreci, vol. 5, Livorno, 1766, c. 169r).

294. ASPF, SC, Italogreci, vol. 5, Livorno, 1766, c. 169v.

295. ASDN, Registri parrocchiali della parrocchia dei SS. Pietro e Paolo dei greci, libri dei matrimoni: 1717-1738; 1735-1777; 1777-1801; 1778-1863.

296. ASN, PA, SMC, b. 24, fasc. 2, anni: 1798-1800.

297. ASDN, Registri parrocchiali della parrocchia dei SS. Pietro e Paolo dei greci, libro dei matrimoni 1735-1777, 11 dicembre 1753.

che e fedeltà alla Chiesa romana,[298] dopo il 1764, quando lasciò Napoli per Trieste, dismise le vesti di cattolico e divenne uno dei principali esponenti della fazione greca, allora in conflitto con quella illirica per il governo della confraternita e delle rendite della chiesa greca non unita.[299]

L'eterogeneità delle comunità del litorale non si rifletteva soltanto nelle pratiche matrimoniali e nei profili sociali dei loro membri. Le stratificazioni prodotte dal processo migratorio e le dinamiche legate all'acculturazione e all'adattamento al contesto locale trasformarono nel tempo molte di queste comunità in corpi eterogenei anche sotto il profilo confessionale. La comunità di Messina, a questo proposito, offre un'immagine parossistica delle sovrapposizioni, delle differenze e dei contrasti generati nella comunità dal processo migratorio e dall'interazione con la società cattolica. Qui la presenza della Chiesa ortodossa affondava le sue origini in epoca bizantina. Ancora nel XVIII secolo, la rete delle chiese greche di origine medievale impressa nella topografia urbana era il segno di una presenza antica,[300] rinnovata nei secoli da nuovi arrivi e continuamente trasformata da contrastanti e molteplici dinamiche d'interazione con la società locale. Quando nel 1784 fu promulgato l'editto del porto franco e ai greci non uniti e a tutti i cristiani orientali, «non esclusi i Maomettani, e gli Ebrei», fu consentito «il libero e pubblico culto della loro religione», la chiesa greca di San Nicolò, fondata dai coronei nel XVI secolo, si trovava sotto il controllo del clero latino.[301] L'editto consentì ai nuovi arrivati di costruire una nuova chiesa di rito greco scismatico «subito che giungano ad un numero da poterne fare per se medesime il mantenimento».[302] Nell'articolo V, però, era espressamente vietato a tutti coloro che erano «nati e divenuti cattolici» di godere di quelle concessioni, perché in tal caso sarebbero stati degli apostati o rinnegati.[303] Il clero latino era allarmato dal comportamento di quei greci che, residenti da tempo in città, avevano fino ad allora osservato

298. ASDN, Processetti matrimoniali, 1753, lettera N.

299. Falcetta, *Comunità ortodosse nell'alto Adriatico e in Dalmazia veneta*, p. 112.

300. Cigni, *Le chiese greche di Messina,* pp. 296-309.

301. Cigni, *Le proprietà immobiliari della comunità greca a Messina*, pp. 318-319.

302. ASN, MAE, Chiese greche nei domini napoletani, Diversi, (s.d.), b. 4240, *Copia degli articoli IV. V. X. dello Editto Reale per lo stabilimento, ed ampliazione dei privilegi, e del salvocondotto della Scala, e Porto franco della Città di Messina.* Già nel 1728 un precedente editto aveva riconosciuto analoghe franchigie civili ed economiche ai mercanti levantini desiderosi di stabilirsi con i loro negozi in città.

303. *Ibidem.*

il culto greco cattolico e che, dopo la promulgazione dell'editto del porto franco, erano insorti «manifestandosi per scismatici» e sottraendosi alla soggezione dell'ordinario latino.[304] Alla fine del secolo, quando la corte russa, alleata dei Borbone, estese la sua protezione sulla chiesa greca di San Nicolò, quest'ultima divenne l'approdo di tutti i mercanti provenienti dall'Oriente ortodosso.

Nella stessa epoca, tuttavia, a Messina esisteva anche un'altra chiesa, adibita al rito greco cattolico, situata nel mezzo della strada «detta de' Greci». Secondo quanto riferisce un cronico locale:

> comecchè la Città, e Porto di Messina è l'Emporio di tutte le Nazioni, e precisamente degli Orientali, Gio. Andrea Mercurio Cardinale, ed Arcivescovo di essa, per comodo dei Religiosi Basiliani Cattolici del Monte Sinai, che passar sogliono in Messina per trasferirsi in Italia, e Roma a raccogliere l'elemosine, che li vengono somministrate dal Sommo Pontefice, e dai Principi di Europa, eresse quella Grancia, e Chiesa, in onore della Vergine, e Martire S. Caterina, dove vi risiede un monaco Orientale col titolo di Priore.[305]

Nel 1717 Demetrio Strati, Eustachio Papà e Domenico Cozachi, «greci cattolici» abitanti in Messina, trovandosi a Roma per affari, denunciarono a Propaganda le persecuzioni subite dal Priore di Santa Caterina, Galzio Teriano, ad opera degli scismatici residenti nella città. I principali persecutori erano Giorgio Valmudi, Panagioti Papà e Anastasio Voda,[306] futuro console ottomano.[307] Alcuni anni dopo, ritroviamo uno degli accusatori, Eustachio Papà, e il presunto persecutore, Giorgio Valmudi, a Napoli.[308] Gli anni venti e trenta del Settecento furono gli anni in cui nella

304. ASN, MAE, Chiese greche nei domini napoletani, Diversi, (s.d.), b. 4240, *Circolare a Ministri nell'estero.* Il *memorandum* fu trasmesso intorno alla metà del XIX secolo dal ministero degli affari esteri del Regno delle due Sicilie ai ministri esteri in Londra, Parigi, Pietroburgo, Vienna e Berlino, affinché potessero rispondere alle critiche rivolte in quegli stati al governo napoletano in merito al decreto di chiusura delle chiese scismatiche di Barletta e Messina del 26 novembre 1842.

305. Gallo, *Annali della città di Messina,* p. 111. Questa chiesa era mantenuta grazie alle rendite dei greci testatori, «con la condizione che non essendovi sacerdote Greco Orientale in detta Chiesa, si intendano lasciate alla Chiesa del Priorato di S. Giovanni Gerosolimitano di questa città» (ASPF, SC, Italogreci, vol. 3, Messina, 9 febbraio 1723, c. 268v).

306. ASPF, SOCG, v. 610, 23 agosto 1717, cc. 115rv, 121r.

307. ASPF, SC, Italogreci, vol. 2, Lazzaretto di Messina, 22 agosto 1724, c. 281r.

308. Valmudi compare come testimone al matromonio tra Bruno Presterà e Giovanna Taù, celebrato il 31 luglio 1736 (ASDN, Registri parrocchiali della parrocchia dei SS. Pietro e Paolo dei greci, libro dei matrimoni 1736-1777). Il secondo invece compare come

chiesa greca della capitale il conflitto religioso tra cattolici e scismatici raggiunse il suo culmine: allora, a capo della chiesa c'era un certo Dionisio Cigala, originario di Santorini, giunto a Roma nel 1716 da Alessandria d'Egitto per abiurare lo scisma. Valmudi era uno dei suoi principali «persecutori».[309] In una lettera inviata al dicastero romano nel luglio 1728, Cigala raccontava «come coll'occasione dell'Armistizio tra S.M.C., e la Porta concorrono molti Greci in questa città, la maggior parte de quali non conservano li veri dogmi cattolici».[310] Sono questi gli anni in cui, dopo una fase segnata da un forte declino demografico,[311] la popolazione ortodossa della capitale cominciò ad aumentare. È ancora Cigala a riferire che «ne tempi correnti, fuori dal consueto, non solamente vi è un buon numero di Greci, ma da medemi si sono aperte delle tante boteghe di cafè, che prima ce ne era una sola concorrendo in esse numero grande di persone, d'ogni ceto, et qualità».[312] Tra i nuovi venuti c'erano anche Giorgio Valmudi e suo fratello, i quali erano accusati da Cigala di predicare «giornalmente alle pubbliche boteghe di cafè dove si radunano i Greci», nel tentativo di dissuadere quei forestieri dal frequentare la chiesa infestata dai «papisti».[313] Soprattutto dopo la sigla del trattato con la Porta nel 1740, le fonti parlano di una presenza mobile e diffusa di mercanti ottomani a Napoli, molti dei quali erano originari di Giannina (Epiro). Nel corso del secolo i mercanti divennero una presenza sempre più stabile e numerosa. L'acquisita posizione dominante nel 1764 consentì ad alcuni negozianti greci «orientali» di ottenere la promulgazione di nuove capitolazioni.[314] Da allora l'accesso

sottoscrittore di una petizione promossa dalla comunità greca di Napoli nel 1723 (ASPF, SC, Italogreci, vol. 3, Napoli, 3 novembre 1723, cc. 305r-306r). Già nei secoli precedenti, nei registri parrocchiali e in altre fonti prodotte dalle comunità greche di Palermo, Messina e Napoli, si rileva la presenza degli stessi individui o famiglie, segno dell'esistenza di una consuetudine di rapporti e di una mobilità costante tra le comunità ortodosse del Regno (Hassiotis, *Sull'organizzazione, incorporazione sociale e ideologia politica dei Greci a Napoli*, p. 441).

309. ASPF, SC, Italogreci, vol. 3, Napoli, 30 gennaio 1723, cc. 263r-266v; SOCG, vol. 661, 6 luglio 1728, cc. 73r-74v.

310. ASPF, SOCG, v. 661, Napoli, 6 luglio 1728, cc. 71r-72r.

311. ASDN, SV, 1688, Antonio Pignatelli, I, cc. 240-246; 1693, Giacomo Cantelmo, III, c. 448/ XI, c. 94; 1711, Francesco Pignatelli, I, c. 115/ IV, c. 54. Cfr. Giura, *La comunità greca di Napoli,* p. 130.

312. ASPF, SC, Italogreci, vol. 3, Napoli, 14 settembre 1728, c. 380v.

313. Ivi, Napoli, 30 gennaio 1723, c. 264v.

314. Korinthios, *I greci di Napoli,* pp. 223-230.

alle istituzioni comunitarie fu limitato ai «mercanti, caffettieri, cappottari, padroni di botteghe e capi di famiglie dimoranti a Napoli», mentre a tutti gli altri fu consentito solo l'esercizio degli «atti di religione» nella chiesa.[315] In questo modo s'intendeva escludere dal governo della chiesa greca e soprattutto dall'amministrazione delle sue rendite i militari, i marinai e i commercianti di passaggio.[316] Nello stesso tempo, con la sottomissione della chiesa e della confraternita all'esclusiva autorità regia, si voleva stabilire un più fermo dominio dei nuovi arrivati sui greci che da più tempo avevano stabilito la loro dimora in città. Più docili e acquiescenti verso la Curia locale e le sue continue ingerenze, dal 1734 fino ad allora questi ultimi avevano infatti amministrato il sodalizio in condizione di parità con due governatori latini.[317]

Anche Lecce, in Terra d'Otranto, ospitava negli stessi anni una colonia di mercanti ortodossi. In una lettera indirizzata nel 1730 al dicastero di Propaganda, il vescovo di Lecce riferiva che «nella città si trova fondata ab antiquissimo tempore una Chiesa sotto il titolo di San Nicola, nella quale da un sacerdote di rito greco con titolo di paroco si sono sempre amministrati li sagramenti alli Greci Levantini, o colà abitanti da qualche tempo, o che sono di passaggio per cagione di negozii».[318] Nuovi nuclei di mercanti originari del Peloponneso giunsero in Puglia con le loro famiglie intorno al 1718, in seguito alla riconquista turca della Morea.[319] I nuovi arrivati erano descritti dal vescovo come «assai tenaci del di loro rito, e loro costumanze», riluttanti ad «entrare, ed assistere a divini offici nelle chiese latine», persino nel tempo delle celebrazioni per la Pasqua; solamente le donne giovani cresciute in Lecce – riferiva il vescovo – «non hanno questo ritegno, confessandosi dal sacerdote latino».[320]

Sul litorale pugliese, dopo la peste del 1656 diversi centri in Terra di Bari tornarono ad accogliere nuclei sparsi di commercianti ortodossi, soprat-

315. *Statuto con cui deve regolarsi la Chiesa e Confraternita de' Santi Pietro e Paolo de' Nazionali greci in Napoli, munito di Regio exequatur del 20 febbraio 1764.*

316. Cfr. Hassiotis, *Sull'organizzazione, incorporazione sociale e ideologia politica dei Greci a Napoli,* pp. 432-435. Sulla figura del marinaio greco e di altri soggetti itineranti nelle colonie greche di Marsiglia, Venezia e Livorno, vedi Grenet, *La fabrique communautaire*, pp. 111-122.

317. Korinthios, *I greci di Napoli,* p. 180, 44n.

318. ASPF, SC, Italogreci, vol. 3, Lecce, 4 luglio 1730, cc. 412r-413r.

319. Cfr. Giannotti, *Il rito greco a Lecce*, pp. 31-34.

320. ASPF, SC, Italogreci, vol. 3, Lecce, 4 luglio 1730, cc. 412r-413r.

tutto epiroti.[321] Per tutto il XVIII secolo i registri parrocchiali e i documenti notarili di Barletta testimoniano la presenza d'individui di «nazione greca» in diverse città del litorale e dell'entroterra, nonostante l'assenza di una chiesa di rito greco o di un qualche sodalizio nazionale. Soltanto nel luglio 1789 i «Greci soggetti alla Porta ottomana esistenti in Barletta» ottennero la restituzione della chiesa di Santa Maria degli Angeli. Fino ad allora – racconta il vescovo di Trani – «si sono avvaluti de' Sagramenti nelle nostre Chiese, e si sono muniti dell'ultimi Sagramenti, ed hanno goduta tra noi Ecclesiastica Sepoltura».[322] Una pratica questa confermata dai registri parrocchiali.[323] Nei primi decenni del XIX secolo, il «procuratore della nazione Greca commorante in Barletta, ed in quei luoghi convicini», in una supplica indirizzata al «Regal Trono» racconta che dopo il 1789 «è avvenuto che oltre quei Greci che ivi dimoravano ne siano degli altri, e tuttavia ne vengono insieme colle loro famiglie a fissarvi il lor domicilio».[324] Secondo quanto riferisce il vescovo di Trani nel 1791, il loro numero ammontava a circa sessanta individui, «oltre quelli, che girano pel commercio».[325] Dagli stati delle anime risulta che il numero di coloro che avevano un domicilio fisso in città fosse inferiore e oscillasse da un anno all'altro anche di diverse unità.[326] Soprattutto, non tutti tra questi frequentavano la chiesa greca. Un certo Costantino Caroli, «Greco

321. ASPF, SC, Italogreci, vol. 2, Napoli, 23 aprile 1683, c. 66rv. Per una sinossi delle notizie finora note sulla storia della chiesa e della colonia greca di Barletta, vedi: Fiorella, *La comunità greca di Barletta.*

322. ASN, Camera di Santa Chiara, Carte e processi riguardanti i Greci di Barletta e Sicilia, Inc. 1, cart. 46 - Diversi II parte B (ex Sommaria – Diversi, II/27), Lettera dell'arcivescovo di Trani al segretario della Real camera in Napoli, Trani, 8 maggio 1790, cc. 3r-4v.

323. Solo in due casi il matrimonio fu celebrato *sub ritu greco* da due sacerdoti greci di passaggio, Antonio Stefanopoli di Corsica e Giorgio Cazarò, seppur alla presenza di un canonico latino. Ciò avvenne in occasione delle nozze del console ottomano Attanasio Chiriachì con la nativa Maddalena Isernia nel 1742 e di Eustachio Fozio, scritturale del console, con Serafina d'Ascoli di Barletta nel 1752, (ADPB, Registri parrocchiali del Capitolo della cattedrale di Santa Maria Maggiore, libro dei matrimoni, vol. IV (1735-1755), 4 gennaio 1752, c. 106r; 19 sett. 1742, c. 47r).

324. ASN, Camera di Santa Chiara, Carte e processi riguardanti i Greci di Barletta e Sicilia, Inc. 1, cart. 46 - Diversi II parte B (ex Sommaria – Diversi, II/27), Supplica del Procuratore della nazione greca D.r Niccolò Longhi, s.d., cc. 5v-6v.

325. ADPB, Capitolo della cattedrale di Santa Maria Maggiore, Cause e liti, Controversia tra greci, zio e nipote, 1789-1791, b. 13, c. 8r.

326. Negli stati delle anime relativi agli anni a cavallo tra i secoli XVIII-XIX, il loro numero oscilla tra 24 unità, registrate nel 1789, e 45, registrate nel 1801 (ADPB, Stati delle anime, 1789-1804). Si tratta di una presenza molto esigua se confrontata con la popolazione complessiva residente nella città pugliese negli stessi anni, pari a 15.802

libero dalla provincia d'Epiro», morto nel 1797, a differenza di altri epiroti, fu seppellito nella chiesa latina del Santo Sepolcro.[327] Anche i figli dei greci domiciliati da tempo in città e sposati con donne native, frequentavano le chiese latine della città. Nei primi anni dopo il ripristino del rito, i sacerdoti e i fedeli che frequentavano la parrocchia greca di Santa Maria degli Angeli continuavano a dichiararsi cattolici. Solo dopo qualche tempo cominciarono ad apparire «pericolose alterazioni», in particolare quando, «rilasciata sventuratamente ogni disciplina religiosa verso l'epoca della militare occupazione [francese], cominciarono ad introdursi in quella chiesa alcuni ministri scismatici, che sotto l'ombra del segreto v'esercitavano il culto proscritto».[328]

Al tempo dell'occupazione francese nel 1797, anche ad Ancona i greci non uniti alla Chiesa Romana e quei pochi cattolici che erano «Fratelli della Compagnia» si presentarono al generale francese per domandare la restituzione della chiesa.[329] Qualche decennio prima, nel 1774, l'arcivescovo Bufalini aveva trasmesso al dicastero di Propaganda una nota in cui erano elencati i nomi «de pochi greci professi nell'apparenza almeno, e de' molti Greci scismatici e non professi nell'apparenza e sostanza». Il confine confessionale passava attraverso gli stessi nuclei familiari, come quello dei Protopsalti e dei Drascovich.[330] Durante tutto il secolo, prima dell'arrivo delle armate francesi, la confraternita greca di Sant'Anna era rimasta sostanzialmente sotto il controllo dei «Nobili, e Cittadini Anconitani». Era stato uno dei suoi fondatori, Costantino Maurdini, a disporre nel suo testamento che in assenza di «nazionali greci» avrebbero dovuto governare «i Latini Mercanti per *modum provisionis*».[331] Nelle prime decadi del Settecento le relazioni del clero locale indirizzate al dicastero di Propaganda parlano dell'assenza da «moltissimi anni» di «alcuna famiglia greca stabile».[332] Nella prima metà

abitanti tra 1794-1796 (Villani, *Documenti e orientamenti per la storia demografica del Regno di Napoli*, p. 119).

327. ADPB, Registri parrocchiali del Capitolo della cattedrale di Santa Maria Maggiore, libro dei morti, vol. V (1790-1809), 5 settembre 1797, c. 70r.

328. ASN, MAE, Chiese greche nei domini napoletani, Diversi, (s.d.), b. 4240, Lettera del ministero della Real segreteria di Stato e degli Affari ecclesiastici al console ellenico sulla questione della chiesa greca in Barletta, 10 maggio 1856.

329. ASPF, SOCG, vol. 910, 4 aprile 1803, *Pro-memoria per la Sacra Congregazione di Propaganda Fide dai Fratelli della Compagnia di S. Anna*, cc. 154r-155v.

330. ASPF, SC, Italogreci, vol. 5, Ancona, 18 marzo 1774, c. 461r.

331. ASPF, SC, Italogreci, vol. 5, Ancona, 23 febbraio 1771, cc. 293r-298r.

332. ASPF, SC, Italogreci, vol. 2, Ancona, 6 giugno 1709, c. 354r; vol. 3, Venezia, 5 dicembre 1716, c. 41rv.

del secolo era presente nel porto pontificio solo un piccolo nucleo di cattolici levantini, dediti al baratto e al mercato di minutaglie.[333] Nel 1740, attraverso Vincenzo Moroni Giustiniani di Chio, questi supplicarono il dicastero romano di consentire a Domenico di Belvedere, «prattico della lingua greca», di assisterli, non intendendo loro la lingua italiana, tanto più che era di lì assente il papàs di rito greco.[334] È soltanto dal 1763 che nelle lettere indirizzate dal clero latino alla Congregazione di Propaganda si comincia a far riferimento ad una presenza mobile ma consistente di greci ortodossi del Levante.[335] Soprattutto negli anni settanta erano numerosi gli scismatici che giungevano in città attratti dalla fiera di Senigallia[336] o in cerca di un più stabile «confugio» a causa delle guerre in corso in Levante.[337] Per la cura di tutte quelle anime nel 1771 Clemente XIV inviò il cipriota Costantino Bruni, già parroco nella chiesa greca di S. Atanasio a Roma e nella parrocchia greca di Malta.[338] Un anno dopo l'arrivo ad Ancona, Bruni fu accusato dall'arcivescovo di aver avuto con gli scismatici «il più frequente commercio» e di aver voluto «far di essi, e de' pochi cattolici, che abbiamo quasi un solo Popolo».[339] Nel 1779 il dicastero romano inviò nel porto pontificio Giovanni Doxarà, il quale era stato fino ad allora cappellano nella chiesa greco-unita di Livorno. Quest'ultimo, eletto dalla confraternita, non solo manifestò una condotta analoga a quella del suo predecessore, ma fece ricorso alla Sacra Congregazione di Propaganda chiedendo, senza successo, la rimozione dei confratelli latini e anconitani dalla confraternita.[340] Quando nel 1789 Doxarà lasciò Ancona, il numero dei greci scismatici, per lo più venditori di cappotti, «babusse», pellami, cotoni, vini e caffè, ascendeva a circa 270 anime, mentre solo due o tre erano i greci che avevano accettato di fare la professione di fede.[341]

A Livorno, greci cattolici e «oriundi de'levantini», professanti per lo più il rito latino, arabi melchiti e cristiani di rito greco uniti e scismatici,

333. Caracciolo, *Il porto franco di Ancona*, p. 41.

334. ASPF, SC, Italogreci, vol. 3, Ancona, 30 ottobre 1740, c. 633rv.

335. Negli stessi anni, invece, nelle relazioni inviate a Propaganda si riferisce che il numero dei greci uniti era ridotto a pochissime unità (ASPF, SC, Italogreci, vol. 5, Ancona, 17 gennaio 1763, c. 51rv.

336. Sui mercanti greci a Senigallia, vedi lo studio di Katsiardi-Hering, *Λησμονημενοι οριζοντες ελληνων εμπορων*.

337. ASPF, SC, Italogreci, vol. 5, Ancona, 17 giugno 1771, cc. 329r-330r.

338. Ivi, Ancona, 6 giugno 1771, c. 318r; Ancona, 17 giugno 1771, cc. 329r-330r.

339. Ivi, Ancona, 29 maggio 1772, cc. 410r-411v.

340. Ivi, cc. 393v-395v.

341. Ivi, c. 401v.

convissero a lungo all'interno della stessa chiesa e confraternita. I confini tra cattolici e scismatici rimasero perciò a lungo fluidi. Soltanto con il *motu proprio* del 1757 gli scismatici «simulanti in addietro la ortodossia» ottennero dall'Imperatrice il permesso di edificare una chiesa separata da quella greco-unita.[342] Da allora questi ultimi si avviarono a diventare un gruppo sempre più chiuso e coeso. Il decreto sancì l'indipendenza della nuova chiesa della Trinità dall'altra «sia rispetto alle persone che ai beni»,[343] mentre gli statuti della nuova confraternita, approvati nel 1775, imposero ai confratelli una rigida endogamia.[344] Poca armonia regnava invece tra le «tre specie di Greci» che costituivano il corpo dei greci uniti. In una relazione compilata su richiesta del Granduca nel 1766, il sacerdote greco-unito di origine corsa Patrizio Stefanopoli riferiva come gli «orientali» non considerassero veri greci gli oriundi di rito latino, nonostante il nome e le loro origini levantine, e chiamassero con disprezzo arabi i greci melchiti. Questi gruppi, poi, erano in reciproco contrasto tra loro per il dominio della chiesa e delle sue rendite. Nella sua relazione, Stefanopoli lascia intuire, invece, come i confini tra cattolici e disuniti non fossero poi così rigidi, almeno sul piano sociale: l'uno non può veder l'altro – raccontava – «se non per quella parte che risguarda i loro vicendevoli mercantili interessi».[345] A questo proposito, una testimonianza interessante è fornita da un altro sacerdote greco-cattolico, Anastasio Petropoli, il quale nel 1805 sottopose al vaglio del segretario di Propaganda la situazione di un suo amico greco non unito, il quale aveva abiurato lo scisma per il desiderio di sposare una latina livornese: «essendo egli negoziante di Rumi, acque vite, e altro, il continuo commercio coi greci per le vendite e spedizioni, e anche alcune dipendenze [...] e particolarmente la quotidiana conversazione coi greci», gli avevano impedito di attuare fino in fondo quella scelta. Rimasto vedovo e volendo sposare ancora una volta una donna livornese senza dover fare un'altra abiura, si era rivolto al sacerdote greco-unito affinché con la sua intercessione gli fosse concesso come ai luterani di rimanere scismatico.[346]

A Venezia, agli inizi del Settecento, si verificò un processo inverso a quello in atto alla fine dello stesso secolo nella comunità livornese, ovvero

342. ASPF, SC, Italogreci, vol. 4, Pisa, 17 settembre 1759, cc. 488r-489v.

343. ASPF, SC, Italogreci, vol. 4, Pisa, 17 settembre 1759, Allegato B[2]: motu proprio, cc. 498r-499r.

344. Cfr. Grenet, *La fabrique communautaire,* p. 125.

345. ASPF, SC, Italogreci, vol. 5, Livorno, 1766, c. 173rv.

346. ASPF, SC, Italogreci, vol. 6, Livorno, 27 maggio 1805, c. 523rv.

il distacco della componente cattolica dalla chiesa e confraternita ortodossa. Come osserva Sotiris Koutmanis, l'adesione di una parte della comunità al cattolicesimo e la rivendicazione della libertà di coscienza da parte della maggioranza dei membri ortodossi della confraternita, nacquero all'interno di due gruppi sociali distinti: da un lato una élite acculturata, composta da sacerdoti, insegnanti, artisti e avvocati, per lo più sudditi veneziani di origine ionica e cretese, per la quale l'adesione all'uniatismo o al latinismo era parte di una precisa strategia d'integrazione; dall'altro, il gruppo sociale dei ricchi mercanti ottomani, consapevoli della propria forza economica e riluttanti ad accettare l'oppressione delle élite locali.[347] Anche negli anni successivi alla costituzione della confraternita greco-cattolica di San Spiridione, opposte «fazioni» confessionali avrebbero continuato a turbare la vita della chiesa e della comunità di San Giorgio.

Nel XVIII secolo anche la comunità greca di Malta appare dai documenti come un insieme piuttosto composito. I pochi greci residenti sull'isola vivevano sparsi tra La Valletta, dove sorgeva la chiesa di Santa Maria Damascena, e la Città Vittoriosa, detta anche il Borgo, divise tra loro da un lembo di mare.[348] La piccola comunità di greci residenti sull'isola sembra fosse costituita soprattutto d'individui originari di Chio, Cipro e Salonicco, impiegati per lo più «al servitio di questa sacra Religione Gierosolomitana, parte nelle Gal[er]e, e parte nelle navi di S. Giovanni».[349] Numerosi erano poi i «papassi» che giungevano sull'isola «per lite e suoi affari de corsari» e che, «sbrigata la lite» lasciavano la chiesa in abbandono e ritornavano in Levante.[350] Insieme ai «papassi» giungevano sull'isola anche molti mercanti greci di passaggio. Nel 1709 un certo Giacomo Caraviolotti, in una lettera indirizzata al dicastero di Propaganda, denunciava l'ambiguità dei greci lì presenti, i quali, pur ostentando in pubblico «l'uniformità dei riti» con la chiesa latina nel calendario e nei digiuni, in privato «ritengono i loro abusi promossi da quelli Greci, che vengono allo spesso da Levante».[351] Quando nel 1726 i greci dell'isola supplicarono la

347. Koutmanis, *Το τρίτο είδος*, pp. 389-420.

348. L'analisi condotta da Carmel Cassar sui documenti parrocchiali conferma l'esiguità della popolazione greca residente sull'isola (Cassar, *Latins versus Uniates in sixteenth century Malta*, pp. 203-218). Sulle origini della comunità greca di Malta, vedi: Lupi, *Il rito greco a Malta*.

349. ASPF, SC, Greci, vol. 2, Malta, 17 agosto 1709, cc. 133r-135v.

350. Ivi, s.d., Supplica degli abitanti del Borgo in Malta di «natione greca», cc. 293r-294r.

351. ASPF, SC, Greci, vol. 2, Malta, 17 agosto 1709.

Sacra Congregazione di nominare parroco Niceforo Cassura, un monaco di Patmos, Antonio Ruffo scrisse al dicastero per mettere in guardia i cardinali di Propaganda sulla reale identità dei supplicanti: mentre quelli che avevano domicilio permanente sull'isola erano in numero esiguo (circa venti) e per la maggior parte vivevano «alla latina», i quaranta uomini e le quindici donne sottoscrittori di quella supplica erano in gran parte «greci corsari di passaggio».[352] All'interno di questo insieme così eterogeneo, i documenti riferiscono anche di una presenza arabo-melchita. Nel 1721 un sacerdote arabo, Neofito Name, nominato dalla Sacra Congregazione di Propaganda Fide, fu respinto dai parrocchiani greci, benché il parroco sostenesse che quei pochi greci lì residenti parlassero «più la lingua araba che la loro materna». A difesa del sacerdote melchita, l'Inquisitore ricordava come già altre volte la carica di vice parroco fosse stata ricoperta da soggetti di origine araba, i quali, come quel gregge, parlavano perfettamente l'idioma maltese.[353] La popolazione di rito greco residente sull'isola costituiva probabilmente una sparuta minoranza, completamente integrata nel tessuto locale. Erano soprattutto i greci di passaggio, laici ed ecclesiastici, a rimarcare all'interno di quella comunità le differenze culturali, liturgiche e confessionali che un processo di graduale acculturazione stava gradualmente dissolvendo. L'isola di Malta, come quella siciliana, mostra in maniera più marcata i caratteri della frontiera, prodotto delle stratificazioni e dei flussi che incessantemente plasmarono nel tempo il suo paesaggio umano e culturale. Appare invece come uno spazio confessionale più omogeneo la comunità ortodossa di Trieste, la quale non a caso costituisce una presenza affatto marginale nei volumi dedicati agli Italogreci dell'Archivio di Propaganda Fide. Nel porto asburgico l'origine di un insediamento ortodosso stabile coincise con la concessione da parte dell'Imperatrice della libertà di culto ai fedeli orientali. Alla fine del Settecento, differenze di natura liturgica e complesse dinamiche di tipo economico-sociale portarono alla creazione di due chiese e confraternite, una greca e l'altra illirica, entrambe non unite alla Chiesa romana.[354]

352. Ivi, Malta, 5 agosto 1726, cc. 321v-322r. Sui mercanti greci vittime dei pirati maltesi, vedi: Greene, *Catholic pirates and Greek merchants.* Sulla posizione di Malta all'interno delle reti commerciali greche della diaspora nella prima metà del XIX secolo, vedi: Moutafidou, *Giovanni di Niccolò Pappaffy*; Harlaftis, Laiou, *Ottoman state policy in Mediterranean trade and shipping*, pp. 9-16.

353. ASPF, Acta, 24 novembre 1721, n. 39, cc. 432r-436r.

354. Sugli ortodossi a Trieste, vedi in particolare: Dogo M., *La comunità serbo-illirica di Trieste*; Katsiardi-Hering, *Η ελληνική παροικία της Τεργέστης*.

Sin qui, dunque, si è tentato di descrivere la formazione e le dinamiche di uno spazio di frontiera. Nelle pagine seguenti, oggetto di analisi saranno i comportamenti di confine generati all'interno di questo spazio non soltanto dall'incontro tra confessioni diverse, ma anche dall'intersezione tra realtà sociali e poteri plurimi.

2. Al confine: mercanti, preti, intermediari

I percorsi degli individui che si muovevano attraverso la frontiera mediterranea ci restituiscono una comprensione più densa e ravvicinata delle formazioni socio-culturali o civilizzazioni che s'intersecavano al suo interno. Oriente greco e Occidente latino, Cristianità e Islam non appaiono come mondi radicalmente estranei l'uno all'altro quando si osservano attraverso l'esperienza degli individui e dei gruppi che vivevano al confine tra stati, religioni e località plurime.[1]

L'enfasi sul processo di costruzione dei confini confessionali all'interno dell'Europa cristiana ha a lungo rimosso dall'analisi la complessità dei percorsi individuali e dei gruppi che vivevano dentro e attraverso quei confini.[2] Le storie di abiure e censure, le azioni simulate e le dissimulazioni messe in atto dal clero ortodosso mostrano come la costruzione tridentina dello spazio cattolico sopravvivesse ancora nel XVIII secolo, rafforzata dalle strutture della Curia romana e dal potere temporale dei prìncipi cattolici. Tuttavia, mentre i confini confessionali erano rigidamente fissati sul piano canonico ed ecclesiale, il Mediterraneo cattolico presenta i caratteri di una frontiera, in cui la fluidità delle distinzioni confessionali tra cattolici e orientali assumeva di volta in volta i tratti dell'ambiguità, della finzione o del sincretismo. I comportamenti di con-

1. Cfr. Heyberger, Verdeil, *Introduction*, pp. 10-11; Heyberger, *Pour une «histoire croisée» de l'occidentalisation et de la confessionnalisation*, pp. 36-49.

2. Per una revisione del paradigma storiografico della confessionalizzazione, vedi: Luria, *Sacred boundaries*; Forster, *With and without confessionalization*; Hanlon, *Confession and community in seventeenth-century France*; *Forgetting faith? Negotiating confessional conflict in early modern Europe*; *Living with religious diversity in early-modern Europe*; Battistoni, *Comportamenti di confine*; Id., Lombardini, *Fedi diverse in spazi condivisi.*

fine del clero ortodosso potevano avere luogo nella misura in cui questo spazio non era completamente normato e regolato dal potere cattolico. Anche a causa del carattere eterogeneo, mobile e frammentato della presenza ortodossa nella penisola italiana, qui l'unione con Roma non assunse una forma organica e strutturata, alla stregua di quanto invece avvenne in Europa centro-orientale[3] o nella Siria ottomana.[4] Persino nei villaggi italoalbanesi dei Regni di Napoli e Sicilia, dove la popolazione di rito greco costituiva una presenza stabile e numerosa, la posizione periferica di questi luoghi rispetto a Roma, l'assenza di un'organizzazione missionaria efficiente e logiche di natura locale, resero il sentiero verso l'unione ecclesiastica ambiguo e contradditorio.[5] Il funzionamento d'istituzioni centrali di controllo e di disciplinamento e le prescrizioni della Curia romana non riuscirono a cristallizzarsi in comportamenti stabili e coerenti ma, al contrario, finirono per generare pratiche e condotte di confine. La liminalità che connotava l'esistenza dei migranti ortodossi era generata e alimentata dalle divisioni, reali o fittizie, che essi contribuivano a rimarcare. Operando come membri di multiple formazioni sociali, all'intersezione tra i confini linguistici, religiosi e politici che attraversavano il Mediterraneo, i migranti ortodossi contribuivano a forgiare distinte «categorie di differenza».[6]

Mentre dentro la dimensione pubblica della supplica, di fronte alle autorità politiche ed ecclesiastiche, questi soggetti utilizzavano a proprio vantaggio le divisioni e rafforzavano i confini, la loro esistenza, nella maggior parte dei casi, si svolgeva tra luoghi e realtà a loro affatto familiari. Il caso studio della nazione greca in Terra di Bari consente di cogliere i modi in cui questi soggetti transculturali divennero membri delle società in cui s'insediarono, di comprendere in ultima analisi come concretamente si realizzava sul piano economico-sociale la duplice collocazione spaziale di una minoranza diasporica.

3. Cfr. Plokhy, *The Cossacks and religion in early modern Ukraine*; *Confessional identity in east-central Europe*; Skinner, *The western front of the eastern Church.*

4. Cfr. Heyberger, *Les chrétiens du Proche-Orient au temps de la réforme catholique.*

5. Mentre per i cristiani del Medio Oriente il passaggio al cattolicesimo costituì soprattutto una scelta strategica, nelle colonie meridionali il mantenimento della propria autonomia comunitaria dipese dalla capacità di negoziare la propria differenza e specificità rispetto alla cultura dominante e ai poteri ecclesiastici locali.

6. Rothman, *Brokering Empire*, p. 11.

1. *Commerci mediterranei ed economia rurale*

Nel profilo delle diaspore commerciali tracciato da Philip Curtin alla fine degli anni settanta, il ruolo di mediatori commerciali e culturali era ciò che definiva nel modo più pregnante e trasversale i gruppi compresi all'interno di questa categoria.[7] Nella visione di questo storico globale, l'enfasi sulle connessioni tra società e aree culturali diverse non escludeva l'idea dei gruppi come isolati culturalmente distinti tra loro e internamente omogenei. Prima di lui, nel 1968, l'antropologo Abner Cohen aveva introdotto la categoria di «trading diaspora» per descrivere un insieme di comunità disperse e socialmente interdipendenti, formanti un'unica comunità morale.[8] Negli ultimi decenni, la visione essenzialista di gruppo implicita nelle prime ricerche e riflessioni sulle diaspore commerciali è stata oggetto di una profonda revisione. Attingendo alle teorizzazioni sul comportamento economico-sociale elaborate da economisti e scienziati politici, alcuni studi hanno proposto modelli di analisi in grado di spigare in termini razionali la costruzione delle solidarietà diasporiche, anche attraverso i confini etno-confessionali.[9] Mentre lo scopo di questi studi e ricerche è stato soprattutto quello di comprendere i meccanismi di funzionamento degli scambi a lunga distanza, essi hanno indubbiamente contribuito al superamento di ogni residuale nozione di unità e omogeneità culturale all'interno della riflessione storiografica più generale sulle diaspore.

Pur in un rapporto di discontinuità con la tradizione di studi precedente, l'interesse prevalente per i processi d'integrazione economica su scala globale ha portato la maggioranaza di questi studiosi a considerare i mercanti diasporici soprattutto nel loro ruolo d'intermediari tra realtà culturali ed economiche diverse, realtà che le loro reti avevano appunto la funzione di integrare. Quando consideriamo una minoranza diasporica nel suo contesto locale, tuttavia, questa funzione d'intermediazione emerge come un aspetto,

7. Vedi Curtin, *Cross-cultural trade*. Sull'uso nella letteratura del concetto di «trading diaspora», vedi: Calafat, Goldblum, *Diaspora(s)*. Per una discussione critica sull'uso di questa nozione, vedi in particolare: Markovits, *The global world*, pp. 20-24; Id., *Des «diasporas commerçantes» aux circulations marchandes*; Aslanian, *From the Indian Ocean to the Mediterranean*, pp. 9-12.

8. Vedi Cohen, *Cultural strategies.*

9. Vedi ad esempio i lavori di Markovits, *The global world*; Trivellato, *The familiarity od strangers*; Aslanian, *From the Indian Ocean to the Mediterranean*; Studnicki-Gizbert, *A nation upon the Ocean sea*; Hancock, *Citizens of the world*; Marzagalli, *La circulation de l"information*; Roitman, *The same but different?*

seppur fondamentale, di una realtà sociale più varia e complessa. Soprattutto all'interno della regione mediterranea, i membri delle minoranze diasporiche non agivano soltanto nel ruolo di «go-between», come traduttori e connettori tra culture e mondi radicalmente diversi.[10] Il radicamento all'interno degli innumerevoli *hub* attraverso cui si articolavano le reti dei mercanti non era sempre funzionale alla conduzione di un commercio interregionale o globale. A volte, l'inscrizione del mercante-migrante nel territorio d'accoglienza ne trasformava il profilo originario, nel segno non di una progressiva assimilazione ma di una moltiplicazione dei ruoli e delle attività economiche.

La molteplicità dei ruoli e dei profili economici e sociali è rimasta nell'ombra soprattutto all'interno della storiografia sulla diaspora commerciale greca. L'interesse maggiore degli studiosi è stato rivolto allo sviluppo della navigazione greca tra la fine del Settecento e la prima metà del secolo successivo[11] e, più in generale, al ruolo svolto dai mercanti greci nelle reti del commercio trans-mediterraneo durante i secoli dell'età moderna.[12] Nella letteratura neogreca il *topos* dell'immigrazione ortodossa è rimasto sin dal XIX secolo inestricabilmente legato a quello dell'*emporion*, ovvero del commercio. Come osserva Artemis Leontis,

> diaspora e *emporion* non sono due argomenti distinti, ma temi interrelati nelle storie della rivoluzione greca che meditavano sul destino della nazione greca mentre essa cercava di ricostituire se stessa dalla sua dispersione in città distanti: Galatsi sul mar Nero; Costantinopoli sul Bosforo; Smirne sul mar Egeo, Antalya e Alessandria sul Mediterraneo orientale; Trieste sull'Adriatico; Napoli e Marsiglia sul Mediterraneo occidentale; Vienna, Parigi, Amsterdam e Londra a nord.[13]

10. Vedi in particolare: Bentley, *Old world encounters*; *The brokered world*; Bonacich, *A theory of middleman minorities*.

11. Vedi ad esempio la recente raccolta di saggi *Η ναυτιλία των Ελλήνων*; Harlaftis, *The fleet "dei Greci"*; Ead., *A history of Greek-owned shipping*; Ead., Laiou, *Ottoman state policy*; Katsiardi-Hering, *Η Αυστριακή Πολιτική και η ελληνική ναυσιπλοΐα*; Pagratis, *Shipping enterprise in the eighteenth century*.

12. Si ricordano qui in particolare gli studi di Chatziioannou, *Mediterranean pathways*; Ead., *Greek merchant networks in the age of the empires*; Fusaro, *Coping with transition*; Ead., *Cooperating mercantile networks*; Pepelasis Minoglou, *Toward a typology of Greek-diaspora entrepreneurship*; Harlaftis, *Mapping the Greek maritime diaspora*; Ead., *Geek maritime business*; Schulz, *Port cities, diaspora communities and emerging nationalism*; Katsiardi-Hering, *Christian and Jewish Ottoman subjects*; Kardasis, *Diaspora merchants in the Black Sea*.

13. Leontis, *Mediterranean topographies before balkanization*, p. 181.

Il nesso tra diaspora commerciale e *revival* economico e intellettuale greco ha portato gli studiosi a privilegiare sul piano cronologico gli anni della così detta età dell'oro – compresi tra gli ultimi decenni del Settecento e la nascita dello Stato greco[14] – e nello spazio i centri nevralgici del commercio mediterraneo. Una precisa tipologia del fenomeno è stata perciò tracciata lungo queste linee geografiche e temporali, lasciando fuori, o ai margini, pratiche e sviluppi da essa divergenti.[15] La figura del mercante greco itinerante, intermediario tra i mercati del Mediterraneo orientale e i principali centri mercantili occidentali, assume un'importanza centrale all'interno di questa costruzione: essa dà la misura non soltanto del ruolo dei mercanti ortodossi nell'organizzazione del commercio mediterraneo ma anche della capacità di questi ultimi di veicolare, insieme ai beni materiali, le idee politiche e le utopie intellettuali dell'Illuminismo europeo.[16] La società locale è stata perciò considerata prevalentemente nella sua qualità di avamposto e base commerciale all'interno delle reti sociali, familiari e commerciali che legavano i migranti alle loro patrie e agli altri insediamenti commerciali della diaspora.[17] Come questi studi hanno mostrato, l'installazione dei mercanti ortodossi nelle città occidentali serviva a generare soprattutto nuove sinergie e connessioni economiche tra il paese d'insediamento e i mercati levantini. Nella maggior parte dei casi queste colonie assumevano la forma di *enclaves*, all'interno delle quali la chiesa e altre istituzioni comunitarie fungevano da nuclei materiali e simbolici della comunità. L'endogamia e la riproduzione di modelli culturali comuni agivano come meccanismi sociali e culturali volti a perpetuare e riprodurre

14. In realtà, l'emergere di un'autonoma attività commerciale greca tra i porti del Mediterraneo deve essere ricondotto, come afferma Molly Greene, al *vacuum* creato dalla fine della dominazione latina in Levante, il cui ultimo atto fu la perdita veneziana dell'isola di Creta (Greene, *A shared world*, p. 10). Le ricerche di storia marittima e commerciale condotte da Gerassimos Pagratis (*Greek commercial shipping from the fifteenth to the seventeenth century)* indicano come la nascita delle moderna navigazione greca affondi le sue radici negli sviluppi in corso nelle isole ionie durante il Cinquecento (Fusaro, *Coping with transition*, p. 181).

15. Pepelasis Minoglou, *Toward a typology of Greek-diaspora entrepreneurship*, p. 173.

16. Cfr. Kitromilides, *Orthodoxy and the West*, Vol. 5, pp. 187-209; Katsiardi-Hering, *Il mondo europeo degli intellettuali greci della diaspora*; Tabaki, *Les Lumières néo-helléniques*, pp. 45-56; Patiniotis, *Scientific travels of the Greek scholars in the eighteenth century.*

17. Cfr. Harlaftis, *Mapping the Greek maritime diaspora*, pp. 148-149; Zakharov, Harlaftis, Katsiardi-Hering, *Introduction*, p. 5.

nel tempo i confini del gruppo.[18] L'interazione dei migranti con la società locale avrebbe dunque riguardato in primo luogo la sfera delle relazioni con i poteri e gli organi istituzionali,[19] almeno fino al compimento di un naturale quanto inevitabile processo d'integrazione, spesso innescato dall'emergere di cambiamenti politici e sociali più generali.[20]

L'attenzione prevalente per le reti commerciali e marittime ha indotto perciò «all'omogeneizzazione – nello spazio, il livellamento – di una realtà economica e sociale ben più varia di quanto non lasci intendere l'etichetta di "diaspora mercantile"».[21] La partecipazione dei migranti ortodossi alle reti del commercio trans-mediterraneo non escludeva, ad esempio, il loro coinvolgimento all'interno dei circuiti dell'economia locale, in attività connotate da un maggiore radicamento all'interno della società ospitante. Negli studi condotti sulla presenza greca nei grandi porti del Mediterraneo, i mercanti della diaspora sono stati tuttavia rappresentati soprattutto come «il legame nella catena di movimento del commercio da Est a Ovest». [22] Più complesso è invece il quadro proposto dalle ricerche svolte sulla presenza commerciale greca nell'Impero asburgico e nella regione del Mar Nero. Vasso Seirinidou, ad esempio, ha indagato i modi in cui i migranti greci risposero agli stimoli derivanti dall'insediamento nel nuovo ambiente economico asburgico. I sudditi della Porta residenti a Vienna, traendo vantaggio dai privilegi fiscali loro concessi dal trattato di Passarowitz, erano attivi nel commercio all'ingrosso tra l'Impero asburgico e quello ottomano; i mercanti ortodossi naturalizzati, invece, in

18. Sifneos, *"Cosmopolitanism" as a feature of the Greek commercial diaspora*, p. 107. Harlaftis descrive le comunità ortodosse dell'immigrazione come dei luoghi in cui i migranti «coltivavano la propria fede, linguaggio ed eredità stabilendo la propria vita sociale in quartieri chiusi, con scuole, chiese e teatri» (Harlaftis, *Mapping the Greek maritime diaspora,* pp. 148-149).

19. Gekas, Grenet, *Trade, politics and city space(s) in Mediterranean ports*, p. 101.

20. Vedi ad esempio gli studi sui greci di Vienna e Livorno: Seirinidou, *Έλληνες στη Βιέννη*; Vlami, *Το φιορίνι, το σιτάρι και η οδός του κήπου.*

21. Grenet, «*Grecs de nation*», *sujets ottomans*, p. 317.

22. Secondo la maggior parte degli studi sin qui condotti, infatti, il ruolo dei mercanti greci nella penisola italiana era soprattutto quello d'intermediari con le terre ottomane: il cliente dal Levante incaricava il mercante residente nel porto occidentale di comprare e vendere determinate mercanzie o valute; quest'ultimo, a sua volta, cercava di svolgere la commissione nel modo più conveniente, emettendo lettere di cambio a nome del suo cliente. Chatziioannou, *Greek merchant networks in the age of empires (1770-1870)*, pp. 371-377. Questo genere di attività è ampiamente documentato ad esempio da Katsiardi-Hering per il porto di Trieste (Katsiardi-Hering, *Η ελληνική παροικία της Τεργέστης).*

virtù del loro nuovo status, acquisirono il diritto di commerciare i prodotti locali tra la capitale e l'entroterra ungherese.[23] La diversità dello status legale e dei circuiti economici portò alla formazione di due comunità distinte all'interno della capitale asburgica. Questa separazione formale non dissolse i legami molteplici, linguistici e religiosi, tra i membri delle due comunità; piuttosto, nel tempo, una «doppia identità» legò sempre di più i greci di Vienna alla nazione greca locale e alla società asburgica, di cui quella comunità era diventata nel frattempo parte integrante.[24] Fuori dalla capitale, nei porti fluviali che sorgevano lungo la valle del Danubio fino al fiume Tisza, tra i secoli XVII-XVIII, i mercanti ortodossi originari della Tessaglia, della Macedonia e dell'Epiro fondarono numerose compagnie e comunità mercantili.[25] La nascita di queste *paroikies* s'inseriva all'interno di più estesi progetti di colonizzazione, promossi dalle autorità politiche per ragioni economiche o per esigenze di difesa militare.[26] Anche nei territori di Nuova Russia, la concessione di privilegi non solo di natura commerciale e doganale, ma legati anche al possesso e alla coltivazione della terra, portò allo sviluppo, intorno alle «comunità centrali», d'insediamenti più piccoli e periferici. Questi nuclei, inseriti nelle reti commerciali che collegavano i Balcani ai mercati dell'Europa centrale e nord-orientale, svilupparono anche stretti legami con l'entroterra agricolo: all'interno di un orizzonte regionale questi piccoli centri partecipavano al trasporto dei prodotti locali e, soprattutto nelle terre russe e ungheresi, anche alla produzione di derrate attraverso la coltivazione diretta delle terre concesse ai coloni dalle autorità civili e, sempre più spesso, attraverso l'investimento di capitali nell'acquisizione di proprietà fondiarie.[27]

La duplice collocazione economica e spaziale dei mercanti diasporici è stata oggetto di riflessione anche negli studi riguardanti altre minoranze

23. Seirinidou, *Grocers and wholesalers,* pp. 88-90; Id., *"Griechischer handelsmann",* pp. 131-133.

24. Seirinidou, *Έλληνες στη Βιέννη.* Sul carattere duale della diaspora commerciale greca nelle terre ungheresi, vedi: Mantouvalos, *Miskolc-Sátoraljaújhely-Βουδαπέστη.*

25. Katsiardi-Hering, *Central and peripheral communities in the Greek diaspora,* p. 174; cfr. Cicanci, *Formes d'organisation de l'activité commerciale dans le Sud-Est de l'Europe*, pp. 81-85.

26. Katsiardi-Hering, *Central and peripheral communities in the Greek diaspora*, pp. 177-179; Ead., *Greek merchant colonies in central and south-eastern Europe*, pp. 129-133; Ead., *Greek in the Hasburg lands (17th-19th centuries).*

27. Katsiardi-Hering, *Central and peripheral communities in the Greek diaspora*, pp. 178-179; cfr. Kardasis, *Diaspora merchants in the Black Sea.*

diasporiche.[28] Ad esempio, Olivier Raveux ha mostrato il profilo economico e sociale multiforme dei mercanti armeni originari di Nuova Julfa residenti a Marsiglia alla fine del XVII secolo.[29] Come nel caso di altre diaspore commerciali, il radicamento di questi ultimi all'interno del tessuto locale certamente forniva agli agenti itineranti attivi nelle reti intercontinentali una serie di risorse strategiche, come l'accesso a informazioni utili, a nuovi prodotti e mercati. L'integrazione dentro l'economia locale consentiva ai mercanti armeni residenti in città anche di diversificare gli affari e ridurre i rischi legati al coinvolgimento in una singola attività. Perciò, questi ultimi spesso agivano anche «a proprio nome» nelle transazioni di beni o di crediti con altri commercianti attivi in città, stabilendo legami duraturi con la comunità e l'economia locale.[30] L'integrazione dei migranti armeni nella società e nell'economia marsigliese fu perciò soprattutto il frutto di un processo di sedentarizzazione e di una consapevole strategia economica, la quale non implicava necessariamente l'uscita dalla rete commerciale armena.

Alcuni di questi caratteri e sviluppi sono riconoscibili anche all'interno della diaspora greca mediterranea, in particolare nel Regno di Napoli, dove la nazione greca assunse un profilo economico e sociale più liminale che altrove. L'integrazione di alcuni dei suoi membri nella società regnicola fu un processo particolarmente precoce e profondo; allo stesso tempo, la penetrazione nell'economia locale, anche in settori economici diversi da quello dell'intermediazione commerciale, non implicò l'interruzione dei legami con i mercati del Levante. Per comprendere i percorsi sociali ed economici plurimi dei mercanti greci nel Regno di Napoli converrà considerare innanzitutto il fenomeno della diaspora commerciale greca nel più ampio contesto mediterraneo e successivamente i modi in cui questo fenomeno si evolse e si trasformò a contatto con l'ambiente economico napoletano.

Già negli ultimi decenni del XVI secolo il declino della marina mercantile veneziana aveva iniziato a favorire lo sviluppo della navigazione greca, consentendo in particolare ai sudditi delle Isole Ionie di emergere progressivamente al rango di nuova élite marittima e commerciale.[31] Nel XVIII secolo, quando l'Adriatico cessò di essere monopolio della Serenissima, la maggior parte dei bastimenti greco-veneti intraprendeva i suoi viaggi da un

28. Cfr. Catterall, *At home abroad*, p. 354; Baghdiantz McCabe, *The Shah's Silk*, pp. 60-66, pp. 79-105, pp. 351-53; Swetschinski, *Reluctant cosmopolitans*, pp. 165-224.

29. Raveux, *Entre réseau communautaire intercontinental et intégration locale.*

30. Ivi, pp. 8-9.

31. Fusaro, *Coping with transition*, pp. 173-174.

porto non veneziano, in particolare dai porti adriatici di Trieste e di Ancona,[32] dichiarati entrambi franchi rispettivamente nel 1718 e nel 1732.[33] Nella seconda metà del secolo, la maggior parte di questi bastimenti navigava ormai sotto le bandiere russa e ottomana per i maggiori privilegi concessi da quei poteri ai mercanti levantini, penalizzati dal conservatorismo e dalle politiche protezionistiche perseguite dallo Stato veneto.[34] Inglesi, francesi, olandesi attraversavano le acque di quello che fino ad allora era stato il Golfo di Venezia, agendo in concorrenza o in collaborazione con numerosi mercanti ortodossi. Già prima della fine del XVIII secolo, i mercanti greci furono in grado «di trarre vantaggio da ogni cedimento nella rete di monopolio che Francia e Inghilterra avevano cercato di stabilire».[35] Prima di allora, tuttavia, per tutto il Settecento, le più liberali politiche economiche olandesi e le misure antimonopolistiche promosse da diversi poteri statali a Livorno e in altri centri marittimi della penisola italiana come Messina, Ancona e Trieste, richiamarono i mercanti ortodossi soprattutto verso questi lidi.[36]

Già durante questo secolo, però, la presenza dei mercanti ortodossi cominciò ad espandersi in modo consistente oltre i confini dell'Adriatico e a penetrare all'interno dei grandi imperi del Nord e dell'Europa centrale (Imperi asburgico, russo e britannico). Le paci di Passarowitz (1718) e di Kutchuk-Kainardji (1774)[37] costituiscono due tappe importanti all'interno di questa espansione, nella misura in cui aprirono nuovi spazi e nuove opportunità commerciali per i mercanti ortodossi e per gli armatori, in prevalenza greci, attivi nel commercio e nella navigazione transmediterranea.[38] L'apertura alla navigazione russa del Mar Nero – rimasto fino al 1774 un lago ottomano – e i privilegi concessi dagli zar ai mercanti e coloni ortodossi che scelsero di insediarsi in quella regione, permisero a questi ultimi di acquisire una posizione egemone nel trasporto e nel commercio granario tra i centri di produzione del Mar Nero e i mercati occidentali.[39] Più a oc-

32. Pagratis, *Shipping enterprise in the eighteenth century*, p. 74.

33. Cfr. Caracciolo, *Il porto franco di Ancona*; Franchini, *Ancona porto franco*; Frigo, *Trieste, Venezia e l'equilibrio italiano nel Settecento*; Babudieri, *Maritime commerce of the Hapsburg Empire*, pp. 221-244.

34. Pagratis, *Shipping enterprise in the eighteenth century*, p. 71.

35. Frangakis-Syrett, *Greek mercantile activities in the eastern Mediterranean*, p. 75.

36. Ivi, pp. 76-77.

37. Harlaftis, *Mapping the Greek maritime diaspora*, pp. 152-153.

38. Cfr. Harlaftis, *International business of southeastern Europe*, pp. 393-395.

39. Kardasis, *Diaspora merchants in the Black Sea*, pp. 80-83.

cidente, negli anni trenta del XVIII secolo, una fiorente colonia mercantile greca si era intanto stabilita sull'isola di Minorca, divenuta possedimento inglese insieme a Gibilterra nel 1713 con la pace di Utrecht. Una flotta greca collegava l'isola a Livorno,[40] uno dei più importanti centri di transito e di deposito del grano russo, il quale era trasportato dai bastimenti greci nel porto toscano per essere poi venduto sul mercato britannico.[41]

Negli ultimi anni del XVIII secolo, gli eventi bellici coinvolsero i principali protagonisti del commercio mediterraneo su altri scenari, lasciando libero il campo ai mercanti greci. Fu allora che questi assunsero per la prima volta una posizione egemone nel trasporto marittimo e nel commercio di transito tra il Levante e i porti della penisola italiana. Non solo Livorno, ma anche Messina, Ancona, Genova e Trieste divennero in questa fase importanti *entrepôt* commerciali all'interno delle rotte internazionali e degli scambi di lunga distanza.[42] Nel 1782, durante l'ultimo anno della Guerra d'Indipendenza americana, il commercio tra Messina e Marsiglia si svolse essenzialmente sulle navi greche, favorite dal loro status neutrale. All'inizio della Rivoluzione francese, i mercanti greci residenti a Venezia trasportavano i beni ottomani a Messina, dove mercanti francesi e italiani li acquistavano per farne la vendita a Livorno, Malta e Marsiglia.[43] Negli anni successivi, il blocco continentale (1806-1814) imposto dal potere britannico durante le guerre napoleoniche e la posizione di neutralità dei mercanti ottomani nel conflitto anglo-francese diedero un impulso decisivo allo sviluppo della flotta e della navigazione mercantile greca lungo la rotta nord-sud che collegava Odessa ad Alessandria e su quella est-ovest che da Smirne conduceva a Cadice.[44] Negli stessi anni, l'abbandono o l'allentamento dei regolamenti monopolistici da parte di Francia e Inghilterra cominciarono a favorire il trasferimento di numerose famiglie e ditte commerciali levantine soprattutto a Marsiglia, a Londra e in altri porti inglesi e britannici.[45]

40. Harlaftis, *Mapping the Greek maritime diaspora*, p. 152; cfr. Svoronos, *Η ελληνική παροικία της Μινόρκας*.

41. Kardasis, *Diaspora merchants in the Black Sea*, pp. 85-86.

42. Frangakis-Syrett, *Greek mercantile activities in the eastern Mediterranean*, pp. 75-76.

43. Ivi, pp. 83.

44. Clogg, *A concise history of Greece*, pp. 24-25.

45. Cfr. Chatziioannou, *Mediterranean pathways*. Fino agli ultimi decenni del Settecento, diversi fattori avevano limitato il ruolo dei *rayas* greci, così come degli armeni ed

Nel suo studio pioneristico sull'espansione settecentesca dei mercanti ortodossi dei Balcani, Traian Stoianovich osservava come

> Persino in Italia, dove i greci avevano condotto un commercio vivace sin dall'inizio del Cinquecento, il commercio greco si espanse. Nel XVIII secolo i mercanti greci pullulavano non soltanto a Venezia, Ancona, e Livorno, dove erano da tempo presenti, ma anche nella fiera di Senigallia, la fiera "plus marchande" di tutta Italia intorno al 1750, e nel Regno di Napoli, specialmente a Lecce, Barletta, Napoli e Bari.[46]

Dunque, come Stoianovich lascia intuire, la presenza dei mercanti greci nelle città del Regno borbonico s'inscriveva all'interno del più ampio *revival* settecentesco del commercio greco. Eppure, l'attività dei migranti ortodossi nel Regno, soprattutto nelle sue province agricole, è stata al più giudicata come «limitata», «arretrata» e «non produttiva» rispetto a quella svolta dai mercanti greci in altre più dinamiche realtà adriatiche e mediterranee:

> [...] la fortuna dei greci coloni dell'Italia meridionale destinati alla campagna era la servitù della gleba o la vita agreste arretrata, e per quelli destinati alla città la limitata attività commerciale e anchor di più l'attività militare non produttiva.[47]

Influenzato da una visione marxiana della realtà economica e sociale, Ioannis Hassiotis considerava l'impegno nell'economia agricola come un segno di arretratezza; in questo passo, tuttavia, egli riconosceva l'esistenza, all'interno della diaspora greca, di un gruppo di mercanti minori, i quali agivano al di fuori delle grandi rotte del commercio internazionale. Le imbarcazioni che giungevano nei porti pugliesi, infatti, erano in prevalenza di piccola dimensione, adatte più alla navigazione adriatica che a quella transmediterranea. A bordo di queste imbarcazioni i mercanti levantini trasportavano soprattutto cera, pelli, panni e cappotti. Alcuni di questi bastimenti giungevano dall'isola veneta di Corfù nel porto di Barletta per «purgar la contumacia», in genere dopo aver effettuato alcune soste in altri porti regni-

ebrei, nell'intermediazione tra i mercati occidentali e il Mediterraneo ottomano: tra questi il regime delle capitolazioni, i vantaggi organizzativi di cui godevano i mercanti occidentali e le politiche monopolistiche promosse da alcuni stati europei. Frangakis-Syrett, *Greek mercantile activities in the eastern Mediterranean*, pp. 74-81.

46. Stoianovich, *The conquering Balkan Orthodox merchant*, p. 272.

47. Hassiotis, *Sull'organizzazione, incorporazione sociale e ideologia politica dei greci a Napoli*, p. 414; cfr. Id., *La comunità greca di Napoli dal XV al XIX secolo*.

coli, come quelli di Otranto, Monopoli e Bari.[48] Questo movimento di navi era legato allo sviluppo più generale della navigazione greca nell'Adriatico. Come vedremo meglio nel capitolo successivo, lungo le rotte commerciali che facevano scalo nel porto di Barletta, Corfù costituiva il principale snodo di una rete commerciale che aveva il suo punto di origine nei mercati ottomani, soprattutto in quelli di Ragusa, Salonicco e Giannina, luogo d'origine della maggior parte dei migranti greci residenti in Terra di Bari nella seconda metà del Settecento. Gli attori di questa imprenditorialità minore non agivano in isolamento, ma in cooperazione con gli altri mercanti ortodossi presenti nei porti della penisola e in Levante e con i mercanti ragusei. Questi mercanti, e le loro reti multiple, non costituivano perciò il prodotto di un'economia arretrata ma piuttosto rappresentavano una realtà minore all'interno di un fenomeno composito e ramificato.

Il giudizio di Hassiotis appare tanto più parziale quando si considera che l'inserimento nel tessuto economico locale non significò per questi mercanti l'integrazione all'interno di un universo periferico, immobile e sottosviluppato. Negli ultimi decenni, l'interpretazione dell'economia meridionale come sostanzialmente arretrata e periferica è stata messa in discussione da numerosi studi. Maria Antonietta Visceglia ha rilevato la problematicità dell'uso delle nozioni classiche di centro e periferia, «le cui relazioni non sono univoche e lineari, ma si configurano come complicati sistemi di interdipendenza».[49] Il processo di periferizzazione coincise con «l'accentuarsi delle asimmetrie e della frantumazione dello spazio economico del Mezzogiorno d'Italia».[50] Quindi, le singole zone del territorio furono attraversate in forme e gradi diversi dalle reti commerciali a lunga e media distanza che percorrevano il Mediterraneo moderno.[51] Tra i secoli XVII-XVIII, le complementarietà mercantili orientarono sempre di più l'asse del commercio estero meridionale, in particolare quello delle derrate salentine, verso i porti dell'Europa centro-settentrionale. Una rete di agenti inglesi e olandesi riuscì con successo a penetrare nei mercati meridionali immettendo tessuti di valore superiore all'olio acquistato, mentre s'intensificarono gli scambi tra i porti regnicoli e quelli francesi.[52]

48. ASBT, NB, D'Elia Giuseppe, 17 luglio 1727, cc. 493v-494v.
49. Visceglia, *Commercio estero e commercio peninsulare*, p. 74.
50. Visceglia, *Due problemi del Mezzogiorno moderno*, p. 84.
51. Salvemini, Carrino, *Il territorio flessibile*, p. 99.
52. Cfr. Salvemini, *L'arroganza del mercato*, p. 265; Salvemini, Carrino, *Come si*

Secondo diversi studiosi, dunque, l'assorbimento del Regno nella sfera delle economie nord-europee corrispose a una perdita della precedente dimensione adriatica e mediterranea.[53] È pur vero, tuttavia, che le relazioni diplomatiche e commerciali tra l'Impero ottomano e le Reggenze barbaresche da un lato e gli Stati europei dall'altro conobbero, soprattutto nella prima metà del Settecento, un'evoluzione importante, a cui partecipò anche lo Stato napoletano.[54] Tra l'aprile del 1740 e il giugno del 1741 furono stipulate due importanti convenzioni con la Porta ottomana e con le reggenze di Tripoli e Algeri, nel duplice intento di liberare il commercio marittimo interno dagli attacchi dei corsari barbareschi[55] e di promuovere un florido commercio con il Levante.[56] Sul piano commerciale, queste ed altre iniziative riformistiche non riuscirono nel complesso a modificare a favore del Regno i flussi mercantili e i rapporti di forza nei confronti degli altri poteri mediterranei. La speranza di Bernardo Tanucci – capo del Consiglio di Reggenza – che le imbarcazioni del Regno potessero navigare «nel Mediterraneo colla sicurezza colla quale vi navigano Inglesi, Olandesi, e Svizzeri, e Danesi, e Toscani», rimase alla fine disattesa.[57] Intorno agli anni cinquanta del XVIII secolo l'ambasciatore borbonico a Costantinopoli, il Conte Ludolf, nei suoi dispacci rilevava la scarsità del commercio napoletano in Levante.[58] In questi stessi anni, la presenza commerciale ottomana nelle città regnicole cominciò al contrario ad aumentare. I mercanti greci nel Regno non assunsero mai un ruolo di primo piano, pari a quello giocato da altre presenze straniere attive sulle rotte atlantiche e settentrionali. Pur con questi limiti, essi parteciparono alla ripresa generale dei traffici che coinvolse il Regno e la Puglia settentrionale nel secondo Settecento e alle trasformazioni economico-sociali che investirono in questo periodo l'ambiente mercantile provinciale. Nonostante il realtivo degrado commerciale

costruisce uno spazio mercantile; Salvemini, Carrino, *Porti di campagna, porti di città*; Salvemini, Visceglia, *Marsiglia e il Mezzogiorno d'Italia*.

53. Bevilacqua, *Il Mezzogiorno nel mercato internazionale*, p. 22.

54. Cfr. Calafat, *Ottoman North Africa and ius publicum europeum*; Demiryürek, *The legal foundations of the commercial relations*.

55. Caridi, *Una riforma borbonica bloccata*, p. 121; cfr. Mafrici, *Diplomazia e commerci tra il Regno di Napoli e la Sublime Porta*; Ead., *Il Mezzogiorno d'Italia e il mare*.

56. ASN, TA, SMC-Dispacci, b. 128, *Registro delle deliberazioni prese nelle conferenze ordinate da Sua Maestà tenersi nella Secreteria di Stato, guerra e marina circa il commercio, a dì 10 giugno 1739*, cc. 3r-11v.

57. Mafrici, *Il Mezzogiorno d'Italia e il mare*, p. 648.

58. Di Vittorio, *Il commercio tra Levante ottomano e Napoli*, pp. 56-58.

dell'Adriatico, nelle città della Puglia settentrionale l'élite economica locale manifestò in questa fase una vivacità maggiore rispetto al secolo precedente.[59] Per comprendere il ruolo dei mercanti greci all'interno dell'economia regnicola bisogna dunque considerare questi mercanti forestieri non semplicemente come degli *outsiders,* ma anche e soprattutto come membri del milieu economico locale.

Dietro l'immagine dominante di una capitale «scarsa di risorse e d'iniziative» e di un «retroterra povero e depresso»,[60] già negli anni cinquanta Ruggiero Romano aveva osservato l'emergere di «un mondo in fermentazione [...] quello dei mercanti e dei marinai del Sud d'Italia».[61] Lo storico identificò in queste forze economiche, spesso di origine straniera, gli esponenti vitali di una borghesia regnicola la cui identità sociale non coincideva esclusivamente con quella «delle professioni liberali».[62] Soprattutto nella provincia di Terra di Bari, i membri della nazione greca, o almeno alcuni di essi, divennero parte integrante di questa nascente borghesia. Certamente, fuori dalla metropoli napoletana «accentratrice e privilegiata», nella provincia il tessuto urbano rimaneva nel suo complesso assai gracile, caratterizzato da un elevato grado di ruralità.[63] Tuttavia, nelle «città contadine» della Puglia settentrionale la ruralità assumeva un'accezione tutta particolare. Come ci spiega in questo passo Biagio Salvemini:

> L'opposizione fra i due mondi economici, politici e mentali della città e della campagna è inesistente, dato che sul mare come nell'entroterra i contadini abitano in centri di dimensioni gigantesche rispetto al villaggio tipico, e sono quindi essi stessi cittadini; viceversa molti cittadini, invece di svolgere attività artigianali o mercantili, fanno i contadini. Questi cittadini senza città e contadini senza contadi [...] hanno comunque poco a che fare con la retorica dei campi. Gli spazi vasti del mercato, gli scambi, i contatti con genti di lingue e costumi diversi segnano il clima sociale e mentale della città contadina.[64]

59. Cfr. Salvemini, *L'arroganza del mercato*, p. 373; Id., *Storia e semantica di una "professione"*.

60. De Rosa, *Navi, merci, nazionalità, itinerari in un porto dell'età preindustriale*, p. 370.

61. Romano, *Le commerce du Royaume de Naples,* p. 90; su questo aspetto vedi anche: Salvemini, *Far negozio senza informazioni.* Sui processi d'innovazione sociale in atto nell'Italia meridionale tra i secoli XVIII-XIX, vedi: Salvemini, *L'innovazione precaria.*

62. Romano, *Le commerce du Royaume de Naples,* p. 93.

63. Di Ciommo, *Piccole e medie città meridionali*, pp. 358-359.

64. Salvemini, *Flussi economici e organizzazione del territorio*, p. 201; Id., *Prima della Puglia*, p. 11; cfr. Poli, *Città contadine.*

È all'interno di un simile contesto che prende forma il profilo peculiare del mercante greco in Terra di Bari. Accanto al movimento dei bastimenti greci che giungevano dai porti del Levante nel lazzaretto di Barletta, gli atti dei notai registrano una molteplicità di contratti di compravendita e convenzioni stipulate dai mercanti della nazione con una varietà di agenti economici locali e stranieri. Sulla traccia di questi contratti è dunque possibile seguire le fasi e i caratteri della penetrazione dei mercanti greci nell'economia e nella società regnicola e provinciale.

L'installazione dei mercanti greci nella provincia di Terra di Bari precedette almeno di un paio di decenni la firma del trattato commerciale tra il Regno napoletano e la Porta (1740) e la nomina successiva di un console ottomano da parte delle autorità napoletane. Fino al secondo quarto del Settecento, tuttavia, il numero dei greci residenti a Barletta rimase probabilmente esiguo, come si evince dallo spoglio dei registri parrocchiali e notarili. Alcuni atti dei notai di Barletta alludono comunque alla presenza già negli anni venti nel porto pugliese di una colonia di mercanti greci, attivi nel commercio dei cappotti e di altri beni di origine levantina. Ad esempio, nel novembre del 1724, Stefano Anastasio e Anastasio Pasco noleggiarono a Corfù l'imbarcazione del pardon Giorgio Teodosi per trasportare nel porto pugliese una certa quantità di cera e di cappotti destinata ai loro «connazionali» residenti nell'emporio barlettano.[65] Già in questi anni, i mercanti greci erano molto attivi anche nel commercio delle pelli di origine balcanica tra il porto di Barletta e diversi mercati regnicoli ed esteri.[66] Nel 1738 Cristoforo di Giovanni gestiva questo commercio nell'emporio barlettano; ancora nel 1751 egli viveva e conduceva i suoi affari nella città adriatica, dove proprio in quell'anno prese in affitto una bottega nella strada della Cordoneria.[67] Durante i viaggi effettuati per trasportare la merce levantina nei porti regnicoli, i mercanti della nazione commerciavano anche prodotti del territorio. Come racconta il pardon Giorgio Teodosi, durante una sosta nel porto di Bari, l'equipaggio s'imbatté in Dimitrio Zuccalà, compagno e paesano dei due mercanti corfioti Stefano Anastasio e Anastasio Pasco. Dimitrio consegnò una lettera a Giorgio Termili, il quale si trovava a bordo dell'imbarcazione, per conto di un altro mercante greco, Diamante

65. ASBT, NB, Palmitessa Ignazio, vol. 448, 10 marzo 1725, cc. 45r-47r.
66. ASBT, NB, Palmitessa Ignazio, vol. 461, 20 giugno 1738, cc. 175v-176v.
67. ASBT, NB, D'Elia Giuseppe, vol. 436, 16 maggio 1752, cc. 366r-368v.

Decca, domiciliato a Brindisi, il quale dava ordine ai suoi connazionali di negoziare la cera a Bari e di verificare se vi fossero anguille in quel porto e a Monopoli.[68]

La presenza dei mercanti greci nei porti e nei paesi dell'entroterra pugliese divenne più numerosa e stabile soltanto nel secondo Settecento. In questa fase, successiva alla firma del trattato con la Porta ottomana, la nomina di un console, incaricato di assistere i membri della nazione come interprete e nelle questioni riguardanti il commercio,[69] rispondeva soprattutto ai bisogni dei mercanti di passaggio, spesso naufraghi, in cerca di un intermediario per interagire con il governo locale.[70] Come si vedrà meglio in seguito, il console ottomano non agiva come il rappresentante di una nazione organizzata intorno ai propri simboli e alle proprie istituzioni collettive. Né i mercanti greci godevano degli stessi privilegi garantiti dal sovrano alle nazioni privilegiate, come quelle francese, inglese e olandese. Questo status di minorità collettiva, il quale si rifletteva anche nell'assenza di un luogo di culto nazionale, non corrispondeva però ad una analoga subalternità dei singoli mercanti sul piano sociale e legale.

Anche in questa fase, la maggior parte dei mercanti levantini residenti nella provincia operava nel commercio delle pelli e dei cappotti. Accanto a queste attività, gli atti notarili cominciano a registrare, a partire da questi anni, un processo di rapida e profonda penetrazione degli stessi mercanti all'interno del tessuto economico e sociale locale, in attività e funzioni diverse da quelle legate all'intermediazione commerciale tra il Mediterraneo orientale e i mercati occidentali. Solo una parte dei contratti registrati dai notai serviva a regolare e organizzare il commercio di beni levantini. Nella provincia, questi prodotti erano incanalati nei circuiti locali insieme alle derrate prodotte all'interno delle masserie gestite dai mercanti greci o da altri massari. Attraverso la sigla di contratti di fitto agricolo (enfiteusi, censo), di breve e lungo termine, i mercanti greci parteciparono alla bonifica e alla messa a coltura delle terre incolte e macchiose di proprietà dei

68. ASBT, NB, Palmitessa Ignazio, vol. 448, 10 marzo 1725, cc. 45r-47r.

69. ASN, MAE, Nazione greca, (1736-1772), b. 4403, Supplica dei «Nazionali greci sudditi della Porta ottomana», rimessa dal Supremo magistrato di commercio al Ministero degli affari esteri il 16 febbraio 1769.

70. ASN, TA, SMC-Dispacci, b. 1728, fasc. n. 180, anno 1749; ASBT, SRUPT, Processi civili e atti diversi in materia civile, (inv. analitico n.), b. 13, fasc. 88, anno 1757, Mehmet Reys, il suo equipaggio turco e altri marinai di nazionalità turca, Al Segretario di Stato e di guerra, Trani, 22 gennaio 1757.

baroni laici ed ecclesiastici.[71] D'altronde le attività agricole avevano un peso dominante nell'economia regionale.[72] A cavallo tra i secoli XVIII e XIX, nonostante l'importanza del suo porto, agli occhi di un viaggiatore francese, Paul-Luis Courier, Barletta appariva come una città «costruita [...] in una pianura arida» piuttosto che sull'acqua. «Solo i contorni delle città – proseguiva Courier – sono coltivati. La terra è molto fertile e produce, quasi senza essere lavorata, una gran quantità di grano, che, con l'olio, costituisce tutto il commercio della zona».[73]

Dal catasto onciario risulta che il console Attanasio Chiriachì nel 1754 possedeva in enfiteusi sei vigne di viti e di alberi.[74] Al momento della sua morte nel 1768 egli era possessore di numerosi «beni stabili ereditari»: oltre a due case «palaziate» provviste di cellari per il vino, alcuni magazzini destinati al deposito del grano e di altra merce, quattro case grandi e piccole, una bottega nella pubblica piazza e «quattro fosse da riporre vettovaglie», nell'inventario si trovano annotate anche «nove vigne di viti, e terra». Con l'esclusione dei beni mobili di casa, al netto dei debiti, l'asse ereditario del console ottomano ascendeva alla somma di circa 27.281 ducati.[75] Dopo la sua morte, sarebbero stati soprattutto i suoi figli, in particolare Spiridione, suo erede universale, ad investire maggiori quantità di capitali nell'industria delle masserie.[76] Una parte consistente di queste proprietà fu acquisita nel tempo anche come conseguenza dell'estesa attività di prestito che la famiglia Chiriachì svolgeva soprattutto a favore dei piccoli agricoltori locali.[77] Nel

71. Sulla realtà dei massari in Puglia, vedi: Carrino, *Il mondo rurale: massari e braccíali*; Poli, *Paesaggio agrario e società rurale nella Puglia moderna*; nel Regno cfr. Lepre, *Feudi e masserie*.

72. Sui caratteri dell'economia rurale nel Regno vedi: Massafra, *Campagne e territorio nel Mezzogiorno fra Settecento e Ottocento*; la raccolta di saggi: *Problemi di storia delle campagne meridionali nell'età moderna e contemporanea*. Per la Puglia in particolare, cfr. Visceglia, *Rendita feudale e agricoltura in Puglia nell'età moderna*, pp. 527-560; Salvemini, *Prima della Puglia*. Sull'evoluzione «differenziata» dell'economia rurale nella Puglia del Settecento, vedi: Poli, *Città contadine*.

73. Courier, *Correspondance générale, présentée et annotée par G. Viollet Le-Duc*, citato in Ceci, Mascolo, *Barletta*, p. 55.

74. ASN, Regia camera della Sommaria, Catasti onciari, Distretto di Barletta, riveli (1751-1754), b. 8860, cc. 2641r-2642v. Cfr. Poli, *Organizzazione produttiva e articolazione sociale*, pp. 257-299. Sugli aspetti relativi al sistema della proprietà nel Mezzogiorno, vedi: Delille, *Famiglia e proprietà nel Regno di Napoli*. Sulla proprietà ecclesiastica, vedi in particolare: Rosa, *Sviluppo e crisi della proprietà ecclesiastica*; Pellegrino, *L'ulivo e l'aldilà*.

75. ASN, PA, PV, b. 99, fasc. 23, anno 1793, cc. 53r-64v.

76. ASBT, NB, Paolillo Felice, 19 aprile 1769, c. 60v.

77. ASBT, NB, Paolillo Antonio, vol. 934, 20 gennaio 1783, cc. 10v-13v.

1795 Luca D'Amato di Barletta, debitore di Spiridione Chiriachì, accusò il suo avido e prepotente creditore di essere causa della sua rovina, di aver cercato di aggiudicarsi «a vil prezzo», tramite un compratore della «sua stessa nazione», i territori della sua famiglia solo per «capriccio».[78]

Le «industrie di campagna» costituirono, almeno per un ventennio, il principale investimento anche dei fratelli greci Papagiorgio: tra gli anni ottanta e novanta del Settecento Apostolo e Alessio Papagiorgio acquisirono e gestirono a titolo di enfiteusi una vasta quantità di terre «seminatoriali»,[79] situate per la maggior parte «alle Paludi»,[80] nelle quali erano impiegati anche diversi braccianti locali. In quegli anni il Monastero dei Padri Celestini della SS. Trinità, proprietario di quelle terre, aveva concesso in affitto le sue proprietà a Francesco Benedittis, il quale le aveva poi subaffittate a diversi soggetti. Tra questi c'erano anche i due negozianti greci Cristoforo Papafili[81] e Apostolo Papagiorgio, i quali, insieme a molti altri coloni, misero a coltura le terre sterili e acquitrinose delle «Paludi». Quando il Monastero nel 1788 decise di disdire l'affitto, coloro che avevano messo a coltura le terre si ribellarono appellandosi alla «legge di colonia», per la quale le terre rese fertili grazie alle loro fatiche non potevano più essere loro sottratte.[82] Diversi anni dopo, nel 1799, per la necessità di curare altri affari e negozi e di far fronte ad alcuni pagamenti urgenti, Papagiorgio cedette molte di quelle terre a diversi acquirenti locali.[83] Per le stesse ragio-

78. ASBT, NB, Musti Ignazio, vol. 1239, 18 dicembre 1795, cc. 23r-25r.

79. ASBT, NB, Spera Orazio, vol. 1029, 23 febbraio 1790, cc. 53r-54r. Nel 1792 Apostolo prese in affitto altre terre seminatoriali da Rogerio Burraccina, anche queste gravate da un canone annuo a beneficio di un ecclesiastico Girolamo de Leone (ASBT, NB, Fuccilli Giuseppe, 23 settembre 1792, cc. 80r-83r).

80. ASBT, NB, Giacomo Lupoli, vol. 979, 14 novembre 1784, cc. 237r-239r; de Divitiis Andrea, vol. 956, 17 febbraio 1785, cc. 53r-54r; Dembek Emanuele, vol. 1026, 26 agosto 1787, cc. 418v-420v; Spera Orazio, vol. 1029, 6 luglio 1790, cc. 184v-186v.

81. ASBT, NB, de Divitiis Andrea, vol. 955, 22 luglio 1781, cc. 34v-36v; Spera Orazio, vol. 852, 9 maggio 1784, cc. 30r-32r. Nel 1789 anche Michele d'Anastasio da Giannina acquistò da Giovanni dell'Orco 52 ordini di terre ortalizie a misura, gravate da un canone annuo dovuto al Convento di S. Antonio (Dembek Emanuele, vol. 1028, 13 marzo 1789, cc. 61r-63v).

82. ASBT, NB, Lupoli Giacomo, vol. 981, 7 maggio 1788, cc. 66r-69r.

83. ASBT, NB, Giuseppe Licinio, vol. 1212, 1 settembre 1799, cc. 286v-290v; 9 settembre 1799, cc. 309v-313v; 15 ottobre 1799, cc. 393v-396v; 16 ottobre 1799, cc. 399v-404r; ottobre 1799, cc. 120v-125r; 17 novembre, cc. 497v-500v; 3 dicembre, cc. 323v-527r. Già nel dicembre 1798 Apostolo Papagiorgio, in nome anche del fratello Alessio, aveva venduto a Giuseppe de Fazio alcune versure di terre seminatoriali, parti di una masseria di

ni, altri mercanti della nazione ricorrevano alla pratica del subaffitto. Nel 1788 Cristofaro Papafili e Alessio Papagiorgio subaffittarono per sei anni a Tobia Mascolo 38 ordini di terre a misura incolte e paludose, situate «alle Paludi»; nello stesso periodo altre terre «incolte, macchiose, paludose ed acquose», situate nello stesso luogo, furono date in subaffitto a Ruggiero d'Aloiso e ad altri abitanti di Barletta.[84] Viceversa, capitava anche che i mercanti greci gestissero delle terre per conto di terzi. Nel 1759 il console Chiriachì si occupò della raccolta dei vini dalle vigne di proprietà del reverendo canonico Vito Tornieri, commissario apostolico della Nunziatura di Napoli. Qualche anno dopo, nel 1761, un altro canonico, Giuseppe Lupo di Barletta, gli chiese di coltivare con proprio denaro le sue vigne, ricavandone in cambio il vino prodotto.[85]

Certamente, come molti altri documenti notarili dimostrano, l'integrazione dei mercanti greci nell'economia locale si realizzò anche attraverso il coinvolgimento nell'economia della terra, dalla conduzione delle «industrie di campo» alla compravendita di prodotti agricoli a livello locale e regionale. Per i negozianti greci residenti nella provincia adriatica, l'investimento di capitali nell'affitto e nella gestione di masserie non costituiva un'attività esclusiva, né prevalente. Nelle acque comprese tra Corfù e le coste pugliesi, i mercanti greci praticavano anche la pesca per mezzo di piccole imbarcazioni provviste di un solo albero, acquistate a questo scopo da commercianti locali. Nel 1799 un mercante epirota, Giovanni Bizigli, acquistò da Gabriele Ricatti una barca peschereccia denominata Santissima Annunziata, provvista di tutti gli attrezzi per la navigazione.[86] Due giorni dopo l'acquisto, Bizigli la rivendette ad un connazionale, Anastasio Dimopoli, e a Michele Ricatti, soci in affari.[87] D'altronde, anche i marinai e i piccoli mercanti della provincia praticavano la pesca e il commercio parallelamente alle attività legate all'economia della terra.[88] Come osserva ancora Salvemini, la

> presenza di professionisti di ogni tipo di intermediazione non intacca la prevalenza netta dell'elemento rurale nella composizione professionale di questi centri, ma dà loro un tono particolare. Il profilo sociale e culturale dell'onni-

campo denominata San Luca, comprate dalla Regia Corte nel 1791 (Licinio Giuseppe, vol. 1211, 19 dicembre 1798, cc. 547r-553v).

84. ASBT, NB, Orazio Spera, vol. 1027, 6 agosto 1788, cc. 400r-402v.
85. ASBT, NB, de Divitis Bartolomeo, vol. 638, 25 gennaio 1766, cc. 29v-32r.
86. ASBT, NB, Licinio Giuseppe, vol. 1212, 24 aprile 1799, cc. 132r-134v.
87. Ivi, 26 aprile 1799, cc. 134v-137v.
88. Cfr. Ciuffreda, *Massari e mercanti di piazza.*

presente contadino si costruisce dentro un ambiente di magazzini e «hostarie», di scambi monetari e intense mobilità.[89]

Perciò, non era raro che nella piazza cittadina i prodotti levantini fossero scambiati dai mercanti greci con derrate agricole. Giovanni Papasimo, ad esempio, agli inizi degli anni sessanta del Settecento vendette a Francesco Vitelli di Montepeloso diverse quantità di cappotti, di cere lavorate, lane, telerie forestiere e legnami: il pagamento delle mercanzie sarebbe dovuto avvenire tramite la consegna di una certa quantità di grani duri e majoriche pari al valore complessivo dei beni venduti, ovvero a 1.241 ducati.[90] Gli investimenti terrieri effettuati dai nostri mercanti greci erano finalizzati anche alla commercializzazione dei prodotti della terra. I vigneti e soprattutto i seminativi assicuravano scorte sufficienti per il fabbisogno familiare e, nello stesso tempo, consentivano di ricavare qualche introito dalla vendita del surplus prodotto.

Per il console Chiriachì e i suoi eredi, il commercio del grano regnicolo costituiva un affare particolarmente lucroso. Barletta, insieme a Trani e a Bisceglie, era uno dei maggiori «caricatori» di Terra di Bari e del Regno. Soprattutto nei primi decenni del Regno borbonico, una congiuntura produttiva favorevole portò il commercio del grano a stabilizzarsi su alti livelli. Il privilegio di monopolio sulle esportazioni provinciali concesso da Carlo di Borbone determinò un aumento del volume dei traffici nel porto barlettano.[91] In continuità con il secolo precedente, anche in questa fase il commercio del grano era «rigidamente subordinato al dirigismo governativo e al monopolio dei grossi mercanti».[92] Mentre questi provvedevano alla distribuzione e alla vendita del grano fuori dal Regno, a livello provinciale le operazioni di drenaggio dei grani dal territorio circostante e d'imbarco delle derrate erano svolte da diversi intermediari.[93] Tra questi c'era anche il console Chiriachì. Nella prima metà degli anni sessanta, quest'ultimo possedeva alcuni magazzini nell'emporio barlettano, nei quali era depositato il grano proprio e quello acquistato da altri massari. La maggior parte del grano era venduta a commercianti napoletani, i quali inviavano nel porto adriatico dei bastimenti presi a nolo per effettuarne il carico e il

89. Salvemini, *Flussi economici e organizzazione del territorio*, p. 202.
90. ASBT, NB, Dionisio Pasquale, vol. 537, 13 maggio 1763, cc. 45r-48r.
91. Papagna, *Grano e mercanti nella Puglia del Seicento*, pp. 15-16, 62-63.
92. Ivi, p. 63.
93. Ivi, pp. 66, 94-95.

trasporto.[94] Un atto notarile ci consente di comprendere quale fosse il ruolo del console all'interno del complesso intreccio di competenze attraverso cui si svolgeva il commercio del grano nel Regno. In questo documento Attanasio Chiriachì compare nel ruolo di commesso di Francesco Maria Berio, un ricco negoziante napoletano: il mercante greco si era recato dinanzi al notaio per protestare contro Giambattista Chichilli, commesso di Vincenzo Trisorio di Canosa, dal quale Berio aveva acquistato 4.000 tomola di grano. Attanasio era stato incaricato di controllarne la qualità e di assicurarsi che il grano fosse caricato sulla tartana del padron Saverio Maresca di Sorrento, inviata nel «caricatorio» barlettano per il prelievo e il trasporto dei grani fuori dal Regno, a Genova e a Livorno.[95] Come emerge anche da altri documenti, il compito di Attanasio sembra consistesse principalmente nella raccolta del grano dalle tenute e dalle masserie della zona. Il grano raccolto era destinato non soltanto ai mercanti della capitale, impegnati nel commercio e nel trasporto internazionale, ma anche all'annona di Napoli.[96] Tra il 1765 e il 1766, un anno dopo la terribile carestia del 1763-64, Attanasio, insieme a Baldassarre del Giudice, dovette provvedere al rifornimento della capitale, e in particolare delle truppe reali, attraverso il trasporto di grosse quantità di grani e viveri sui legni regi giunti nel porto adriatico da Napoli. I governanti della città di Barletta, allo scopo di tutelare e garantire la sussistenza dell'università, con l'intervento dei loro ufficiali armati cercarono invano d'impedire la raccolta del grano e l'imbarco del carico.[97]

Gran parte della ricchezza della famiglia Chiriachì proveniva proprio dal commercio regnicolo dei grani. Soprattutto negli anni successivi alla morte di Attanasio, il figlio Spiridione, in qualità di rappresentante della

94. ASBT, NB, de Divitiis Bartolomeo, vol. 637, 10 novembre 1765, cc. 581r-582r.

95. Al momento del carico, i grani risultarono «bucati e tordi» a causa del riscaldamento e per questo di peso inferiore e non più vendibili. Non sapendo se dar seguito alle operazioni di carico, fu inviato un corriere a Napoli con un sacchetto sigillato con i grani affinché Berio potesse valutarne la qualità. Intanto Chiriachì ordinò una perizia dei grani, effettuata da due negozianti nominati dal Regio consolato di mare e di terra, i quali giudicarono i grani non vendibili. Per questo Chiriachì decise di far trasportare i grani a Castellammare affinché Berio potesse giudicare personalmente la qualità della merce e l'opportunità di condurre il grano a Livorno (ASBT, NB, de Divitis Bartolomeo, vol. 638, 6 maggio/9 maggio/14 maggio/17 maggio, 1766, cc. 152r-186r (diversi atti di *protestatio*).

96. Sull'istituto dell'annona di Napoli, vedi: Alifano, *Il grano, il pane e la politica annonaria a Napoli.*

97. ASBT, NB, de Divitis Bartolomeo, vol. 638, 23 settembre 1766, cc. 436r-438r.

«ditta Attanasio Chiriachì e figli», era dedito principalmente alla vendita e al trasporto del grano e di altre mercanzie nelle piazze di Napoli e di Brindisi.[98] Nel 1791 la ditta Chiriachì prese a noleggio dal padron Saverio Stagni un trabaccolo,[99] denominato la Madonna Addolorata e le anime del Purgatorio, con marinai e attrezzi, per provvedere al carico di 3.000 tomola di grani e 6 di legumi. Per suo conto il padron Stagni avrebbe dovuto trasportare il carico a Gallipoli, dove un suo corrispondente, Salvatore Talamo, avrebbe ricevuto la merce e provveduto al pagamento del nolo; terminate le operazioni di scarico, il trabaccolo avrebbe dovuto caricare altra merce e condurla nel porto di Barletta.[100] Numerosi erano anche i commessi che per conto di commercianti della capitale o di altre zone del Regno[101] «estraevano» ingenti carichi di grano dal magazzino della ditta Chiriachì, situato nella piazza della città.[102]

Il coinvolgimento dei mercanti greci nelle attività agricole non deve essere interpretato come l'esito di un processo di adattamento a un ambiente economico nuovo, di riconversione delle proprie attitudini e vocazioni economiche originarie. Anche Giannina, da cui proveniva la maggior parte di questi mercanti, era un'area a economia mista, dove la pratica dell'agricoltura si combinava alla commercializzazione dei prodotti della terra.[103] Il trasferimento nel territorio d'immigrazione delle risorse materiali e immateriali di origine poteva tradursi anche nello sviluppo di attività artigianali di tipo nuovo, in grado di generare importanti sinergie con gli operatori economici locali. La «robba» per far cappotti, trasportata a bordo delle *feluche*[104] greche e ragusee provenienti da Giannina, non era soltanto un bene destinato alla

98. ASBT, NB, Spera Orazio, vol. 842, 17 dicembre 1774, cc. 157v-160v.

99. Imbarcazione da cabotaggio tipica del mare Adriatico (cfr. Marzari, *Trabaccoli e pieleghi*).

100. ASBT, NB, Paolillo Antonio, vol. 1048, 20 agosto 1791, cc. 328v-332v.

101. Nel 1792 un negoziante di Napoli Gaetano Verusio noleggiò l'imbarcazione del padron Aniello Basile del Piano di Sorrento per caricare nel porto di Barletta un carico di 6.700 tomola di grano acquistato da Attanasio Chiriachi, il quale a sua volta aveva ricevuto l'ordine di effetture la vendita da un terzo, Raffaele Giudilli di Foggia (ASBT, NB, Lovero Leonardo, vol. 1031, 17 novembre 1793, cc. 26v-29r).

102. ASBT, NB, Barracchia Francesco, vol. 1049, 14 settembre 1792, cc. 461v-4633.

103. Katsiardi-Hering, *Greek merchant colonies in central and south-eastern Europe*, p. 137.

104. Imbarcazione a vela di piccole dimensioni, adatta soprattutto alla navigazione sotto costa o in acque interne, attrezzata con due alberi a calcese, ciascuno con una vela latina, e senza bompresso (http://www.treccani.it/vocabolario/feluca/).

vendita dentro e fuori dal Regno: insieme alla manodopera levantina, questa merce costituiva un capitale da impiegare *in loco* per la creazione di manifatture di cappotti levantini. Nel 1789 i fratelli Giorgio e Demetrio Dimo presero in affitto da Giuseppe Fienga di Barletta una grande bottega situata in mezzo alla piazza della città. Il contratto prevedeva l'obbligo da parte dei due locatari di non subaffittare la bottega a mastri falegnami o ad altri bottegai per «usi vili» di caffetteria, sorbetteria o biliardo da gioco, ma soltanto ad altri onesti negozianti greci «ad uso di lavoro levantino».[105] La fabbricazione dei cappotti, in particolare, costituiva una delle attività distintive della nazione greca, non soltanto nel Regno napoletano. I mercanti epiroti residenti a Napoli e nella provincia importavano dal Levante e da Venezia la «robba» necessaria alla manifattura dei cappotti, mentre i drappi prodotti nelle fabbriche di seta della capitale erano esportati dal Regno nella loro patria Giannina e in altre aree dell'Impero ottomano.[106] Dal Regno di Napoli, oltre che dall'emporio livornese e da Malta, i cappotti levantini erano trasportati e venduti in altri centri del Mediterraneo.[107] Il passaggio dal commercio dei cappotti alla loro fabbricazione in loco, nella capitale e in Terra di Bari si dispiegò soprattutto negli ultimi decenni del secolo, grazie anche ai capitali e all'iniziativa di imprenditori locali. Nel 1782, a Barletta, Giorgio di Giovanni Dimo stipulò una convenzione con Mariano Andreanopoli di Giannina, residente nella città di Bitonto, con la quale s'impegnava a consegnare al suo socio sette balle di «robba di Levante [...] da far cappotti». Il suo socio e corrispondente levantino, Anastasio Giorgio, spedì la merce nel porto di Barletta a bordo di un tartanone[108] proveniente da Ragusa. La mancata consegna della merce spinse Andreanopoli a protestare l'accordo dinanzi al notaio Lupoli. A causa di questo imprevisto egli era stato costretto a rimandare in Levante il giovane di bottega Dimitrio Teodoro, fatto venire dal Levante nel Regno per dare avvio alla manifattura dei cappotti.[109]

105. ASBT, NB, Cellammare Leonardo, vol. 730, 29 luglio 1789, cc. 425v-436r. Già nel 1781 Dimitrio aveva preso in affitto alle medesime condizioni una bottega da Fienga nella strada della piazza per dieci anni (ASBT, NB, de Divitis Bartolomeo, vol. 933, 1 dicembre 1781, cc. 24r-26r.)

106. Ragosta, *Napoli, città della seta,* pp. 174; 200..

107. Pillai, *La comunità dei greci a Cagliari*, p. 615.

108. Imbarcazione attrezzata per la pesca a strascico e a «pelago», armata di una grande vela latina con un unico albero, in uso soprattutto nell'Adriatico fino ai primi anni dell'Ottocento (De Nicolò, *Microcosmi mediterranei*, p. 135).

109. ASBT, NB, Lupoli Giacomo, vol. 979, 18 settembre 1782, cc. 72r-74v.

Nei registri parrocchiali della chiesa greca di Napoli, già tra il 1755 e il 1764, compaiono quattro «mastri di capoti», tutti provenienti dall'Epiro e dall'Albania.[110] Da Napoli e da Livorno i cappotti greci erano esportati in Sardegna, almeno fino agli anni settanta del Settecento, quando un sarto greco, un certo Staico, stabilì a Cagliari la prima fabbrica di cappotti levantini. Qui, nei primi decenni dell'Ottocento, fiorirono diverse sartorie greche,[111] mentre a Venezia già nel 1764 alcuni mercanti epiroti avevano fondato l'*Arte dei cappotteri* greci.[112] Nel Regno di Napoli, invece, la produzione di cappotti levantini fu promossa anche da imprenditori regnicoli. Lo sviluppo di forme transculturali di organizzazione produttiva potrebbe essere ricondotto ad alcune importanti differenze nel mercato del lavoro, in particolare all'assenza di una forte corporazione locale operante nel medesimo settore e al minore controllo esercitato dalle Arti sulla vita economica locale.[113] Nel 1792 Giuseppe Gimma e Gregorio Spera di Bari, intenzionati a introdurre una manifattura di cappotti levantini nel Regno, si rivolsero a Costantino Ciappa, un greco residente con la sua bottega a Bari, e stipularono con il mercante greco una «convenzione»: entro il marzo del 1793 Ciappa avrebbe dovuto portare con sé dal Levante una persona «capacissima» nel filare e tessere, provvedere alla spese di viaggio di questa, al suo mantenimento e alla fornitura di tutti gli strumenti necessari per avviare la nuova fabbrica. Qualora la fabbrica fosse diventata perfettamente funzionante, Gimma e Spera avrebbero consentito a Ciappa di entare nella «società della fabbrica», rimborsandolo di tutte le spese; in caso di fallimento, Ciappa avrebbe dovuto restituire agli altri soci un terzo del capitale investito.[114] Al capitale iniziale per l'avviamento della fabbrica partecipò anche Vincenzo Liguori di Napoli, il quale in un atto successivo,

110. ASDN, Registri parrocchiali della parrocchia dei SS. Pietro e Paolo dei greci, libro dei battesimi 1736-1777: Teodoro Costantino di Nazione greca di Arta, padre di Sofia, battezzata il 22 marzo 1755; Attanasio Zavojani da Seraco di nazione greca, padrino di Costantino Droso, battezzato il 6 gennaio 1758; Attanasio Stamuli da Siraco di nazione greca, padrino di Giovanni Dermani, battezzato il 15 giugno 1758; Teodoro Costa di nazione greca di Arta, padre di Panaioti, battezzato il 25 agosto 1764.

111. La crescita e il successo delle sartorie greche nei primi decenni dell'Ottocento fu all'origine di una lunga causa giudiziaria promossa dal gremio dei sarti cagliaritani contro i maestri sartori greci (Pira, *Il gremio dei sarti e i cappottari greci a Cagliari*; vedi anche: Salice, *Colonizzazione sabauda e diaspora greca,* 190-198).

112. Grenet, *Vivre chez l'autre, travailler sans lui*?

113. Mascilli Migliorini, *Il sistema delle arti*, pp. 43-44.

114. ASBT, NB, Campanelli Nicola, vol. 1150, 25 dicembre 1792, cc. 103v-107v.

risalente al 1798, compare come uno degli appaltatori della «nuova fabrica di cappotti» stabilita a Napoli. In quell'anno Liguori dette incarico a Costantino Ciappa e a Nicolò Lalà, «Greci mastri sartori in tagliare cappotti di arbagia e salonicco», di esaminare le capacità di «mastro cappottaro» del greco Giorgio Pasquale, il quale, in base ad un albarano precedentemente stipulato, si era impegnato a formare «nell'arte di far cappotti» la manodopera all'interno della sua bottega. Per la sua manifesta incapacità, i due greci, Ciappa e Lalà, chiesero al giudice il permesso di licenziarlo senza corrispondergli la mensilità pattuita. Giorgio Pasquale contestò le loro ragioni, rivendicando il diritto di proseguire nel suo incarico per il triennio stabilito nel contratto. Dinanzi al notaio, egli dichiarò di possedere già da tempo una bottega di cappotti levantini «di arbagia e salonicco» in Barletta, dove venivano da lui tagliati cuciti e ridotti alla perfezione «come è noto a questa popolazione, e dalla Nazione greca».[115] È probabile, dunque, che proprio in questi anni una «nuova fabbrica» greca di cappotti levantini funzionasse nella provincia adriatica, più precisamente a Bari, e che proprio Costantino Ciappa fosse il suo principale maestro sartore. È quanto sembra confermare anche una lettera inviata a Ciappa da Spiridione e Giuseppe Chiriachì nel dicembre del 1797 per mezzo di un mercante raguseo, Andrea Passaro, contenente l'ordine di acquisto di dodici cappotti della «nuova fabbrica» e di alcuni drappi di felba.[116]

La vicenda dello stabilimento di manifatture di cappotti levantini all'interno del Regno mostra dunque la capacità dei migranti ortodossi di fare della tradizionale attività di esportazione il mezzo per sviluppare *in loco* una forma d'impresa nuova, specializzata, piegando le proprie risorse e capacità alle opportunità offerte dall'economia locale. In un contesto in cui l'economia di sussistenza era ancora profondamente radicata e le possibilità di accumulazione della ricchezza ridotte,[117] i mercanti greci – o almeno alcuni di essi – riuscirono in alcuni casi ad accrescere il proprio potere economico e sociale. Il figlio del console Chiriachì, Spiridione, in un atto notarile del 1781, compare tra i «Signori di governo di questa fedelissima città di Barletta», in qualità di

115. ASBT, NB, Licinio Giuseppe, vol. 1210, 1797, cc. 262r-265r. Anche un altro greco, Anastasio Dimopoli, impiegato come mastro cappottaro nella «nuova fabbrica», fu licenziato per volontà dei proprietari Vincenzo Liguori e Antonio Ruggiero (ivi, 29 dicembre 1797, cc. 265r-266v).

116. Ivi, 26 dicembre 1797, cc. 260r-262r.

117. Ciuffreda, *Massari e mercanti di piazza*, pp. 176-177; cfr. *Problemi di storia delle campagne meridionali nell'età moderna e contemporanea.*

«secondo eletto per la piazza de civili».[118] Diversi anni dopo, in un atto del 1796, lo stesso Spiridione compare come sindaco tra i «Governanti economici» della città.[119] La conversione di circostanza al cattolicesimo, dovuta alla prolungata assenza di una chiesa di rito greco,[120] fu solo uno dei meccanismi che agevolò la penetrazione e il radicamento dei mercanti greci nel territorio e nell'economia locale. Un altro espediente fu costituito dal matrimonio con donne locali.[121] La maggior parte dei commercianti di nazione greca di cui si trova traccia nei documenti notarili di Barletta, già alcuni anni dopo il loro arrivo, sposò una nativa. Nel settembre del 1764 il matrimonio con Ursola Bonaventura procurò a Cristoforo Papafili l'assegnazione nello stesso anno da parte del padre della sposa dell'«officio di credenziere del Regio Fondaco dei Sali» della città. Avendo investito tutti i suoi capitali nell'acquisto di merci levantine, per effettuare la transizione dell'«officio», chiese in prestito il denaro necessario ai suoi connazionali Attanasio Chiriachi e Giorgio Dimo.[122] La duplice collocazione sociale e spaziale forniva ai mercanti levantini un capitale strategico, soprattutto sul piano economico.

Le categorie di «minoranza» o «*enclave*» appaiono dunque inadeguate a descrivere la realtà composita che abbiamo sin qui analizzato. La figura del primo console ottomano, Attanasio Chiriachì, in particolare, racchiude in sé tutta la complessità di una nazione che operava al confine tra spazi economici e culturali diversi, resi tuttavia familiari da una consuetudine di rapporti e scambi quotidiani. Dal 1762 il console ricoprì l'incarico di cassiere dell'arrendamento dell'acquavite nella provincia di Terra di Bari.[123] Già nel 1753 egli era stato incaricato dall'amministratore delle carte di tutto il regno di immettere in Terra di Bari circa mille carte da gioco.[124] «Fra gl'altri suoi negozi», gestiva anche «quello de cappotti, che fa venire da Levante, ed il negozio delle Pelli Agnelline, e selvaggine, che da qui si spediscono per colà».[125] Nel 1742 aveva sposato una donna del posto,

118. ASBT, NB, De Divitiis Andrea, vol. 955, 1781, cc. 256v-262r.

119. ASBT, NB, Musti Ignazio, vol. 1239, 30 aprile 1796, cc. 9r-11v.

120. Fiorella, *La comunità greca di Barletta*, p. 10.

121. Cfr. Raveux, *Entre réseau communautaire intercontinental et intégration locale*, pp. 9-10.

122. ASBT, NB, de Divitis Bartolomeo, vol. 637, 9 febbraio 1765, cc. 130r-137v.

123. ASBT, NB, de Divitis Bartolomeo, vol. 638, 15 agosto 1766, 15 agosto cc. 337v-340v.

124. ASBT, NB, Del Monaco Nicola, vol. 566, 31 gennaio 1753, cc. 16v-18v.

125. ASBT, NB, de Divitis Bartolomeo, vol. 638, 8 giugno 1766, cc. 220v-223r.

Maddalena Isernia, *in domo* [...] *sub ritu greco* alla presenza di un sacerdote greco di passaggio e di un parroco latino. Uno dei suoi figli, Antonio, ordinato sacerdote latino,[126] nel 1766 era stato nominato dal reverendo Gennaro Pantaleone di Barletta «beneficiato» e cappellano del legato pio fondato da Giantomaso Pellegrino nel 1560.[127] Quando nel 1768 morì a Barletta, sulle pareti della sua abitazione teneva esposti «quadri di diverse figure, parte all'italiana sopra tela, con cornici indorate, e parte alla Greca sopra legno».[128]

2. *Tra Roma e Costantinopoli*

Nel 1765, il sacerdote greco Costantino Slade, rifiutato dalla comunità greca di Venezia, fu nominato curato di un'abbadia greca in Corfù dalla Repubblica veneta. Con il sostegno del provveditore generale il sacerdote greco, vicino al milieu cattolico, riuscì ad ottenere quel beneficio ecclesiastico, sebbene fino ad allora fosse stato assegnato ai soli greci scismatici.[129] Appena insediato, per mettere a tacere ogni sospetto e accusa di «latinismo»,[130] Slade mostrò ai fedeli i messali greci. Il giorno seguente furono in molti perciò a partecipare alla sua messa, celebrata secondo il rito greco. La commemorazione del solo Pontefice romano durante la liturgia suscitò tuttavia tra i presenti proteste e sconcerto. Il protopapa lanciò la sua scomunica, mentre il popolo e la confraternita di cento e più famiglie stabilita in quella chiesa minacciarono di abbandonarla se le loro richieste non fossero state accolte.[131] Dopo alcuni consulti con il clero latino, Slade inviò una lettera alla Congregazione di Propaganda suggerendo come espediente per riconciliare quei fedeli, la commemorazione congiunta del Pontefice e del Patriarca greco. Questa soluzione, a suo dire, sarebbe stata

126. ASBT, NB, Paolillo Antonio, vol. 1048, 11 dicembre 1791, cc. 572r-577v.

127. ASBT, NB, de Divitis Bartolomeo, vol. 638, 4 febbraio 1766, cc. 59r-61v.

128. ASN, PA, PV, b. 99, fasc. 23, c. 53r.

129. ASPF, SC, Italogreci, vol. 5, Venezia, 26 gennaio 1765, c. 150r.

130. ASPF, Acta, 17 giugno 1765, *Silvestro Costantino Slade ha ottenuto dalla Repubblica Veneta l'abbadia della B. Vergine [...] vicino Corfù, solita darsi ai Greci scismatici*, n. 17, cc. 185r-188r.

131. La comunità dei fedeli ortodossi chiese di poter commemorare il Patriarca di Costantinopoli nei giorni di festa e di declamare segretamente il nome del Papa in quelli feriali. *Ibidem*.

un mezzo efficacissimo per ridurre quel popolo nel grembo della Chiesa romana, dal momento che la maggior parte era «indifferente» in materia di religione, come dimostrava l'abitudine di molti a confessarsi anche da sacerdoti latini e a partecipare alle messe e agli offici divini nelle chiese latine.[132] Contraria a ogni promiscuità tra i due riti, la Congregazione romana rispose: «Non licere».[133]

Nel periodo successivo al concilio di Trento, tra i secoli XVII-XVIII, il giudizio della Curia romana «sui cristiani del Levante divenne senza dubbio più critico».[134] Nelle province arabe dell'Impero ottomano questo mutamento si tradusse gradualmente nella costruzione di confini confessionali sempre più netti tra cristiani e musulmani, tra cattolici da una parte ed eretici o scismatici dall'altra.[135] Questi sforzi costituivano soprattutto una risposta alla diffusa promiscuità religiosa che da Oriente a Occidente rischiava di corrodere il potere cattolico e di generare un pericoloso indifferentismo religioso.[136] La risposta del dicastero romano alla proposta di Slade mostra come la Curia romana ormai rigettasse ogni ambiguità tra le due fedi e le due tradizioni liturgiche. Quando un prete greco-corso, Strati Vlacacci, chiese di poter continuare ad essere parroco della sua nazione pur vestendo «alla latina», spinto dalla convinzione che non vi fosse alcun obbligo di vestire all'uso greco «tanto in Roma, come per tutta l'Italia»,[137]

132. Cfr. Nikolaidis, *Local religion in Corfù.* Sulla pratica diffusa della comunicazione *in divinis* nel Levante greco, vedi anche: Coccopalmerio, *La partecipazione degli acattolici al culto della chiesa cattolica*; De Vries, *Communicatio in Sacris*; Ware, *Eustratios Argenti*, pp. 23-32.

133. ASPF, Acta, 17 giugno 1765, *Silvestro Costantino Slade [...] solita darsi ai Greci scismatici*, c. 188r.

134. Heyberger, *Le Catholicisme tridentin au Levant (XVIIe-XVIIIe siècles)*, p. 899.

135. Secondo Heyberger, il superamento della promiscuità liturgica e religiosa tra i cristiani cattolici e ortodossi del Vicino Oriente si realizzò soltanto nel 1830, quando, all'indomani della rivoluzione greca, il Sultano accordò ai cristiani di obbedienza cattolica il diritto ad avere istituzioni comunitarie proprie (*Les chrétiens du Proche-Orient au temps de la Réforme catholique*, pp. 389-390)

136. Heyberger, *Le Catholicisme tridentin au Levant (XVIIe-XVIIIe siècles)*, pp. 904-905; cfr. Santus, *La communicatio in sacris*.

137. Quando Vlacacci tornò ad Ajaccio da Venezia, dove aveva trascorso gli ultimi tre anni, i parroci e i capi della nazione si rivolsero all'arcivescovo Doria affinché gli intimasse di abbandonare quei costumi e di vestire all'uso greco, con la barba lunga «nella guisa degli altri sacerdoti». Alla fine, rifiutato per i suoi costumi dalla nazione e osteggiato dal vescovo, il sacerdote partì per Firenze, da dove proseguì il viaggio verso Venezia. La vicenda di Vlacacci è riferita da Patrizio Stefanopoli, cugino di uno dei capi della nazione

la Curia rispose rifiutando ogni compromesso.[138] Nel Settecento, le reazioni della Curia romana verso gli atteggiamenti religiosi di confine e soprattutto le azioni e le strategie retoriche adottate dal clero greco che giungeva dal Levante in Cristianità, mostrano quanto vivi fossero in questa epoca i confini confessionali tra le due società cristiane.[139] Il controllo e l'irrigidimento della frontiera confessionale potevano produrre utili riflessi anche sul piano politico, nella misura in cui, come osservava il vescovo latino di Cattaro, l'apostasia, quando pubblicamente accettata, poteva aprire la strada alla «libertà di coscienza», causando disordine e confusione. In Albania e Dalmazia veneta, la Repubblica era certamente sensibile a certi avvertimenti, soprattutto dopo che l'inclusione di migliaia di slavi ortodossi all'interno delle sue frontiere aveva profondamente mutato la geografia confessionale nella regione.[140] Per questo il vescovo con una lettera sollecitava Roma di avvisare il Senato veneto dell'arrivo in laguna di un suo diocesano, un certo Girolamo Kinc, il quale, fuggito dal Collegio illirico di Loreto dopo aver commesso alcuni sacrileghi furti, si era rifugiato in Montenegro. Divenuto monaco greco-serviano, indivisibile compagno del vicario generale dello «Pseudo Vescovo» del Montenegro, Kinc aveva accompagnato il vescovo montenegrino a Venezia in qualità di fido consigliere.[141]

Sebbene non sia possibile tracciare un ritratto unitario e omogeneo del clero di rito greco nei territori cattolici, in forme e gradi diversi le traiettorie biografiche dei suoi membri si svolgevano spesso al confine tra tradizioni diverse e lealtà contrapposte. Man mano che le restrizioni e le distinzioni divennero più nette, per il clero greco la linea di confine tra cattolicesimo e ortodossia si trasformò sempre più in una frontiera, ovvero in una zona di negoziazione tra due distinte appartenenze.[142] L'esperienza della frontiera confessionale segnò più di tutti i percorsi e i comportamenti di coloro che dal Levante giungevano a Roma per frequentare il Collegio

greca di Corsica, in un memoriale indirizzato a Propaganda per perorare la sua causa contro la nazione (ASPF, SC, Italogreci, vol. 5, Livorno, 9 dicembre 1771, cc. 369r-370v).

138. Ivi, Ajaccio, 30 gennaio 1772, c. 386rv.

139. Cfr. Heyberger, *La frontière méditerranéenne*, pp. 22-23.

140. Cfr. Ivetic, *Cattolici e ortodossi nell'Adriatico orientale veneto,* pp. 50-51.

141. ASPF, Acta, 22 giugno 1744, Girolamo Kinc di Cattaro, n. 11, cc. 256v-258r; SOCG, vol. 720, 22 giugno 1744, cc. 60r-61r.

142. Per una riflessione sulle nozioni di confine e frontiera, vedi: Viazzo, *Frontiere e "confini"*; Fabietti, *L'identità etnica*, pp. 104-112.

greco di Sant'Atanasio. Scopo primario di questa istituzione era quello d'impedire che il rito latino fosse corrotto dagli errori degli scismatici nei territori in cui cattolici e ortodossi coesistevano e, dunque, di mantenere una stretta divisione tra i due riti nell'ambito di una comune adesione alla Chiesa romana. In pratica, il Collegio divenne presto il luogo in cui si venne formando un'indistinta quanto multiforme idea di cristianità. Soprattutto nel Settecento, esso accoglieva individui provenienti da contesti culturali ed ecclesiastici molto dissimili tra loro. La graduale decrescita del numero degli alunni provenienti dai territori grecofoni del Levante, visibile già dalla metà del XVII secolo, fu compensata, in questo secolo più che nel passato, dalla presenza di soggetti appartenenti a molteplici tradizioni cristiane orientali.[143] Crebbe, in particolare, il numero dei cristiani orientali provenienti dalla Polonia e dalle regioni dell'Europa nord-orientale (Lituania, Russia bianca), così come la presenza degli italoalbanesi dei Regni di Napoli e di Sicilia e in misura minore dei melchiti del Libano e della Siria, tutte aree in cui esisteva una gerarchia ecclesiastica greco-cattolica. Più numerosi divennero anche i monaci basiliani provenienti dai monasteri italiani di origine bizantina, i cui riti erano un miscuglio di pratiche liturgiche greche e latine, e i greci provenienti dall'isola di Chio, sede di un Vescovato cattolico. Mentre il Collegio avrebbe dovuto accogliere solo giovani cristiani di rito greco in comunione con Roma, in realtà, le sue porte erano aperte anche a greci di rito latino e ai greci scismatici provenienti dalle Isole Ionie, da Smirne, Giannina, Salonicco, Candia e dal Peloponneso,[144] aree in cui l'adesione al credo e alle tradizioni costantinopolitane si univa a una pratica quotidiana di scambi e di contatti con fedi e confessioni religiose diverse.[145]

Gli alunni di origine levantina che riuscivano a terminare il percorso di studi, il più delle volte, si sottraevano all'ordinazione sacerdotale.[146]

143. Tsirpanlis, *Gli alunni del Collegio greco di Roma (1576-1700),* p. 4.

144. Minore era invece il numero d'individui provenienti dalla Valacchia e dalla Croazia (vedi: Fyrigos, *Catalogo cronologico degli alunni e dei convittori,* pp. 30-69).

145. Cfr. Smyrnelis, *Colonies européennes et communautés ethnico-confessionnelles à Smyrne*; Wagstaff, Frangakis-Syrett, *The port of Patras in the second Ottoman period*; Panopoulou, *The civic communities in the Venetian-ruled Greek lands*; Quataert, *The Ottoman empire, 1700-1922*, pp. 172-191; Epstein, *Purity lost.*

146. Molti affermavano di dover far ritorno in patria perché richiamati dai propri familiari o per motivi di salute (Fyrigos, *Catalogo cronologico degli alunni e dei convittori,* pp. 30-69).

All'origine di questa scelta non c'era soltanto la volontà di percorrere altre carriere, diverse da quella ecclesiastica; più spesso, alla base c'era una forte riluttanza ad abiurare lo scisma e a svolgere, una volta ritornati in patria, attività di proselitismo cattolico, per timore dello stigma sociale che il passaggio al cattolicesimo avrebbe attirato su di loro da parte dei propri correligionari. Mentre i percorsi di questi ultimi si perdono dopo l'uscita dal Collegio, le storie riferite nelle carte dell'Archivio di Propaganda riguardano soprattutto le vite di coloro che accettavano di attraversare il confine tra ortodossia e cattolicesimo – anche solo in modo fittizio o temporaneo – e che, al compimento del percorso di studi, si ponevano al servizio della Congregazione di Propaganda Fide in qualità di missionari.[147] Emblematico è il caso di Giovanni Doxarà, originario di Smirne, il quale all'età di dieci anni era stato mandato dai suoi genitori a Livorno per studiare. Dopo alcuni anni, però, grazie al patrocinio di un cardinale, fu accolto nel Collegio di S. Atanasio e, al termine degli studi, dopo dieci anni, fu ordinato sacerdote dal vescovo greco ordinante di Roma.[148] Diseredato dai suoi genitori per aver tradito la fede natia e non potendo per questo più tornare in patria per svolgere la sua missione, tornò a Livorno: qui affiancò come coadiutore il parroco greco-unito Anastasio Demori,[149] fino a quando il vescovo di Ancona Bufalini lo convocò nella città pontificia per amministrare la parrocchia greca di Sant'Anna.[150]

La familiarità con il credo cattolico e con le tradizioni latine, acquisita all'interno del Collegio greco, faceva sì che per molti ex-alunni non costituisse uno scandalo vestire per qualche tempo l'abito latino, per poi tornare a indossare l'abito greco non appena si fosse reso disponibile un posto in qualche parrocchia greca in Cristianità o in qualche missione cattolica in Levante. Costantino Slade, dopo aver ricevuto l'ordinazione sacerdotale a

147. Cfr. Chiocchetta, *Tra fede e disciplina*, pp. 555-576. La sacra Congregazione di Propaganda Fide aveva il compito di amministrare e supervisionare il loro operato all'interno delle terre di missione. Molti ex-alunni del Collegio, al termine degli studi, si rivolgevano al dicastero romano in cerca di un impiego o di qualche sussidio per il proprio mantenimento.

148. ASPF, SC, Italogreci, vol. 6, s.d., Memoria sul sacerdote Giovanni Doxarà, cc. 105r-106v.

149. ASPF, SC, Italogreci, vol. 5, Livorno, 27 novembre 1776, c. 534rv.

150. A causa dell'aria insalubre negli anni Doxarà fece spesso ritorno a Livorno, dove si insediò definitivamente come parroco della chiesa greco-unita solo nel 1789 (ASPF, SC, Italogreci, vol. 6, s.d., Memoria sul sacerdote Giovanni Doxarà; Ancona, 14 dicembre 1789, c. 144rv).

Roma dal vescovo greco-cattolico, si era unito ai padri carmelitani a Venezia. Da qui andò poi in Himara (Epiro) per prendere parte alla missione greco-cattolica stabilita in quella provincia sin dagli inizi del XVII secolo da alcuni monaci basiliani per promuovere l'unione con Roma. Sulla via del ritorno in Italia, nel 1759 si fermò per qualche tempo a celebrare messa sull'isola di Corfù nella chiesa dei frati minori conventuali di S. Francesco. Al suo ritorno in laguna egli avrebbe voluto definitivamente abbandonare il rito greco per passare a quello latino ma incontrò l'opposizione della Curia romana, in particolare del nunzio di Venezia, il quale aveva intenzione di introdurlo come cappellano nella chiesa greca di S. Giorgio per emendare gli errori di quei greci scismatici.[151] Rifiutato dalla comunità greca di Venezia, come sappiamo Slade fece ritorno a Corfù, da dove fu però presto allontanato. Nonostante le ricorrenti suppliche rivolte a Roma per ottenere un nuovo incarico, i cardinali di Propaganda giudicavano la sua condotta ambigua e instabile, lontana dagli ideali di purezza perseguiti dalla nuova politica romana.[152]

Le carte custodite nell'Archivio storico di Propaganda Fide ci raccontano molte storie simili a quella di Slade, memorie di vite vissute al confine, in una sorta di limbo, di zona grigia. La frontiera confessionale, luogo d'incontro e di reciproca acculturazione, nella visione della Curia costituiva piuttosto una barriera tra territori d'appartenenza esclusivi e contrapposti. Chi viveva sul crinale correva il rischio di apparire un «brigante», come Anastasio Petropoli, un sacerdote livornese di rito greco, emarginato e stigmatizzato dalla Curia per le sue origini e la sua condotta ondivaga. Ordinato da un vescovo scismatico, dopo l'abiura Petropoli aveva servito per dieci anni la chiesa greco-unita di Livorno. Chiamato ad Ancona dai greci scismatici al tempo della discesa delle armate francesi, il sacerdote greco si era opposto – a suo dire – alla richiesta di celebrare in una chiesa così «disordinata», che non voleva più riconoscere l'ordinario della città.[153] Pur rivendicando per sé il merito di aver rifiutato di «servire nelle rivoluzioni», a differenza di altri preti greci,[154] i prelati cattolici erano convinti che egli fosse stato spinto alla professione di fede per lo più da motivi

151. ASPF, SC, Italogreci, vol. 5, Venezia, 31 dicembre 1763, c. 91r.

152. ASPF, Acta, 2 aprile 1770, *Costantino Slade vorrebbe essere impiegato per cappellano dei Greci in Ancona*, n. 4, cc. 63r-64r; SOCG, v. 827, 2 aprile 1770, cc. 162r-163r.

153. ASPF, SC, Italogreci, vol. 6, Livorno, 21 marzo 1800, c. 368r.

154. Ivi, Livorno, 13 giugno 1796, c. 297r; 13 gennaio 1797, c. 298r; 7 novembre 1797, c. 310rv; 4 dicembre 1803, cc. 485r-486r.

d'interesse. D'altronde egli era nato scismatico, era stato ordinato da un vescovo orientale e non aveva frequentato il Collegio greco.[155] Le ripetute suppliche rivolte a Roma per essere reintegrato nella chiesa greco-unita di Livorno rimasero perciò inascoltate.[156] Ritornato a Livorno dopo un lungo vagabondare, scrisse una lettera al dicastero per ribadire ancora una volta la propria cattolicità e per esprimere il disagio di ritrovarsi «sempre ramingo con tutta ristrettezza colla elemosina».[157] Nel 1802, quando dal monastero domenicano di Fiesole supplicò il dicastero romano di poter rimanere tra quei monaci, in virtù della sua «conversione» e della sua pia condotta,[158] gli fu intimato di lasciare l'ordine domenicano a causa delle sue origini scismatiche.[159] Giudicato un «cervello molto equivoco e instabile»,[160] Petropoli rimase privo di ogni sostegno e protezione. Nel 1806 per guadagnarsi di che vivere cominciò ad occuparsi a Livorno dell'istruzione di ragazzi greci non uniti, almeno fino a quando i loro genitori «entrando in sospetto, fecero una unione, e d'accordo tra di loro chiamarono un scismatico»; anche i livornesi, i quali preferivano affidare i propri figli ai loro nazionali che ai greci, fecero presto a meno dei suoi servigi.[161] Mentre tutti gli abiti e le identità erano esperibili, nessuna collocazione era possibile al confine tra le due Cristianità per il sacerdote greco.

Spingendo simili individui ai margini dello spazio cattolico, la Curia romana intendeva definire in modo sempre più netto i confini di questo spazio confessionale. La frontiera confessionale si materializzava in una serie di atti simbolici e di norme cui dovevano sottostare tutti coloro che dal Levante ortodosso giungevano a Roma. Alcuni al loro arrivo fornivano degli attestati o patenti di cattolicità, sottoscritte da autorità secolari o ecclesiastiche cattoliche; altri, invece, facevano semplicemente la professione di fede cattolica nel Santo Uffizio. Beniamino Vatachi, un «monaco basiliano alevato nelli

155. Ivi, Ancona, 29 marzo 1802, c. 380r.
156. Ivi, Livorno, 10 agosto 1801, c. 372rv.
157. Ivi, Livorno, 12 ottobre 1801, c. 377r.
158. Ivi, Fiesole, 30 agosto 1802, c. 402rv.
159. Ivi, Firenze, 14 dicembre 1802, c. 411r.
160. Ivi, Livorno, 3 gennaio 1804, c. 490rv.
161. Ivi, Livorno, 17 marzo 1806, c. 549rv. Fino a questa data continuò tuttavia a ricevere qualche magro sussidio dal dicastero di Propaganda; dopo l'aprile del 1809, data a cui risalgono le sue ultime lettere, di lui si perdono le tracce. In quell'anno il parroco greco si trovava a Napoli, da dove era tornato a chiedere invano un sussidio per raggiungere l'isola di Corfù (ivi, Napoli, 10 aprile 1809, c. 568r; 28 aprile 1809, c. 570rv).

Monasteri di Valachia», giunse a Roma nel 1725 per chiedere al segretario di Stato il permesso di andar questuando presso i prìncipi cristiani per il suo monastero della Beata Vergine sul Monte Athos, angariato dai tributi del Turco. Il religioso, che portava con sé diversi manoscritti greci da donare alla Biblioteca Vaticana, accettò di fare la professione di fede, ottenendo in cambio ospitalità e qualche sussidio per il suo monastero.[162] Gennadio, arcidiacono del Vescovo greco scismatico di Salonicco, giunto a Roma nel 1750, fece la professione di fede cattolica nel Santo Uffizio, intrattenendosi per qualche tempo nella casa dei nuovi convertiti.[163]

All'abiura dello scisma poteva seguire una reale adesione alla Chiesa romana e ai suoi precetti. Tale fu il caso per il sacerdote greco Dionisio Cigala. Protosincello del Patriarca greco di Alessandria,[164] Cigala era giunto a Roma nel 1713 per fare pubblicamente la solenne professione di fede.[165] In un breve ragguaglio della sua vita raccontava di essere nato a Santorini nell'Arcipelago nel 1676 da padre e madre greci di nazione e di rito e di essere stato istruito dai padri gesuiti con il consenso dei propri genitori. Dopo aver ricevuto nella sua patria gli ordini sacri, nel 1698 si era trasferito ad Alessandria, dove era stato accolto come abate dal Patriarca Gerasimo (1688-1710), «di fede cattolica e somma dottrina», nel convento greco di S. Catarina. Nel tempo in cui soggiornò a Tunisi in qualità di vicario del Patriarca alessandrino, per vendicare le violenze subite in Malta da alcuni schiavi turchi il Bey della Reggenza barbaresca lo aveva fatto maltrattare e carcerare insieme ad alcuni padri cappuccini. Solo di fronte alla minaccia del console francese di rigettare le capitolazioni e di far ritorno in Francia, i prigionieri furono alla fine liberati.[166] Dopo questa avventura barbaresca, Cigala decise di partire per Roma, dove rimase fino al 1716, fino a quando cioè fu chiamato dall'arcivescovo di Napoli a reggere la parrocchia dei SS. Pietro e Paolo dei greci. Sebbene il racconto della sua vita e della sua carriera ecclesiastica fosse in buona parte edulcorato per la volontà di compia-

162. ASPF, SC, Greci, vol. 2, 27 giugno 1729, c. 413r.

163. ASPF, Acta, 19 gennaio 1751, *Gennadio arcidiacono Greco-Scismatico di Salonicchio convertito, e venuto a Roma per abiurare l'eresia si fa dimorare nel Monastero dell'Ordine di S. Basilio urbis, e poi passa a quello di Mezzoiuso*, n.7, cc. 5v-7r; SOCG, vol. 746, 19 gennaio 1751, cc. 28r-36r.

164. Vice del vescovo di una Eparchia.

165. ASPF, Acta, 19 luglio 1729, *Nuovi ricorsi dei Greci di Napoli contro Cigala*, n. 16, cc. 289v-295v.

166. ASPF, SOCG, vol. 610, 23 agosto 1717, cc. 184r-187v.

cere i suoi interlocutori, all'interno di quella chiesa, affollata di scismatici, Cigala agì con sincero zelo cattolico, cercando di estirpare gli «abusi» e gli «errori» dei suoi correligionari e inimicandosi per questo la maggior parte della nazione. In molti altri casi, tuttavia, la professione di fede cattolica era ispirata semplicemente dalle ragioni contingenti della supplica. Tale fu il caso, ad esempio, per il monaco Vatachi, il quale, dopo aver ottenuto il permesso di andar questuando in giro per le corti d'Europa in compagnia di un prete greco-corso, Antonio Stefanopoli, era tornato in Italia e insieme al suo compagno di viaggio si era unito a Napoli ai greci scismatici, allora impegnati nello sforzo di esautorare dalla carica di cappellano lo zelante prete greco-cattolico Dionisio Cigala.[167]

Le misure adottate da Roma per marcare i confini religiosi, perciò, spesso costringevano il clero orientale che giungeva in Occidente a compiere una serie di azioni simulate e a dissimulare le proprie origini ortodosse. I religiosi greci, a differenza dei membri di altre minoranze religiose, potevano trarre beneficio dalla familiarità che, soprattutto dall'epoca rinascimentale, aveva connotato i rapporti tra greci e latini, dissolvendo l'aria di esotismo che li aveva circondati fino ad allora. Come osserva Nancy Bisaha:

> Da quando molti dotti greci abbracciarono la Cristianità latina e altri accettarono certe pratiche romane, divenne difficile vederli come eretici ostinati privi di ogni rispetto verso la Chiesa latina [...] Nel complesso uno spirito di convivenza, se non l'assimilazione, cominciò a pervadere le interazioni tra occidentali e greci. L'aspetto più significativo è che i greci divennero parte integrante della società occidentale, soprattutto di quella italiana. Come insegnanti, copisti, mercanti, e soldati essi compirono opere importanti nella comunità [...] non furono forzatamente emarginati, come gli ebrei, e in generale trovarono molto più facile attraversare i confini religiosi e culturali.[168]

Il clero greco poteva perciò sfruttare la liminalità intrinseca al proprio status per ottenere favori e assistenza dalle gerarchie cattoliche. Come osserva Greene a proposito dei mercanti greco-ottomani depredati dai corsari maltesi, questi, a differenza degli ebrei o dei musulmani, potevano far leva sulla propria identità cristiana per portare le loro lamentele fino a Roma oppure dinanzi al Tribunale degli Armamenti di Malta nel tentativo di ot-

167. ASPF, SC, Italogreci, vol. 3, Napoli, 29 settembre 1730, cc. 428r-429v; 21 ottobre 1730, cc. 430r-431v.

168. Bisaha, *Creating East and West*, p. 133; cfr. Geanakoplos, *Interaction of the "sibling" Byzantine and western cultures*.

tenere la restituzione dei propri beni. Queste pratiche trovavano la propria ragion d'essere all'interno di un contesto segnato da un *revival* del potere cattolico nel Mediterraneo, in cui la religione e le reti religiose erano parti integranti degli usi e delle pratiche che strutturavano l'organizzazione della vita mediterranea.[169]

A differenza dei mercanti ottomani, dinanzi alle autorità cattoliche i sacerdoti greci non evocavano una comune quanto indefinita identità cristiana.[170] Per attrarre il favore dei propri interlocutori, i sacerdoti e i monaci ortodossi piuttosto ostentavano uno spirito anti-turco e anti-scismatico. Così, mentre ricorrevano alle rappresentazioni occidentali del Turco nemico e oppressore, gli ecclesiastici orientali contribuivano a perpetuarle e a rinforzarle.[171] In un'età in cui non esisteva tra i sudditi cristiani dell'Impero «un linguaggio ideologico e politico unitario nei confronti del potere ottomano»,[172] nei racconti dei sacerdoti ortodossi, storie più o meno verosimili di persecuzioni e schiavitù adempivano soprattutto a una precisa funzione retorica.

In molti memoriali, i «perfidi scismatici» sono raffigurati come alleati del Turco e istigatori essi stessi delle persecuzioni. Come nei racconti riferiti dai sacerdoti melchiti e maroniti di origine siriana, anche in quelli del clero proveniente dai territori grecofoni del Lavante, questo *topos* rifletteva in alcuni casi l'esistenza di contrasti reali, interni alle comunità cristiane.[173] Questi conflitti, tuttavia, non nascevano da posizioni dottrinali contrapposte, quanto

169. In *Catholic pirates and Greek merchants*, Molly Greene ha parlato a proposito del XVII secolo di un *revival* dei poteri cattolici nel Mediterraneo orientale e più in generale di una rinnovata importanza della religione nell'organizzazione della vita mediterranea. I cavalieri di Malta, impegnati «per la fede di Cristo» in una secolare guerra di corsa contro l'infedele ottomano, furono solo uno dei protagonisti di questa fase. Insieme alla Monarchia francese, protettrice del cattolicesimo in Oriente, la Chiesa post-tridentina fu uno degli agenti principali di questo *revival* (pp. 9-18).

170. Nel Mediterraneo orientale – osserva Greene – «una più ampia identità cristiana era chiaramente praticabile»: i prelati cattolici, il Tribunale degli Armamenti o i consoli francesi non erano troppo interessati a capire se i cristiani che si rivolgevano a loro per trovare riparo ai danni subiti, fossero veri cattolici (ivi, p. 164).

171. Cfr. Heyberger, *Chrétiens orientaux dans l'Europe catholique*, p. 89.

172. Anagnostopoulou, *L'historicité des termes*, p. 188. Sull'immagine del Turco nell'Europa cristiana, vedi: Soykut, *Historical image of the Turk in Europe*; Kuran-Burcoglu, *Reflections on the image of the Turk in Europe*; Formica, *Sguardi: topoi e forme di rappresentazione dell'altro.*

173. Heyberger, *Chrétiens orientaux dans l'Europe catholique,* pp. 71-72.

da comportamenti opportunistici e giochi di potere. Quando Mario Crassà,[174] un sacerdote greco originario di Cefalonia, nel 1728 giunse a Napoli accompagnato dal figlio Spiridione, Vescovo di Corone,[175] raccontò a Cigala delle persecuzioni di cui entrambi erano stati vittime ad opera dei turchi, su istigazione dei greci scismatici. Non potendo più tornare in Levante per timore di quelle violenze, chiesero al sacerdote greco-cattolico ospitalità nella chiesa greca di Napoli. Qualche tempo dopo Cigala apprese che i due ecclesiastici greci, in combutta con altri greci scismatici della città, avevano cospirato per mandarlo via dalla chiesa. Spiridione, in particolare, accompagnato da un ex-rinnegato cristiano, Andrea Vido, originario di Napoli di Romania, si era recato a Vienna nell'intento di sostenere presso la corte imperiale la causa degli scismatici.[176] Alla fine – racconta Cigala – Sofronio, *alias* Spiridione Crassà, fu smascherato e riconosciuto «qual egli era nella setta, e costumi altrettanto barbaro, e scelerato, e di tutto ciò che abominevolmente in Venezia commise, quanto egli era anco un falso ordinato Vescovo».[177] A Venezia, infatti, il Consiglio dei Dieci aveva fatto processare Spiridione «super crimine pessimo» per le accuse rivoltegli da un altro sacerdote greco. Diversi mesi dopo il suo arrivo a Napoli, il segretario di Propaganda inviò una lettera al cardinale von Kollonitz chiedendo se il vescovo di Corone fosse scismatico o cattolico. Attraverso la rete informativa dei nunzi e dei vescovati cattolici, la Congregazione alla fine apprese che il prete greco aveva acquisito per simonia quel vescovato, abiurando la fede cattolica, e che per questo il patriarca di Costantinopoli aveva deposto l'arcivescovo di Patrasso, reo di aver consacrato un simile bandito.[178]

Nell'intento di costruire un'identità coerentemente cattolica, le connessioni presunte o reali con il cattolico dominio veneto e in generale con i cattolici occidentali presenti in Levante giocavano un ruolo importante nel-

174. Mario Crassà (*alias* Grassi) nel 1709 era stato parroco greco a Napoli (Korinthios, *I greci di Napoli,* p. 253). In un memoriale indirizzato alla Congregazione romana, il sacerdote greco raccontava di aver amministrato per sette anni la chiesa greca di Lecce e di come da qui fosse tornato in patria prima di trasferirsi a Venezia con il figlio Spiridione (ASPF, Acta, 27 aprile 1722, *D. Mario Crassa che ha servito diverse chiese greche d'Italia, si nega sussidio*, n. 10, cc. 245v-246r).

175. Spiridione era diventato vescovo di Corone sotto il nome di Sofronio. Anch'egli era stato parroco di Lecce e poi cappellano di S. Giorgio a Venezia (ASPF, SC, Italogreci, vol. 3, Napoli, 13 luglio, 1729, cc. 404r-406v).

176. ASPF, SOCG, vol. 661, 6 luglio 1728, cc. 71r-72r.

177. ASPF, SC, Italogreci, vol. 3, Napoli, 13 luglio 1729, c. 437v.

178. ASPF, SC, Greci, vol. 2, 21 maggio 1729, cc. 409r-411v, 474r.

le strategie retoriche del clero greco. Quando nei primi decenni del Settecento Nicodemo Casimati, originario di Cerigo (dominio veneto), arrivò a Roma per chiedere l'assegnamento della chiesa greca di Malta, il sacerdote greco raccontò ai cardinali di Propaganda Fide una storia avventurosa. Egli riferì di essere fuggito dalle mani dei turchi nella presa della sua patria «per conservar colla vita la Fede Cattolica». In seguito aveva a lungo vagato per il Levante con una reliquia del Santo Trifone raccogliendo elemosine, fino a quando, giunto a Smirne, fu incarcerato dall'arcivescovo scismatico. Giunto a Malta dopo un così lungo peregrinare, fece la professione di fede e divenne parroco dei greci nella città Vittoriosa. Quando il vicario generale scoprì che era stato ordinato sacerdote a Creta da un vescovo scismatico, Nicodemo fu privato di quella carica, nonostante che a sua discolpa affermasse di essere stato ordinato «con l'inganno».[179]

Negli anni in cui erano in corso le guerre turco-veneziane nel Peloponneso, diversi ecclesiastici greci avevano buon gioco a ritrarre se stessi come fedeli alleati delle forze cattoliche contro il comune nemico turco. Un monaco greco del Monte Athos nel 1711 giunse a Roma per chiedere il permesso di raccogliere elemosine nelle diocesi latine: il denaro sarebbe servito per risollevare il suo monastero dalla condizione di miseria in cui era caduto a causa delle punizioni inflitte dai turchi ai monaci, rei di aver soccorso i soldati latini impegnati nella conquista della Morea. Benché il monaco avesse con sé diverse attestazioni di cattolicità, tra cui la patente della sua spedizione, un salvacondotto dell'Imperatore asburgico e diverse lettere del cardinale di Sassonia, del nunzio in Colonia e dell'allora cattolico arcivescovo di Filadelfia dimorante in Venezia, le sue richieste non furono esaudite.[180] Nei primi decenni del Settecento, altri due sacerdoti greci giunsero nella chiesa greca di Napoli dall'isola di Egina, la quale era stata riconquistata dalle armate ottomane durante la guerra turco-veneziana del 1714-18, dopo una breve dominazione veneta. I due ecclesiastici avevano con sé una supplica indirizzata al Pontefice dall'arcivescovo ortodosso dell'isola, sottoscritta da diversi membri del clero locale e da più di cinquanta «primati». Attraverso i loro intermediari, gli abitanti di Egina chiedevano di non essere più molestati dai «cristiani corsali» e la concessione di quattordici mila ducati, necessari per il pagamento di un debito contratto con alcuni turchi. In Costantinopoli, dinanzi alla corte ottomana, alcuni abitanti turchi dell'isola

179. ASPF, SC, Greci, vol. 2, Malta, 18 settembre 1724, cc. 299r-301r, 319r.
180. ASPF, SC, Greci, vol. 2, 27 giugno 1729, cc. 415r-416r.

avevano accusato la popolazione ortodossa di tradimento per essersi alleata con i franchi durante il conflitto. Per questo il «Gran Turco» aveva chiesto loro 20.000 ducati, pena la riduzione in schiavitù. La supplica fu consegnata al parroco greco-cattolico Cigala, il quale, in dubbio se prestar fede al racconto, sottopose i due ecclesiastici ad un esame dottrinale e impose loro di fare la professione di fede. I due supplicanti, giudicati «ignorantissimi e scismatici», in un primo momento si rifiutarono di compiere quell'atto: se il loro Patriarca ne fosse venuto a conoscenza – si giustificarono – il loro arcivescovo e tutto il clero sarebbero stati scomunicati. Alla fine, tuttavia – racconta Cigala – si accontentarono di farla per interesse, «errore grandissimo della [...] nazione».[181] Enfatizzando nel racconto la propria fedeltà e il proprio attaccamento nei confronti dei poteri cattolici, i religiosi greci cercavano in questo modo di attribuire a sé un'identità cattolica. Nell'intento di vedere esaudite le proprie richieste, essi cercavano di trarre vantaggio dalla rivalità militare tra le potenze cattoliche e la Porta ottomana nel Mediterraneo orientale e, insieme, dalla propria posizione di confine tra lealtà e affiliazioni contrapposte. I greci – gli ecclesiastici come i mercanti, i sudditi veneti come quelli ottomani – «trascinavano l'ambiguità del Mediterraneo sulla loro scia»[182] allo scopo di accedere a una serie di risorse materiali e relazionali, dentro contesti e situazioni molteplici.

3. *Spie, soldati e faccendieri*

Intermediari per eccellenza in virtù della loro duplice collocazione spaziale, del loro sapere professionale e delle plurime competenze linguistiche, i mercanti non erano le sole figure di mediazione e di contatto sulla frontiera mediterranea. Anche gli ecclesiastici orientali – lo abbiamo visto – sfruttavano la propria condizione di «hommes de l'entre-deux»[183] per ottenere favori personali o per negoziare, a nome della comunità di origine, la protezione e il sostegno della Chiesa romana.

Al di là dei rispettivi ruoli e ambiti di azione, i quali spesso si sovrapponevano l'uno all'altro,[184] i cristiani ortodossi erano in grado, forse

181. ASPF, SC, Italogreci, Napoli, 20 luglio 1720.
182. Greene, *Catholic pirates and Greek merchants*, p. 11.
183. Cfr. *Hommes de l'entre-deux*.
184. Ad esempio Teodoro Sumalevri, mercante albanese di pelli di agnello tra il Re-

più di altri gruppi, di tessere molteplici reti sociali e politiche tra il Mediterraneo cattolico e l'Oriente ottomano, in virtù della loro collocazione al confine tra lealtà politiche e religiose contrapposte. A Venezia, nel 1574, fu un greco, un certo Francesco Lettino, a mediare tra il Senato veneto e i mercanti musulmani residenti in laguna affinché a questi ultimi fosse concesso un luogo proprio in cui poter commerciare. Il Senato veneto non soltanto accolse la richiesta di Lettino ma decise di affidare a quest'ultimo e alla sua famiglia il ruolo di custodi del neo-costituito quartiere turco. Dinanzi alle autorità civili il greco argomentò la sua richiesta facendo leva sulla necessità morale di porre un argine alla promiscuità sociale tra cristiani e musulmani; nello stesso tempo, egli era legato da una fitta rete di rapporti ai musulmani e ai convertiti residenti in città.[185] Questi legami costituivano una risorsa per i greci, i quali potevano «trarre profitto dagli "effetti di frontiera"» per giocare molteplici ruoli di mediazione e comunicazione tra Europa e Impero ottomano, spesso al servizio dei poteri cattolici.[186]

Dopo Lepanto (1571), l'assenza di «grandi guerre» nel Mediterraneo e la scomparsa dalla regione di ampi e coesi schieramenti contrapposti, non significarono l'inizio di un periodo di generale pace e stabilità. D'allora, «una storia confusa dà il cambio alla grande storia», scriveva Braudel ne *La Méditerranée* con lo sguardo rivolto allo stato di guerra minore ed endemica che seguì la fine dei grandi conflitti cinquecenteschi e che trovò nella pirateria la sua forma più tipica.[187] In questa storia – come osserva Greene – la religione tornò a essere un elemento centrale della vita mediterranea.[188] I cristiani ortodossi – preti, soldati, nobili e mercanti – in virtù della loro posizione di frontiera, s'insinuano tra le pieghe di questa «storia confusa» e di una realtà sempre più frammentata, per il moltiplicarsi delle rivalità e delle forze in campo. Mentre le vecchie linee di demarcazione politica e religiosa non scomparvero del tutto,[189] nuovi poteri, provenienti soprattutto

gno e il Levante, era anche arruolato come volontario nel Real Campo de' Cacciatori (ASN, PA, SMC, b. 24, fasc. 2, anni 1798-1800).

185. Ortega, *Negotiating transcultural relations in the early modern Mediterranean*, pp. 15-18.

186. Heyberger, Verdeil, *Introduction*, p. 9.

187. Braudel, *Civiltà e Imperi del Mediterraneo nell'età di Filippo II*, vol. II, p. 920.

188. Greene, *Catholic pirates and Greek merchants*, pp. 13-14.

189. Cfr. Canale Cama, Casanova, Delli Quadri, *Storia del Mediterraneo moderno e contemporaneo*, p. 76.

dal Nord – in particolare la Corona inglese, la Russia e gli Asburgo – si imposero sulla scena mediterranea, modificandone profondamente gli equilibri interni e determinandone gli sviluppi futuri.[190] Negli ultimi decenni del secolo, al tempo delle Guerre napoleoniche, la concorrenza tra le marine europee sfociò in un aperto conflitto, mentre l'Impero ottomano era sempre più indebolito dalla crescente autonomia degli *âyân* provinciali[191] e dall'urto degli eserciti moscoviti, che non esitavano a sostenere e ad alimentare le forze della sua dissoluzione.[192]

L'eco delle avventure piratesche e delle antiche e nuove ostilità – politiche, religiose, economiche e militari – che attraversavano nel XVIII secolo lo spazio mediterraneo risuona nei memoriali e nelle scritture inviate a Propaganda dai cristiani d'oriente, nei dispacci spediti al Senato dai residenti veneti a Napoli o nella corrispondenza tra i ministri napoletani e i «primati» albanesi della provincia di Himara. In queste carte, i cristiani ortodossi compaiono come interlocutori e versatili servitori dei poteri mediterranei. Gli ecclesiastici, in particolare, assumono il ruolo d'intermediari privilegiati tra i poteri cattolici e il mondo levantino, anche in ragione del ruolo sociale riconosciuto all'interno della società ottomana ai rappresentanti religiosi delle minoranze non musulmane.[193] Anche quando si trattava di figure minori, i membri del clero appartenevano a una élite, spesso avevano viaggiato e frequentato i collegi della Cristianità, tessendo relazioni molteplici con diversi soggetti politici ed ecclesiastici. La liminalità confessionale che connotava la posizione di questi preti o giovani chierici faceva di essi i soggetti più adatti a mediare tra i mondi, solo apparentemente lontani, attraverso cui si snodava il racconto della loro biografia.

Come studente e poi al seguito degli ambasciatori della Repubblica veneta, Emanuele Castrizio, originario di Salonicco, aveva viaggiato e vissuto

190. Cfr. Tucci, *Liaisons commerciale et mouvement de navires*, pp. 4-5.

191. Lo stato ottomano, sempre più assorbito dai problemi relativi alla difesa militare, conobbe un progressivo indebolimento della propria autorità nelle province tanto d'Europa che d'Asia e d'Africa. Qui, infatti, crebbe il potere e l'autonomia dei notabili locali, anche per effetto delle guerre con la Russia, che avevano costretto il Sultano a ricorrere all'aiuto militare dei signori feudali (*derebeys*) provinciali. Cfr. *Storia dell'Impero ottomano*, pp. 362-363.

192. Cfr. LeDonne, *The grand strategy of the Russian Empire*; *Imperial Russian foreign policy*.

193. Cfr. Runciman, *The great Church in captivity*; Papadopoulos, *Studies and documents relating to the history of the Greek Church.*

tra diversi paesi del Levante e della Cristianità prima che la Congregazione di Propaganda Fide, nei primi decenni del Settecento, gli affidasse la guida della parrocchia greca di Malta. Nato all'interno di una ricca famiglia tessalonicese, per esaudire la volontà del padre morente, era stato inviato in tenera età a Venezia perché si applicasse agli studi. Chiamato a Napoli da suo zio Daniele Castrizio, sacerdote nella «nazionale» parrocchia di quella città, Emanuele entrò nel Seminario arcivescovile grazie all'intercessione del suo parente. Quando gli fu chiesto di andare a Roma, i membri dalla Curia lo introdussero col titolo di Gentiluomo d'onore al servizio dell'ambasciatore veneto Lorenzo Tiepolo, il quale lo condusse con sé a Venezia. Da qui, al seguito del nuovo bailo Andrea Memmo, partì per Costantinopoli, dove s'intrattenne per qualche tempo nella speranza di ottenere la nomina di console veneto a Smirne. Prima che il «comune nemico» (il Turco) dichiarasse guerra alla Repubblica veneta e carcerasse il bailo e i suoi familiari, munito di passaporto dall'ambasciatore di «Sua Maestà Cristianissima», Castrizio riuscì a fuggire e a trovare rifugio a Malta. Dopo aver recuperato presso i «sacri tribunali» dell'isola alcuni effetti rubatigli dai corsari maltesi, decise di far ritorno a Venezia per ricoprire un incarico «onorevole» che i suoi protettori gli avevano offerto come ricompensa per i suoi servigi. Appena prima di partire, però, ricevette dal Pontefice e dal dicastero di Propaganda l'ordine di andare a Roma per ricevere l'ordinazione sacerdotale dal vescovo greco-cattolico: dopo, sarebbe tornato a Malta per sostituire il prete scismatico Silvestro Bruni alla guida della chiesa greca. Prima che potesse adempiere gli ordini romani, fu trattenuto sull'isola per svolgere il «lavoro d'interprete di lingua greca» a sostegno dei mercanti levantini che giungevano nel tribunale maltese per chiedere la restituzione dei beni depredati dai corsari.

Dopo quattro anni tornò a Roma per rispondere di alcune accuse rivoltegli dal suo rivale Bruni: da allora non sarebbe più riuscito a tornare a Malta a causa di una serie di nuove calunnie e imputazioni,[194] tra cui quella di essere una «spia de'maomettani». Per questa ragione, il Gran Maestro dell'ordine dei cavalieri di San Giovanni aveva rifiutato di concedergli un nuovo passaporto, ne aveva proibito l'imbarco sui navigli maltesi e aveva anche ordinato il suo arresto. Le ragioni di tanto astio risiedevano, secondo Castrizio, nel

194. Castrizio fu accusato di nutrire un «amore danato» verso un giovinetto di nome Giorgio di Giovan Casaballi, il quale gli era stato affidato da un mercante greco suo paesano perché lo istruisse nella fede e nella grammatica, e di aver ordito il rapimento dello stesso (ASPF, SC, Italogreci, vol. 3, 22 luglio 1724, Lettera di Costantino Galli di Salonicco, cc. 322r-324r).

fatto che egli aveva aiutato molti greci depredati dai corsari maltesi. Nonostante che, a sua discolpa, Castrizio rivendicasse il merito di aver cercato di convertire tutti i turchi che giungevano sull'isola e gli scismatici da lui assistiti nel tribunale, le suppliche rivolte ai cardinali di Propaganda e al Pontefice affinché fosse ristabilita la giustizia non sortirono alcun effetto.[195] Nella sua ultima lettera indirizzata a Roma, il sacerdote greco si rammaricava per il destino che ormai lo attendeva, di dover cioè «andare a cercare il pane tra l'Infedeli», mentre le altre parrocchie greche d'Italia come Napoli, Malta, Ancona, Venezia, Livorno, Messina erano in mano a «frati allevati, e accresciuti nello scisma, e con l'astio del nome latino». Gli uomini della Curia in seguito appresero che Castrizio, tornato in Levante, si era prostrato ai piedi del Patriarca di Costantinopoli e che a Salonicco era stato nominato arcivescovo dei greci scismatici.[196] In virtù della liminalità intrinseca al suo status, il prete di Salonicco aveva assunto in molteplici situazioni un ruolo di raccordo tra i poteri cattolici e l'Oriente ortodosso e ottomano. Nello stesso tempo, tuttavia, condividendo con gli «infedeli maomettani» la qualità di sudditi del Gran Signore, i greci attiravano su di sé interesse quanto sospetto e diffidenza. Per questa ragione, nel tentativo di difendersi, Castrizio aveva cercato in tutti modi di provare le sue origini venete e cattoliche.

L'ambiguità connessa allo status legale e confessionale dei cristiani sudditi della Porta non impediva ai sovrani cattolici di considerare i greci residenti all'interno dei propri stati o nelle vicine regioni del Levante, come una risorsa da impiegare nella costruzione di legami, non solo commerciali, con l'Impero ottomano. Anzi, per la loro natura trans-imperiale, essi apparivano dei soggetti ideali da impiegare come consoli oppure come messi, spie e informatori. In un periodo in cui la Porta ottomana non aveva ancora stabilito consoli o ambasciate stabili negli stati cattolici, a Napoli e nella provincia di Terra di Bari il governo napoletano elesse i consoli della nazione ottomana tra i greci lì residenti. Questi ultimi agivano come mediatori tra le autorità locali e tutti i sudditi ottomani che giungevano in quelle parti, turchi compresi. Nel novembre 1756 Mehmet Reys, originario di Dulcigno e suddito della Porta ottomana, giunse nel porto di Barletta con altri marinai su una tartana carica di doghe e tavole. In seguito al naufragio dell'imbarcazione e a una serie di ruberie e saccheggi, Mehmet Rays e i suoi compagni denunciarono

195. ASPF, SC, Greci, vol. 2, dal Lazzaretto di Messina, 22 agosto 1724, cc. 278r-281v.

196. ASPF, Acta, 6 luglio 1728, Istanze di Dionisio Cigala, n. 16, cc. 277r-283r.

le violenze subite al console ottomano Attanasio Chiriachì. Il segretario di Stato, a cui Chiriachì aveva inviato una dettagliata relazione sull'accaduto, affidò la risoluzione del caso al console «come quello che poteva esigere maggiormente rispetto dalla nazione turca, trattandoci con più frequenza, e dimestichezza».[197] In seguito all'avvio di rapporti diplomatici ufficiali tra la Porta e lo Stato borbonico nel settembre del 1740, le autorità napoletane nominarono console per il regno nella città di Arta un membro della comunità greca di Napoli, Giorgio Valmudi, originario di Giannina.[198]

Anche prima della firma del trattato con la Porta, i migranti greci avevano fornito al governo napoletano legami e connessioni strategiche con i territori del Levante. La tradizione degli stradioti al servizio degli aragonesi e degli spagnoli, tra i secoli XVI-XVII, assunse soprattutto la forma di una «rete di spie, agenti e sabotatori».[199] Nel XVIII secolo quella tradizione fu rivitalizzata dai cimariotti, epiroti e greci delle Isole Ionie arruolati nel Reggimento real macedone. Il reclutamento di greci, slavi e albanesi, sia turchi che cristiani, nelle acque dell'Adriatico, forniva agli stati cattolici risorse strategiche da impiegare per fini politici e militari, soprattutto, ma non solo, in funzione anti-turca.[200] Già nel 1634 il viceré spagnolo, preoccupato per i movimenti della flotta turca, aveva ordinato di «levare» cinquecento albanesi a cavallo dalla Himara, mentre vari avventurieri greci ed epiroti giungevano «di paese turco a proporre speciosamente genti assai alla Corte di Napoli».[201] Nel secolo successivo, il continuo bisogno di mercenari spinse la Corte borbonica ad accettare la proposta di costituzione di un reggimento macedone, il quale, secondo quanto riferisce un ambasciatore veneziano, avrebbe dovuto difendere «la nuova dinastia contro eventuali attacchi di fuori» e dissipare all'interno ogni «minima novità».[202] Dopo la costituzione del primo battaglione nel 1736, i ministri e i sovrani napoletani furono continuamente impegnati nel tentativo di aumentare i «Reggimenti Nazionali», in particolare quello macedone, attraverso nuove operazioni di reclutamento nelle acque dell'Adriatico.[203] Anche i mer-

197. ASBT, SRUPT, Processi civili e atti diversi in materia civile, (inv. analitico n.), b. 13, fasc. 88, anno 1757, Mehmet Reys, il suo equipaggio turco e altri marinai di nazionalità turca, Al segretario di Stato e di guerra, Trani, 22 gennaio 1757.

198. ASN, MAE, Nazione greca, (1736-1772), b. 4403, fasc. 25 Dicembre 1741.

199. Hassiotis, *La comunità greca di Napoli*, p. 126

200. Pappas, *Greeks in Russian military service,* pp. 45-54.

201. Korinthios, *I greci di Napoli,* pp. 141-142.

202. Citazione tratta da: Bellizzi, *Villa Badessa,* pp. 322-327.

203. Korinthios, *I greci di Napoli,* p. 208.

canti greci residenti nel Regno operavano segretamente al servizio del Re come agenti di reclutamento. Nell'agosto del 1740 il residente veneziano a Napoli Bartolini, in uno dei dispacci indirizzati al Senato, manifestava il sospetto che tre greci caffettieri della capitale fossero partiti su una tartana sorrentina per «far reclute» nei domini della Serenissima.[204]

Dopo la sigla del trattato con la Porta, le autorità napoletane continuarono a intrattenere relazioni informali e segrete con i territori ottomani proprio attraverso la mediazione dei mercanti e soldati greci e albanesi sudditi del Sultano. All'incirca nel 1787, i «primati» della provincia di Himara, con un atto formale, posero i loro paesi e villaggi sotto la protezione di Sua Maestà cattolica in cambio di denaro, gratificazioni politiche e accordi commerciali. Nel contratto di «dedicazione» i cimariotti s'impegnarono a fornire allo Stato borbonico «persone atte alla guerra» per la costituzione di un nuovo reggimento.[205] Attraverso i loro rappresentanti – tra cui c'era anche un sacerdote di nome Demetrio – chiesero in cambio la regia protezione e il permesso di trasportare sui bastimenti delle reclute la «valonia» per venderla nel Regno e negli altri porti dell'Adriatico, sottraendo così quel commercio ai veneziani.[206] In questi stessi anni cominciò ad emergere nella Corte napoletana l'interesse di formare «un forte partito» in Epiro, nel Regno di Morea, nella Macedonia e in altre terre del Levante greco, da impiegare in caso di necessità contro il Turco. In una scrittura non autografa contenuta nel fondo Affari esteri dell'Archivio di Stato di Napoli tra le carte sull'«Albania», si suggeriva al sovrano di incaricare della realizzazione di questo progetto «una persona fedelissima a Sua Maestà, integra, onesta e accreditata presso la nazione greca per le sue qualità e aderenze», che conoscesse l'indole di quei popoli, da impiegare soprattutto per far reclute in Levante.[207] Per facilitare e dare continuità all'opera di reclutamento si pensò di nominare ufficiali del Reggimento alcuni «primati» della

204. Bartolini al Senato, Napoli, 23 agosto 1740, n. 188, in *Corrispondenze diplomatiche veneziane*, p. 174.

205. ASN, MAE, Affari con l'Albania, b. 4253, inc. 19, *Copia di articoli di lettera scritta dall'Albania à 25 novembre 1791 al Maresciallo Naselli dal Primate D. Costantino Casnezi, e dal Tenente D. Giovanni Spiro; copia della lettera scritta daì Sig.ri Spiro, e Casnezi, al Sig.r Ludolf*, cc. 4r-5v.

206. I cimariotti chiesero anche di poter caricare nel Regno viveri per il bisogno della provincia. ASN, MAE, Affari con l'Albania, b. 4253, inc. 7, 17 settembre 1789, cc. 5v-63.

207. Queste considerazioni, espresse probabilmente da qualche consultore e consigliere di stato, sono riferite all'interno di un questionario su vari aspetti della politica estera e commerciale del Regno in Levante, posto al margine delle *Riflessioni necessarie intorno*

provincia di Himara, i quali, in virtù della loro influenza politica e sociale, avrebbero tenuto in maggiore «soggezione» i soldati e ne avrebbero più facilmente procurati di nuovi.[208] Grazie alle loro relazioni, questi avrebbero potuto coltivare, anche con dei regali, l'amicizia dei vicini Pashà così da facilitare il lavoro dei reclutatori.[209] Attraverso i dispacci inviati ai ministri napoletani, i «primati» cimarrioti, capitani del Reggimento, agivano anche come intermediari presso il sovrano cattolico delle autorità locali turche. Nel 1791 il Pashà di Delvino, anche in nome di altri notabili locali, in cambio del suo aiuto chiese che l'inviato della Corte napoletana a Costantinopoli, il Conte Ludolf, intercedesse presso la Porta per favorire la sua nomina a Pashà di Tricalà.[210]

In una realtà in cui le lealtà politiche erano precarie e fluttuanti, i capitani e i soldati cimariotti agivano come spie al servizio di poteri rivali. In una scrittura, alcuni capitani denunciavano gli intrighi orditi da alcuni soldati e alfieri del Reggimento al servizio di alcuni *bey* locali o della Russia contro gli interessi del Regno.[211] Intorno alla fine del XVIII secolo, nelle lettere inviate dalla *Rumelia* cominciò a guadagnare sempre più spazio il racconto delle manovre che la Russia andava conducendo nelle acque intorno a Corfù, attraverso i suoi consoli ed emissari greci.[212] Le informazioni sui movimenti delle armate e degli emissari russi nel Mediterraneo e sui loro segreti maneggi con Alì Pashà e con le altre potenze europee, erano spesso utilizzate dai cimariotti per esercitare pressioni sulla corte napoletana per ottenere denaro e protezione.[213] In una lettera del 1789 indirizzata al generale Naselli, il tenente del Reggimento Giovanni Spiro e Costantino Casnezi riferivano delle

alle famiglie greche, che vengono a stabilirsi in Brindisi, ASN, MAE, Affari con l'Albania, b. 4253, inc. 1, 19 febbraio 1790, cc. 8r-12v.

208. *Ibidem.*

209. ASN, ME, Affari con l'Albania, b. 4253, inc. 1, 19 febbraio 1790, Lettera da Vuno, 25 novembre 1789, cc. 4r-9r.

210. ASN, MAE, Affari con l'Albania, b. 4253, inc. 19, *Copia di articoli di lettera scritta dall'Albania à 25 novemb.e 1791 [...]*, cc. 2r-6r.

211. Le lettere private dei cimarrioti sospetti venivano intercettate e una volta tradotte dal greco all'«italiana favella», venivano consegnate ai ministri napoletani. ASN, ME, Affari con l'Albania, b. 4253: inc. 1, 19 febbraio 1790, cc. 11r-13v; inc. 6, Napoli, 30 luglio 1789, *Ristretto di lettera del Ten.te Giovanni Spiro al Brigad.r Naselli in data 9 luglio 1789 da Cimarra nell'Albania*, cc. 9r-10v.

212. Ivi, inc. 1, 19 febbraio 1790, Lettera da Vuno, 25 novembre 1789, cc. 4r-9r.

213. Ivi, inc. 19, *Copia di articoli di lettera scritta dall'Albania à 25 novemb.e 1791 [...].*

«premure» che un certo Pano Bizzilli, tenente e console al servizio della Russia, andava facendo presso le comunità dell'Albania per convincerle a schierarsi a favore dell'Impero moscovita in cambio della «perpetua protezione dell'Imperatrice, onori, grazie e ricchezze».[214]

Per arginare il numero di conversioni all'Islam nelle terre albanesi, nella prima metà del XVIII secolo i «primati» cimariotti avevano instaurato rapporti diretti e privilegiati anche con la Curia romana, ricevendo denaro e onorificenze in cambio di protezione per i missionari cattolici operanti in Himara.[215] Anche gli ecclesiastici ortodossi compaiono spesso nei documenti nelle vesti d'informatori oppure di promotori ed esecutori d'iniziative di reclutamento e di progetti di colonizzazione al servizio dei prìncipi cristiani. Secondo il racconto del residente veneziano Bartolini, fu un certo capitano Renis ad inculcare nella corte napoletana «il primo desiderio» di costituire il battaglione macedone, «assistito da certo vescovo di quelle provincie».[216] Quest'ultimo, quasi certamente, era Sava II Petrovic Njegus, metropolita del Montenegro inviso ai veneziani, il cui nipote, d'intesa con il capitano del Reggimento Giorgo Corafà, era giunto nel Regno «per offrire quantità di montenegrini per questo e forse per il secondo battaglion albanese».[217] Come abbiamo visto nel capitolo precedente, i membri del clero greco agirono in molti casi anche come mediatori nell'organizzazione delle migrazioni ortodosse verso gli stati cattolici. Molti di questi ecclesiastici erano figure liminali per nascita e affiliazione religiosa, una condizione questa che garantiva loro l'inserimento all'interno di una rete complessa di connessioni politiche. Intorno al 1780 il Re di Francia incaricò un ufficiale greco, un certo Demetrio, capitano di Cavalleria, di condurre nuove popolazioni dal Maini, nel Peloponneso, verso le terre corse. Il militare chiese «in segreto» a suo cugino, il sacerdote greco-unito di Livorno Patrizio Stefanopoli, come lui nativo di Corsica, di accompagnarlo nel viaggio che dalla Dalmazia, attraverso tutto l'Adriatico, lo avrebbe portato a Zante per negoziare l'affare delle «colonie greche» con alcuni

214. Ivi, *Copia della lettera scritta daì Sig.ri Spiro, e Casnezi, al Sig. r Ludolf*, c. 4v.

215. Vedi in particolare il fondo Acta dell'ASPF, anni 1700, cc. 56v-58r, n.12; 1702, cc. 292r-293r, n. 14; 1724, c. 111r, n. 11; 1726, cc. 430v-431v, n.17; 1727, c. 3, n. 8; 1753, cc. 109r-125r, n. 22, Relazione di Costantino Slade della missione di Cimarra; SOCG, 30 aprile 1753.

216. Bartolini al Senato, Napoli, 15 settembre 1739, n. 46, in *Corrispondenze diplomatiche veneziane*, p. 58.

217. *Ibidem*, nota 4.

capi del Peloponneso.[218] Per indurre all'obbedienza quella gente ostinata e garantire le famiglie dall'«insulto» dei turchi, dei corsari inglesi e dei veneziani gelosi di quell'affare, Stefanopoli si considerava l'uomo più adatto, in virtù dei suoi natali e dei suoi modi docili.[219] Fedele missionario al servizio della Curia romana, quest'ultima gli aveva più volte mostrato la sua gratitudine appagando le sue manie da bibliofilo, anche con l'invio di libri proibiti provenienti da Amsterdam.[220] Ridotto in miseria e gravato dai debiti, al tempo della missione nel Maini Stefanopoli si trovava al servizio come cappellano in casa del suo «mecenate», il marchese e console di Sua Maestà siciliana Emanuele de Silva,[221] il quale intratteneva allora strette relazioni anche con un altro faccendiere greco, Luigi Sotiri, un medico che aveva operato come mercenario e agente al servizio dello zar di Russia.

Dagli ultimi decenni del XVIII secolo, sempre più numerosi divennero i greci impiegati come consoli russi o come marinai ed agenti degli zar nelle acque e nei porti del Mediterraneo orientale e occidentale.[222] In alcuni casi si trattava anche di piccoli mercanti, reclutati come interpreti e intermediari in virtù delle loro competenze linguistiche. Agli inizi del XIX secolo Giovanni Fasulo, mercante greco di Giannina, sulla strada del ritorno verso Bari, dove gestiva una bottega di merci levantine, fu trattenuto a Corfù durante l'occupazione dell'isola da parte degli eserciti della coalizione anti-francese: poiché conosceva molte lingue, fu obbligato a servire come interprete l'armata moscovita, al seguito della quale riuscì alla fine a far ritorno nel regno.[223] Altri, come Luigi Sotiri, erano invece individui con esperienza militare alle spalle che, durante le guerre russo-turche degli ultimi decenni del secolo, avevano stabilito relazioni con le forze armate moscovite, combattendo al loro fianco contro la Porta ottomana. Nativo di Santa Maura, prima di porsi al servizio della Russia come agente e reclutatore nel 1768, Sotiri aveva esercitato la professione medica a Napoli, a

218. ASPF, SC, Italogreci, vol. 5, Livorno, dal Lazzaretto di S. Jacopo, s.d., Lettera di Patrizio Stefanopoli al segretario di Propganda Fide monsignor Borgia, c. 613rv.

219. *Ibidem.*

220. Ivi, Livorno, 5 maggio 1777, c. 550rv.

221. Ivi, Livorno, 26 agosto 1776, cc. 516r-533r.

222. Pappas, *Greeks in Russian military service*, pp. 86-88.

223. Nel dicembre del 1797 Giovanni Fasulo affidò temporaneamente la sua bottega ad uno scarparo di Bari e, come era solito fare di tanto in tanto, per sbrigare alcuni suoi affari tornò nella sua patria Giannina, dove vivevano sua moglie e i suoi figli (ASN, PA, SMC, b. 24, fasc. 2, anni 1798-1800).

Giannina e in altre aree della Grecia continentale.[224] Agli inizi degli anni novanta egli offrì in segreto i suoi servigi al Re di Napoli per reclutare uomini d'armi nelle piazze di Pisa e Livorno.[225] In quell'epoca si trovava al servizio di un generale russo, dal quale aveva ricevuto l'ordine di guidare l'«emigrazione de' Greci ed Albanesi per la nuova Russia», prevista in un articolo del trattato di pace stipulato con la Porta nel 1792.[226] Il timore di compromettere i rapporti con l'Impero ottomano spinse probabilmente i ministri napoletani a lasciar cadere nel vuoto la proposta di Sotiri. Negli anni successivi, quest'ultimo continuò a operare al servizio della Russia nel ruolo di reclutatore e sobillatore attraverso tutta la Grecia occidentale, appoggiando i focolai di resistenza che si andavano allora formando davanti all'avanzata di Alì Pashà.[227]

Secondo Hassiotis, i greci di Napoli, più di quelli presenti in altre realtà della penisola, avrebbero offerto alla loro «patria» ripetute occasioni a breve scadenza «per dei rapporti politici con le potenze occidentali» e per «la riattivazione duratura del problema dell'indipendenza nell'Oriente greco».[228] In realtà, le vicende e le traiettorie personali sin qui ripercorse mostrano come i greci agissero non tanto al servizio di un ideale risorgimentale di patria, né come intermediari culturali tra mondi lontani e contrapposti. Nella maggior parte dei casi, questi individui si muovevano tra realtà a loro familiari, utilizzando le proprie connessioni interregionali, la liminalità intrinseca al proprio status e gli antagonismi politici e religiosi come una risorsa personale al servizio di poteri rivali. Nel capitolo successivo, andremo ad esplorare le risorse che i migranti ortodossi erano in grado di trarre da una molteplicità di spazi di relazione diversi. Attraverso la ricostruzione di questi spazi, tenteremo allora di penetrare più da vicino l'universo sociale, composito e frammentato, dei migranti ortodossi.

224. Pappas, *Greeks in Russian military service*, pp. 88-94.

225. A Livorno Sotiri aveva preso contatti con il console napoletano in Toscana, Emanuele de Silva, protettore di Patrizio Stefanopoli. Fu il console ad inoltrare le lettere di Sotiri al maresciallo Naselli (ASN, MAE, Affari con l'Albania, b. 4253, inc. 25, 26 aprile 1792, cc. 1r-5v; inc. 26, 1 maggio 1792, c. 1r-4v).

226. Si tratta del Trattato di Iassy, il quale pose fine alla guerra russo-turca iniziata nel 1787.

227. Pappas, *Greeks in Russian military service,* p. 89.

228. Hassiotis, *La comunità greca di Napoli*, p. 479; cfr. Id., *La comunità greca di Napoli e i moti insurrezionali nella penisola balcanica.*

3. Spazi di relazione

Il concetto di rete è stato originariamente applicato all'analisi storica e sociologica nel tentativo di proporre «una misura della realtà non aprioristica», in polemica con una visione funzionalista dei sistemi e dei gruppi sociali.[1] Eppure, nella letteratura storica sulle minoranze, la nozione di rete è stata spesso utilizzata per marcare l'identità o i confini del gruppo diasporico. Così, ad esempio, in modo tautologico, George Prévélakis ha utilizzato la metafora della rete per descrivere la forma dell'ellenismo prima della nascita di uno Stato nazionale greco. «La diaspora – osserva Prévélakis – non può essere concepita altrimenti che come una rete».[2]

Il rapporto tra il concetto di rete e la nozione struttural-funzionalista di gruppo corporato emerge come nodo problematico già all'interno delle prime definizioni di diaspora commerciale elaborate da Abner Cohen e da Philip Curtin, cui abbiamo già accennato nel precedente capitolo.[3] Nel 1971 Cohen coniò il termine per definire «gruppi etnici formati da comunità che vivevano disperse in un rapporto d'intensa interdipendenza, e che definivano la loro appartenenza e sfera di azione in termini di esclusività».[4] Sulle orme di Cohen, nella sua opera sul commercio transculturale nella storia globale, Curtin ha definito diaspora commerciale un gruppo di mercanti «legati tra loro da diversi tipi di reciproca solidarietà», professionale, religiosa, linguistica, ecc.[5]

Nella letteratura più recente sulle minoranze commerciali, l'analisi puntuale delle reti transnazionali ha consentito di ricostruire, in alcuni casi fuori

1. Gribaudi, *La metafora della rete*, pp. 91-108.
2. Prévélakis, *Introduction*, p. 29.
3. Piselli, *Reti sociali e comunicative*, pp. XXXII-XLIII.
4. Cohen, *Cultural strategies*, p. 267.
5. Curtin, *Cross-cultural trade*, p. 46.

da una prospettiva essenzialista, la struttura sociale del gruppo diasporico. Termini come diaspora, *trading circles* o *trading networks* sono largamente utilizzati dagli studiosi per descrivere l'organizzazione d'innumerevoli nazioni mercantili attraverso l'Atlantico e il Mediterraneo, dagli ugonotti ai baschi, dagli ebrei agli armeni ai greci.[6] Nel caso della *Nação* portoghese – spiega Daviken Studnicki-Gizbert – la dispersione agiva come fattore di moltiplicazione e rafforzamento delle relazioni tra i membri della nazione, e dunque di costruzione delle solidarietà diasporiche a livello locale e globale.[7] Nello stesso tempo, molti di questi studi hanno messo in discussione l'unità delle diaspore, ovvero l'esistenza di spazi di relazione identitari costruiti e incessantemente riprodotti dalla circolazione dei migranti tra una patria originaria e l'insieme delle comunità disperse.[8] Le analisi sul concetto di fiducia[9] e sui fenomeni di cooperazione interculturale[10] hanno impresso particolare impulso al ripensamento della natura dei legami di gruppo dentro le reti mercantili e, più in generale, alla discussione sulla validità delle categorie etniche o confessionali per spiegare la struttura dei gruppi dispersi e il funzionamento delle loro reti sociali ed economiche.[11] Questi studi hanno portato nel loro complesso a un cambiamento del quadro concettuale proposto da Cohen e, in alcuni casi, anche alla sostituzione della categoria di diaspora commerciale con altre nozioni, come quelle di rete[12] e di circolazione.[13]

Le reti tessute dai migranti diasporici non erano soltanto di natura commerciale. Come osserva Óscar Recio Morales, quella professionale rappresenta soltanto una dimensione all'interno di una organizzazione reticolare più complessa, dentro la quale erano inglobati uno o più gruppi.[14]

6. Studnicki-Gizbert, *La Nación among the nations*, p. 77.

7. Ivi, p. 78.

8. Per una critica a questo approccio negli studi sulla diaspora greca, vedi: Grenet, *«Grecs de nation», sujets ottomans*, pp. 312-320.

9. Sul concetto di fiducia, vedi: *Trust: making and breaking cooperative relations*; Williamson, *Calculativeness, trust, and economic organization*; Guinnane, *Trust: A concept too many*.

10. Vedi ad esempio i saggi raccolti in: *Religion and trade*; Molho, Ramada Curto, *Les réseaux marchands à l'époque moderne*; Trivellato, *The familiarity of strangers*; Fusaro, *Cooperating mercantile networks*.

11. Cfr. Trivellato, *Sephardic merchants in the early modern Atlantic and beyond*; Markovits, *Des «diasporas commerçantes»*, p. 154.

12. Ivi, p. 156.

13. Aslanian, *From the Indian Ocean to the Mediterranean*, pp. 13-22.

14. Morales, *La comunidad irlandesa en España*, p. 40.

L'incontro con gli individui e le istituzioni presenti all'interno dei contesti sociali e istituzionali attraversati dalle reti dei migranti, generava spazi plurimi di affiliazione. Negli ultimi anni, il ripensamento dello spazio come categoria analitica ha portato nuova enfasi sulle molteplici dimensioni spaziali, concrete e mentali, attraverso cui si articola l'esperienza vissuta degli individui.[15] Nel caso dei migranti, sulla pluralità degli spazi interstiziali compresi tra i punti di origine e di destinazione della migrazione e sui registri di affiliazione, tra loro spesso divergenti, connessi ai processi di costruzione sociale dello spazio. Recuperando in parte le istanze espresse dai primi studiosi delle reti, i teorici della *spatial turn* hanno posto l'accento sull'*agency* dell'individuo, inteso non come membro di un gruppo definito da un insieme di attributi stabili, bensì come centro di legami interpersonali mutevoli, incrociati e contraddittori che attraversano ambiti diversi e definiscono differenti campi di affiliazione.

Simili orientamenti, applicati allo studio della circolazione dei migranti ortodossi all'interno del contesto cattolico, possono allora contribuire a superare la rappresentazione identitaria della diaspora ortodossa come spazio di relazione essenzialmente greco e, di conseguenza, a far emergere la presenza simultanea di diverse configurazioni spaziali, generate da una molteplicità di relazioni e di attori sociali e istituzionali. Nelle pagine seguenti, l'eterogeneità della diaspora ortodossa emergerà innanzitutto dall'analisi di campi di relazione diversi, le reti religiose, le reti della nazione e le relazioni interculturali. Ciascuno spazio di relazione, a sua volta, risulterà frammentato in una molteplicità di reti, spesso indipendenti o in conflitto tra loro. La Sacra Congregazione di Propaganda Fide e il Regno di Napoli rappresentano i contesti locali a partire dai quali questi spazi di relazione sono osservati e ricostruiti all'interno di una prospettiva più ampia e articolata. Questi due poli non sono qui considerati, infatti, come esclusivi o isolati, bensì come complementari e per certi versi peculiari rispetto ad altri nodi geografici, religiosi, sociali ed economici. Il Regno di Napoli, in particolare, costituisce un osservatorio privilegiato per analizzare alcuni aspetti ancora poco esplorati all'interno della letteratura sulla diaspora greca, in particolare la dinamica delle relazioni interculturali e i molteplici fattori d'integrazione che operavano all'interno di un contesto sociale e culturale particolarmente eterogeneo. Finora, la relativa mar-

15. Cfr. *The spatial turn*; Middell, Naumann, *Global history and the spatial turn*; Brickell, Datta, *Translocal geographies*.

ginalità economica del Regno napoletano rispetto ad altre più dinamiche realtà europee e mediterranee, ha indotto la maggior parte degli studiosi a volgere lo sguardo verso contesti più dinamici.[16] Nella letteratura sulle reti della diaspora mercantile greca, i porti del Regno sono al più menzionati tra i luoghi di transito e di scambio attraversati dalle reti dei mercanti greci nei secoli XVIII-XIX.[17] In realtà, come si vedrà in questo capitolo, le città napoletane nel Settecento erano inserite all'interno delle molteplici reti di relazioni, economiche, religiose e sociali, tessute dai migranti ortodossi nel Mediterraneo e attraverso i suoi confini.

1. *Sotto «il sagro Autorevole braccio» di Propaganda Fide*

Negli studi sulle minoranze diasporiche alla religione è generalmente attribuito un ruolo simbolico e sociale fondamentale nella costruzione delle reti trans-locali tessute dai migranti. Secondo Pascalis Kitromilides, fino al sorgere dei nazionalismi moderni, l'affiliazione all'ortodossia plasmò profondamente l'esperienza collettiva dei popoli balcanici di fede ortodossa, nei luoghi della diaspora così come dentro i confini dell'Impero ottomano.[18] Anche in altri contesti la religione è riconosciuta come il principale fattore strutturante delle solidarietà diasporiche. La rete clandestina dei barbi, i predicatori itineranti valdesi provenienti dalla Francia meridionale e dal Nord d'Italia, contribuì ad esempio a mantenere vivo il credo religioso e l'appartenenza comunitaria tra i loro correligionari abitanti nei villaggi remoti di Puglia e Calabria.[19] La rete globale dei mercanti armeni di Nuova Julfa si sovrapponeva a quella parallela della Chiesa armena, garantendo un più alto grado di solidarietà e coordinamento tra i membri della comunità.[20] «Diaspora nella diaspora» come quella degli armeni insediati in Iran, la rete dei mercanti sefarditi era anch'essa regolata dalle corti rabbiniche e laiche che censuravano la condotta, non soltanto religiosa,

16. Uno dei pochi studi a me noti è quello di Petalà, *Ιταλοί έμποροι στον Ιόνιο χώρο και Ιόνιοι στην Κάτω Ιταλία.*

17. Cfr. Frangakis-Syrett, *Greek mercantile activities in the eastern Mediterranean, 1780-1820*; Schulz, *Port cities, diaspora communities and emerging nationalism,* p. 134; Harlaftis, *The fleet «dei Greci»*, pp. 498, 508-509.

18. Kitromilides, *In the pre-modern Balkans*, p. 27; Id., *Orthodox identities*, p. 4.

19. Scaramella, *"Sotto manto de santità"*, pp. 32-33.

20. Aslanian, *Social capital*, pp. 391-392.

dei suoi membri, contribuendo a preservare la reputazione collettiva e la coesione interna della comunità.[21]

Alcuni di questi studi hanno rilevato il carattere spesso frammentato delle diaspore e le loro divergenti ramificazioni sociali e culturali, senza mettere tuttavia in discussione l'importanza dei vincoli religiosi tra i membri delle comunità disperse.[22] Altri lavori, come quello di Claude Markovits sui mercanti dell'Asia meridionale, hanno invece illuminato il ruolo primario svolto da altri fattori di relazione.[23] Nel quadro fluido e variegato della circolazione ortodossa attraverso i territori cattolici, la religione non soltanto non costituiva, come per i mercanti indiani studiati da Markovits, il principale fattore strutturante delle reti e delle solidarietà diasporiche.[24] La religione, soprattutto, emerge qui come un campo in cui le affiliazioni erano spesso ambigue e mutevoli. In un contesto di frontiera, plasmato da relazioni di potere asimmetriche, la religione poteva agire anche come fattore di costruzione di uno spazio di relazione distinto e non sempre contrapposto a quello generato dai legami orizzontali che legavano i migranti ortodossi gli uni agli altri.

Una parte dei religiosi ortodossi che nel Settecento giungeva in Italia dal Levante era in vario modo inserita all'interno di una «rete di affiliazione»[25] il cui fulcro era costituito dalla Sacra Congregazione di Propaganda Fide. Con l'assunzione dal 1622 di un potere giurisdizionale diretto sulle missioni,[26] il dicastero romano divenne un referente istituzionale importante per tutti coloro che operavano o gravitavano intorno alle terre di missione, non soltanto per gli ordini religiosi cattolici, ma anche per molti esponenti del clero orientale.[27] Seppur in maniera non capillare, la presenza missionaria cattolica abbracciava quasi l'intero Oriente ortodos-

21. Trivellato, *Juifs de Livourne, Italiens de Lisbonne, Hindous de Goa*, p. 594; cfr. Ead., *The familiarity of strangers*.

22. Cfr. Israel, *Diasporas within a diaspora*.

23. Markovits, *The global world*, pp. 4-8.

24. A proposito di un contesto socio-politico diverso, l'Impero asburgico, David Do Paço ha osservato come il criterio religioso, utilizzato dall'amministrazione imperiale per classificare sul piano giuridico i gruppi confessionali abitanti nel territorio, non fosse un fattore determinate della coesistenza religiosa (*Institutionnaliser la coexistence religieuse?*, p. 144; dello stesso autore vedi anche: *L'Orient à Vienne*).

25. Cfr. Simmel, *Conflict and the web of group-affiliations*.

26. Cfr. Codignola, Pizzorusso, *Les lieux, les méthodes et les sources*.

27. Cfr. Heyberger, *Chrétiens orientaux dans l'Europe catholique*; Id., *"Pro nunc, nihil respondendum"*; Girard, *Entre croisade et politique culturelle*, pp. 430-436.

so, gran parte del quale si trovava allora sotto il dominio ottomano. Questa presenza si estendeva dai territori dell'Ungheria ai principati danubiani di Moldavia e Valacchia, dalla Bosnia e dal Sud della Serbia alla terre greche e albanesi, fino alla Siria e alla Palestina.[28]

Dall'isola di Santorini, sede di un vescovato latino, proveniva il missionario greco Giovanni Stai. Dal 1697 al 1714 l'attività apostolica aveva portato l'ecclesiastico greco ad attraversare quasi l'intero Mediterraneo. Scomunicato dal Patriarca di Costantinopoli per aver pubblicamente predicato contro lo «scisma dei suoi nazionali», nel 1701 era stato costretto dalle persecuzioni degli scismatici e dei turchi ad abbandonare il suo incarico nell'Arcipelago. Tornato a Roma, supplicò più volte il dicastero romano di essere inviato presso i greci dell'Ungheria superiore, sotto la direzione del cardinale Kollonitz.[29] Munito della patente di missionario nel gennaio 1703, Stai si trasferì a Vienna, dove però, a causa della lingua, non fu giudicato abile per la missione. Decise allora di recarsi in cerca di qualche impiego prima a Buda e poi in Valacchia, dove le autorità politiche tolleravano *de facto* l'attività pastorale dei missionari cattolici anche tra la popolazione di fede ortodossa.[30] Stai racconta come con l'aiuto dei regnanti, appartenenti alla famiglia fanariota dei Catacuzeni,[31] egli fosse riuscito ad introdursi in quella corte e a predicare in mezzo al popolo con l'intervento del metropolita e dei vescovi. Nonostante l'opposizione del Patriarca greco scismatico di Costantinopoli, per un certo periodo Stai continuò a vivere a corte, occupandosi dell'istruzione di diversi giovani nobili. Questa condizione durò fino a quando il Principe di Valacchia privò il sacerdote greco della sua protezione, per il timore di essere accusato dinanzi alla Porta ottomana di essere un ribelle della Chiesa costantinopolitana. Rimasto senza occupazione, decise allora di tornare nell'Arcipelago per raggiungere da lì l'isola di Malta.[32] Qui per tre anni diresse la parrocchia greca, aiutando il tribunale dell'Inquisizione a «purgarla» dalle molte opere di autori scismatici da lì circolanti. In seguito tornò a Roma, con l'intenzione di passare in Francia per sbrigare alcuni suoi

28. Per le missioni cattoliche nelle province dell'Impero ottomano, vedi p. 48, nota 104.

29. Cfr. Véghseö, *Il cardinale Leopoldo Kollonich*, pp. 255-271.

30. Chelaru, *Il problema della conversione*, p. 394.

31. Sulla nobiltà fanariota nell'Impero ottomano e nei Principati danubiani, vedi: Mango, *The Phanariots and the byzantine tradition*.

32. ASPF, Acta, 1 luglio 1709, Giovanni Stai, c. 333v-334v; SOCG, vol. 569, 1 luglio 1709, c. 225v.

affari.[33] Nel tempo in cui Stai si trovava «ozioso» a Vienna, in attesa di qualche nuovo incarico, il nunzio apostolico aveva suggerito al dicastero romano di inviare il missionario greco in Moscovia oppure in Italia, dove esistevano «molte chiese greche, come in Messina, Palermo, Napoli, et altrove nelle quali per ignoranza de' Parochi, e de Vescovi medesimi, succedevano gravi disordini». Perciò – suggeriva il nunzio – «era espediente di spedirvi qualche sacerdote dell'istesso rito coll'opportune istruzioni».[34] Nel 1714 fu il Patriarca di Venezia a scrivere a Propaganda chiedendo l'invio in quella Dominante di Giovanni Stai, allora destinato alla provincia di Himara come missionario apostolico.[35] Nella lettera, il prelato sollecitava la nomina del missionario cattolico alla carica di cappellano nella chiesa greca di S. Giorgio, la quale si trovava «in penuria grande di greci cattolici», mentre erano «all'opposto moltissimi i scismatici».[36]

Il ritorno dei cristiani ortodossi nel grembo della Chiesa cattolica era dunque perseguito con ogni mezzo dalla Curia romana, non soltanto nelle terre ottomane ma anche all'interno della Cristianità. Nei confronti delle strategie di proselitismo e di controllo messe in campo da Roma, il clero orientale non assunse sempre un atteggiamento antagonista, né del tutto acquiescente e passivo. Per molti orientali in cerca di un sussidio o di assistenza, la creazione di legami con le gerarchie latine presenti nelle diocesi cattoliche o nelle terre di missione in Levante era parte di una strategia di avvicinamento alla Chiesa cattolica, una fase intermedia che precedeva l'arrivo a Roma, come nel caso di Niceforo Loverdo.[37] L'arcivescovo cattolico di Corfù e altri distinti personaggi di quell'isola lo avevano raccomandato all'arcivescovo di Otranto, monsignor Pignatelli. Davanti a quest'ultimo l'ecclesiastico greco aveva abiurato gli «errori» appena giunto in Italia verso la metà del Settecento. Dopo l'abiura dello scisma era andato a Venezia per terminare gli studi[38] e, in seguito, agli inizi degli anni

33. ASPF, SC, Italogreci, vol. 2, Malta, 4 dicembre 1708, c. 336r.

34. ASPF, Acta, 1 luglio 1709, Giovanni Stai, n. 37, c. 337rv.

35. Sulla missione cattolica in Himara, vedi *supra*, pp. 73-74 e *infra*, p. 217.

36. ASPF, SC, Italogreci, vol. 2, Venezia, 11 agosto 1714, cc. 422r-423v.

37. Heyberger ha riscontrato l'importanza della «rete cattolica» anche nel caso dei religiosi orientali melchiti e maroniti che giungevano a Roma dalle province arabe dell'Impero ottomano (*Chrétiens orientaux dans l'Europe catholique*, pp. 83-88).

38. ASPF, Acta, 23 aprile 1781, *Niceforo Loverdo di rito greco nativo di Cefalonia avendo abiurato lo scisma domanda qualche sussidio per potersi portare in Genova, ove spera impiegarsi*, n. 8, c. 61rv.

ottanta, accompagnato da varie lettere commendatizie del Pignatelli, si era recato a Roma in cerca di un impiego idoneo. Non avendo trovato in quella capitale alcuna occupazione, aveva chiesto al dicastero romano un piccolo sussidio per andare fino a Genova.[39] Anche l'ingresso nel Collegio greco di Sant'Atanasio, nella misura in cui consentiva l'inserimento all'interno della rete di affiliazione costruita intorno al dicastero di Propaganda, offriva a molti benefici e opportunità d'impiego, in Croazia, Valacchia e Albania ma anche e soprattutto nelle parrocchie greche della penisola.

Oltre ad esercitare un considerevole potere d'attrazione sul clero orientale proveniente dal Levante, la Congregazione romana, con il suo «sagro Autorevole braccio»,[40] ne orientava e controllava i movimenti servendosi di un esteso e ramificato sistema informativo, basato sulle nunziature apostoliche e sulla corrispondenza con i missionari e con il clero latino locale. Nei primi decenni del Settecento in una breve «Istruzione» furono stabiliti i requisiti necessari per la carica di cappellano all'interno delle parrocchie greche della Cristianità: accanto a una comprovata cattolicità, il documento riconosceva l'importanza della «perizia della lingua greca volgare specialmente per intendere, ed essere inteso nell'amministrazione del sagramento della Penitenza e di più la perizia dell'officiatura, e canto greco orientale: qualità che sogliono mancare per ordinario negl'italogreci».[41] Nonostante questa avvertenza, i sacerdoti italoalbanesi, soprattutto quelli che avevano frequentato il Collegio greco di Roma, erano talvolta designati dai vescovi e dalla stessa Congregazione romana per ricoprire i seggi vacanti di cappellano, soprattutto a Napoli, nell'intento di impedire che quelli fossero occupati da sacerdoti scismatici provenienti dal Levante. Nonostante il legame che univa gli esponenti del clero albanese alle gerarchie ecclesiastiche romane, i governatori «orientali» della confraternita greca di Napoli non sempre si opponevano alla loro nomina. In un caso, furono gli stessi governatori greci a designare come cappellano un sacerdote greco-siculo, originario della Piana, di nome Domenico Mamula. Il Vescovo greco-cattolico di Roma, Monsignor Zassi, con una lettera sollecitò il suo rapido arrivo a Napoli nel timore che i greci della capitale mutassero opinione e invece di un ministro «allevato col latte cattolico» chiamassero qualche

39. ASPF, SOCG, vol. 856, 23 aprile 1781, c. 215rv.

40. ASPF, SC, Greci, vol. 2, 21 maggio 1729, c. 474r.

41. ASPF, Acta, 16 maggio 1735, *Concorrenti alla parrocchia vacante dei greci in Napoli*, n. 19, c. 232r.

loro nazionale d'Oriente.[42] Sulla scelta dei governatori greci pesò probabilmente il fatto che il giovane prete italoalbanese avesse trascorso diverso tempo tra gli scismatici in Levante, dove si era recato qualche anno prima al seguito di alcuni mercanti epiroti incontrati in Sicilia.[43]

In molti casi, dunque, gli spostamenti degli ecclesiastici orientali tra i vari luoghi dell'ortodossia occidentale seguivano il flusso continuo di richieste e informazioni che correva attraverso il dicastero romano e la sua rete di nunzi, vescovi e missionari. Anche i membri delle comunità erano in grado di orientare questo flusso. La circolazione del clero, dei mercanti e dei soldati tra le diverse parrocchie di rito greco della penisola rendeva frequenti i contatti tra le comunità. Despina Vlami, ad esempio, ha documentato le relazioni epistolari tra i greci di Livorno e le comunità di Trieste e di Ancona nel XVIII secolo.[44] Nelle carte dell'Archivio romano è frequente l'uso di locuzioni come «giunse notizia che» oppure «fecero chiamare», le quali rimandano all'esistenza di rapporti e contatti abituali tra le diverse comunità greche. Questi contatti non coinvolgevano soltanto i rappresentanti istituzionali delle comunità come nel caso documentato da Vlami. In una lettera indirizzata nel 1735 alla Congregazione di Propaganda Fide, il sacerdote greco Gabriele Gavalà riferiva che, mentre si trovava in Puglia come parroco della chiesa greca di Lecce, era stato chiamato da alcuni suoi «nazionali dimoranti in Napoli», i quali gli avevano ordinato di andare a Roma per essere ufficialmente nominato dalla Santa Sede parroco della loro chiesa dei SS. Pietro e Paolo de' greci.[45]

Nelle intenzioni della Curia romana, la rete dei missionari greco-cattolici che si erano formati all'interno del Collegio greco o che avevano semplicemente abiurato lo scisma, avrebbe dovuto subentrare nel governo delle parrocchie greche della Cristianità a quella dei vescovi e sacerdoti scismatici provenienti dal Levante. Così, ad esempio, al tempo delle persecuzioni contro il prete greco-cattolico Cigala, la Congregazione aveva

42. ASPF, Acta, 2 dicembre 1715, *Dionisio Cicala protosingelo del Patr.ca greco d'Alessandria si raccomanda al cardinale arcivescovo di Napoli Pignatelli per la parrocchia vacante di quella chiesa greca*, n. 26, c. 623rv; SOCG, vol. 602, 2 dicembre 1715, Lettera di Filoteo Zassi arcivescovo di Durazzo, c. 81rv.

43. ASPF, Acta, 17 dicembre 1715, *Domenico Mamula greco siciliano viene eletto dalla nazione per la suddetta parrocchia, e sue qualità*, n. 10, cc. 652v-653v.

44. Vlami, *Commerce and identity in the Greek communities*, pp. 73-95.

45. ASPF, SC, Italogreci, vol. 3, 2 gennaio, 1740, Risposta all'arcivescovo di Napoli Spinelli, cc. 623r-625r.

ordinato al sacerdote di rito greco Emanuele Castrizio di lasciare Malta per Napoli allo scopo di «pacificare quella Nazione con il suo Parroco» e di correggere i libri ecclesiastici di quella chiesa.[46] In un progetto elaborato nella prima metà del Seicento, poi sottoposto nel Settecento all'attenzione del pontefice Benedetto XIV, il frate greco agostiniano Diodato Solera aveva persino immaginato la creazione di una rete d'istituzioni e missionari greco-cattolici lungo la rotta percorsa dai mercanti che giungevano nel Regno napoletano dal Levante. Un vescovo speciale avrebbe dovuto risiedere a Barletta e presiedere all'organizzazione delle missioni presso i greci e gli albanesi abitanti nel Regno; una rete di agenti sparsi tra la capitale e le principali città della provincia, con sede a Lecce, Otranto e Brindisi, avrebbe dovuto accogliere i migranti greci al loro arrivo per catechizzarli e ricondurli nel grembo della Chiesa romana.[47] L'arrivo nelle parrocchie greche dei parroci designati da Roma o dal clero locale non sempre portava scompiglio nella vita delle comunità.

Le reti di affiliazione in cui erano inseriti i sacerdoti ortodossi – quella controllata dalle istituzioni cattoliche e l'altra generata dai contatti tra i migranti ortodossi – non sempre erano in contrapposizione tra loro. La ragione di ciò stava innanzitutto nel carattere transconfessionale che connotava le traiettorie biografiche degli individui inseriti all'interno di queste reti. Gabriele Gavalà, ad esempio, era nato da genitori cattolici nell'isola di Tino, sede di un vescovato latino. All'età di ventiquattro anni – racconta il sacerdote greco – era stato tuttavia ordinato sacerdote da un vescovo scismatico: perciò, quando la sua patria fu conquistata dai turchi, si era ritirato a vivere tra i monaci del Monte Athos, dove era rimasto per dieci lunghi anni. Spinto a suo dire da un rimorso continuo di coscienza, giunto a Corfù riuscì ad ottenere dal prelato italoalbanese Giuseppe Schirò, allora Vicario apostolico delle missioni in Himara, le opportune dispense per venire a Roma e ricevere «l'assoluzione».[48] Arrivato in Italia, Gavalà ricoprì per alcuni mesi la carica di sacerdote nella parrocchia greca di Lecce; in

46. ASPF, Acta, 20 settembre 1717, *D. Emanuele Castrizio espone la necessità di correggere i libri ecclesiastici delle chiese greche di Napoli, di Calabria, Sicilia e Malta bisognose di tal emendazione, e di rimedio ad altri abusi*, n. 12, cc. 335v-336v; Acta, 1 settembre 1721, Emanuele Castrizio, n. 28, cc. 303v-304v.

47. Mazur, *A Mediterranean port in the confessional age*, pp. 228-229.

48. ASPF, Acta, 7 febbraio 1735, *I Greci di Lecce chiedono per loro Parrocchiano D. Giuseppe Gavalà ad esclusione d'Antonio Stefanopoli*, n. 19, cc. 77r-84r; SOCG, vol. 681, 7 febbraio 1735, c. 280v).

seguito andò a Venezia, dove visse per due anni sempre da cattolico prima di essere chiamato finalmente a Napoli nel 1735 dai governatori «orientali» della confraternita.[49]

Nell'anno in cui Gavalà fu nominato parroco della chiesa greca dei SS. Pietro e Paolo, un altro sacerdote greco, Antonio Stefanopoli, originario di Corsica, fu mandato via da Napoli e inviato a Lecce dall'arcivescovo e dal nunzio di Napoli. Prima di arrivare nella capitale, Stefanopoli, a fianco di un monaco greco, Beniamino Vatachi, aveva peregrinato a lungo attraverso il Levante e le corti europee di Spagna, Francia e Portogallo. Dalla Francia Vatachi aveva inviato il suo compagno di viaggio a Roma, presso i greci lì residenti: questi, su incarico dei loro connazionali di Napoli, riferirono al prete greco-corso di recarsi in quella capitale per prendere possesso della carica di cappellano.[50] Giunto a Napoli, il prete greco-corso si pose a capo della fazione dei greci scismatici, intenti in quegli anni a difendere la chiesa greca dai tentativi di latinizzazione del sacerdote greco-cattolico Dionisio Cigala. Secondo il racconto di quest'ultimo, i greci «congiurati», «portando come in trionfo in mezzo di loro l'accennato prete», erano entrati tumultuosamente in chiesa sfondando la porta di una stanza chiusa e armati di mazzole lo avevano cacciato via.[51] Già prima – racconta sempre il Cigala – quei greci scismatici, con il sostegno del viceré austriaco, lo avevano spinto a lasciare Napoli e si erano subito adoperati per far giungere nella loro chiesa un certo papàs Ciriaco, nativo di Mezzojuso ma allevato e cresciuto dalla sua tenera età nella città di Giannina.[52] Alla fine, costretto dal clero latino a lasciare Napoli, Stefanopoli andò a Lecce, dove fu presto ritenuto indegno e incapace dai suoi parrocchiani. Tornò allora a vagabondare tra una parrocchia e l'altra, nonostante il vescovo greco-cattolico di Roma, monsignor Matranga, gli avesse proibito di andare in giro ad «inquietar i Greci Orientali» e gli avesse intimato di far subito ritorno in Corsica.[53] Nel 1742 ritroviamo il prete greco-corso a Barletta, dove, alla presenza di un canonico locale, officiò il matrimonio del console ottomano

49. *Ibidem*.

50. ASPF, SC, Italogreci, vol. 3, Napoli, 29 settembre 1730, cc. 428r-429v; 21 ottobre 1730, cc. 430r-431v.

51. Ivi, Napoli, 4 luglio 1730, 4 luglio, c. 411rv.

52. Ivi, *Alla Sagra CONGREGAZIONE di Propaganda Fide per il Padre D. Dionisio Cigala Parocho della Chiesa de Greci di Napoli* (memoriale a stampa per i Tipi Leone & Mainardi, 1731 sul caso Cigala), cc. 442r-449v.

53. Ivi, 2 gennaio 1740, Risposta all'Arcivescovo di Napoli Spinelli, c. 625r.

Attanasio Chiriachì. Le avventure e i pellegrinaggi di Stefanopoli attraverso i territori cattolici mostrano in modo chiaro come anche un sacerdote nato in una diocesi cattolica, educato nel Collegio greco di Roma e ordinato dal vescovo greco-cattolico Filoteo Zassi,[54] potesse occupare un posto importante all'interno delle reti costruite dai migranti ortodossi di origine levantina. Anche l'universo apparentemente remoto e chiuso delle colonie italoalbanesi dei Regni di Napoli e di Sicilia, soggette da secoli alla giurisdizione latina, poteva far parte di questo spazio di relazione.

Particolarmente interessante per comprendere il modo in cui la rete religiosa cattolica intersecava e si sovrapponeva a quella ortodossa, appare la vicenda del sacerdote Costantino Bruni. Negli anni settanta del Settecento il parroco cipriota lasciò l'isola di Malta per ricoprire la carica di parroco nella chiesa greca di Ancona.[55] Nonostante fosse stato inviato lì munito delle attestazioni di cattolicità del vescovo di Malta,[56] giunto in quel porto brulicante di scismatici, Bruni si rifiutò di obbedire alle prescrizioni dell'arcivescovo Bufalini e, per non rendersi «obbrobrioso alla Nazione», cominciò a consentire l'ingresso nella chiesa anche ai greci «non professi».[57] Cacciato da Ancona per aver avuto con gli scismatici «il più frequente commercio» e aver voluto «far di essi, e de' pochi cattolici [...] quasi un solo Popolo», il sacerdote greco si unì alla «Flotta Russa, che in quei tempi navigava nei mari di Levante».[58]

Lo spazio disegnato dalle reti degli ecclesiastici orientali attraverso il Mediterraneo non era dunque delimitato da chiari confini. Piuttosto, le traiettorie del clero greco attraverso il *limes* che separava la Cristianità latina dall'Oriente ortodosso mostrano il sovrapporsi degli spazi culturali e confessionali. Ancora nella prima metà del XIX secolo, la condivisione dello spazio sacro e delle pratiche religiose tra greci e latini, turchi e cattolici, in alcune aree del Levante, sembra dunque mettere in discussione l'ipotesi di un progressivo irrigidimento dei confini confessionali a partire dalla metà del Settecento.[59] La vita di molti missionari greci si svolgeva lungo un sentiero

54. Ivi, 1729, Lettera di Antonio Stefanopoli alla Congregazione di Propaganda Fide, c. 386r.

55. ASPF, SC, Italogreci, vol. 5, Ancona, 17 giugno 1771, cc. 329r-330r.

56. Ivi, 6 giugno 1771, c. 317rv.

57. Ivi, Ancona, 9 settembre 1771, cc. 345r-346r.

58. *Ibidem.*

59. Questa assunzione, sostenuta da Ware e ripresa successivamente da altri studiosi (vedi ad esempio Kitromilides, *Orthodoxy and the West*, p. 201), è smentita da numerose

vario e oscillante che si snodava attraverso le frontiere politiche, linguistiche e religiose. Il racconto di Gennadio offre un'immagine singolare, non per questo meno significativa, di quali fossero i confini, e quindi i caratteri, dello spazio generato dalle relazioni complesse che nei secoli dell'età moderna legavano i due alvei mediterranei della Cristianità. Arcidiacono del vescovo greco scismatico di Salonicco, Gennadio era stato convertito alla fede cattolica dai padri gesuiti prima di venire ad abiurare l'«eresia» nel Sant'Uffizio.[60] Quando nel settembre del 1750 giunse a Roma, portò con sé alcune testimonianze da esibire ai cardinali della Sacra Congregazione, tra cui alcune lettere di prelati latini attestanti la sua parentela con l'arcivescovo greco di Eraclea e con le famiglie greche più illustri di Costantinopoli. Dopo essersi intrattenuto per qualche tempo nella casa dei nuovi convertiti, chiese invano di poter entrare nel Collegio greco. Respinto per la sua età avanzata, fu inviato dalla Sacra Congregazione nel Monastero di Mezzojuso, dove avrebbe potuto iniziare gli studi dai primi rudimenti della grammatica.[61] Dopo due anni Gennadio entrò nel Seminario greco-albanese di Palermo, allora sotto la direzione del rettore Paolo M. Parrino.[62] Avendo abiurato «gli errori de' Greci» e non potendo tornare né in patria né in altri paesi ottomani senza pericolo, al termine del corso di studi fu ordinato sacerdote greco a Roma e poi mandato in Croazia sotto la direzione del vicario apostolico di Zagabria.[63] Qui rimase fino a quando, per ragioni di salute, ottenne dal dicastero romano il permesso di lasciare la missione e di recarsi per le cure in Vienna, dove visse col sostegno di un sussidio elargito dal dicastero romano.[64]

La traiettoria biografica di Gennadio sembra dunque ricalcare i confini dell'ortodossia occidentale tratteggiati all'inizio del libro: uno spazio, que-

relazioni inviate al dicastero romano dai missionari cattolici che operavano nei Balcani ottomani, nelle Isole Ionie e nell'Arcipelago.

60. ASPF, Acta, 19 gennaio 1751, *Gennadio arcidiacono greco-scismatico di Salonicchio convertito, e venuto a Roma per abiurare l'eresia si fa dimorare nel Monastero dell'Ordine di S. Basilio urbis, e poi passa a quello di Mezzojuso*, n.7, cc. 5v-7r.; SOCG, vol. 746, 19 gennaio 1751, cc. 28r-36r.

61. ASPF, Acta, 16 marzo 1751, n. 17, cc. 32v-34r.

62. ASPF, Acta, 12 novembre 1753, *Gennadio Emanuele fa istanza di essere ammesso nel Collegio greco di Palermo,* n. 5, cc. 236v-238r.

63. ASPF, Acta, 21 agosto 1758, *D. Gennadio Emanuele alunno nel Collegio greco albanese di Palermo non potendo tornare in Tessalonica sua patria, si manda missionario in Croazia sotto la direzione di quel vicario apostolico,* n. 10, cc. 247v-249r.

64. ASPF, Acta, 12 gennaio 1761, *Gennadio Emanuele già missionario in Croazia, ora sta in Vienna per curarsi*, n. 8, cc. 4r-5v.

sto, non delimitato dalle rigide categorie etniche e confessionali intorno alle quali si articola la narrazione storica. Le reti create e controllate dal dicastero romano – più della comune affiliazione religiosa – definivano i contorni e l'unità dell'ortodossia occidentale. Queste reti, le quali attraversavano luoghi e comunità spesso molto eterogenei tra loro, non giunsero mai a definire una realtà unitaria, acculturata al cattolicesimo romano e nel contempo ancorata ad un comune sostrato culturale locale, come avvenne in Medio Oriente. Qui, nel corso del Settecento, gli sforzi educativi messi in atto dagli agenti e dai rappresentanti della Chiesa romana produssero profondi cambiamenti nelle pratiche religiose, nei comportamenti sociali e nella mentalità di coloro che, in modo tutt'altro che passivo, aderirono al cattolicesimo romano, divenendo essi stessi «motori del cambiamento, e in una certa misura, di occidentalizzazione».[65]

Nonostante questi limiti, la Congregazione di Propaganda fu comunque in grado di generare tra gli insediamenti di rito greco sparsi nel Mediterraneo una circolazione intensa, integrando uno spazio culturale fluido e variegato. Al suo interno, le grandi comunità levantine dei porti e delle città capitali erano collegate alle comunità minori, poste ai margini del Mare interno, che l'interruzione dei flussi migratori dal Levante, l'isolamento geografico o processi più profondi di acculturazione all'ambiente locale avevano nel tempo trasformato in realtà culturalmente e socialmente differenti dalle altre. Come le reti religiose organizzate da e intorno al dicastero romano, anche quelle generate dalla cooperazione mercantile, che andremo tra poco a considerare, definivano spazi di relazione eterogenei e frammentati.

2. *La nazione*

Come le attività economiche svolte da altri gruppi o minoranze commerciali, anche quelle gestite dai mercanti ortodossi nei porti e nelle città mercantili della penisola si fondavano in gran parte sulla cooperazione tra i membri della nazione. Gli studiosi delle diaspore commerciali hanno a lungo considerato l'attitudine a cooperare e a creare estese reti mercantili come una qualità intrinseca ai gruppi diasporici, generata dalla forza dei

65. Heyberger, *Les chreétiens du Proche-Orient*, p. 383; cfr. Id., *Eastern christians, Islam, and the West: a connected history*, p. 476.

legami etnici, religiosi e familiari.[66] Corollario di questa assunzione è una prospettiva d'analisi «diaspora-centrica», in cui l'enfasi sulla coesione interna del gruppo e sull'appartenenza dei soggetti diasporici ad un'unità omnicomprensiva e omogenea tende ad oscurare le differenze e le connessioni locali.[67]

Recentemente, alcuni importanti lavori hanno portato alla luce le divisioni e l'eterogeneità interne alle diaspore. Il riconoscimento delle differenze di classe, religiose e culturali negli ultimi decenni ha dissolto ogni residuale nozione di unità all'interno degli studi sulla diaspora ebraica.[68] Anche gli armeni, la cui presenza si estendeva dall'India all'Iran fino al Mediterraneo e all'Europa, non costituivano un gruppo unitario sotto il profilo sociale e religioso.[69] Le ricerche condotte sui mercanti dell'Asia meridionale hanno portato Claude Markovits a porre l'accento sul grado di differenziazione sociale e professionale interno ai gruppi diasporici, come pure sul ruolo giocato dalle identità regionali e locali nel strutturare le solidarietà mercantili.[70]

L'importanza delle appartenenze locali, sub-etniche o regionali è stata messa in rilievo anche all'interno degli studi sui mercanti greco-ortodossi.[71] Una tendenza all'omogeneizzazione della realtà economica e sociale della diaspora greca è tuttavia emersa, come abbiamo visto, dall'attenzione pressoché esclusiva rivolta dagli studiosi ad alcuni fenomeni e luoghi particolari. La maggior parte degli studi sulle reti commerciali greche, infatti, ha riguardato le fortune di alcune ricche famiglie di armatori e imprenditori, le cui attività erano fondate su una rete di filiali e agenti nazionali installati nei principali empori marittimi, dentro e fuori i confini del Mediterraneo.[72]

66. Su questo punto, vedi l'analisi critica di Francesca Trivellato nel saggio comparativo: *Sephardic merchants in the early modern Atlantic*, pp. 99-101.

67. Per una critica a questo approccio, vedi Christ, *Diasporas and diasporic communities*, pp. 21-27.

68. Cfr. Trivellato, *Sephardic merchants in the early modern Atlantic*, pp. 103, 110-111. Vedi in particolare i lavori di Istrael, *Diasporas within a diaspora* e di Markovits, *The global world.*

69. Aslanian, *From the Indian Ocean to the Mediterranean*, pp. 44-85.

70. Markovits, *The global world,* pp. 7-8.

71. Vedi in particolare: Grenet, *Appartenances régionales.*

72. Sulla diaspora marittima greca tra i secoli XVIII-XIX, vedi in particolare: il volume collettaneo *Η ναυτιλία των Ελλήνων*; Vlami, Mandouvalos, *Entrepreneurial forms and processes*; Harlaftis, *Greek maritime business*; Ead., *From diaspora traders*; Chatziioannou, *Greek merchant networks in the age of the empires*; Pepelasis Minoglou, *Toward*

Perciò, nella storiografia dominante, «mappare la diaspora marittima greca equivale a seguire le rotte delle navi greche. Seguire le navi greche lungo le rotte marittime internazionali equivale a tracciare le comunità marittime e mercantili greche nelle principali città portuali del mondo».[73]

Certamente, come abbiamo visto nel capitolo precedente, lo sviluppo crescente della navigazione greca alla fine del Settecento costituisce un fenomeno rilevante nella vicenda delle popolazioni grecofone del Levante e, più in generale, nella storia economica e politica del Mediterraneo. In quest'epoca, infatti, il naviglio greco emerse come la più dinamica flotta neutrale nella regione.[74] Le ricerche di Gelina Harlaftis e di Sophia Laiou hanno documentato l'impressionante crescita, soprattutto dopo gli anni novanta, nel numero di vascelli greci che sotto varie bandiere attraccavano nei porti italiani, maltesi, francesi e spagnoli.[75] La maggior parte di questi trasportava carichi di grano provenienti dal Levante greco e dal Mar Nero. Nei centri d'importazione del Mediterraneo occidentale i capitani greco-ottomani conducevano anche un commercio regionale, soprattutto tra Genova, Francia, Spagna e Portogallo,[76] mentre più a sud trasportavano a bordo delle loro navi svariate mercanzie dai porti greci a quelli barbareschi.[77] La conquista greca delle importazioni di grano nei porti occidentali è stata messa in relazione non soltanto al mutamento degli equilibri internazionali tra i poteri europei[78] ma anche allo sviluppo settecentesco delle reti imprenditoriali ottomane che collegavano i Balcani alle città italiane di Trieste, Livorno, Genova e Messina.[79] Il «*paroikiako* fenomeno», ovvero lo stabilimento di fiorenti comunità mercantili all'interno di questi porti, e

a typology of Greek-diaspora entrepreneurship. Per un quadro generale sugli studi, vedi: Harlaftis, *International business of southeastern Europe*.

73. Harlaftis, *Mapping the Greek maritime diaspora*, p. 147

74. Anche l'apertura del Mar Nero alla penetrazione russa e asburgica in seguito alle due guerre russo-turche (1769-1774, 1788-1792), aveva favorito sin dalla metà del Settecento l'arrivo nella regione di numerosi coloni e commercianti greci (Kardasis, *Diaspora merchants in the Black Sea*; Herlihy, *Odessa: a history*).

75. Harlaftis, S. Laiou, *Ottoman state policy*, pp. 4-8.

76. Ivi, p. 3.

77. ASN, PA, PV, b. 18, fasc. 16 (21 gennaio 1800).

78. Alla fine del secolo, la rivalità tra Francia e Inghilterra aprì vantaggiose opportunità alle navi neutrali, che i capitani e gli armatori greci furono in grado di cogliere navigando sotto bandiere ombra (Harlaftis, *International business of southeastern Europe*, pp. 395-396; cfr. Frangakis-Syrett, *Greek mercantile activities*).

79. Harlaftis, *International business of southeastern Europe*, pp. 396-397.

le grandi ditte commerciali familiari avrebbero costituito i pilastri di una organizzazione reticolare estesa ed omogenea.[80]

All'interno del fenomeno della diaspora commerciale greca, le reti greche del commercio del grano operavano in parallelo con altre reti minori. I mercanti greci agivano all'interno di circuiti commerciali multipli e differenziati, non sempre in rapporto di reciproca connessione e interdipendenza tra loro. Quando i bastimenti ottomani che viaggiavano lungo le rotte internazionali del grano approdavano nel porto di Napoli, i capitani greci non trovavano qui ad attenderli i propri connazionali residenti in quella capitale. Il mondo della diaspora commerciale greca era uno spazio di relazione economico e sociale molto variegato e frammentato al suo interno. Anche le comunità mercantili erano corpi sociali internamente stratificati, perciò le strategie economiche e relazionali messe in atto dai loro membri erano spesso molto diverse. Se osservata attraverso la lente di uno spazio economico più eterogeneo di quello gravitante intorno ai porti franchi e ai grandi scali marittimi del Mediterraneo, questa complessità emerge con maggiore nitidezza.

Come abbiamo visto nel capitolo precedente, i mercanti greci che nel corso del Settecento stabilirono le loro attività economiche a Napoli e nella provincia adriatica di Terra di Bari erano in maggioranza operatori economici di media o piccola grandezza. In alcuni casi nei documenti si trova traccia di capitani greci che giungevano nei porti regnicoli per negoziare direttamente a bordo dei loro bastimenti le mercanzie trasportate.[81] Nella maggior parte dei casi, erano mercanti che agivano in modo cooperativo all'interno di molteplici circuiti – provinciale, inter-statale e trans-mediterraneo – per commerciare un'ampia gamma di prodotti locali e levantini. Nella trascrizione notarile di una *declaratio* pronunciata nel 1742 nell'emporio di Barletta dal console ottomano Attanasio Chiriachì e da altri «negozianti della nazione greca», si descrive in modo sintetico come funzionavano le reti greche all'interno di uno dei tanti circuiti dentro cui queste reti operavano:

> [...] da più anni che hanno dimorato in questa città coll'andare, e venire dal loro paese, con detta occasione hanno fatto più spedizioni di cere, o altre mercanzie da questa Regia Dogana di Barletta per transito in quella di Napoli [...]

80. Ivi, pp. 408-11; cfr. Pepelasis Minoglou, *Toward a typology of Greek-diaspora entrepreneurship*, pp. 174-175.

81. ASN, PA, PV, b. 19, fasc. 13, cc. 1r-61r, (novembre 1798- luglio 1799); ASN, TA, SMC-Dispacci, b. 1728, fasc. n. 180, anno 1749.

> per ogni assistenza delli medesimi deputati della salute per causa di sbarco di robba in contumacia, o spurga, sempre hanno pagato per l'assistenza suddetta alli detti deputati della salute carlini dieci [...]. In oltre sanno benissimo che per li noli delle mercanzie che si pagano alli Padroni delle filluche di Corfù, che portano le mercanzie, questi li pagano in vista di lettere di avviso de corrispondenti, che mandano la robba, o pure delli corrispondenti di Napoli [...] e così hanno dichiarato, e giurato.[82]

Il trasporto delle merci provenienti dal Levante era organizzato collettivamente dalla nazione: all'arrivo nel porto le mercanzie, una volta scaricate, venivano prelevate dai mercanti o depositate all'interno di un magazzino «sociale».[83] Le relazioni d'affari tra i membri della nazione erano regolate attraverso contratti di società stipulati dinanzi a un pubblico notaio. Queste convenzioni avevano innanzitutto lo scopo di inscrivere all'interno di un quadro legale i rapporti tra i membri della rete e i loro rispettivi ruoli. Nel 1787 Mariano Andreanopoli, originario di Giannina, stipulò una società con due connazionali, Giorgio e Cristoforo Alesante: il contratto stabiliva che Giorgio avrebbe dovuto provvedere all'invio della merce dal Levante, mentre Mariano e Cristoforo – servendosi anche di un intermediario locale – avrebbero dovuto occuparsi della vendita della merce – per lo più cimase, filo, spago, panni «per far cappotti» – in diversi mercati della provincia (Modugno, Palo, Bitonto, Grumo, Bitetto, Bitritto, Casamassima, Mola).[84] La creazione di queste forme associative consentiva anche di raccogliere maggiori capitali da investire nell'acquisto di uno specifico prodotto o nell'affitto e conduzione di estese masserie.[85] Le compagnie, come pure la nomina di procuratori, permettevano inoltre ai mercanti greci di condurre contemporaneamente i propri affari dentro e fuori dal Regno. Anastasio Alimono, in partenza per affari, incaricò Apostolo Papagiorgio, di ritorno dal Levante, di restituire alcuni debiti per suo conto.[86] Per il disbrigo di molteplici altre questioni, i negozianti greci – impegnati in frequenti viaggi in Levante – cer-

82. ASBT, NB, Palmitessa Ignazio, vol. 645, 27 novembre 1742, cc. 188r-189r.

83. ASBT, NB, vol. 933, 13 aprile 1782, cc. 104v-106v; vol. 933, 13 aprile 1782, cc. 104v-106v; vol. 1049, 16 maggio 1792, cc. 201v-203r.

84. ASBT, NB, Dembek Emanuele, vol. 1026, 23 aprile 1787, cc. 198r-208r.

85. Ad esempio, nell'agosto del 1796, Cristoforo Papafili, insieme a Giovanni Basile e ad altri suoi compagni, prese in affitto una porzione di terre di proprietà del Conte Marulli (ASBT, NB, Barracchia Francesco, vol. 1053, 20 agosto 1796, cc. 191r-195v); Sulle masserie greche vedi cap. 2, pp. 111-113.

86. ASBT, NB, Paolillo Antonio, vol. 933, 6 gennaio 1782, cc. 5r-7v.

cavano spesso la collaborazione dei propri connazionali, sebbene non fosse raro anche il ricorso a procuratori esterni alla nazione.[87]

Le botteghe – le quali erano fondate prevalentemente su legami di natura familiare – costituivano invece i nodi principali all'interno delle reti gestite dai mercanti epiroti a livello provinciale. Il sistema delle botteghe – il quale rifletteva la struttura urbana reticolare del territorio[88] – supportava così la penetrazione dei mercanti greci nel tessuto economico locale. Era frequente che i mercanti greci residenti a Barletta commissionassero l'investimento di capitali o l'acquisto di mercanzie in altri paesi del territorio ai propri connazionali lì residenti con le loro botteghe. Nel 1748 Attanasio Chiriachi incaricò Giovanni Briamo, un mercante greco residente con la propria famiglia in Molfetta, di acquistare in quella città diverse mercanzie per suo conto.[89] Coloro che risiedevano fuori dall'emporio barlettano potevano rivolgersi ai connazionali lì residenti per il prelievo dal porto della merce a loro destinata. Negli anni novanta del Settecento, quando la presenza commerciale greca nel porto adriatico cominciò ad aumentare, un negoziante greco di Monopoli, Cristoforo Antonazzo, incaricò Pantaleone di Giovanni Dimo di prelevare dal porto di Barletta alcune pelli di volpe. Non potendo più adempiere alla commissione ricevuta, per evitare che la merce si deteriorasse, Dimo affidò l'incarico ad altri negozianti «della stessa nazione» – Giovanni Dimitrio di Cristoforo, Giorgio Zavojani e Giorgio Dimo.[90] Nonostante la dispersione dei mercanti greci nel territorio, il mantenimento di rapporti reciproci sosteneva in vario modo gli interessi economici della nazione e dei suoi membri.

Seguendo la rete dei rapporti sociali e commerciali che legavano tra loro i mercanti greci, osserviamo come il raggio d'azione della nazione non fosse circoscritto ai confini provinciali. In particolare i legami con la capitale e con i mercanti greci lì residenti erano frequenti e intensi. Già alla

87. In genere si trattava di compravendite, retrocessioni di affitto, estinzione di debiti (ivi, vol. 938, 15 luglio 1787, cc. 157v-159r; vol. 980, 29 giugno 1785, cc. 96v-99r; vol. 981, 29 aprile 1787, cc. 85r-90v; vol. 999, 27 luglio 1812, cc. 301r-302v; 16 dicembre 1812, cc. 575r-576v; vol. 1027, 25 giugno 1788, cc. 298r-299v).

88. Per uno studio della realtà urbana pugliese come rete di piccole città interdipendenti, vedi: Sakellariou, *The cities of Puglia in the fifteenth and sixteenth centuries*, pp. 97-114.

89. Si trattava in particolare dell'acquisto di pezze di seta e canne di tela bianca (ASBT, NB, Dionisio Pasquale, vol. 525, 3 aprile 1748, cc. 33r-34r).

90. ASBT, NB, Barracchia Francesco, vol. 1049, 16 maggio 1792, cc. 201v-203r.

fine del XVII secolo alcuni mercanti greci, passando per Napoli, si erano rivolti ai governatori della confraternita greca per chiedere l'invio nella città di Barletta di un sacerdote di rito greco. Nel 1683 i governatori rivolsero allora una supplica alla Congregazione di Propaganda Fide, chiedendo che la chiesa greca di Barletta

> si mantenghi nel rito greca con l'occasione, che vengono mercanti; et altre persone Greci in quelli luoghi, li quali passano in essa città di Napoli per loro affari, et l'hanno fatto istanza che l'avessero mandati in quella Chiesa di Barletta un Prete Greco, e perché quella stà occupata da detti preti latini.[91]

La richiesta dei governatori rimase a lungo disattesa, mentre proseguirono per tutto il secolo i contatti tra i mercanti greci residenti nei due empori, soprattutto attraverso il flusso delle merci e del credito. In un atto notarile del 1734 Giovanni Papà di nazione greca, residente a Barletta nella strada «del Campanile della chiesa di S. Maria Maggiore», dichiarava di aver «fatto tre tratte per Napoli a beneficio del Signore Onofrio Mastellone pagabile, cioè una di docati duecento trenta dal Magnifico Giorgio Termili greco, un'altra di docati sessanta pagabili dal Magnifico Costantino Termili anche greco, ed altra di docati venti pagabili dal Magnifico Anastasio Collodi anche greco».[92] Sulla rotta che collegava i territori veneti e ottomani del Levante a Napoli, Barletta costituiva spesso una tappa intermedia, permanente o di passaggio.[93] Negli atti del suo processetto matrimoniale, Attanasio Zavojani raccontava di essere partito dalla sua patria, Giannina, all'età di undici anni, di essere giunto per mare «a' drittura sino a Barletta» e di essere in seguito partito per Napoli insieme ad altri connazionali.[94] Suo padre Apostolo, invece, era rimasto a Barletta dove, insieme ad Attanasio Chiriachì e ad Attanasio Stefani, fu in seguito nominato console ottomano. Dopo lo stabilimento nella capitale, Attanasio aveva avviato una «società di cappotti»[95] con i suoi fratelli,

91. ASPF, SC, Italogreci, vol. 2, Napoli, 23 aprile 1683, c. 66rv.

92. ASBT, NB, Palmitessa Ignazio, vol. 457, 9 maggio 1734, cc. 47r-48r.

93. Nicolò Giorgio e Michele Lazari, giunti nella capitale per vendere alcune quantità di cere, nel 1743 supplicarono Sua Maestà di concedergli il permesso d'imbarcarsi nel porto di Brindisi sulla «filuca del dispaccio» diretta a Durazzo (ASN, MAE, Nazione greca, b. 4403, fasc. 2, Napoli, 27 luglio 1743; fasc. 3, 19 feb. 1743).

94. ASDN, Processetti matrimoniali, matrimonio tra Attanasio Zavojani e Sofia di Nicola, 1764, lettera A.

95. Le balle destinate ad Attanasio contenevano lana per la manifattura dei cappotti; in cambio Attanasio consegnò ai suoi fratelli diverse mercanzie regnicole.

Costantino e Giovanni, rimasti in Epiro.[96] Molti negozianti greci residenti a Napoli intrattenevano relazioni abituali, non soltanto commerciali, con i loro connazionali abitanti nell'emporio barlettano. I legami tra le due comunità giocavano un ruolo importante nella circolazione delle merci regnicole verso i mercati ottomani. Nel gennaio 1751 a Napoli Demetrio Costa consegnò ad un messo, un certo Francesco Montefuscoli Cavalcante di Procaccio, dieci libra d'argento e oro filato, perché le consegnasse a Barletta nelle mani di Stefano Anastasio, come lui suddito della Porta: nel porto adriatico la merce sarebbe stata caricata su un bastimento diretto in Levante, dove sarebbe stato pronto ad attenderla un corrispondente.[97]

I circuiti dello scambio dentro cui operavano le reti mercantili dei negozianti greci residenti nella capitale e in Terra di Bari erano diversi: fuori dalla provincia e dal raggio degli scambi interstatali (Regno napoletano - Impero ottomano), queste reti intersecavano altri porti dell'Adriatico e del Mediterraneo occidentale. Soprattutto intorno al negozio dei cappotti levantini, i medi o piccoli commercianti greci residenti in quest'area svilupparono profonde sinergie. Nell'inventario della compagnia che Spiridione Chiriachì aveva stipulato in Barletta con il suo connazionale Papafili, è riportato un elenco di manufatti e semi-manufatti provenienti dall'Epiro, da Napoli e Venezia,[98] dove altri mercanti epiroti erano organizzati all'interno dell'Arte dei «cappotteri greci».[99] Alcuni membri delle stesse famiglie, come quella dei Dimo, gestivano il negozio dei cappotti tra Barletta e Livorno. Nel porto toscano, negli anni quaranta del Settecento, Stefano e Attanasio Dimo conducevano questo commercio in società con Giovanni Apostoli, residente a Messina.[100] Dopo aver lavorato per alcuni anni al sevizio dei fratelli Dimo a Livorno, nel 1747 Dimitrio Giovanni si era trasferito a Barletta, dove aveva iniziato ad operare come agente per conto della compagnia.[101] Ancora nel 1800 alcuni membri della famiglia Dimo residenti a Venezia intrattenevano rapporti commerciali e creditizi con i loro connazionali di Barletta. In

96. ASN, MAE, Nazione greca, b. 4403, fasc. Portici, 21 novembre 1767.

97. La merce non fu mai consegnata a causa di due commercianti greci di Napoli, Pappacosta e Cefarioti, i quali ne ordinarono il sequestro, reclamando il pagamento di 100 ducati; per questo il corrispondente levantino protestò contro Stefano per i danni subiti (ASBT, NB, Dionisio Pasquale, vol. 527, 3 marzo 1751, cc. 25r-26r).

98. ASN, PA, PV, b. 128, fasc. 8, 2 giugno 1769.

99. Cfr. Grenet, *Vivre chez l'autre, travailler sans lui?* Vedi *supra*, cap. 2, pp. 117-119.

100. ASBT, NB, Dionisio Pasquale, vol. 524, 22 febbraio 1747, c. 19rv.

101. *Ibidem*.

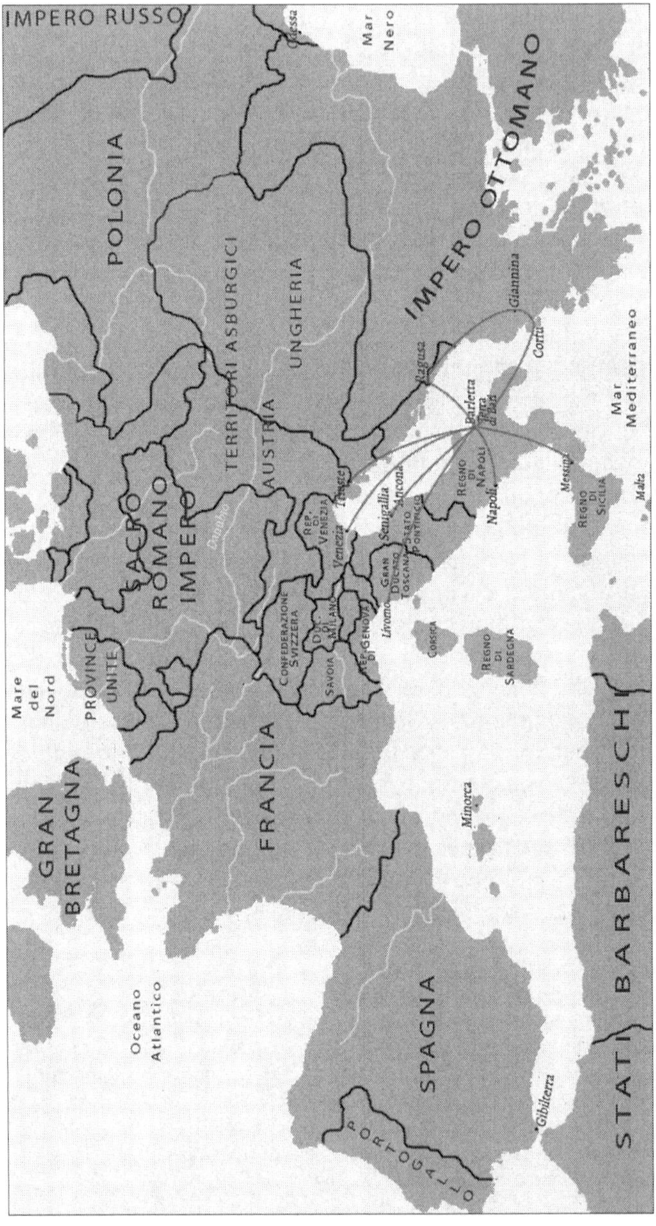

Mappa 2. Europa e Mediterraneo nel 1789. Spazio di relazione dei mercanti epiroti residenti in Terra di Bari.

quell'anno, dinanzi ad un pubblico notaio, Demetrio di Cristoforo contestò ad Apostolo Papagiorgio, come lui residente nel porto pugliese, il mancato pagamento di una cambiale emessa da Liborio Guarracino in Napoli nel maggio dello stesso anno e da lui in seguito girata «al bisogno dei fratelli Dimo in Venezia».[102]

Accanto ai mercanti epiroti che operavano nelle reti dei cappotti e delle pelli, altri commercianti greci erano attivi nel Settecento sulle stesse rotte. Intorno alla metà del secolo Teofilo Giorgivalo, un mercante greco originario di Atene, gestiva un negozio di seterie tra Napoli e Livorno, dove risiedeva suo fratello e socio in affari Giorgio. Tra il 1732 e il 1737 aveva vissuto a Venezia, dove aveva operato in società con la casa greco-veneziana Tarontis-Théotokis nel commercio dell'olio e delle seterie.[103] Nel 1745 era venuto nel Regno per acquistare diverse mercanzie da «negoziare così in Costantinopoli, come per altri Porti soggetti a detta Ottomana Porta».[104] Insieme ad un connazionale residente a Napoli, Domenico Dracopoli Giustiniani, aveva noleggiato il bastimento del padron Baldassarre Ianni di Gaeta per trasportare le merci in Levante. Al ritorno nella capitale, dopo aver trattato diversi affari di «mercatura» con i negozianti della città, Teofilo fece trasportare le merci acquistate in Levante nell'emporio livornese, dove anche il suo socio Giustiniani gestiva una casa di negozio con il fratello Giuseppe. Dalle accuse rivolte da Teofilo a Giustiniani nel corso di una causa commerciale discussa dinanzi al Supremo magistrato di commercio di Napoli, si desume che i due mercanti greci operassero anche nell'emporio di Messina: secondo il suo socio in affari, infatti, Giustiniani aveva portato la peste in quella città, infettando tutto il Regno con le sue mercanzie.[105]

Le reti plurime gestite dai mercanti greci attraversavano l'intera penisola, collegando i porti della costa orientale a quelli del versante occidentale. L'Adriatico, tuttavia, agiva come speciale *trait d'union* tra i mercanti epiroti di Barletta e quelli residenti negli altri porti del litorale. I legami con la Serenissima erano antichi e non riguardavano solo il commercio dei cappotti. Già nella seconda metà del XVI secolo, il noto iconografo

102. ASBT, NB, Lupoli Giacomo, vol. 987, 9 novembre 1800, cc. 303v-305r.
103. Cicanci, *Formes d'organisation de l'activité commerciale dans le Sud-Est de l'Europe*, p. 81.
104. ASN, PA, SMC, b. 4, fasc. 13, anni 1750-1752, cc. 1-32.
105. *Ibidem*.

Thomas Bathas era giunto da Venezia nell'emporio barlettano per dipingere l'iconostasi della chiesa di Santa Maria degli Angeli.[106] Molti secoli dopo, nel 1891, la confraternita di Venezia donò a quella chiesa alcuni vestimenti sacri.[107] Intensi rimasero per tutto il lungo Settecento i contatti anche con il porto pontificio di Ancona. In una relazione inviata ai Savi alla Mercanzia alla vigilia della costituzione del porto franco, il console Lelio Andrea Vicenti riferiva della presenza ad Ancona di diversi «sambichini greci sudditi dell'Imperio ottomano dell'isola San Giovanni Patomos», i quali «con carico in fondo di vallonie, o per portate di marinari, colli di cere, balle cottoni sodi e filati, borghi, coperte, e cose simili» capitavano in quel porto nei mesi di maggio e giugno.[108] Fu soprattutto nei decenni successivi che si dispiegò la rinascita del porto marchigiano e s'intensificarono le relazioni tra le due comunità. A bordo di feluche noleggiate da padroni locali, la merce che giungeva nell'emporio barlettano da Corfù veniva trasportata nel porto di Ancona o venduta nella fiera di Senigallia.[109] Verso questi due luoghi era diretta la feluca del padron Onofrio Cardosa, noleggiata nel 1765 da Giorgio Dimo per trasportare alcuni negozianti con le loro «robbe» e un carico di reti da pesca, spugne di Levante e altre merci. Una volta consegnato il carico ad alcuni «messi», questi ultimi avrebbero dovuto caricare altre mercanzie, dirette insieme ad alcuni passeggeri nel porto pugliese.[110] Anche i mercanti levantini residenti nell'emporio triestino intrattenevano relazioni commerciali con i loro connazionali residenti a Barletta e a Napoli. Nel caso di Basilio Bricco lo stabilimento di relazioni commerciali con i mercanti greci residenti nella provincia regnicola precedette il suo trasferimento nell'emporio barlettano,[111] dove gli atti notarili documentano le sue relazioni commerciali con i commercianti greci della città e con quelli di Ancona.[112]

106. Cfr. Dibenedetto, *La chiesa e l'iconostasi*, pp. 12-16.

107. Tselenti-Papadopoulou, *Les communautés grecques en Italie (XVe-XVIIIe siècles)*, p. 469.

108. *Relazione del console Lelio Andrea Vicenti [...] 12 gennaio 1732*, in Caracciolo, *Il porto franco di Ancona*, pp. 61-62.

109. ASBT, NB, Lupoli Gaetano, vol. 1338, 4 settembre 1806, cc. 391r-392v.

110. ASBT, NB, de Divitis Bartolomeo, vol. 637, 27 giugno 1765, cc. 312r-315r.

111. Basilio Bricco risiedeva a Trieste quando nel 1805 affidò ad un mercante di Barletta, Andrea Passero, un mandato di procura affinché a suo nome ricorresse nel Consolato di Manfredonia contro un certo Antonio Pistillo del casale di Trinità per il mancato pagamento di alcune mercanzie estere (ASN, PA, SMC, b. 32, fasc. 30, 1805).

112. ASBT, NB, Lupoli Gaetano, vol. 1338, 4 settembre 1806, cc. 391r-392v.

In pochi casi la documentazione consultata ci consente di seguire gli spostamenti e le reti tessute dai nostri mercanti fino a luoghi più lontani, situati ai margini del Mediterraneo o addirittura oltre i suoi confini marittimi. Prima di giungere a Napoli nel 1745, tra il novembre del 1742 e il gennaio dell'anno successivo, Anastasio Giampieri aveva soggiornato a Gibilterra: qui, con un altro mercante originario di Costantinopoli, aveva acquistato da due mercanti locali numerose gioie e 63 once di ambra grigia. Per rivendere la merce preziosa erano partiti per Livorno, dove abitava il fratello di Giampieri; qui erano entrati in società con un livornese, un certo Sartori, con il quale, di comune accordo, era stato deciso di inviare Anastasio a Roma e in altri luoghi, tra cui Napoli, per portare a buon fine la vendita delle gioie.[113] Un altro mercante greco originario di Zante, Teodoro Foresti, nei primi decenni del Settecento era giunto a Napoli dall'Inghilterra dopo un lungo peregrinare che lo aveva portato fino in India;[114] nel 1748, nella Chiesa greca dei SS. Pietro e Paolo, sposò Maria Coddarì, come lui di «nazione greca», originaria dell'isola di Antiparos.[115]

I legami tra i membri della nazione erano dunque fondamentali per la circolazione dei beni attraverso circuiti commerciali plurimi. I vincoli di parentela, come abbiamo visto, fungevano da asse principale intorno a cui si sviluppavano le relazioni tra le diverse comunità disperse.[116] Per i grandi mercanti greci residenti a Livorno il matrimonio endogamico costituiva un mezzo per estendere e consolidare i legami d'affari tra i membri della nazione. Diversamente, per i piccoli e medi commercianti greci residenti nel Regno napoletano, le strategie familiari non sempre includevano pratiche matrimoniali di tipo endogamico. Ciò non significa, tuttavia, che i legami fiduciari all'interno del gruppo fossero regolati esclusivamente attraverso il ricorso a strumenti legali. Il rito del padrinato, come è stato osservato, era un altro espediente utilizzato per formalizzare e rendere pubblici legami di natura informale.[117] Anche nel caso dei nostri mercanti greci, relazioni d'amicizia e d'affari con connazionali residenti all'interno della

113. ASN, MAE, Nazione greca, b. 4403, fasc. Palazzo, 18 giugno 1745.

114. Sulla presenza greca in India, vedi: Clogg, *The Greek mercantile diaspora*; Woodcock, *The Greeks in India*.

115. ASDN, Registri parrocchiali della parrocchia dei SS. Pietro e Paolo dei greci, libro dei matrimoni 1736-1777, 1 febbraio 1748.

116. Su questo aspetto vedi in particolare la raccolta di saggi: *Transregional and transnational families*.

117. Vedi in particolare: Alfani, Gourdon, *Entrepreneurs, formalization of social ties*.

stessa città o in comunità diverse del Mediterraneo erano talvolta sugellate attraverso questa pratica. Ad esempio, nel 1756 Nicolò Plastarà da Napoli si recò con sua moglie a Barletta per assistere come padrino al battesimo di Anna Maria Chiriachì, figlia del console Attanasio.[118] Plastarà, il quale nel 1764 avrebbe lasciato Napoli per trasferirsi a Trieste, intratteneva forti legami anche con altri connazionali residenti a Messina: da qui Antonio Papà, mercante greco originario di Salonicco, nel 1761 inviò il suo connazionale Michele Panno a Napoli per comparire in sua vece come padrino al battesimo della figlia di Plastarà.[119]

I legami che univano tra loro i mercanti greci avevano origine innanzitutto nel «costume della Nazione» e nei vincoli di mutua assistenza che generavano tra questi un rapporto di interdipendenza, economica e sociale. Com'era consuetudine anche presso altre nazioni mercantili, il console Chiriachì aveva cercato «un giovane della nazione» che curasse i suoi interessi, fornendogli vitto e alloggio in cambio della sua assistenza. Poiché il giovane protetto aveva dato prova di onestà e capacità professionale, il console aveva in seguito deciso di formalizzare e rendere stabile questa relazione attraverso la stipula di una «compagnia» nel fondaco di Barletta e in quello di Foggia.[120] In altri casi, i mercanti greci compaiono nei documenti come garanti dei propri connazionali dinanzi alle autorità pubbliche. Quando Giovanni Papasimo e Stefano Basile, negozianti greci residenti a Foggia, presero in affitto per la durata di dieci anni, dal 1797 al 1806, una masseria di campo sulla via di Canosa, Cristoforo Papafili, residente a Barletta, non solo si obbligò formalmente davanti al notaio, come fideiussore, a pagare il canone d'affitto in caso di loro assenza, ma a garanzia di quel contratto ipotecò tutti i suoi ingenti beni mobili e immobili.[121] Più vulnerabili di fronte alle autorità locali in virtù del loro status di stranieri e dell'assenza di un istituto consolare forte e stabile, i mercanti greci, in caso di bisogno, trovavano nella nazione una rete di supporto primaria, benché

118. ADPB, Registri parrocchiali del Capitolo della cattedrale di Santa Maria Maggiore, libro dei battesimi, vol. XIV (1755 -1766), 18 gennaio 1756, c. 9v.

119. ASDN, Registri parrocchiali della parrocchia dei SS. Pietro e Paolo dei greci, libro dei battesimi 1736-1777, 27 settembre 1761.

120. Quando la società fu sciolta, il giovane presentò ad Attanasio tutti i conti della società riportati nelle diverse scritture di bilancio e mercantili «tanto in italiano che nel greco idioma» (ASBT, NB, de Divitis Bartolomeo, vol. 638, 8 giugno 1766, cc. 220v-223r).

121. Questi beni consistevano in capi di bestiame, attrezzi per le industrie di campagna, proventi dei traffici e diversi beni immobili (ASN, PA, SMC, b. 25, fasc. 6, anno 1799).

non unica. Quando, in seguito alla denuncia di un commerciante napoletano di drappi, il delegato della nazione greca a Napoli, Antonio Maggiocco, ordinò nella notte l'arresto di Teofilo Giorgivalo, alla notizia accorse un folto gruppo di greci, disposti a pagare qualsiasi plaggeria al tribunale per la liberazione del proprio connazionale.[122]

Sebbene le solidarietà mercantili fossero in gran parte costruite sui legami familiari e nazionali, questi ultimi non erano di per sé garanzia d'indefessa fiducia e coesione. Negli ultimi decenni, le analisi dei modi in cui l'informazione circolava all'interno delle reti della corrispondenza mercantile e dei meccanismi di formazione e controllo della reputazione, hanno portato a decostruire l'idea secondo cui la fiducia costituiva un attributo naturale delle diaspore commerciali.[123] A questo proposito, citando Olga Katiardi-Hering, Marco Dogo osserva come anche la «filantropia fosse economicamente razionale dentro un sistema che attribuiva alto valore al prestigio e all'affidabilità della comunità».[124] Tuttavia, come nota Aslanian a proposito delle reti armene, l'efficacia di un modello informale di fiducia basato sul controllo della reputazione non era indiscussa.[125] Seppur scarsamente documentati all'interno della corrispondenza commerciale, frodi e comportamenti opportunistici tra i membri di una stessa minoranza diasporica erano più frequenti di quanto la letteratura sulle diaspore commerciali abbia riconosciuto.[126] Avvicinato da alcuni napoletani, il mercante greco Stefano Duramani non esitò a mettere in guardia i suoi amici sulla disonestà di un connazionale, Giorgio Trentafili, negoziante di grano e orzo residente a Bitonto con il padre, al quale giorni prima aveva rifiutato di concedere un prestito in virtù del suo «poco onesto» carattere.[127] La rottura della fiducia era un evento possibile anche tra membri appartenenti alla stessa famiglia. Nel 1806 Anastasio Giagnioti, mercante greco residente a Barletta, protestò formalmente tramite un notaio contro il suo socio e parente Anastasio di Michele Giagnioti:

122. Il mercante di drappi accusava Teofilo di voler fuggire in Levante per sottrarsi al pagamento di un debito contratto nei suoi confronti: anni prima Calafiere gli aveva consegnato diverse mercanzie da vendere in Levante, senza mai ricever il ricavato della vendita (ASN, MAE, Nazione greca, b. 4403, fasc. Napoli, 30 aprile 1754; fasc. Portici, 22 aprile 1745).

123. Cfr. Trivellato, *Sephardic merchants in the early modern Atlantic*, pp. 99-101.

124. Dogo, *"A respectable body of nation"*, p. 209.

125. Aslanian, *Trust, social capital*, p. 393,

126. Cfr. Trivellato, *Sephardic merchants in the early modern Atlantic*, p. 100.

127. ASN, PA, SMC, b. 27, fasc, 7, anno 1801, cc. 1r-32v.

quest'ultimo era accusato di essersi appropriato dei profitti ricavati dalla vendita ad un connazionale di Ancona di alcune «robbe mercantili», i quali avrebbero dovuto essere destinati al pagamento dei creditori. Il protestato respinse ogni accusa e, per difendersi, rivolse un'istanza contro il suo accusatore al tribunale competente.[128] Il conflitto, in alcuni casi, poteva anche degenerare in azioni criminali e legali più gravose. Scortato dai guardiani della sua masseria e da alcuni ufficiali armati della Corte locale, Demetrio Papasimo era giunto a minacciare con una baionetta nell'atrio della chiesa greca di Barletta l'anziano connazionale Stefano Zavojani, prima di farlo arrestare dai gendarmi.[129]

Per evitare i costi della giustizia, i mercanti greci potevano nominare alla presenza di un pubblico notaio degli arbitri, scelti all'interno della nazione, una pratica frequente presso molte altre nazioni mercantili.[130] Nel gennaio 1787 Giovanni Dimo Macridima e Giovanni Costantino Fasulo, negozianti greci nella piazza di Bari, elessero come loro arbitri Cristoforo Papafili e Michele di Anastasio, «Negozianti greci loro connazionali» di Barletta. Questi ultimi avrebbero dovuto:

> vedere, discutere, ed esaminare tutti li conti, e differenze tra essi loro vertentino per causa di negozi avuti; ed altro per essere stretti, congionti in sanguine, e così evitar le liti, che portan dispendio, e rancoro, dando e concedendo [...] a detti Signori arbitratari eletti, tutta la piena ed assoluta potestà di liquidare detti conti, e decidere ogni differenza tra di loro vertenti [...] amichevolmente, e senza veruna forma di giudizio, perché così tra di loro convenutasi.[131]

L'analisi degli atti notarili e processuali consente dunque di andare oltre la fissità e omogeneità insite nelle denominazioni collettive e nelle categorie legali, etniche o confessionali e di svelare le relazioni conflittuali all'interno

128. Tra i creditori c'erano i connazionali Basilio Bricco e Giuseppe Chiriachì residenti a Barletta, Nicola Meloni residente a Corfù, Baldassarre Prudente di Napoli e alcuni abruzzesi residenti a Melfi in Basilicata (ASBT, NB, Lupoli Gaetano, vol. 1338, 4 settembre 1806, cc. 391r-392v).

129. Non avendo con sé l'atto di battesimo, custodito nella sua patria, Giannina, Stefano chiese a diversi suoi connazionali, tra cui Apostolo Papagiorgio, Papà Cristoforo e il protopapa Mariano, di certificare con un atto rogato dinanzi al notaio Lupoli la sua età avanzata (80 anni), nella speranza che fosse accolta la sua istanza di scarcerazione (ASN, PA, SMC, b. 34, fasc. 73, anno 1806).

130. Cfr. Aslanian, *Trust, social capital*, pp. 396-400; Trivellato, *The familiarity of strangers*, pp. 153-176.

131. ASBT, NB, Spera Orazio, vol. 855, 8 gennaio 1787, cc. 3r-4r.

di un gruppo sociale.[132] Un ultimo elemento da considerare nell'analisi delle relazioni diasporiche è il ruolo delle appartenenze locali o regionali. Nel suo studio sui mercanti asiatici Markovits definisce la dimensione locale come il principale livello dentro cui «le identità dei mercanti erano definite e le loro relazioni sociali formate».[133] Ricostruendo le reti dei mercanti greci coinvolti nel commercio dei cappotti levantini, abbiamo osservato come queste fossero sostanzialmente costituite da mercanti epiroti, originari di Giannina. Il ruolo dell'appartenenza locale nella costruzione delle reti sociali dei migranti ortodossi emerge anche quando consideriamo uno spazio di relazione più ampio di quello generato dall'interesse puramente economico.

Le «forme di mobilizzazione trans-locale degli identificatori regionali» nella diaspora greca sono state oggetto di un'approfondita analisi da parte di Mathieu Grenet. Soprattutto attraverso l'esame del caso veneziano, lo studioso ha messo in luce l'importanza delle regioni come «categorie del discorso pubblico intorno alle quali erano articolate le rivendicazioni identitarie, le rappresentazioni collettive e le logiche amministrative» all'interno delle istituzioni comunitarie.[134] Anche fuori dal piano retorico, la provenienza dalla stessa città o regione generava tra i migranti – mercanti, ecclesiastici o soldati – rapporti di prossimità e vincoli di reciproca assistenza anche più profondi di quelli creati dall'affiliazione confessionale o dalla condivisione dello stesso status legale. La nazione greca di Barletta, venuta nel Regno soprattutto «pel commercio, e per la milizia», era composta essenzialmente di individui provenienti dall'Epiro e dalla regione del mar Ionio. Stretti legami univano perciò i soldati del Reggimento acquartierati nelle diverse città del Regno o solo di passaggio nei suoi porti per «scontar la contumacia» e i mercanti e gli ecclesiastici ortodossi lì residenti, provenienti stessa patria. Così, ad esempio, Pietro Turcachi, originario di Parga (Epiro) e soldato del «Reggimento della quarta Compagnia dei Cacciatori Macedoni», di passaggio dalla città di Barletta, nel novembre 1819 si presentò dinanzi ad un notaio per nominare suo speciale procuratore il sacerdote di rito greco Panajota Stanello, nativo della stessa patria e abitante in Corfù. La necessità di tornare a Napoli a servizio di Sua Maestà e l'impossibilità di recarsi di persona a Corfù per curare i suoi interessi lo aveva spinto a chiedere al suo compatriota di comparire in

132. Cfr. Zaugg, *Stranieri di antico regime*, pp. 154-155; Fusaro, *Politics of justice/ politics of trade,* p. 26.
133. Markovits, *The global world*, p. 8.
134. Grenet, *Appartenances régionales,* pp. 23-24.

sua vece dinanzi alla commissione eretta dal Governo britannico nell'isola di Corfù per riscuotere la rendita di alcuni beni.[135] I legami che univano il console Attanasio Chiriachì ai capitani e tenenti del Reggimento sono documentati dai libri parrocchiali di Barletta. Nel 1750, in occasione della nascita di suo figlio Spiridione, Chiriachì designò come padrino il nobile capitano cefaloniota Giorgio Corafà.[136]

La provenienza dalla stessa località costituiva un collante non soltanto sul piano delle relazioni commerciali o all'interno della comunità. Questo fattore rappresentava una risorsa sociale importante soprattutto per coloro che, in viaggio per affari commerciali o per questioni di natura ecclesiastica, nel luogo di arrivo si trovavano in una condizione di estraneità e sradicamento. Nei primi anni del Settecento Costantino Galli (Chagi Iani), un mercante greco di Salonicco, aveva sotto la propria tutela un giovinetto di nome Giorgio, il quale gli era stato affidato dai genitori affinché fosse avviato all'arte della mercatura, «come si pratica in Levante». Quando nel corso di uno dei suoi viaggi d'affari fece tappa a Roma, Costantino si rivolse ad un «sacerdote greco patriotto», Emanuele Castrizio, chiedendogli d'istruire il ragazzo nella fede e d'insegnarli «il leggere, e scrivere bene».[137] L'importanza dell'appartenenza locale come risorsa emerge in modo particolarmente evidente dal racconto di un altro greco, Andrea Vido. Questo giovane chierico, originario di Napoli di Romania, nel novembre del 1729 si trovava a Roma per rispondere davanti al Tribunale dell'Inquisizione di una serie di accuse mosse contro di lui da alcuni «greci invidiosi».[138] In quella difficile circostanza, per difendersi dalle accuse di apostasia rivoltegli dai suoi detrattori, chiese ad alcuni mercanti lì residenti, come lui originari di Napoli di Romania, di fornirgli delle «fedi» attestanti le sue nobili origini.

135. ASBT, NB, De Donato Ciro, vol. 1566, 17 novembre 1819, cc. 170r-171v.

136. Corafà diede procura a un certo Geronimo Gioveni di comparire in sua vece alla cerimonia (ADPB, Registri parrocchiali del Capitolo della cattedrale di Santa Maria Maggiore, libro dei battesimi, vol. XIII (1747-1755), 21 marzo 1750, c. 56r). In un altro atto Nicolò Selecchi, tenente del Reggimento macedone, compare come padrino di un altro figlio del console, Giuseppe; anche in questo caso il tenente ne diede procura a Domenico Chiriachi e Laura Salirò (ADPB, Registri parrocchiali del Capitolo della cattedrale di Santa Maria Maggiore, libro dei battesimi, vol. XIV (1755-1766), 17 maggio 1757, c. 39r).

137. ASPF, SC, Italogreci, vol. 3, 22 luglio 1724, Lettera di Costantino Galli Zovanni di Salonicco, cc. 322r-324r.

138. ASPF, Acta, 6 ottobre 1729, *Andrea Vido greco di Napoli di Romania vorrebbe essere ordinato al servizio della chiesa greca di Malta*, n. 2, cc. 438r-440r; SOCG, vol. 668, 21 agosto 1730, cc. 79r-101v.

I legami preesistenti alla migrazione erano solo una delle risorse di cui i migranti disponevano. Nel corso del processo migratorio, l'insediamento e il radicamento all'interno delle comunità ortodosse e delle società d'accoglienza consentivano la formazione di nuove relazioni, trasversali alle appartenenze locali e regionali, generatrici per certi versi di nuove appartenenze locali. Per questa ragione Vido rivolse il suo appello anche ad alcuni mercanti greci residenti a Venezia, dove in passato aveva vissuto suo padre e dove ancora viveva uno dei suoi fratelli. Tra coloro che accolsero la sua richiesta di aiuto, solo uno era come lui nativo di Napoli di Romania, mentre gli altri due erano mercanti originari di Atene. Per certificare i suoi nobili natali, i tre mercanti gli inviarono un «istrumento notarile», rogato da un altro connazionale, il notaio greco-veneto Emilio Velano.[139] Altre attestazioni della sua rettitudine e dei suoi buoni costumi giunsero da Malta, non soltanto da parte di suoi connazionali. Sull'isola dei cavalieri Vido era stato per alcuni anni «custode e serviente» della chiesa greca di Santa Maria Damascena. Aveva sposato una latina, Cassandra Gadineo, e aveva tessuto relazioni con diversi abitanti dell'isola, tra cui Achille Alessandro Lippi, il quale compare nelle carte come «agente» di diversi greci lì residenti. In occasione del processo, quest'ultimo inviò a Roma un attestato di onestà e probità a favore del giovane prete greco, sottoscritto anche da altri maltesi e greci. Altri attestati «super vita, et moribus» gli giunsero pure dal vescovo di Malta.[140]

In questa vicenda, i confini della nazione sfumano all'interno di uno spazio relazionale più ampio e composito. L'esperienza di Vido non costituisce un caso singolare e isolato. Anche le vite di molti altri migranti ortodossi, comprese quelle dei mercanti, si svolgevano all'interno di uno spazio socialmente interconnesso, dove gruppi e individui di origine diversa si incontravano e si mescolavano, in forme e gradi diversi.

3. *Relazioni e incontri interculturali*

Il modello della «coalizione», elaborato da Avner Greif per descrivere l'organizzazione dei «mercanti maghribi» durante i secoli XI-XII,[141] è

139. ASPF, SOCG, vol. 668, 21 agosto 1730, c. 101r.

140. *Ibidem.*

141. Vedi in particolare: Greif, *Reputation and coalitions in Medieval trade*; Id., *The organization of long-distance trade.* I « maghribi» studiati da Greif sono un gruppo di mer-

stato utilizzato anche da molti studiosi delle diaspore commerciali di epoca moderna e contemporanea. La chiusura del gruppo, prevista da questo modello, sarebbe stata centrale, ad esempio, nel caso dei mercanti armeni di Nuova Julfa studiati da Aslanian: il capitale sociale alla base delle reti armene era in larga parte generato dall'esistenza di «confini e regole chiaramente definite che limitavano l'appartenenza alla rete ad individui che condividevano valori e credi comuni».[142] L'idea di un'organizzazione sociale e commerciale delimitata da chiari confini culturali è stata dominante in modo particolare negli studi sulla diaspora marittima greca. Pepelasis Minoglou, ad esempio, ha utilizzato il modello della coalizione per descrivere le reti dei grandi commercianti greci nell'età dell'oro (1780-1912) e in generale l'organizzazione economica e sociale della diaspora mercantile greca a cavallo tra Sette e Ottocento. Secondo la studiosa, le reti mercantili greche configuravano «un circuito chiuso di fiducia e reputazione», una struttura amorfa che si sviluppava internamente in una sequenza di piccoli sottoinsiemi tra loro intersecati. Solo raramente questo sistema includeva collaborazioni *ad hoc,* per lo più a breve termine, con membri di altre minoranze commerciali.[143]

Nonostante l'importanza attribuita alle credenze e ai valori condivisi dai membri della coalizione, il modello elaborato da Greif non riflette una concezione essenzialista di gruppo: il gruppo – afferma Greif – era il prodotto della coalizione, non viceversa; perciò, quando «i mercanti maghribi cessarono di operare nel commercio a lunga distanza [...] le interazioni sociali diminuirono, e la struttura sociale – il gruppo dei mercanti maghribi – perse la sua vitalità».[144] Le strategie economiche e dunque la natura della rete dipendevano dalle risorse relazionali e legali a disposizione in un determinato contesto socio-economico. Nel paragrafo precedente abbiamo accennato a quanto diversi fossero gli interessi economici, i profili sociali e le appartenenze regionali dei mercanti greci della diaspora. Diversi erano anche i contesti sociali ed economici all'interno dei quali questi mercanti

canti ebrei che durante il X secolo emigrarono dalla regione di Baghdad, nell'Iraq abbaside, verso il Nord Africa, nel Califfato fatimide (Greif, *Cultural beliefs*, p. 266).

142. Aslanian, *Trust, social capital,* p. 385.

143. Pepelasis Minoglu, *Toward a typology of Greek-diaspora entrepreneurship,* pp. 176-179.

144. Greif, *Reputation and coalitions in Medieval trade*, p. 879. Negli ultimi anni il modello elaborato da Greif è stato oggetto di profonde critiche e revisioni (vedi in particolare: Edwards, Ogilvie, *Contract enforcement*; Aslanian, *Social capital, trust*, p. 393).

operavano e quindi le strategie commerciali e relazionali adottate dagli stessi per condurre i loro affari.

Negli ultimi decenni, un numero crescente di studiosi ha cercato di comprendere i meccanismi formali e informali attraverso cui funzionava il commercio transculturale negli spazi oceanici e all'interno del Mediterraneo moderno. Questi studi hanno mostrato quanto la cooperazione interculturale fosse un elemento strutturale del commercio nei secoli dell'età moderna.[145] Seppur con qualche ritardo rispetto alla letteratura sulle altre minoranze commerciali, anche all'interno dei *Modern Greek studies* gli studiosi hanno iniziato ad esplorare la dimensione transculturale del commercio greco.[146] Ad esempio, Ina Baghdiantz McCabe e Gelina Harlaftis hanno cominciato ad indagare la collaborazione tra le reti greca e armena in Estremo Oriente. Nei secoli XVI-XVII, la cooperazione interculturale con altre reti mercantili aveva avuto un ruolo centrale all'interno delle strategie dei mercanti greci sudditi della Serenissima. Lungo la rotta che collegava il Mediterraneo orientale ai mercati dell'Europa settentrionale, le reti dei mercanti greco-veneziani cooperavano con quelle gestite dai mercanti inglesi all'interno di un rapporto di reciproca dipendenza economica.[147] Una «impressionante connettività» legava questi mercanti anche ad altri operatori commerciali – veneziani e fiorentini – attivi sulla stessa rotta e agli ebrei portoghesi residenti nella Dominante, i quali agivano come connettori tra i greci e i mercanti inglesi e fiamminghi abitanti a Venezia.[148]

La collaborazione tra diaspore mercantili non era l'unica forma di associazione transculturale praticata dai mercanti greci della diaspora. Le reti gestite attraverso il Mediterraneo dai grandi commercianti greci non si basavano in modo esclusivo sui legami etno-confessionali e su strategie matrimoniali di tipo endogamico, ma includevano in alcuni casi agenti locali esterni alla nazione.[149] Agli inizi dell'Ottocento, Petrocochino e

145. Trivellato, *Introduction. The historical and comparative study*, pp. 1-4; cfr. Baghdiantz McCabe, *No diaspora network is an island*, pp. 145-146.

146. Cfr. Baghdiantz McCabe, *Opportunity and legislation*, pp. 82-84; vedi in particolare: Carras, *Εμπόριο, πολιτική και αδελφότητα.*

147. Fusaro, *Cooperating mercantile networks*, pp. 710-713.

148. Fusaro, *Coping with transition*, p. 107. A proposito della cooperazione tra reti greche e inglesi a cavallo tra i secoli XVIII-XIX, vedi: Vlami, Mandouvalos, *Entrepreneurial forms and processes.*

149. Cfr. Vlami, *Το φιορίνι, το σιτάρι και η οδός του κήπου*; Katsiardi-Hering, *Greek merchant colonies in central and south-eastern Europe*, p. 138.

Rodacanachi, due mercanti chioti residenti nel porto toscano, gestivano l'acquisto e il trasporto del grano da Costantinopoli o da Odessa in associazione con mercanti asburgici residenti nel porto del Mar Nero.[150] A Napoli, dove i greci residenti erano in gran parte militari e commercianti di piccola e media grandezza, i grandi commercianti greci di grano russo e ottomano, residenti a Livorno o in Levante, operavano attraverso la mediazione di agenti napoletani, membri di importanti famiglie mercantili attive nel commercio internazionale del grano.

Secondo Maria Fusaro, lo sviluppo di forme di cooperazione transculturale o di reti organizzate da un'istituzione statale, come nel caso inglese, non eclissò l'importanza che le reti di tipo tradizionale, fondate cioè sui legami etnici e di parentela, avevano nell'organizzazione del commercio mediterraneo in età moderna.[151] Secondo Antony Molho e Diogo Ramada Curto, invece, «le reti fondate su un'identità unica potrebbero essere appartenute a una forma di organizzazione più semplice e più antica di quelle che connotavano e integravano comunità con origini etniche e sociali differenti».[152] In particolare, la crescente specializzazione commerciale e la diffusione di pratiche mercantili sempre più standardizzate potrebbero aver favorito lo slittamento da organizzazioni ompogenee allo stabilimento di relazioni transculturali. In realtà, come è stato sottolineato all'interno di numerosi studi, la creazione di legami interculturali con altre reti e/o individui esterni alla nazione era soprattutto una necessità legata al bisogno di ogni gruppo mercantile di superare i limiti e le costrizioni che una rete chiusa avrebbe comportato nell'accesso ai mercati di consumo o di produzione o nella disponibilità di capitali.[153]

È all'interno di una logica di questo tipo che si spiega la cooperazione tra i mercanti greci di Livorno e quelli napoletani, asburgici e francesi, come anche la collaborazione tra i mercanti greci e ragusei lungo il tratto di mare che collegava le coste orientali dell'Adriatico e del mar Ionio alla Pu-

150. ASN, PA, PV, b. 61, fasc. 5, cc. 1r-12v, (novembre 1803 - gennaio 1804); b. 108, fasc. 18, cc. 1r-19v (dicembre 1805 - gennaio 1806). Nei fascicoli processuali sono menzionati soltanto i cognomi dei due greci titolari della ditta. Il Petrocochino citato in questi documenti potrebbe essere il console Nicola Petrococchino (vedi: Grenet, *Al servizio del Gran Signore*?)

151. Fusaro, *Cooperating mercantile networks*, pp. 702-703.

152. Molho, Ramada Curto, *Les réseaux marchands à l'époque moderne*, pp. 577-578.

153. Antunes, *Cross-cultural business cooperation*, p. 151 (vedi nello stesso volume anche il saggio di Marzagalli, *Trade across religious and confessional boundaries*).

glia. Nella conduzione del commercio dei prodotti levantini i mercanti greci residenti nella provincia di Terra di Bari traevano vantaggio non soltanto dalle loro reciproche relazioni. Dentro una logica di interdipendenza e complementarietà, la cooperazione con i capitani e i mercanti ragusei residenti nella stessa provincia era fondamentale in due principali ambiti: nel trasporto marittimo dei prodotti levantini dai mercati ottomani sulle coste pugliesi e nell'importazione nel Regno napoletano e in altri centri della penisola delle pelli provenienti dai paesi dell'entroterra balcanico. Da Giannina i mercanti greci inviavano le merci ai loro agenti in Ragusa, da dove le navi ragusee partivano per consegnare le balle di cappotti e di pelli selvaggine ai loro corrispondenti greci e ragusei residenti nel porto di Barletta.[154] Oppure, gli stessi mercanti stipulavano in Giannina contratti di nolo con capitani ragusei, greci o slavi originari delle Bocche di Cattaro per il trasporto della merce in Puglia attraverso l'isola di Corfù, principale nodo di transito nel Settecento lungo le rotte che collegavano l'Impero ottomano ai mercati dell'Europa occidentale.[155] Nel maggio 1766 giunse nel lazzaretto di Barletta un padron di barca raguseo con la sua tartanella carica di cera gialla, lana e una balla di rascia: una parte della merce era destinata ad Attanasio Chiriachì, l'altra ad un commerciante raguseo, Giorgio Milcovich.[156] Ancora diversi decenni dopo, nel 1814, il bocchese Demetrio Gojcovich, comandante del trabbaccolo francese la «Madonna del Rosario», giunse nel porto di Barletta per caricare sul suo legno 2.500 tomola di grano per conto di Stamuli Mastramaca e Pietro Ajovlassiti. La consegna della merce nel porto fu effettuata da due negozianti ragusei, Michele Milcovich e suo figlio.[157]

A bordo di questi bastimenti viaggiavano insieme individui di diversa lingua e religione. Sull'imbarcazione del capitano corcirese Giorgio Teodosi viaggiava anche Dimo Turco insieme ad Anastasio Calvioti e ad un certo numero di marinai greci e slavi.[158] Anche nella lista dei membri dell'equipaggio presenti a bordo del bastimento di proprietà del corfiota Basilio Grasso compare un certo Lià Rajs.[159] Simili incontri inter-culturali erano un'esperienza

154. ASBT, NB, vol. 933, 13 aprile 1782, cc. 104v-106v; vol. 638, 4 giugno 1766, cc. 210v-212r; vol. 416, 16 giugno 1732, c. 455rv; vol. 415, 1731, cc. 276r-277r.

155. N. G. Moschonas, *Navigation and trade*, pp. 194-195.

156. ASBT, NB, de Divitis Bartolomeo, vol. 638, 1766, 4 giugno, cc. 210v-212r.

157. ASBT, NB, Lupoli Giacomo, vol. 1001, 5 febbraio 1814, cc. 40r-41v.

158. ASBT, NB, D'Elia Giuseppe, vol. 416, 20 aprile 1732, c. 257rv; 27 giugno 1732, c. 451rv.

159. ASBT, NB, D'Elia Giuseppe, vol. 411, 6 aprile 1727, cc. 254v-255r; 31 marzo 1727, c. 235rv.

comune sulle navi che viaggiavano sulle rotte del commercio mediterraneo.[160] Più interessante è costatare negli atti notarili e nei libri parrocchiali l'esistenza tra i greci e i ragusei residenti nel porto pugliese di relazioni d'affari e personali più intense e durature. Accanto alle collaborazioni e agli accordi societari,[161] i legami di padrinato testimoniano l'intensità di queste relazioni anche fuori dalla sfera commerciale: nei registri di battesimo della chiesa cattedrale di Barletta Luca Passaretti di nazione ragusea compare come padrino del figlio di Attanasio Fozio, scritturale del console Chiriachì;[162] in un registro successivo un certo Giovanni Buch di Ragusa, «dottor fisico», compare come padrino del figlio di Spiridione Chiriachì.[163] In un caso troviamo testimonianza anche di legami di tipo matrimoniale.[164] La cooperazione tra queste due nazioni nasceva dal radicamento di entrambe all'interno di uno spazio economico, commerciale e sociale integrato e condiviso. L'emporio barlettanto, con il suo retroterra agricolo, costituiva uno dei poli di questo spazio insieme al porto di Ancona, dove per tutto il Settecento i legni ragusei andavano «a sbarcare il tradizionale carico di cera, cuoio, pelli, cordovani, lana» provenienti dalle regioni interne dei Balcani.[165] Che a questo spazio di relazione e di commercio partecipassero anche operatori commerciali regnicoli è testimoniato, tra gli altri, da un atto notarile del 1790: attraverso il notaio il greco Spiridione, in rappresentanza della ditta Chiriachì, protestava per il mancato pagamento di una cedola di cambio emessa in Ragusa nel giugno di quell'anno da Pasquale Patella, un mercante barlettano di cere, il quale si era impegnato a pagare ai signori Chiriachì circa 140 ducati corrispondenti alla valuta ricevuta in Ragusa da un padron raguseo di nome Giovanni Peric.[166]

Ad Amsterdam, tra i secoli XVII e XVIII, la crescente interazione economica tra mercanti ebrei e cristiani era strettamente legata ai cambiamenti occorsi nella stessa epoca all'interno dello spazio transoceanico olandese, al quale era ancorata l'attività commerciale e finanziaria di quei mercanti.

160. Greene, *Catholic pirates and Greek merchants*, pp. 135-136.

161. ASBT, NB, Barracchia Vincenzo, vol. 1159, 23 maggio 1794, cc. 15v-16v; Lupoli Giacomo, vol. 983, 16 maggio 1792, cc. 124r-125v.

162. ADPB, Registri parrocchiali del Capitolo della cattedrale di Santa Maria Maggiore, libro dei battesimi, vol. XIII (1747-1755), 12 gennaio 1755, c. 160r.

163. Ivi, Libro dei battesimi, vol. XVII (1787-1796), 27 febbraio 1792, c. 127v.

164. Ivi, 16 agosto 1787, c. 8v.

165. Caracciolo, *Il porto franco di Ancona*, pp. 50-51.

166. ASBT, NB, Spera Orazio, vol. 1029, 1790, cc. 164v-165v.

Nonostante la crescita delle relazioni commerciali interculturali, nella città olandese le comunità mercantili rimanevano separate tra loro da rigidi confini sociali.[167] Al contrario, nel caso delle relazioni greco-ragusee, i confini sociali e le reciproche differenze culturali erano attenuate da una serie di fattori, generati anche e soprattutto dal contesto locale.[168] I ragusei e i mercanti epiroti non solo condividevano lo status di forestieri e di sudditi ottomani. Sebbene i primi, come la popolazione nativa, fossero cattolici e i secondi ortodossi, questi ultimi avevano dovuto presto adattarsi all'assenza di una chiesa del proprio rito. Già pochi anni dopo il suo insediamento in Terra di Bari, il console ottomano aveva instaurato rapporti stretti e profondi con esponenti e istituzioni ecclesiastiche locali. Un atto notarile mostra come nel 1745 i procuratori del Monte di Pietà di Barletta avessero concesso in enfiteusi al console Attanasio Chiriachì una grande casa con magazzino e bottega, bisognosa di ristrutturazioni, situata nella strada della Cordoneria. Il greco – si legge nel documento – meritava quella concessione in quanto si era mostrato «ben affetto al sacro luogo», alla cui fondazione avevano concorso numerosi negozianti stranieri residenti in città.[169] Due decenni dopo, nel 1766, accanto al connazionale Attanasio Fozio, suo scritturale, il console greco aveva al suo servizio, nella propria abitazione, anche il reverendo canonico Oronzo Martire e il magnifico Nicola Iato di Barletta, impiegati rispettivamente come cappellano e fattore.[170]

Nel capitolo precedente, lo spoglio degli atti notarili ha consentito di misurare il grado d'integrazione dei mercanti greci nella società locale, mostrando le relazioni diverse che essi stabilirono con molteplici attori sociali. Mentre i legami con i mercanti regnicoli non si limitavano a semplici contatti e accordi di compravendita,[171] la maggioranza dei membri

167. Antunes, *Cross-cultural business cooperation*, pp. 165-168; Trivellato, *Sephardic merchants in the early modern Atlantic*, p. 116. Sul commercio transculturale ad Amsterdam, vedi anche Roitman, *The same but different?*. Per un'interpretazione delle relazioni transculturali tra gli ebrei sefarditi di Livorno e le altre comunità confessionali, vedi il concetto di «cosmopolitismo comunitario» in Trivellato, *The familiarity of strangers*, pp. 73-74, 99-101.

168. A questo proposito, vedi la discussione critica sul concetto di cross-cultural trade in: Halevi, *Religion and cross-cultural trade*, pp. 401-41.

169. Attanasio, però, non avrebbe potuto alienare, cedere o permutare la detta casa a nessuno, «massime a chiese, persone ecclesiastiche», senza il consenso del Real Monte (ASBT, NB, D'Elia Giuseppe, vol. 429, 17 settembre 1745, cc. 620r-628v).

170. ASBT, NB, de Divitis Bartolomeo, vol. 638, 15 agosto 1766, cc. 337v-340v.

171. ASBT, NB, Paolillo Antonio, vol. 940, 18 settembre 1789, cc. 232r-239r; Emanuele Dembek, vol. 1027, 25 giugno 1788, cc. 298r-299v.

della nazione greca sembra intrattenesse relazioni per lo più transitorie e occasionali con gli altri forestieri presenti sul territorio, con l'eccezione dei ragusei.[172] Il carattere sporadico di queste relazioni deve essere ricondotto più a ragioni di natura commerciale che ad un particolare *ethos* nazionale. Soltanto la famiglia Chiriachì era legata da strette relazioni commerciali anche ad altri negozianti esteri. Pur rimanendo legati al commercio e al mondo levantino, i rapporti e gli interessi economici di questa famiglia divennero nel tempo sempre più estesi e variegati. Nel 1791 Spiridione Chiriachì, figlio del console Attanasio, stipulò un contratto di società per la produzione e la vendita di acquavite con un connazionale di Corfù, Spiridione Seremeti, e un mercante genovese, Filippo Regalino. Secondo i termini del contratto, ciascuno avrebbe dovuto concorrere all'acquisto, in città o in altri luoghi, di 1.800 some complessive di vino di buona qualità per la produzione di acquavite; ogni lunedì si sarebbero riuniti in casa di Chiriachì per il loro conteggio, fino al raggiungimento della quantità stabilita.[173] In altri atti Spiridione, rappresentante della ditta «Attanasio Chiriachì e figli», compare come intermediario tra commercianti esteri e mercanti/produttori locali. Agli inizi degli anni novanta, il greco acquistò alcune quantità di vino da diversi produttori locali per conto della ditta dei Signori Baunteuf e Baizes di nazione francese residenti nella città di Brindisi.[174] Nello stesso periodo Spiridione agì come intermediario anche tra un negoziante di Barletta, Pietro de Rosa, e alcuni mercanti livornesi. Su commissione di questi ultimi il mercante greco fece caricare sulla polacca del padron napoletano Michelangelo Canossa una balla di «facioletti» prodotti nelle fabbriche dei cantoni svizzeri, destinata al compratore de Rosa, il quale avrebbe dovuto rivendere la merce alla fiera di S. Martino. Quando de Rosa avanzò dubbi sulla qualità della merce acquistata, «per dar riprova di sua onestà e buona fede nel commerciare», Spiridione decise di tenere per sé la balla, almeno fino all'esito della perizia.[175]

La «buona fede» era dunque una qualità costruita dal mercante anche e soprattutto attraverso una lunga consuedutine di rapporti, all'in-

172. Ad esempio, Attanasio Costantino, «negoziante greco suddito della Porta», nel porto di S. Cataldo contrattò la vendita di 115 cantara di pece con Mattia Gambino, suddito veneto, che lì era capitato con il suo trabacoletto da Cefalonia (ASBT, NB, Centaro Fedele, vol. 888, 3 giugno 1781, cc. 106r-107v).

173. ASBT, NB, Paolillo Antonio, vol. 1048, 9 dicembre 1791, cc. 569r-571r.

174. ASBT, NB, Barracchia Francesco, vol. 1049, 12 giugno 1792, cc. 244v-247v.

175. Ivi, 9 novembre 1791, cc. 484r-488r.

terno di un contesto di scambi e di relazioni più ampio di quello definito dai confini della nazione. Le reti del credito, dove le relazioni fiduciarie assumevano una rilevanza particolare, coinvolgevano anche individui esterni a essa. L'utilizzo di lettere di cambio non era limitato perciò agli scambi con i corrispondenti residenti in Levante,[176] ma era spesso utilizzato dai mercanti greci come strumento di pagamento nella vendita o nell'acquisto di merci da commercianti locali. Agli inizi del XIX secolo Cristoforo Dimo, in virtù di una lettera di cambio, si impegnò a pagare a Marco Cioffrese la somma di 402 ducati per l'acquisto di una quantità corrispondente di olio.[177] Nel marzo del 1793 il banco di S. Giacomo, per conto di due sudditi veneti, Gregorio e Costantino Cuppa di nazione greca, pagò la somma di 147 ducati e grana 20 ad un negoziante di Napoli, Liborio Guarracino, per l'acquisto di alcuni merletti d'oro. Non era raro che i mercanti greci fossero citati in giudizio nei tribunali del Regno perché inadempienti. Anche i mercanti greci accettavano come pagamento per le loro mercanzie la cessione di un credito o prestavano somme di denaro, anche ingenti, ad individui esterni alla nazione. Spesso si trattava di massari caduti in disgrazia a causa delle «male annate»[178] oppure di bottegai gravati dai debiti,[179] i quali ricorrevano all'intercessione di «comuni amici» e conoscenti per ottenere prestiti o dilazioni di pagamento.[180] Il riferimento ricorrente alle «preghiere» degli amici rimanda a un processo precoce di radicamento e integrazione nella società locale, di cui costituisce un riflesso anche il frequente ricorso a procuratori o messi esterni per la riscossione di crediti o per il disbrigo di affari in luoghi diversi da quello di residenza. Un certo Felice Raffaele, barlettano, compare nelle carte come «Avvocato generale della nazione greca, e special messo dei Signori Demetrio di Giovanni Dimo e Fratelli»:[181] questi ultimi avevano affidato a Raffaele l'incarico di riscuotere per loro conto alcuni crediti dalla famiglia Samarelli. In molti altri casi anche i mercanti greci agivano come procuratori oppure operavano in qualità di commessi per conto di commercianti regnicoli.[182]

176. Cfr. Eldem, *La circulation de la lettre de change,* pp. 87-97.
177. ASN, PA, SMC, b. 27, fasc. 42, anno 1802.
178. ASBT, NB, Paolillo Antonio, vol. 1048, 30 novembre 1791, cc. 538v-547r.
179. ASBT, NB, Barracchia Francesco, vol. 1049, 26 gennaio 1792, cc. 8v-11r.
180. ASBT, NB, Pasquale Dionisio, vol. 532, 7 maggio 1758, cc. 43r-46r.
181. ASBT, NB, Lupoli Giacomo, vol. 981, 29 aprile 1787, cc. 85r-90v.
182. In un atto notarile del 1766 il console Chiriachì compare come commesso di

Le profonde connessioni che legavano la nazione greca alla società e soprattutto al tessuto economico regnicolo, descritte nel capitolo precedente, si traducevano anche nella stipulazione di contratti di società con partner provenienti dalla società locale. Anche tra i greci residenti a Napoli e a Messina erano diffuse simili forme di associazione commerciale. A Napoli, nel luglio 1790, Teodoro Gavalà, caffettiere di nazione greca, stipulò dinanzi ad un notaio un contratto di società con un certo Stefano Salvio di Sulmona per l'avvio di una fabbrica di confetture e dolci nella città abruzzese: Salvio si sarebbe dovuto occupare della loro preparazione e vendita, mentre Teodoro avrebbe fornito gli zuccheri, le cannelle e gli altri beni e utensili necessari alla «fabrica».[183] Nell'ottobre 1798, un negoziante originario di Salonicco, Volizo Lascari, residente a Messina, inviò da Genova una cassa di calzette di seta di Francia a due agenti napoletani, Adriano de Introna e Tommaso Lopez, affinché le vendessero per suo conto. I due napoletani non pagarono mai al mercante greco il profitto ricavato dalla vendita.[184] Forme di associazione interculturali erano particolarmente comuni tra individui che praticavano lo stesso commercio e attività. Ad esempio, a Napoli, il gruppo dei caffettieri greci, la maggior parte dei quali proveniva dall'isola di Santa Maura, non costituiva un corpo chiuso, che operava in concorrenza con quello dei caffettieri napoletani. Quando Mariano Zacca decise di lasciare Napoli e tornare per alcuni anni nella sua patria Santa Maura per occuparsi dei suoi affari, affidò a un mercante napoletano, Giovanni Irolla, non solo la conduzione della sua bottega ma anche il compito di riscuotere alcuni crediti da diversi suoi debitori.[185]

La dimensione transculturale del commercio greco non riguardava soltanto il contesto napoletano. Nel porto franco di Livorno, dove viveva una

un negoziante di Napoli, Salvatore Sfarzo, per la riscossione di una cambiale emessa da Nicolò Virgilio di Barletta (ASBT, NB, de Divitis Bartolomeo, vol. 638, 18 luglio 1766, cc. 306v-307r).

183. ASN, PA, SMC, b. 15, fasc. 14, anno 1791.

184. A presentare istanza dinanzi al Tribunale per la soddisfazione del debito non fu però Lascari ma diversi suoi compatrioti, i quali, vantando numerosi crediti nei suoi confronti, sollecitarono da Salonicco l'agente consolare della sublime Porta residente a Messina affinché perseguisse in giudizio a Napoli la ditta di Tommaso Lopez (ASN, PA, SMC, b. 33, fasc. 16, anni 1798-1805).

185. ASN, PA, SMC, b. 34, fasc. 26, anno 1803. Negli atti di un processo in cui il caffettiere Attanasio Panilopolo fu citato come debitore di un commerciante locale, Francesco de Marino, per il mancato pagamento di una cambiale, tra i suoi testimoni compare un caffettiere napoletano, Gennaro di Cesare (ASN, PA, SMC, b. 7, fascc. 11-18-114, anno 1777).

moltitudine di nazioni forestiere di origine e religione diversa, i greci melchiti operavano in associazione con mercanti ebrei e ragusei. In una relazione inviata alla Congregazione romana di Propaganda Fide, il sacerdote greco-corso Patrizio Stefanopoli raccontava dell'arrivo dal porto di Alessandria a quello di Livorno di una nave ragusea carica di lino, cera, caffè, incenso e altre mercanzie, destinate a Giuseppe Bocti e ad «altri Greci Melchiti» da un mercante ebreo «detto Carvaglies».[186] Gli studi sulle attività dei mercanti greci ortodossi residenti nel porto toscano, in particolare, hanno insistito sul carattere chiuso di questo gruppo commerciale. Despina Vlami ha evidenziato l'importanza e l'esclusività dei legami di sangue e confessionali alla base dell'impresa commerciale greca nell'emporio toscano, dove, come a Trieste, le strutture familiari e aziendali si modellavano a vicenda.[187] La partecipazione dei mercanti greci ad una élite mercantile e professionale più ampia, comprendente tutti i mercanti residenti nel Granducato,[188] sarebbe stata l'esito di un'evoluzione sociale e culturale piuttosto tarda. Soltanto nella seconda metà dell'Ottocento si giunse all'abolizione della norma statuaria che subordinava l'accesso alla confraternita all'obbligo di sposare una donna greca.[189] Fino ad allora, l'interazione con le altre componenti della società locale non sarebbe andata oltre la partecipazione ad associazioni commerciali multietniche come le Camere di commercio o la Borsa.[190]

Eppure, come abbiamo già osservato all'interno di questo paragrafo, i mercanti greco-ortodossi di Livorno operavano attraverso il Mediterraneo anche per mezzo di agenti napoletani e partner stranieri. Sebbene i dati raccolti qui su Livorno siano scarsi e per lo più indiretti, altri frammenti documentari suggeriscono l'esistenza di una realtà più varia di quella descritta nella letteratura sulle reti mercantili greche. All'interno dell'emporio livornese, è ancora una volta Stefanopoli a parlare dell'esistenza di «vicendevoli mercantili interessi» anche tra «disuniti» e cattolici.[191] Per

186. ASPF, SC, Italogreci, vol. 5, Livorno, 16 novembre 1766, c. 201rv.

187. Vlami, *Το φιορίνι, το σιτάρι και η οδός του κήπου*, pp. 32-35; Ead., *Η οἰκογένεια τῶν ελλήνων ἐμπόρων τῆς διασπορᾶς*, pp. 177-204.

188. Vlami, *Το φιορίνι, το σιτάρι και η οδός του κήπου*, p. 33.

189. La norma fu rimossa nel 1873. Su 11 matrimoni celebrati nella chiesa della Santissima Trinità di Livorno tra il 1867 e il 1873, 7 erano unioni esogamiche (Vlami, *Το φιορίνι, το σιτάρι και η οδός του κήπου*, pp. 448-449).

190. Gekas, Grenet, *Trade, politics and city space(s) in Mediterranean ports*, pp. 96-100.

191. ASPF, SC, Italogreci, vol. 5, Livorno, 1766, c. 172rv. Nel suo studio comparativo

quanto riguarda i rapporti con i commercianti locali, questi non avevano soltanto una natura occasionale e transitoria. Anastasio Giampieri, un commerciante greco di gemme, di ritorno da Gibilterra avrebbe dovuto consegnare a Livorno a un mercante della città, Gio. Iucher Becheres, una parte della somma contrattata a Gibilterra per l'acquisto delle gioie. Non avendo denaro a sufficienza, nell'emporio toscano stipulò una società con la «casa» Sartori.[192]

La creazione di relazioni interculturali è stata considerata soprattutto come il riflesso di un *ethos* inscritto nello spazio neutrale e cosmopolita del commercio. Comune a molti studi è l'idea secondo cui alla base dello sviluppo di relazioni inter-confessionali e di pratiche transculturali ci sarebbero state innanzitutto complementarietà e interdipendenze di natura economica, quasi che solo «la douceur du commerce»,[193] in virtù della superiorità dell'interesse economico, potesse favorire la creazione di legami tra gruppi confessionali diversi. In un saggio sulla trasmissione delle notizie attraverso le reti mercantili nel Mediterraneo tardo medievale, Eleanor Congdon avanza l'ipotesi secondo cui i mercanti internazionali «alla fine del XV secolo formavano una comunità o persino una cultura» plasmata dalla condivisione delle notizie e delle informazioni.[194] Molly Greene ha messo l'accento sull'importanza del commercio come «spazio neutrale» all'interno del Mediterraneo sud-orientale. Sulle navi ottomane predate dai corsari maltesi viaggiavano insieme turchi, armeni e greci, provenienti da diverse parti del Mediterraneo ottomano. Quando non facevano parte dello stesso equipaggio, questi mercanti s'incontravano nei porti lungo il tragitto, aiutandosi l'un l'altro e scambiandosi informazioni commerciali e di altro genere: «diverse di queste transazioni – osserva Greene – attraversa-

sulle comunità di Livorno, Venezia e Marsiglia, Grenet smentisce il sacerdote Stefanopoli, sostenendo l'assenza non solo di rapporti economici tra greci uniti e scismatici, ma in generale di ogni forma di cooperazione tra le diverse minoranze del porto toscano. Grenet, *La fabrique communautaire,* p. 45; Gekas, Grenet, *Trade, politics and city space(s) in Mediterranean ports*, pp. 94-95.

192. ASN, MAE, Nazione greca, b. 4403, fasc. Palazzo, 18 giugno 1745, Memoriale del supplicante Anastasio Giampieri, rimesso al Supremo magistrato di commercio.

193. L'espressione «doux commerce» si deve a Montesquieu [*De l'esprit des lois*, libro XX, cap. I] (vedi: Ghorbel, *Études sur le XVIIIe siècle,* p. 217).

194. Una posizione opposta è espressa da Benjamin Braude, studioso degli ebrei ottomani, secondo il quale ciascuna rete religiosa disponeva di un proprio sistema di «market intelligence» (Braude, *Venture and faith in the commercial life of the Ottoman Balkans,* p. 528).

vano le distinzioni religiose: il porto [di Rosetta] sembra sia stato uno spazio neutrale al quale poteva partecipare chiunque fosse connesso al mondo del commercio solo sulla base di quella connessione».[195]

La prevalenza dell'elemento mercantile all'interno delle cosiddette *paroikies* greche ha portato a trascurare la creazione di relazioni interculturali non strettamente connesse alla sfera commerciale. Nel Regno meridionale, i legami dei mercanti ortodossi con l'ambiente cattolico si estendevano anche oltre l'ambito mercantile. Nella comunità greca di Napoli, ad esempio, il rito del padrinato non di rado era utilizzato dai greci per creare vincoli anche con membri della società napoletana, a cui erano uniti da interessi diversi da quelli commerciali. Questa pratica transculturale, documentata in modo ricorrente nei registri settecenteschi dei battesimi, riguardava a Napoli soprattutto, ma non solo, gli ufficiali e i tenenti del Reggimento macedone. Il genovese Domenico Molfino compare, ad esempio, come padrino di Demetrio, figlio di un capitano del Reggimento, Evangelista Vigneri di Cefalonia, e di Maria, napoletana, entrambi di nazione greca.[196] Lo status particolare dei capitani del Reggimento – alcuni dei quali vantavano anche nobili natali – e la loro vicinanza agli ambienti di corte, spiegano l'esistenza di legami di padrinato anche con membri dell'aristocrazia regnicola e napoletana e, talvolta, anche con esponenti del clero locale. Al battesimo di uno dei figli del nobile corfiota Giacomo Pieri, accanto a diversi baroni e baronesse, partecipò in veste di padrino anche l'abate Francesco Borzi.[197] La Principessa Maria Anna Butera, e per sua procura la duchessa Lucrezia Branciforti, fu scelta come madrina di Salvatore Maria, altro figlio del capitano Giacomo Pieri e di Maria Concetta Villegas, la quale era figlia del cavaliere Diego Villegas y Scevallo, primo ufficiale della Reale tesoreria di Palermo.[198] In un altro atto il padrino designato è il «Re Cattolico»: in sua vece partecipò alla cerimonia il «contrarolo di Sua Maestà delle due Sicilie», Ferdinando Faltes.[199]

195. Greene, *Catholic pirates and Greek merchants*, p. 136.

196. ASDN, Registri parrocchiali della parrocchia dei SS. Pietro e Paolo dei greci, libro dei battesimi 1736-1777, 26 maggio 176.

197. Ivi, 20 giugno 1776.

198. Ivi, 17 ottobre 1772; anche il marchese napoletano Carlo Mazacara fece da padrino al figlio del capitano di Cefalonia Evangelista Vigneri (ivi, 6 gennaio 1765).

199. L'esatta menzione è al «Nostro Re Cattolico» e si ritrova nell'atto di battesimo di un altro figlio del capitano Vignevi (ivi, 6 dicembre 1762). Il «contrarolo» era colui che spacciava la posta.

Il padrinato esogamico era una pratica comune anche tra i caffettieri greci. In questo caso, i registri parrocchiali documentano i vincoli personali che univano i membri di questo gruppo ad altri forestieri. In un atto «Giorgio Nuberterra Eglibergh» dell'Elettorato di Baviera è registrato come padrino di Basilio, figlio di un caffettiere albanese originario di Drimades e di Cestara di Aversa.[200] Lo spagnolo Ferdinando di Martinez, invece, compare come il padrino di Filippo, figlio di Giovanni Anastasio, caffettiere di Missolongi, e di Caterina Esposita napoletana.[201] Come questi, anche altri caffettieri e mercanti greci, membri della comunità di Napoli o residenti in Terra di Bari, erano accasati con donne latine. A Napoli, i migranti greci di seconda generazione, ma non solo, spesso sposavano donne napoletane. In alcuni casi le spose erano estere, come la spagnola Rosa Areilza[202] e Maria Maddalena (*alias* Anna Luchese), originaria dell'isola di Malta,[203] oppure originarie di altre città del Regno. Con l'arrivo della flotta russa nelle acque e nei porti del Mediterraneo, nei registri parrocchiali della fine del Settecento e dei primi decenni del secolo successivo compaiono anche nomi di funzionari e ufficiali moscoviti: associati ad essi – come coniugi, padrini o testimoni – troviamo anche quelli di donne di diversa provenienza, polacche, ungheresi e francesi.[204]

Attraverso alcune storie riferite nelle relazioni indirizzate a Propaganda o negli atti dei processi civili, anche individui di religione musulmana entrano, sebbene più di rado, all'interno di questo spazio di relazione cattolico-ortodosso. Su una tartana naufragata sulle coste pugliesi intorno alla metà del Settecento, un mercante e sette marinai di «nazione turca», originari dell'Albania, viaggiavano guidati da un pilota raguseo di fede

200. Ivi, 16 agosto 1768; nello stesso registro compaiono altri due individui originari dello stesso territorio: Giorgio Huber (25 novembre 1762) e Giovan Elisper (24 settembre 1764).

201. Ivi, 6 agosto 1756. L'elenco continua con altri casi in cui il padrino è un suddito estero o regnicolo, o più spesso napoletano.

202. Ivi, 7 gennaio 1770.

203. Ivi, 9 agosto 1753.

204. Al matrimonio celebrato il 5 febbraio 1826 tra Alessandro Dugekoff ed Elisa Weronin, era presente in veste di testimone Teodora Fiquermont (ASDN, Registri parrocchiali della parrocchia dei SS. Pietro e Paolo dei greci, libro dei matrimoni 1778-1863, 5 febbraio 1826). Da un altro documento apprendiamo che il ministro d'Austria Conte di Fiquermont aveva sposato una donna «scismatica» nella chiesa greca di Napoli (ASPF, Acta, 26 novembre 1827, *Lettera di Monsignor Nunzio in Napoli all'Eminentissimo Sig. Cardinale Segretario di Stato,* 21 ottobre 1823, c. 532r).

cattolica.[205] Per recuperare i beni depredati da alcuni abitanti di Molfetta in seguito al naufragio, si svolse un processo nel tribunale della Regia udianza di Trani, nel corso del quale due cittadini di Barletta e Giuseppe di Marco delle Bocche di Cattaro testimoniarono a favore dell'equipaggio turco. Esterni alle reti della nazione greca residente nella provincia, i naufraghi turchi non riuscirono ad ottenere dal console greco-ottomano Attanasio Chiriachì l'assistenza e la giustizia richieste, contrariamente a quanto era accaduto ad altri naufraghi greci.[206] La corrispondenza tra il console greco-ottomano e le autorità napoletane, relativa all'affare del naufragio, mostra infatti come la distinzione tra nazione greca e nazione turca segnasse un confine reale all'interno della «nazione ottomana» residente nel Regno.[207] Questo confine, sociale più che culturale, altrove era invece continuamente attraversato. A Venezia, ad esempio, i viaggiatori o i residenti di fede musulmana partecipavano alle pratiche e ai ritmi quotidiani della vita veneziana.[208] Anche fuori dallo spazio economico e sociale veneziano, dentro le fila del Reggimento macedone e sulle navi che trasportavano in Cristianità le reclute prelavate nelle acque dell'Adriatico orientale o nelle terre ottomane, i confini tra le due fedi diventavano permeabili. In alcuni casi, le distinzioni culturali e confessionali si dissolvevano nella costruzione di nuove appartenenze. Nel Settecento, nella chiesa greca di Napoli, alcuni soldati turchi originari dell'Albania e della Georgia si convertirono alla fede cristiana: mentre attraverso il rito del battesimo i convertiti attraversavano il confine che separava le due fedi, la sostituzione dei nomi turchi con altri appartenenti alla tradizione onomastica greco-bizantina assegnava loro una nuova identità.[209]

Il complesso mondo relazionale dei migranti ortodossi, esaminato

205. SBT, SRUPT, Processi civili e atti diversi in materia civile, (inv. analitico n.), b. 13, fasc. 88, anno 1757, Mehmet Reys, il suo equipaggio turco e altri marinai di nazionalità turca, Al segretario di Stato, terra e marina, Trani, 2 luglio 1757.

206. ASN, TA, SMC-Dispacci, b. 1728, fasc. 180, 22 novembre 1749.

207. Ivi, Lettera al preside e governatore dell'armi nella provincia di Bari, Barletta, 10 dicembre 1756.

208. Ortega, *Negotiating transcultural relations in the early modern Mediterranean*, p.10.

209. ASDN, Registri parrocchiali della parrocchia dei SS. Pietro e Paolo dei greci, libro dei battesimi 1736-1777: Nicola Attanasio, 26 agosto 1750; Attanasio (prima Isfrù) da Candia, 11 giugno 1758; Attanasio (prima Asambrati) del paese di Asanbratades nell'Albania, 26 luglio 1758; Silvestro da Napoli di Romania, 3 novembre 1760; Nicola (prima Mulà Maomer) nativo della Georgia, 15 settembre 1767.

all'interno di questo capitolo, ci rivela dunque l'immagine di un Mediterraneo in cui i molteplici confini, pur esistenti, non sempre separavano, ma spesso coesistevano, si sovrapponevano o sfumavano l'uno nell'altro. Conoscere la trama dei legami molteplici in cui erano inseriti i migranti ortodossi, all'intersezione tra campi di relazione diversi, costituisce un presupposto necessario per comprendere fuori da ogni semantica essenzialista il significato e la prassi della comunità. Sarà questo il tema svolto nel prossimo capitolo.

4. Dentro le comunità

Nella letteratura storica la comunità è spesso esplorata nella sua dimensione formale, ovvero come espressione sul piano giuridico-istituzionale di un'unità sociale distinta e omogenea. All'interno di questa prospettiva, la nozione di comunità spesso sottende quella d'identità, nella misura in cui quest'ultima è concepita come una forza in grado di plasmare i legami comunitari, di orientare le azioni e le percezioni del sé individuale e collettivo.[1] Minore attenzione è stata rivolta all'analisi di quelli che Angelo Torre chiama processi di produzione della località.[2] Questo limite epistemologico ha a lungo connotato soprattutto gli studi sulle minoranze religiose. In un saggio sulle comunità mercantili tra il tardo medioevo e i secoli dell'età moderna, Frédéric Mauro distingue le associazioni delle nazioni europee occidentali da quelle proprie delle «formazioni etniche di origine orientale»: sebbene «la solidarietà esistesse dentro ogni comunità mercantile» – osserva Mauro – questa sarebbe stata maggiore nei gruppi compresi all'interno della seconda categoria.[3] L'enfasi sugli aspetti culturali e una certa nozione apodittica di comunità – alla base della classificazione proposta da Mauro – caratterizzano anche molti degli studi sulle minoranze diasporiche. Per la loro capacità di trascendere i confini e le giurisdizioni statali e imperiali, queste ultime sono state generalmente interpretate come depositarie di forme tradizionali, settarie di associazione, imperniate sulla condivisione di alcuni attributi e valori culturali comuni.[4] In particolare negli studi sulle comunità ortodos-

1. Per una critica a questo approccio essenzialista ai luoghi, all'appartenenza e all'identità, vedi in particolare: Torre, *Luoghi*; Remotti, *Contro l'identità*; *Locality and belonging*.

2. Torre, *Luoghi*; vedi anche: Appadurai, *Modernità in polvere*, pp. 231-257.

3. Mauro, *Merchant communities, 1350-1750*, p. 266.

4. Vedi in particolare: Cohen, *Cultural strategies*; Slezkine, *The Jewish century*;

se nella prima età moderna, la religione e le istituzioni ecclesiastiche sono considerate come i cardini attorno a cui i legami e le strutture comunitarie erano organizzati:[5] fuori dai confini dell'Oriente ortodosso, le chiese greche e le altre istituzioni comunitarie avrebbero consentito ai greci della diaspora di preservare a lungo l'identità del gruppo, almeno fino all'emergere di processi d'integrazione a livello locale e alla secolarizzazione delle appartenenze sul piano globale.[6] L'assimilazione dei migranti nel tessuto locale è stata perciò spesso ricondotta alla negazione da parte delle autorità cattoliche di istituzioni simboliche e nazionali.

Mentre nei luoghi della diaspora le comunità ortodosse sono spesso rappresentate come spazi chiusi e omogenei, una visione diversa è emersa all'interno della ricerca storica sull'Impero ottomano, da cui provenivano molti dei migranti ortodossi presenti nelle città della penisola. Negli ultimi anni, alcuni orientamenti emersi all'interno della storiografia post-strutturalista hanno stimolato una comprensione nuova della società ottomana e il graduale superamento di una visione basata sul sistema del *millet*.[7] La porosità dei confini e l'intensità delle interazioni reciproche tra individui di fede diversa, hanno portato a scardinare l'immagine tradizionale di una società in cui diverse comunità religiose, separate le une dalle altre da rigide barriere legali e confessionali, vivevano ciascuna in uno stato di sostanziale autarchia sociale.[8] Come osserva Molly Greene:

> Le comunità ebraiche e cristiane dentro l'Impero ottomano sono state a lungo immaginate come fortezze che efficacemente offrivano riparo e disciplinava-

Bosher, *Huguenot merchants*; Bayly, *Archaic and modern globalization*; Chaudhury, *Trading networks*.

5. Per una sintesi sulle comunità greche della diaspora, vedi: Harlaftis, *Mapping the Greek maritime diaspora*; *Οι Έλληνες στη Διασπορά*. Per una panoramica sugli studi, vedi: Harlaftis, *International Business of Southeastern Europe*. Sulle singole comunità vedi in particolare gli studi di: Katsiardi-Hering, *Η ελληνική παροικία της Τεργέστης*; Vlami, *Το φιορίνι, το σιτάρι και η οδός του κήπου*; Svoronos, *Η ελληνική παροικία της Μινόρκας*; Seirinidou, *Οι Έλληνες στη Βιέννη*; Carras, *Εμπόριο, πολιτική και αδελφότητα*; Mantouvalos, *Οψεις του παροικιακού ελληνισμού*; Cicanci, *Companiile Grecesti din Transilvania*.

6. Sull'importanza della religione nella definizione delle identità dei popoli balcanici in età pre-nazionale vedi in particolare: Kitromilides, *An Orthodox Commonwealth*.

7. Alcuni esempi di questo approccio tradizionale all'organizzazione sociale e istituzionale delle minoranze all'interno dell'Impero ottomano si trovano in Augustinos, *The Greeks of Asia Minor*; Braude, Lewis, *Christians and Jews in the Ottoman Empire*.

8. Vedi in particolare i saggi contenuti in: *Minorities in the Ottoman Empire*; Zarinebaf, *Intercommunal life in Istanbul*; Laiou, *Christian women in an Ottoman world*; Ozil, *Orthodox christians in the late Ottoman Empire*.

no i loro membri i quali, a loro volta, si sottomettevano all'autorità dei loro capi comunitari. Senza negare la realtà del sentimento comunitario, questo modello è insufficiente.[9]

Anche nei territori della diaspora, i fattori in gioco nei processi di costruzione della comunità a livello locale erano complessi e molteplici. Negli ultimi anni numerose ricerche empiriche condotte su una pluralità di casi e di contesti socio-istituzionali diversi, hanno portato alla luce la polisemia della comunità all'interno delle società d'antico regime.[10] Attraverso questi studi è emerso da un lato come certe forme tradizionali di solidarietà fossero trasversali alla divisione fittizia tra minoranze religiose (ebrei, armeni, ugonotti, greci ecc.) e nazioni occidentali (inglesi, francesi, olandesi, genovesi ecc.).[11] Dall'altro, soprattutto le ricerche condotte su alcune nazioni non orientali, hanno mostrato come queste ultime fossero spesso corpi aperti ed eterogenei. A Napoli come a Costantinopoli, l'appartenenza alla nazione francese, alla *British factory*[12] o alla nazione veneziana[13] non era espressione di un'origine comune: essere membri di questi corpi significava aver accesso a determinate risorse legali e sociali e, perciò, costituiva uno status ambito anche da individui di fede, lingua e provenienza diversa.[14]

Come vedremo all'interno di questo capitolo, anche nel caso della nazione greca non è possibile individuare un modello di aggregazione ovunque basato sul primato dei fattori religiosi ed etno-culturali. Come osserva Markovits:

> La letteratura sulle diaspore commerciali pone grande enfasi sulla nozione di comunità, la quale è generalmente definita sulla base di una comune etnicità e una comune religione, talvolta anche di una casta [...] nel caso dei mercanti Sind, questa definizione non può essere in pratica applicata. Per Shikarpuris e Sindworkies, comunità significava soprattutto località, e i legami che la univano erano quelli di co-residenza e parentela piuttosto che di etnicità, religione e casta.[15]

9. Greene, *Introduction*, p. 10.

10. Vedi in particolare le raccolte di saggi: *Merchant colonies in the early modern period*; *Communidades transnacionales*.

11. Zakharov, Harlaftis, Katsiardi-Hering, *Introduction*, p. 3.

12. Vedi in particolare: Zaugg, *On the use of legal resources and the definition of group boundaries*.

13. Vedi in particolare: Dursteler, *Venetians in Constantinople*.

14. Sulle risorse sociali e legali dello straniero nelle società di antico regime, vedi in particolare: Cerutti, *Les «misérables» en droit italien*.

15. Markovits, *The global world*, p. 249. Simili critiche sono avanzate anche da Do

Nel caso dei migranti ortodossi, l'esperienza della comunità appare piuttosto composita ed eterogenea. Non soltanto la «strutturazione istituzionale di ciascuna «nazione» sembra aver obbedito a delle logiche specifiche, determinate tanto dalla preesistenza di modelli locali d'organizzazione e di rappresentazione della presenza straniera, che dalle dinamiche proprie a ciascuna comunità».[16] Soprattutto, questa esperienza si articolava in una serie di pratiche, azioni e legami diversi. Nelle pagine seguenti tenteremo perciò di esplorare i diversi meccanismi e i processi implicati nella genesi della comunità; quindi ci interrogheremo su quale fosse in pratica il significato degli ordinamenti istituzionali con cui in vario modo le autorità tentavano di ordinare i gruppi umani come entità organiche e separate di un sistema sociale più ampio e complesso.[17] L'esperienza delle comunità ortodosse presenti sulla penisola italiana sarà comparata con quelle di altre realtà comunitarie analizzate all'interno di alcuni recenti studi sulle minoranze confessionali in età moderna. Questo confronto consentirà di riconsiderare in termini più complessi la genesi della comunità e il significato dei processi d'istituzionalizzazione dei legami comunitari. Allo scopo di comprendere alcuni aspetti di queste dinamiche, prima analizzeremo il rapporto tra forme istituzionali e pratiche sociali, mostrando le diverse gradazioni di una prassi della comunità complessa che non si esauriva nella creazione di spazi collettivi istituzionalizzati. Qui, in particolare, si vedrà come il sentimento comunitario non sempre derivasse da un sentimento religioso forte e condiviso, espresso nell'esistenza d'istituzioni collettive di natura confessionale. Infine, la prassi della comunità sarà esaminata in relazione ad alcuni aspetti e dinamiche legati al rapporto tra comunità e società locale.

1. *Istituzionalizzazione e informalità*

Nell'ambito degli studi storici, la ricerca sulle comunità ha coinciso a lungo con lo studio delle sue strutture istituzionali, dei suoi rappresentanti e degli statuti comunitari. Il ruolo delle istituzioni comunitarie come

Paço nel suo studio sui sudditi ottomani residenti a Vienna (*Institutionnaliser la coexistence religieuse?*, p. 144).

16. Grenet, *Appartenances régionales*, p. 30.

17. Cfr. Molho, *Comunità e identità nel mondo mediterraneo*, pp. 31-39.

principali produttori di fonti sulla comunità ha sicuramente contribuito alla formazione di questo *bias* storiografico. I presupposti metodologici di questa tradizione, che affonda le sue radici nello studio delle città dell'Europa medievale e della prima età moderna,[18] sono gli stessi su cui si basa anche la storiografia classica sull'organizzazione sociale della popolazione non-musulmana (*zimmi*) dell'Impero ottomano e in generale sullo sviluppo delle *koinotitas* (comunità) nelle terre dell'Oriente greco-ortodosso. All'interno di questa prospettiva Paschalis Kitromilides costruisce la sua concezione di «Commonwealth ortodosso» come spazio culturalmente omogeneo, posto sotto l'egida delle istituzioni religiose. Secondo questa visione, «il comune sistema dell'Ortodosso [...] non era, nella coscienza dei portatori di questa identità collettiva, un costrutto trascendentale, utopico, separato dalle realtà della vita quotidiana e dal mondo materiale». Questo sistema, insieme materiale e simbolico, si estendeva oltre le frontiere ottomane fino ai territori dell'Europa centrale, all'Italia e alla Russia attraverso una rete di «diaspore» interconnesse.[19]

La realtà qui descritta da Kitromilides è stata messa in discussione dalla nuova storiografia ottomana, cui abbiamo accennato sopra. Dopo una lunga stagione in cui gli storici hanno raffigurato la diversità religiosa nell'Impero ottomano «in termini d'istituzioni imposte dallo stato»,[20] la ricerca più recente ha mostrato come la creazione di strutture comunitarie legate ai singoli gruppi confessionali non abbia mai trovato storicamente un pieno riconoscimento sul piano legale.[21] Il ruolo delle istituzioni comunitarie, in ogni caso, era legato più a esigenze fiscali che al desiderio di preservare una presunta identità etno-confessionale.[22] L'esistenza di comunità religiose, inoltre, conviveva e si sovrapponeva ad altre forme di rappresentanza e di organizzazione sociale legate alla dimensione del villaggio o del distret-

18. Gara, *In search of communties*, p. 135; cfr. MacFarlane, *Reconstructing historical communities.*

19. Kitromilides individua come principali costituenti materiali di questo «sistema» sociale il ruolo istituzionale del Patriarcato all'interno delle strutture di potere ottomane, il monopolio della Chiesa sul sistema dell'alta formazione e il processo di osmosi culturale tra le diverse espressioni linguistiche dell'ortodossia balcanica, amplificato nel Settecento dallo sviluppo del commercio e dall'emergere di un élite ellenizzata (Kitromilides, *Orthodox culture and collective identity,* cap. II, pp. 134-139).

20. Greene, *Introduction*, p. 2.

21. Ozil, *Orthodox christians in the late Ottoman Empire,* pp. 123-124; Gara, *In search of communties,* p. 136; Zarinebaf, *Intercommunal life in Istanbul*, p. 80.

22. Petmezas, *Christian communities*, pp. 71-73.

to territoriale.[23] Nel Levante veneto, ad esempio, le *koinotitas* costituivano innanzitutto «il livello più basso dell'amministrazione veneziana».[24] Sebbene questo termine sia in genere utilizzato in greco per esprimere il senso di appartenenza ad un corpo sociale e culturale comune, la cui esistenza precedeva l'organizzazione della comunità come unità amministrativa,[25] la realtà descritta attraverso questo termine era spesso differente: corpi oligarchici, comunità «aperte» oppure miste e socialmente stratificate, a seconda dei luoghi e delle fasi storiche, queste istituzioni accoglievano al loro interno gruppi sociali, confessionali e linguistici diversi.[26]

Fuori dallo Stato da Mar veneziano, nel Settecento i comportamenti degli abitanti cristiano-ortodossi del distretto di Galata (Istanbul) sfidavano i confini tracciati dalle istituzioni comunitarie. L'aumento del numero dei ricorsi rivolti dai sudditi ortodossi alle corti islamiche, anche per la risoluzione di questioni di competenza delle corti comunitarie, è stato interpretato come il segno di una ridotta capacità di controllo sociale da parte dei leader comunitari, coincidente con un generale indebolimento del potere del Patriarcato.[27] In generale, il frequente ricorso alle corti islamiche anche in altri luoghi dell'Impero era legato all'opportunità di ottenere una risoluzione più immediata e più favorevole ai bisogni del supplicante.[28] Questi studi mostrano come i sudditi ortodossi condividessero con i membri delle altre «comunità» religiose gli stessi spazi sociali e abitativi; e come normalmente essi agissero «fuori dalla comunità, traendo vantaggio dalla loro più ampia «subjectness», la quale discendeva primariamente dall'appartenenza alle città in cui risiedevano e all'Impero.[29]

Il senso di comunità all'interno delle società da cui i migranti ortodossi provenivano, era dunque più complesso di quello trasmesso dall'immagine del «Commonwealth ortodosso». Le società dentro cui i migranti ortodossi s'insediarono erano per molti versi diverse da quelle di origine. Nonostante le differenze, il quadro sopra descritto consente di interpretare in modo diverso alcune delle diamiche osservabili all'interno degli spazi dell'immigrazione ortodossa, in particolare il ruolo giocato dalle religione nella costruzione del-

23. Gara, *In search of communties*, pp. 146-151.
24. Slot, *Archipelagus turbatus*, pp. 174-176.
25. Papadia-Lala, *The Jews in early modern Venetian Crete*, p. 142.
26. Vedi in particolare: Papadia-Lala, *Ο θεσμός των αστικών κοινοτήτων*.
27. Müge Göçek, *The legal recourse of minorities in history*, p. 61.
28. Laiou, *Christian women in an Ottoman world*, p. 245.
29. Müge Göçek, *The legal recourse of minorities in history*, p. 63.

la comunità. Tanto più che, come la letteratura più recente sul Mediterraneo moderno ha mostrato, in generale, anche fuori dall'Impero ottomano, «le società premoderne non erano caratterizzate da rigidi, invariabili, o inviolabili modelli di associazione e d'identità».[30]

Nelle fonti qui consultate, la natura piuttosto vaga e cangiante della comunità emerge anche dai modi in cui il termine era impiegato. Nel testo dello statuto della confraternita «de' nazionali greci in Napoli», promulgato nel febbraio 1764, il termine «comunità» è usato per indicare sia l'insieme generico «de' Nazionali greci» abitanti nella città, sia il corpo giuridico governato e rappresentato dai «Maestri», ossia dai governatori laici della confraternita.[31] In Terra di Bari, invece, dove la «nazione greca» visse a lungo priva di istituzioni collettive,[32] il termine è utilizzato da un commerciante greco per indicare l'insieme dei mercanti della «nazione», i cui membri erano uniti gli uni agli altri soprattutto da un'affinità d'interessi economici e dalla provenienza dalla stessa regione geografica (Epiro).[33] Le percezioni variabili della comunità mettono dunque in discussione un modello consolidato di comprensione storica e sociologica che individua come fattore centrale l'interrelazione tra una dimensione normativo-istituzionale (ovvero la condivisione di regole, fini e strutture comuni) e la formazione di un «sentimento comunitario».[34] Se, come molti studi hanno mostrato, i confini della comunità erano permeabili, allora il monopolio delle istituzioni, soprattutto quelle religiose, nella creazione dei legami comunitari, la loro capacità di plasmare i comportamenti collettivi e individuali e di creare un corpo chiuso e omogeneo, devono essere riconsiderati.

Nelle società cattoliche, anche nei porti e nelle città mercantili come Marsiglia e Livorno, non era raro che chi vivesse fuori dall'obbedienza romana, come ad esempio i mercanti protestanti – inglesi, tedeschi e

30. Dursteler, *Venetians in Constantinople,* p. 21.

31. *Statuto con cui deve regolarsi la Chiesa e Confraternita de' Santi Pietro e Paolo de' Nazionali greci in Napoli.*

32. Nel 1789, attraverso un atto di compravendita, la colonia greca ottenne la restituzione della chiesa. Soltanto in un documento di epoca successiva, in cui si commentano eventi relativi alla prima metà del XIX secolo, troviamo un riferimento all'esistenza a Barletta di un «sodalizio privato di esteri» (ASVa, ANAN (1818-1860), Fascicoli diversi - Propaganda Fide (1838-1850), n. 200, *Elenco di false osservazioni attribuite a' Greci di Barletta*, cc. 83r-95r; qui 94r).

33. ASBT, NB, de Divitis Bartolomeo, vol. 933, 13 aprile 1782, cc. 104v-106v.

34. Cfr. Fitzpatrick, *The importance of "community"*, pp. 9-13; Per una ricognizione delle teorie sulla «comunità», vedi: Wood, Judikis, *Conversations on community theory.*

olandesi – fosse privo di un proprio luogo di culto e praticasse i propri riti religiosi in abitazioni private. In simili situazioni, spesso caratterizzate dall'assenza di quartieri o di spazi minoritari, i gruppi di stranieri tendevano a dar vita a raggruppamenti temporanei, il meno visibili possibile, così da consentire la pratica della dissimulazione.[35] L'assenza di uno spazio religioso destinato ai membri di un determinato gruppo confessionale o d'istituzioni comunitarie non dovrebbe essere perciò interpretata come il segno della mancanza di coesione nel gruppo o come il presagio di una sicura assimilazione.[36] Senza avallare certe visioni primordialiste di comunità, la mancanza di strutture simboliche e legali deve indurre piuttosto a interrogarsi sull'esistenza di una prassi informale della comunità e sugli effetti sociali e culturali ad essa legati.

In Terra di Bari, l'esistenza della comunità come corpo istituzionale e confessionale è contestata in modo radicale: qui, l'assenza prolungata di una chiesa e di un sodalizio laico non impedì la costruzione e nel tempo il mantenimento di legami comunitari. Questo particolare modello di comunità si caratterizzava per una certa erraticità e dispersione dei membri della nazione, i quali, quando non erano in viaggio tra una costa e l'altra del Mediterraneo, vivevano sparsi in borghi diversi della regione. Una sorta di autarchia rispetto a qualsiasi forma di statuto comunitario e una debole struttura legale differenziano questo modello da altre forme associative basate sulla centralizzazione istituzionale e sulla contiguità spaziale dell'insediamento. Mentre nel porto di Livorno gli statuti della confraternita della Santissima Trinità, approvati nel 1775, imposero ai membri della nazione greca scismatica una rigida endogamia o il celibato forzato,[37] i mercanti greci di Napoli e di Terra di Bari che scelsero di insediarsi stabilmente nel Regno, sposarono in molti casi donne locali. Nella provincia adriatica, in particolare – si narra nelle fonti – «si vedevano [quei Greci] esercitare gli atti di religione nelle [...] chiese di rito latino di quel paese e far uso di sagramenti secondo il rito medesimo nelle parrocchie di lor abitazione».[38] Privi a lungo di uno spazio religioso-simbolico proprio, nel Settecento i mercanti greci erano perciò inclusi all'interno dello spazio sociale e sacrale delle chiese e delle parrocchie latine del Regno.

35. Calafat, *Topographies de «minorités»*, p. 11.

36. Cfr. Sola-Corbacho, *Review of Crespo Solana, Ana, Mercaderes atlánticos*.

37. Grenet, *La fabrique communautaire*, p. 125.

38. ASN, MAE, Chiese greche nei domini napoletani, Diversi, (s.d.), b. 4240, *Per la Chiesa de' Greci in Barletta*.

Il carattere non strutturato della nazione greca in Terra di Bari era accentuato dalla mancanza, non soltanto nello Stato napoletano, di un istituto consolare stabile e direttamente dipendente dal Sultano. Nel caso dei greci di Napoli, la funzione giurisdizionale del console era trasferita a un giudice delegato, membro dell'alta magistratura, il quale, oltre a fungere da canale di raccordo tra le autorità napoletane e la nazione, deteneva il privilegio di foro nelle dispute in cui erano coinvolti i membri della comunità greca.[39] In gran parte provenienti dall'Epiro, i mercanti greci residenti nella provincia regnicola avevano invece come propri referenti legali dei consoli greco-ottomani nominati dalle autorità napoletane. Questi ultimi furono per la prima volta eletti negli anni successivi alla firma del trattato di commercio e navigazione tra il Regno napoletano e la Porta ottomana (1740), il quale garantiva, sulla base di un principio di reciprocità, protezione ai sudditi dei due Stati.[40] Alla fine degli anni sessanta del Settecento, i sudditi ottomani rivolsero una supplica al governo napoletano affinché fosse nominato un nuovo console ottomano a Napoli dopo la morte dei predecessori. Le autorità del Regno, in seguito a quella supplica, nominarono tre consoli tra i membri della nazione perché fornissero assistenza a tutti i mercanti e marinai sudditi della Porta, di passaggio o residenti nella provincia, inclusi quelli di «nazione turca».[41] Più che dalla condivisione della stessa fede, dunque, la natura della nazione derivava dalla qualità «economica e politica» che era propria dell'istituto consolare in epoca moderna;[42] tuttavia, i consoli ottomani non agivano come unici e principali intermediari tra i membri della nazione e le autorità regnicole. Infatti, nelle loro suppliche, i mercanti greci rivendicavano soprattutto la loro dipendenza dalla giurisdizione dell'ufficiale del Consolato, il tribunale provinciale di prima istanza deputato dal 1746 alla risoluzione delle cause in cui erano coinvolti i mercanti stranieri.[43] Negli ultimi decenni del Settecento alcuni mercanti greci della provincia di Capitanata rivolsero una supplica alle

39. Zaugg, *Stranieri di antico regime,* pp. 73-74.

40. Per questo aspetto si rimanda a: Demiryürek, *The legal foundations of the commercial relations*; ASN, MAE, Nazione greca, b. 4403, Supplica dei «Nazionali greci sudditi della Porta ottomana», rimessa dal Supremo magistrato di commercio al Ministero degli Affari Esteri il 16 febbraio 1769; fasc. Portici, 28 marzo 1769, Al Presidente Iannucci.

41. *Ibidem.*

42. Poumarède, *Consuls, réseaux consulaires et diplomatie à l'époque moderne*, p. 195; cfr. *La fonction consulaire à l'époque moderne.*

43. Sul funzionamento della giustizia commerciale nel Regno di Napoli nel Settecen-

autorità napoletane per chiedere che un ufficiale consolare fosse insediato nel paese di Monte Sant'Angelo, dove essi risiedevano.[44] La dispersione dei mercanti greci sul territorio si traduceva dunque nella frammentazione della nazione sul piano legale.

L'insediamento disperso, così come l'assenza d'istituzioni formali, non erano tratti tipici della colonia barlettana. Anche Jonathan Harris parla della presenza nei secoli XV-XVI a Londra e nei dintorni di pochi e isolati greci, residenti e di passaggio, che svolgevano le loro attività di orafi, medici, sarti e mercanti in assenza di un luogo di culto in cui celebrare nella propria lingua e secondo i propri riti le funzioni religiose. Ciò nonostante, questi soggetti – identificati come greci dalle autorità inglesi – intrattenevano reciproche relazioni e, attraverso le reti mercantili e il commercio dei manoscritti greci, erano legati da rapporti d'affari e d'amicizia anche con i loro connazionali residenti a Venezia.[45] Altri esempi sono desumibili dai registri parrocchiali della chiesa greca di Napoli, da cui si rileva la presenza nel 1827 di quattro individui originari di Calamites (Epiro) – negozianti, caffettieri e proprietari terrieri – domiciliati in quel tempo a San Severo, nella provincia di Capitanata.[46] In questa città non esisteva all'epoca una chiesa di rito greco o una comunità ufficiale; istituzioni formali ortodosse non erano presenti neanche a Reggio, in Calabria, dove nel 1725 un certo capitan Martino «Greco Levantino», lì abitante già da circa diciotto anni e sposato con una latina, aveva fatto battezzare l'ultimo dei suoi figli «alla greca» dal parroco dei greci di Messina, Giovanni Papà Caravella, nella chiesa cattolica di Reggio.[47]

L'esistenza sul territorio d'istituzioni simboliche non era dunque fondamentale per la preservazione di un senso di alterità e per la creazione di legami comunitari. Questo era vero anche per i mercanti greci di

to, vedi: Zaugg, *Mercanti stranieri e giudici napoletani*; Caridi, *Una riforma borbonica bloccata*; Ajello, *Il problema della riforma giudiziaria.*

44. ASN, TA, SMC-Dispacci, b. 1730 (1786-1795), fasc. gennaio 1795.

45. Harris, *La comunità greca e i suoi avamposti nell'Europa settentrionale*, pp. 185-195; cfr. Id., *Silent minority*; Harris, Porfyriou, *The Greek diaspora.*

46. ASDN, Registri parrocchiali della parrocchia dei SS. Pietro e Paolo dei greci, libro dei matrimoni 1778-1863: Demetrio Sguro sposo, Giorgio Margarì, Demetrio Pinari e Giovanni Morrico testimoni, 8 settembre 1827.

47. ASPF, Acta, 11 dicembre 1725, *Il Capitan Martino Greco abitante in Reggio fa battezzare l'ultimo dei suoi figli alla greca in Messina*, n. 4, 581v; SOCG, vol. 650, 11 dicembre 1725, c. 119r.

Terra di Bari, i quali, come indicano chiaramente alcuni frammenti documentari, si percepivano come membri di uno stesso corpo o comunità nonostante l'assenza d'istituzioni formali.[48] I legami che univano tra loro i membri della nazione sono densamente descritti all'interno degli atti notarili. Da questi documenti l'emporio di Barletta emerge come il centro attorno a cui gravitava una moltitudine di individui o piccoli gruppi di «nazione greca» sparsi all'interno del territorio provinciale.[49] In questo caso, dunque, più che l'esistenza di edifici simbolici o di spazi comunitari ufficiali, erano le reti sociali e commerciali epirote, ricostruite nel capitolo precedente, a definire sul piano sociale i contorni della nazione e quindi della comunità.

L'insieme dei legami sociali, di parentela e d'affari esistenti tra i mercanti greci abitanti nella provincia regnicola, si tradussero, in alcuni casi, in istanze collettive che andavano oltre la sfera puramente commerciale. Nel 1785 «il procuratore della Nazione greca suddita della Porta ottomana commorante nella città di Barletta, ed in altri luoghi delle Provincie di Bari, Lecce, e Capitanata», rivolse al sovrano una supplica per chiedere il permesso di erigere una chiesa di rito greco. L'anno successivo, attraverso un suo «Procuratore», la nazione greca ricorse ancora una volta a Sua Maestà per rivendicare il possesso della «chiesa di S. Maria degli Angioli» di Barletta, fondata dai profughi coronei nella prima metà del Cinquecento.[50] Già nel gennaio 1748, «li Greci commoranti in Barletta» avevano rivolto invano al Real Trono la medesima supplica.[51] Prima che fosse emesso il giudizio positivo sull'istanza di «rivendicazione», Cristoforo Papafili da Giannina, in qualità di «procuratore della nazione greca», aveva denunciato presso la Camera abbreviata di Napoli lo stato di rovina in cui si trovavano le «fabbriche» della chiesa e, per evitare di imbastire inutilmente una causa per un misero cumulo di pietre, aveva proposto un accordo in denaro

48. ASBT, NB, de Divitis Bartolomeo, vol. 933, 13 aprile 1782, cc. 104v-106v.

49. Ancora nella prima metà del XIX secolo, cioè dopo il ritorno della chiesa al rito greco, i membri del «sodalizio» vivevano sparsi in vari comuni della provincia di Terra di Bari e di Capitanata (ASVa, ANAN, fascicoli diversi - Propaganda Fide (1838-1850), n. 200, *Per la Chiesa greca in Barletta*, cc. 77r-81v; qui 77v).

50. ADPB, Capitolo della cattedrale di Santa Maria Maggiore, Cause e liti, Controversia tra Greci, zio e nipote, 1789-1791, b. 13, 11 giugno 1789, c. 1r.

51. ASN, TA, SMC-Dispacci, b. 1729 (1777-1785), fasc. n. 120, 10 gennaio 1785, cc. 5r-6r.

per la sua riacquisizione.[52] In un atto notarile del 1789 relativo al restauro della chiesa greca, egli compare come «Procuratore della Nazione greca tanto di quella residente in questa suddetta città, che in ogni altro luogo del presente Regno».[53]

L'unità della nazione, incarnata in queste suppliche nella figura del procuratore, costituiva probabilmente un artificio elaborato allo scopo di ottenere dalle autorità napoletante la concessione di un privilegio. Queste istanze testimoniano anche come già prima del 1789 una «comunità» greca esistesse nella pratica e nella percezione dei suoi membri. I legami morali tra i membri della comunità si fondavano sul «costume della nazione»: in ossequio alle consuetudini nazionali il console Attanasio Chiriachì affermava di aver accolto sotto la sua ala, fornendogli vitto e alloggio, un giovane greco, giunto dal Levante per essere avviato alla mercatura.[54] In assenza di ospizi nazionali, i mercanti greci si prestavano reciprocamente ospitalità e assistenza, come testimoniato da numerosi atti notarili.[55] Nel settembre 1781 Rosa Donatini, vedova di Giorgio Papà di nazione greca, si recò in punto di morte con suo figlio Giovanni nella casa di Cristoforo Papafili, portando con sé tutti i propri averi ed effetti personali, tra cui due reliquiari, uno d'argento e l'altro di legno, e un quadro con l'immagine della Madonna dipinto «all'orientale». Era stato Anastasio Glichi, destinatario della «robba», assente in quel tempo dalla città, a raccomandare la signora, gravemente malata, all'amico e connazionale Cristoforo.[56] L'assistenza della nazione si estendeva anche alle mogli latine dei negozianti greci, le quali erano talvolta legate tra loro da vincoli di sangue. Ad esempio, il greco Giovanni Pascale aveva sposato a Barletta Anna Isernia, sorella di Maddalena, moglie del console Attanasio, il quale aveva provveduto a fornire alla cognata una dote dignitosa in vista del matrimonio. Quando Anna morì, Giovanni, spinto da una condizione di estrema povertà e dal bisogno di badare al mantenimento dei propri figli, comparve dinanzi alla Regia corte locale chiedendo di poter utilizzare una parte della dote concessa dal Chiriachì alla defunta moglie nella speranza di avviare con quella somma un negozio fruttifero. Chiriachi accondiscese alla richiesta,

52. ADPB, Capitolo della cattedrale di Santa Maria Maggiore, Cause e liti, Controversia tra Greci, zio e nipote, 1789-1791, b. 13, 11 giugno 1789, c. 1v.

53. ASBT, NB, Dembek Emanuele, 14 marzo 1789, cc. 64r-65r.

54. ASBT, NB, de Divitis Bartolomeo, vol. 638, 8 giugno 1766, cc. 220v-223r.

55. ASN, PA, SMC, b. 35, fasc. 68, anno 1807.

56. ASBT, NB, Centaro Fedele, vol. 888, 6 ottobre 1781, cc. 277r- 279r; 16 ottobre 1781, cc. 284v-288r.

decidendo anche di investire il resto della dote nell'acquisto di rendite annue e di beni stabili in Barletta, da cui Pascale avrebbe ricevuto un'annualità pari all'8%.[57] Anche i legami di padrinato, come abbiamo visto, erano creati per rafforzare le alleanze economiche e i vincoli morali che legavano tra loro i «paesani Greci», [58] mentre l'arbitrato era utilizzato per risolvere i contenziosi commerciali tra connazionali, evitando i costi della giustizia.[59]

Queste pratiche, come abbiamo visto, non erano in conflitto con la creazione di una sociabilità più ampia, la quale si sovrapponeva a quella della nazione. I registri parrocchiali di Barletta testimoniano l'esistenza di una dimensione comunitaria interconfessionale: accanto ai parroci latini qui si trova traccia anche di sacerdoti girovaghi di rito greco, i quali assistevano i primi nella celebrazione dei sacramenti. A prima vista, queste pratiche interconfessionali sembrano riflettere una strategia di adattamento e di dissimulazione comune anche ad altri gruppi eterodossi residenti nelle società cattoliche.[60] Tuttavia, se guardiamo alle società da cui questi migranti provenivano, altre categorie, come quella di «religione locale», sembrano descrivere in modo più precipuo questa dinamica sociale.[61] La regione dell'Epiro e l'isola di Corfù, legate l'una all'altra da profondi legami linguistici e culturali, costituivano insieme alla provincia regnicola i luoghi principali attraverso cui si svolgevano le vite dei migranti ortodossi residenti in Terra di Bari. Come osserva Theodossios Nikolaidis, fino alla fine del XVIII secolo, l'identità religiosa di Corfù mantenne una dimensione pratica, locale, distinta da quella universale, prescritta dalle istituzioni religiose sovra-locali. Questo «localismo religioso» era in grado di superare i confini confessionali che dividevano gli abitanti cristiani dell'isola. Soltanto la fine del dominio veneziano e l'estendersi del potere russo sul Mediterraneo e, in particolare, sulle Isole Ionie, portarono temporaneamente alla dissoluzione di questa identità locale corfiota. Il culto del santo patrono S. Spiridione, fino ad allora invocato come protettore di tutta la Cristianità, divenne allora il difensore della Chiesa ortodossa e il nemico di ogni fraterno riavvicinamento tra greci e latini.[62]

Nell'isola di Corfù, come nelle città ottomane e in Terra di Bari, l'as-

57. ASBT, NB, Pasquale Dionisio, vol. 532, 20 luglio 1758, cc. 112r-114v.
58. ASBT, NB, Licinio Giuseppe, vol. 1210, 30 dicembre 1797, cc. 267r-271r.
59. ASBT, NB, Dembek Emanuele, vol. 1026, 23 aprile 1787, cc. 198r-208r.
60. Cfr. Catterall, *At home abroad*, pp. 238-239.
61. Sul concetto di religione locale, vedi in particolare: Christian, *Local religion*.
62. Nikolaidis, *Local religion in Corfù*, pp. 156-162.

senza di rigide barriere legali e confessionali favorì dunque lo sviluppo di intense relazioni interconfessionali e, in alcuni casi, di vere e proprie forme di ibridismo culturale. In Bosnia e in Albania l'ibridismo religioso tra cattolici e musulmani era generato dalla condivisione degli stessi ruoli e interessi, ovvero dalla coesistenza all'interno di uno stesso spazio sociale, quello della famiglia, del quartiere o del villaggio.[63] Anche dentro le società cattoliche, l'incorporazione della diversità religiosa non avveniva esclusivamente attraverso la creazione di spazi segregati, volti al controllo e all'organizzazione della diversità e alla protezione della popolazione locale. L'esistenza degli ebrei che vivevano «fuori dal ghetto», nei paesi rurali situati alla periferia del ducato di Modena e in Toscana, era segnata da una più complessa e profonda interazione con la maggioranza cattolica.[64] Come nel caso dei greci residenti in Terra di Bari, qui piccole comunità o singole famiglie di ebrei condividevano con i cristiani lo stesso contesto economico e sociale. Le prescrizioni della Curia, volte a impedire ogni forma di fraternizzazione tra ebrei e cristiani e a mantenere un rapporto gerarchico tra i due gruppi confessionali, erano continuamente violate. La creazione di istituzioni comunitarie come quella dei *massari* non ostacolò l'inclusione degli ebrei all'interno della società locale; anzi, anche in questo caso, l'imitazione di pratiche sociali e rituali locali divenne parte del processo d'inclusione.[65] L'assenza di confini legali o la loro debole imposizione da parte delle autorità cattoliche non favorivano necessariamente l'innesco di processi di assimilazione quanto piuttosto la formazione di comunità meno strutturate e il dispiegarsi di processi d'integrazione più profondi.

Le strategie di segregazione spaziale o i processi d'istituzionalizzazione dei legami comunitari, al contrario, potevano favorire la creazione di comunità più compatte e organizzate. Lo Stato poteva giocare un ruolo cruciale «nel definire l'espressione della vita comunitaria e religiosa»[66] di un gruppo confessionale. Ciò è particolarmente evidente nel Granducato

63. Chelrau, *Between coexistence and assimilation*, p. 304. Per il fenomeno del sincretismo in Medio Oriente vedi Heyberger, *Les chrétiens du Proche-Orient*, pp. 155-166; per i Balcani, vedi: Stahl, *Chrétiens et musulmans balkaniques*; Malcom, *Crypto-Christianity and religious amphibianism*.

64. Vedi in particolare: Aron-Beller, *Outside the ghetto* e gli studi di Frattarelli Fischer sugli ebrei in Toscana (*Gli ebrei toscani dalla città alla campagna*; *Urban forms of Jewish settlement*).

65. Aron-Beller, *Outside the ghetto*, pp. 245-271.

66. Siegmund, *The Medici State and the ghetto of Florence*, p. 3.

di Toscana. La creazione del ghetto di Firenze nel 1570 e il *motu proprio* con cui nel 1757 fu concesso ai greci scismatici il permesso di costruire una chiesa «di comunione diversa dalla greco-cattolica», avviarono in entrambi i casi un profondo processo di trasformazione, in direzione di una più compiuta istituzionalizzazione e organizzazione comunitaria.[67] Queste dinamiche, mentre da un lato erano espressione di una «spazializzazione del potere»,[68] di un'esigenza di controllo e di ordinamento della diversità religiosa e della mobilità degli individui da parte dell'autorità,[69] dall'altro rispondevano a un bisogno di rappresentanza e riconoscimento del gruppo minoritario di fronte alle istituzioni locali. Più che un sistema per preservare l'identità culturale del gruppo, le strutture e gli spazi della comunità costituivano le forme attraverso cui i legami comunitari diventavano visibili.[70] Nelle città del Levante ottomano come in quelle della Cristianità, intorno alla chiesa sorgevano i quartieri con gli altri edifici comunitari e con le case abitate dai membri della nazione, o almeno da una parte di essi. Nei luoghi dell'immigrazione, lo spazio costruito, frutto di offerte e lasciti testamentari, era ciò che conferiva alla comunità – nel tempo e nello spazio – visibilità, continuità e stabilità. Un'uniformità esteriore caratterizzava l'organizzazione delle minoranze religiose e delle nazioni straniere all'interno delle città mercantili del Mediterraneo. Come osserva Evridiki Sifneos, «una comparazione tra i porti cosmopoliti mediterranei di Salonicco, Livorno, Alessandria e Odessa, dove le comunità etniche erano prominenti, mostra come queste comunità gravitassero verso i loro centri religiosi, scuole, ospedali, istituzioni caritative, e così via...».[71] Anche i cristiani ortodossi dell'Anatolia tardo ottomana[72] o le colonie europee e le comunità etno-confessionali residenti a Smirne tra i secoli XVIII-XIX erano organizzati secondo lo stesso modello:

> Le «nazioni» come le comunità locali sono soprattutto dei gruppi istituzionali; esse esistono in quanto tali per le autorità ottomane, per i loro capi [...] ma

67. *Ibidem.* Per il processo d'istituzionalizzazione dei legami comunitari tra i greci di Livorno e in altre comunità della diaspora greca, vedi: Grenet, *La fabrique communautaire,* pp. 251-256.

68. Siegmund, *The Medici State and the ghetto of Florence,* p. 5.

69. Cfr. Ortega, *Negotiating transcultural relations in the early modern Mediterranean*, p. 8.

70. Cfr. Ozil, *Orthodox christians in the late Ottoman Empire,* pp. 25-30.

71. Sifneos, *"Cosmopolitanism" as a feature of the Greek commercial diaspora*, p. 107.

72. Ozil, *Orthodox christians in the late Ottoman Empire*, pp. 25-29.

questi gruppi hanno anche una funzione di controllo degli individui : li accolgono nei loro ospedali o nelle loro scuole, aiutano gli indigenti e forniscono a tutti sollievo materiale e morale in caso di difficoltà.[73]

Nel Mediterraneo ottomano, come in quello cattolico, la fondazione di una chiesa indicava non solo la presenza di un insediamento ortodosso, ma anche la sua importanza sociale e demografica. Quando nel 1748 la nazione greca ottomana residente a Barletta chiese alle autorità napoletane di poter erigere una chiesa di rito greco, dinanzi ai magistrati del Supremo magistrato di commercio il suo procuratore cercò di legittimare quell'istanza illustrando «il vantaggio, che portava la negoziazione della sua Principale, che consiste in pietre preziose, doghe, lana, cappotti, cere, bombace, pelle d'ogni sorte, e seteria».[74] Nel 1785, quando la nazione tornò a rinnovare le sue richieste al Tribunale napoletano, quest'ultime furono allora modulate in modo esplicito sulla base dei privilegi concessi pochi anni prima ai propri connazionali residenti nei porti di Trieste e di Livorno.[75] Qui, come pure a Napoli e a Venezia, un consiglio elettivo di laici amministrava le istituzioni religiose e filantropiche della nazione (in alcuni casi anche educative), gestiva le questioni riguardanti le eredità e le proprietà collettive e stabiliva gli statuti e le regole della comunità. Era in questi ambiti che i legami comunitari diventavano visibili, sul piano istituzionale, sociale e urbano.

Lo spazio costruito aveva un ruolo fondamentale nella genesi della comunità come corpo istituzionale e unità formale. In una memoria presentata alle autorità napoletane negli ultimi anni del Settecento, la nazione greca di Barletta, priva di una chiesa del proprio rito, rivendicava non il diritto di professare liberamente il proprio culto, concesso alcuni anni prima ai loro connazionali di Trieste e Livorno. Attraverso il suo procuratore, la nazione rivendicava il diritto di proprietà sulla chiesa greca, la quale dal 1670 si trovava nelle mani del clero locale.[76] All'interno delle società cat-

73. Smyrnelis, *Colonies européennes et communautés ethnico-confessionnelles à Smyrne*, pp. 181-182.

74. ASN, TA, SMC-Dispacci, b. 1729 (1777-1785), fasc. n. 120, 10 gennaio 1785, cc. 5r-6r.

75. *Ibidem.*

76. ADPB, Capitolo della cattedrale di Santa Maria Maggiore, Cause e liti, Controversia tra Greci, zio e nipote, 1789-1791, b. 13, 11 giugno 1789, cc. 1r-4v; ASN, MAE, Chiese greche nei domini napoletani, Diversi, (s.d.), b. 4240, Memoria scritta da Nicolò Coridis (Partenope, 15 maggio 1856), trasmessa al Ministero degli Affari Esteri dal tenente genera-

toliche, i confini formali della comunità erano spesso definiti rispetto alla maggioranza di rito latino, in particolare quando le pretese di ortodossia da parte delle gerarchie ecclesiastiche locali si traducevano in abusi a danno dei membri delle comunità greche o nella negazione della diversità religiosa. A Napoli, la riscrittura nel 1597 dei capitoli approvati nel 1561 consentì alla nazione di ristabilire il suo possesso sulle entrate della chiesa e, contro i passati abusi e le intromissioni dei latini, di ribadire il diritto spettante ai suoi «Maestri» di eleggere un sacerdote greco e di concedere «i luoghi e le sepolture agl'individui della Nazione».[77] Di fronte all'usurpazione della confraternita greca di Sant'Anna e delle sue rendite da parte dei cittadini e nobili anconitani, nella seconda metà del Settecento anche la ricostituita comunità greca di Ancona chiese, invano, la loro estromissione sulla base delle scritture testamentarie e dei legati pii dei greci fondatori della chiesa.[78] Alla fine, i confini formali della comunità furono qui ridefiniti dall'esterno: i nuovi statuti approvati nel 1776, redatti da tre anconitani e un solo «nazionale», Girolamo Drascovich, non solo non esclusero i latini dal governo della confraternita, ma stabilirono che da lì in avanti avrebbero potuto accedervi, senza alcuna restrizione, soltanto i «Greci cattolici».[79] Questa categoria non designava un gruppo ben definito; essa includeva tutti coloro che, tornati «per qualche tempo, al proprio Paese» e ritornati in Ancona, avessero presentato «l'attestato di aver qui rinnovata la suddetta professione di fede».[80]

L'istituzionalizzazione dei legami comunitari era anche l'esito di un processo di negoziazione interna tra i diversi membri della comunità, il quale non implicava l'eliminazione delle differenze e dunque la trasfor-

le Lecca il 24 maggio 1856; Lettera di Spiridione Pallio Al Signor Cav.e Temple. A Livorno e a Trieste, il dominio sulle proprietà ecclesiastiche e comunitarie da parte di una fazione del corpo sociale e confessionale provocò l'uscita della fazione rivale dal corpo istituzionale e la creazione di una nuova chiesa, senza con ciò comportare una analoga dinamica di separazione sul piano sociale.

77. *Statuto con cui deve regolarsi la Chiesa e Confraternita de' Santi Pietro e Paolo de' Nazionali greci in Napoli,* p. 4.

78. I nuovi capitoli promulgati nel 1776 si limitarono a ripristinare l'obbligo per i confratelli, greci e latini, di eleggere alla carica di cappellano un sacerdote di rito greco. Il testo dei capitoli si trova in: ASPF, SOCG, vol. 882, 20 aprile 1789, *Costituzioni della Venerabile Confraternita di S. Anna de Greci rinuovate d'ordine dell'Eminentissimo, e Reverendissimo signor cardinale Giovanni Ottavio Bufalini Vescovo, l'anno 1776*, cc. 437r-464v.

79. Ivi, 441v-443r.

80. *Ibidem.*

mazione della comunità in un corpo omogeneo. Come osserva Grenet, la funzione principale delle istituzioni comunitarie non era quella d'incarnare l'unità, quanto piuttosto di garantirla.[81] In questo processo di negoziazione e ricomposizione delle differenze, importante era ancora una volta il ruolo degli statuti. Il contenuto di queste norme non riguardava soltanto le prescrizioni di carattere pio e assistenziale rivolte al corpo generale della nazione. Lo scopo principale degli statuti comunitari era quello di definire i requisiti morali e sociali dei membri ammessi alla gestione della chiesa, della confraternita e delle sue rendite. Poiché le comunità non erano entità fisse e immobili, gli statuti delle fratrie, delle scuole o confraternite dovevano perciò essere spesso rinegoziati, per la continua esigenza di definire e ridefinire nel tempo, sul piano formale, i confini cangianti della comunità. Il diritto a partecipare alla gestione delle rendite e degli organi comunitari era spesso affermato sulla base di un rapporto fittizio di discendenza dagli antichi fondatori della comunità. Affinché una simile rivendicazione fosse plausibile, era necessaria la trasformazione dei legami sociali in una corporeità astratta. La stesura e la riscrittura degli statuti comunitari rappresentavano un momento fondamentale all'interno di questo processo. A distanza di un secolo e mezzo dalla riscrittura dei primi capitoli della comunità, dopo la perdita presunta delle antiche capitolazioni, l'esigenza di «nuovamente ponere in piedi l'antica Congregazione de' Nazionali Greci» portò a Napoli alla promulgazione di nuovi statuti. Fu allora stabilito:

> che non debbano avere voce, né attiva né passiva quei Nazionali Greci che sebbene si ritrovassero ascritti in detta confraternita nondimeno non fanno permanenza fissa e continuata in questa Città di Napoli, ma vanno e vengono, per loro negozii da Levante, ed altri luoghi.[82]

Come nel caso della «confraria» dello Spirito Santo studiata da Angelo Torre, la confraternita della nazione greca di Napoli era percepita dai suoi membri come «persona ficta e repraesentata», non vincolata ad un luogo fisico e a delle strutture specifiche.[83] La prospettiva analitica applicata da Torre alla comprensione dei processi di creazione o negoziazione di «spazi singolari» all'interno delle società segmentate d'antico regime,[84]

81. Grenet, *La fabrique communautaire*, p. 251.
82. *Ibidem*.
83. Torre, *Luoghi*, p. 220.
84. Ivi, p. 74.

può offrire un'utile chiave di lettura per comprendere anche la genesi della comunità ortodossa di Napoli. Soggetta alle ingerenze del clero latino e internamente divisa tra cattolici e ortodossi, la nazione greca di Napoli doveva continuamente negoziare e riprodurre sul piano formale i propri confini. Perciò, la stesura e nel tempo la riscrittura degli statuti della comunità possono essere lette come espressione di un processo incessante di produzione di località, che si realizzava proprio attraverso la condivisione rituale delle regole comunitarie. Questo "rito" agiva come strumento di negoziazione e di ridefinizione dei confini comunitari tra i membri della nazione. Nel caso napoletano, come vedremo meglio in seguito, l'appartenenza al corpo confessionale non era l'unico criterio alla base dei meccanismi di esclusione e d'inclusione operanti all'interno della comunità. Anche le rivendicazioni di possesso dei beni comunitari, rinnovate nel tempo dai membri della nazione greca, sono interpretabili come azioni tese a legittimare e quindi a creare la comunità nel «suo farsi».

All'interno di questo processo, il secolare e l'ecclesiastico non costituivano due dimensioni separate. La loro mescolanza permeava non soltanto la formazione ma anche il funzionamento delle confraternite greche presenti sulla penisola. Le «condizioni e patti» sottoposti nel 1785 al Tribunale napoletano dalla nazione greca ottomana di Barletta rivelano come queste due dimensioni fossero legate tra loro da un rapporto simbiotico e di reciproca legittimazione. Nel primo articolo, la richiesta di poter «esiggere sopra ogni Balla di merci della Nazione che o s'immette in Regno, oppure si estrae soli carlini cinque», anziché i tredici previsti dalla legge napoletana per bastimenti esteri, era giustificata dai supplicanti con la necessità di destinare il denaro all'edificazione della chiesa e alla costituzione di una «dote [...] per mantenerla». Una volta edificata la chiesa, tre governatori laici eletti tra i membri della nazione avrebbero dovuto vigilare sul «buon governo» della stessa.[85]

Anche in presenza di istituzioni formali, i confini della comunità – definiti nel corso di questo processo – potevano essere attraversati e contestati dai suoi membri. A Napoli, in uno dei momenti di massima tensione tra cattolici e scismatici, i «Greci orientali» (ortodossi) serrarono con sbarre il portone della chiesa greca e andarono a celebrare le funzioni religiose nelle chiese latine della città. Nelle colonie italo-albanesi i confini comunitari, ribaditi con forza sul piano legale, erano continuamente sfidati dall'eserci-

85. ASN, TA, SMC-Dispacci, b. 1729, fasc. n. 120, 10 gennaio 1785, cc. 5r-6r.

zio di pratiche culturali ibride e dall'esistenza di spazi comunitari aperti.[86] Così, ad esempio, nel 1751 la «Comunità della Terra di S. Benedetto Ullano» si rivolse alle autorità del Regno per rivendicare lo *jus* di nominare il parroco del casale e l'estromissione da quella carica di un certo religioso basiliano, il quale «non era albanese, né di rito greco, come viene prescritto dalle regole».[87] Anche nei villaggi dell'Anatolia nord-occidentale o a Smirne, le pratiche sociali erano spesso in contraddizione con le rivendicazioni identitarie e le forme istituzionali.[88] A Smirne, ad esempio, le istituzioni comunitarie esercitavano uno stretto controllo sociale sugli individui, imponendo loro regole di condotta precise e codificate; ciò nonostante, gli individui non utilizzavano nella stessa maniera le comunità o nazioni cui erano ufficialmente legate.[89] I rapporti di vicinato definivano uno spazio «marcato dalla contiguità e dalla conoscenza» piuttosto che dalle distinzioni etniche e religiose,[90] e la diversità e la differenza prevalevano sugli elementi di affinità e somiglianza.[91] In superficie, tuttavia, qui come nelle comunità ortodosse d'Occidente, le istituzioni comunitarie delimitavano in apparenza territori culturali omogenei, intorno alle chiese e nelle strade le forme del passato modellavano quelle future, generando continuità e cancellando «le asperità, i casi marginali, i mescolamenti».[92]

86. A Piana, in Sicilia, il popolo esercitava «l'istessa pietà latina colle congregazioni erette nelle lor chiese dell'anime del Purgatorio, e del Santissimo Rosario, e coll'Ospedale, fondato dagli Albanesi indistintamente per tutti gl'infermi, ed anco singolarmente per alloggio de P.P. Riformati di S. Francesco» (ASPF, SC, Italogreci, vol. 4, 20 settembre 1759, Relazione di Saverio Bavestrelli sulle colonie siculo-albanesi, cc. 462r-465r).

87. ASPF, Acta, 27 settembre 1751, *Ricorso della comunità della terra di S. Benedetto Ullano che pretende di avere il* jus *di nominare il parroco di detta terra*, n. 12, cc. 260r-266v.

88. Anche a Livorno, le regole sull'endogamia prescritte negli statuti della confraternita della Santissima Trinità dei greci non uniti erano talvolta violate (vedi *supra*, cap. 1, p. 91), nonostante che i registri parrochiali della chiesa greca attestino una pratica esclusiva dell'endogamia. Un'indagine condotta esclusivamente sugli archivi della comunità può fornire un quadro parziale, nella misura in cui i documenti ci mostrano soltanto i legami ufficializzati, mentre non registrano la rete dei rapporti informali (cfr. M. Smyrnelis, *Colonies européennes et communautés ethnico-confessionnelles à Smyrne*, p. 189).

89. Ivi, p. 182.

90. Smyrnelis, *Colonies européennes et communautés ethnico-confessionnelles à Smyrne*, p. 179.

91. Ozil, *Orthodox christians in the late Ottoman Empire,* p. 12; cfr. *Communidades transnacionales.*

92. Chauvard, *Scale di osservazione e inserimento degli stranieri nello spazio veneziano*, pp. 88-89.

2. *L'invenzione dei confini*

La prassi della comunità poteva quindi variare in modo considerevole da un luogo all'altro. Essa includeva modelli di relazione e di sociabilità diversi, l'assenza d'istituzioni collettive o processi d'istituzionalizzazione dei legami comunitari. Nella maggior parte dei casi, comunque, le istituzioni o i legami comunitari informali non definivano quasi mai sul piano pratico dei sistemi sociali completamente chiusi e omogenei. I caratteri d'instabilità, di contraddizione e di apertura, in gradi diversi, potevano prevalere o coesistere con pratiche sociali e culturali condivise, come la partecipazione alle cerimonie liturgiche orientali, il matrimonio endogamico e i legami di padrinato, le forme di mutua assistenza o la formazione di società commerciali. Eppure, spesso nellc fonti i rappresentanti della nazione ritraggono la comunità come uno spazio identitario, come un insieme sociale coeso e in qualche modo auto-evidente, distinto dalle altre forme di associazione osservabili all'interno del contesto sociale più ampio ed eterogeneo in cui quell'insieme si collocava. Questa percezione non costituisce solo l'effetto di una visione a posteriori, di una propensione dello storico a stabilire connessioni tra elementi simili e ad attribuire un significato coerente a queste relazioni.[93] Né, com'è stato detto, una simile rappresentazione può essere interpretata come il riflesso di un processo generale in cui erano coinvolte tutte le parti del corpo sociale.

La rappresentazione della comunità come un corpo chiuso e omogeneo deve essere intesa piuttosto come parte di quei processi concreti di produzione di località cui abbiamo accennato nel paragrafo precedente. Essa rappresentava innanzitutto un'azione legittimante, attraverso cui i membri della nazione – o meglio i suoi rappresentanti – intendevano provare l'esistenza e la continuità della comunità nel tempo. In questo modo, essi cercavano di affermare le prerogative della nazione, la sua legittimità dinanzi alle autorità civili ed ecclesiastiche locali. Nelle numerose suppliche e memorie indirizzate in tempi diversi alle autorità secolari e religiose dalle élite comunitarie ortodosse, si tramanda perciò un'immagine omogenea della comunità fondata sulla memoria delle comuni origini e sulla continuità storica tra presente e passato. Asserendo l'antichità dei diritti che fondavano e legittimavano la sua esistenza, i rappresentanti della co-

93. Cfr. Grenet, *La fabrique communautaire,* p. 3.

munità omogeneizzavano un insieme in realtà socialmente complesso ed eterogeneo.[94]

Nei memoriali indirizzati ai cardinali di Propaganda Fide o ai ministri regi, i confini della comunità erano affermati ogni qual volta le sue prerogative erano violate. Attraverso un processo di astrazione e di costruzione della memoria collettiva, i confini del gruppo erano non soltanto affermati ma creati, sebbene poi, come abbiamo visto, quei confini fossero spesso attraversati e contestati sul piano delle relazioni quotidiane e dei comportamenti individuali. Un simile processo si osserva, in forme quasi identiche, in quasi tutte le comunità, da quelle italoalbanesi dei Regni di Napoli e di Sicilia alle colonie mercantili del litorale. Contro le ingerenze del vescovo latino, in una supplica del 1687, l'università di Campomarino (Capitanata) rivendicava di essere sempre vissuta «da tempo immemorabile sotto il rito greco», da quando in fuga dalle armi ottomane i primi albanesi erano giunti nel Regno, e chiedeva per questo che non fosse ammesso nella chiesa «altro rito del nostro antico greco».[95] In Calabria, a nome dell'università della terra di Lungro, l'arciprete Abramo de Marchis e il sindaco rivolsero a Propaganda la seguente supplica contro il progetto del vescovo di Cassano di collocare un economo latino nei paesi albanesi:

> [...] come gli Albanesi di detto luogo fin dalla lor venuta dall'Albania ne'Regni di Napoli, e Sicilia, nati, vissuti, e tuttavia esistenti di rito greco, edificaron' a lor proprie spese una Chiesa col titolo d'Arciprete per la cura delle lor' anime; onde fin al di d'oggi con ogni purità han mantenuto il detto lor Sacro rito, son vissuti con pace, e quiete in detta lor Padria.[96]

La validità nel presente dei privilegi e delle antiche norme costitutive della comunità era affermata sulla base di un legame di discendenza con i suoi antichi fondatori.[97] Gli atti testamentari potevano provare l'esistenza di quel legame più di ogni altra forma scritta di memoria. Nella seconda metà del XVI secolo, nei loro testamenti, Alessio Lascari «di Costantino-

94. Vedi anche il caso della nazione armena studiato da Hovanessian, *Le lien communautaire,* pp. 35-35.

95. ASPF, SC, Italogreci, vol. 2, Campomarino, 3 maggio 1687, c. 149rv.

96. ASPF, SC, Italogreci, vol. 5, Lungro, 14 giugno 1766, cc. 186r-187v; un'analoga supplica fu rivolta a Propaganda dal clero e popolo di S. Demetrio (ivi, S. Demetrio, 5 luglio 1766, c. 194rv).

97. A Livorno, a Trieste e a Napoli, giocava un ruolo importante anche il legame di lealtà nei confronti del Principe, garante dei privilegi e dei diritti della nazione.

poli d'Imperiale sangue» e Costantino Maurdini «parimente costantinopolitano», prima di morire ad Ancona, avevano prescritto alla comunità di fornire per tre giorni, con i denari donati alla chiesa, un ricovero gratuito a tutti i greci che in avvenire sarebbero arrivati in quella città.[98] Negli ultimi decenni del XVIII secolo, la ricostituita comunità greca di Ancona si richiamò a quei documenti, conservati nell'archivio della confraternita, per contestare l'interruzione di quella pratica ad opera dei latini, divenuti nel frattempo padroni del greco sodalizio e dei suoi beni. Il sacerdote greco Giovanni Doxarà, promotore della causa contro i confratelli latini presso la Congregazione di Propaganda, in una lettera celebrava la «munificenza de' Greci benefattori» Lascaris e Maurdini e, andando più in là nel tempo, faceva risalire la concessione della chiesa alla nazione a un atto di donazione compiuto nel 1380 dal vescovo di Ancona a favore del Patriarca di Costantinopoli.[99] Nel suo memoriale, il parroco greco denunciava l'esclusione dei membri della «nazione greca» dalle cariche più importanti, non solo quelle che erano di «lucro e di emolumento», ma soprattutto quelle che davano accesso ai libri, alle carte e alle memorie dell'archivio: in tal modo – spiegava il parroco – i latini potevano continuare a manipolare la realtà a loro favore e obbligare tutti i «Greci» ad una «forzata cecità».[100]

L'accesso alle scritture documentarie era funzionale alle molteplici e contrastanti narrazioni della comunità. In alcuni casi, i membri delle comunità ortodosse ricorsero alle scritture antiche nel tentativo di ripristinare uno status interrotto da un evento traumatico, come la rivolta dei ribelli corsi a Paomia o la peste del 1656 a Barletta. Dopo il trasferimento ad Ajaccio e la sospensione degli antichi privilegi concessi ai maniotti nelle capitolazioni del 1676, il clero maniotto cercò di rivendicare i diritti perduti,

98. ASPF, SC, Italogreci, vol. 5, 23 febbraio 1771, Supplica dei «Greci cattolici dimoranti in Ancona», cc. 293r-298r.

99. ASPF, SOCG, vol. 882, 20 aprile 1789, cc. 99r-131r, Ristretto del cardinal Ponente Antonelli, c. 122v. Secondo Doxarà l'aggregazione dei latini alla confraternita non risaliva al tempo della sua fondazione, bensì al 1668, quando i nuovi statuti approvati dal cardinal Giannicola ne ammisero la presenza per l'esigenza di aumentare il numero dei membri.

100. Ivi, c. 112rv. Secondo la tesi sostenuta dai confratelli, smentita secondo Doxarà dai documenti celati, i due benefattori cattolici avevano affidato la cura dei due ospedali da loro fondati e delle rispettive rendite non alla compagnia di S. Anna ma alla fraternita della Misericordia, e Morte composta di soli latini; inoltre, questi sostenevano che Maurdini per testamentaria disposizione avesse ordinato che il suo cadavere fosse seppellito nella chiesa dei padri conventuali e che suo figlio sposasse una figlia di padre italiano e non di greca ed orientale nazione.

primo fra tutti quello ad una chiesa di rito greco, attraverso una ricostruzione storica delle origini e dell'evoluzione della «Colonia greca» basata sui «Manoscritti Greci specialmente, che presso la suddetta si conservano»[101]. In Corsica, la "sospensione" della comunità riguardò solo le istituzioni comunitarie, intaccando solo in minima parte l'esistenza del corpo sociale, ridotto ma non estinto dalle migrazioni di quegli anni. A Barletta, invece, dopo la peste del 1656, la popolazione della colonia lentamente si estinse. Alcuni individui, per lo più mercanti di passaggio diretti verso la capitale, cominciarono a far ritorno in quel porto dagli anni ottanta del XVII secolo. Fino agli anni quaranta del secolo successivo, quando fu siglato il trattato con la Porta ottomana, nei registri parrocchiali troviamo traccia soltanto di qualche cognome greco, legato per lo più all'antica colonia coronea.[102] Nonostante il lungo tempo trascorso dall'estinzione della prima colonia coronea, nel 1789[103] e ancora nel 1856[104] i mercanti greci, allora residenti nella provincia, rivendicarono dinanzi alle autorità napoletane il possesso della chiesa appellandosi alle scritture e agli atti notarili attestanti il suo acquisto più di due secoli prima da parte dei loro antichi confratelli greci. In questi memoriali, la storia della colonia era ripercorsa e reinventata con l'intento di creare un legame fittizio di continuità tra presente e passato. Nel maggio del 1858 Nicolò Coridis fece circolare un foglio in cui raccontava che dopo

101. ASPF, SC, Italogreci, vol. 5, settembre 1763, *Distinta ed esatta relazione della Venuta de' Greci in Corsica.*

102. ASBT, NB, G. Battista Pacella, vol. 139, 16 maggio 1600, cc. 409r-410v.

103. Al ricorso presentato alla Camera abbreviata di Napoli l'11 giugno 1789 dal procuratore della nazione greca residente in Barletta, fu allegata una serie di scritture pubbliche volte a dimostrare che la nazione greca, prima del contagio del 1656, possedeva nella città di Barletta un comprensorio di case, un giardino e una chiesa sotto il titolo di S. Maria, nella quale venivano esercitate le sagre funzioni secondo la liturgia greca. Secondo quanto si dichiara in questo documento, la nazione aveva continuato a godere del possesso della chiesa fino al 1656, quando a causa del contagio, «rimasti estinti tutti gli individui della detta nazione che dimoravano in Barletta, ed in altri luoghi convicini», il nunzio apostolico s'introdusse nella chiesa. Gli atti presentati erano relativi a diversi affari riguardanti l'edificio sacro: si tratta di due documenti risalenti rispettivamente al 1607 e al 1611, in cui compaiono il parroco greco e il procuratore che amministrava le rendite, e un terzo atto del 1621, in cui si attesta che il parroco Michele Degni, in veste di procuratorere della nazione greca e della chiesa, aveva dato a Emmanuele Degni 200 ducati, denaro destinato alla chiesa da testatori greci (ADPB, Capitolo della cattedrale di Santa Maria Maggiore, Cause e liti, Controversia tra Greci, zio e nipote, 1789-1791, b. 13, 11 giugno 1789, cc. 1r-4v).

104. ASN, MAE, Chiese greche nei domini napoletani, Diversi, (s.d.), b. 4240, Memoria scritta da Nicolò Coridis.

il flagello della peste «que' levantini, nei limitrofi lor patrii focolari ricoverarono» e che cessato poi il letal contagio, ritornando, trovarono la chiesa e le case occupate dal governo locale e ne reclamarono invano la proprietà. All'interno di questa ricostruzione storica, la discontinuità e il vuoto demografico creati dalla peste e nell'epoca successiva le forme di adattamento e il processo di acculturazione al contesto locale, erano rimossi attraverso un'operazione di astrazione e di reificazione della comunità.

Roger Brubaker ha interpretato simili processi di reificazione come dei processi sociali.[105] Il «senso etnico comune» non rappresenta, cioè, solo l'espressione di una «cattiva abitudine intellettuale», una categoria analitica da rigettare.[106] Esso costituisce, al contrario, un dato empirico, il quale esiste non sul piano ontologico, bensì come strategia consapevole messa in atto dagli attori sociali attraverso le loro scritture e i loro discorsi. «Invocando i gruppi essi cercano di evocarli, di convocarli, di chiamarli in essere. Le loro sono categorie *per fare*, elaborate per agitare, evocare, giustificare, mobilitare».[107] I contrasti tra greci e latini a Barletta, ad Ancona o nelle colonie albanesi, devono perciò essere intesi non come espressione di un'opposizione tra gruppi distinti gli uni dagli altri, ma piuttosto, per dirla con le parole del sociologo americano, come un «conflitto etnicizzato o etnicamente strutturato».[108] Simili conflitti avevano origine, perciò, non dalle differenze confessionali quanto piuttosto da circostanze contingenti, in particolare quando le pretese di ortodossia delle gerarchie ecclesiastiche locali minacciavano le prerogative legali, materiali e morali dei membri della minoranza ortodossa. Nel corso di questi conflitti, le norme, gli statuti e i privilegi approvati dall'autorità e tramandati nei documenti e nelle memorie scritte erano impiegati come strumenti per forgiare e trasmettere un'autorappresentazione del gruppo come entità definita da chiari confini culturali.

Il confronto con le altre comunità ortodosse dell'immigrazione poteva servire ad amplificare e rafforzare, sul piano retorico, la costruzione della comunità come corpo unico e omogeneo. Alcuni studi hanno rilevato l'importanza che l'esistenza di canali di comunicazione inter-comunitaria

105. Brubaker, *Ethnicity without groups,* p. 10.
106. Ivi, p. 9.
107. Ivi, p. 10.
108. Ivi, p. 9. In campo sociologico, il termine etnia è utilizzato per indicare un'entità socialmente costruita e non un'entità biologica.

ebbe nella formazione di un sentimento comunitario. Ad esempio, nel suo studio sui greci di Livorno, Despina Vlami ha mostrato il ruolo giocato dalle reti commerciali inter-comunitarie come fattore di coesione della comunità greca livornese.[109] Grenet ha affermato l'irriducibilità dello «spazio della diaspora greca» alle attività esclusivamente commerciali, indicando l'esistenza di una logica più complessa oltre i meccanismi d'integrazione economica.[110] Come abbiamo visto, l'insieme di queste relazioni non delimitava nello spazio un'unità sociale e culturale omnicomprensiva e omogenea. Come tale, tuttavia, questo spazio era raffigurato dai procuratori o governatori della comunità nelle suppliche indirizzate alle autorità locali.[111] È a queste élite comunitarie che si deve l'elaborazione di una visione della comunità più ampia di quella da loro rappresentata e governata. Una visione, questa, che appare per certi versi conforme al modello delle «comunità parallele e comparabili» di Anderson,[112] nonostante la discontinuità storica esistente tra le dinamiche qui descritte e l'emergere delle moderne nazioni al centro delle argomentazioni del sociologo anglosassone.[113] In una delle innumerevoli suppliche inviate a Propaganda contro gli abusi dei confratelli latini, i greci di Ancona rivendicavano il diritto a godere degli stessi diritti e privilegi accordati altrove ai loro «Nazionali»:

> [...] a Livorno, e a Liegi, e a Napoli, ed altrove i Nazionali loro Cattolici hanno le loro Chiese fondate a spese dei rispettivi sovrani, e sono offiziate con sagro decoro da vari Sagri Ministri, ne si permette dalla Sovrana autorità o che i Latini si approprino dei Beni delle lor Chiese, o che s'ingeriscano nell'amministrazione di essi, o che sia violato alcun loro privilegio.[114]

Nel volantino di Cracovia, indirizzato nel 1720 dai «Deputati plenipotenziari della Compagnia de Greci» ai loro «Nazionali (*ομωγενεις*) dell'istessa fede» per promuoverne l'insediamento nelle terre asburgiche, un'unica denominazione – *διεσπαρμένοι ρωμαίοι* (*Romioi* dispersi) – univa, nella percezione degli estensori del foglio, questi ultimi ai

109. Cfr. Vlami, *Το φιορίνι, το σιτάρι και η οδός του κήπου,* pp. 181-203.

110. M. Grenet, *La fabrique communautaire,* p. 149.

111. Per i contatti tra le comunità di Venezia e Livorno, vedi: ivi., pp. 156-159; per le relazioni epistolari tra quelle di Ancona e Livorno, vedi: Papageorgiou, *Συμβολή στην ιστορία της Ελληνικής παροικίας της Αγκώνας*; Vlami, *Commerce and identity in the Greek communities*, pp. 83-84.

112. Cfr. Anderson, *Imagined communities.*

113. Su questo aspetto, vedi in particolare: Aymes M., *La communauté d'historicité.*

114. ASPF, SC, Italogreci, vol. 5, Ancona, 25 maggio 1771, cc. 309r-310r.

cristiani ortodossi (*ρωμαίες*) «delli luoghi d'Italia, e altrove», destinatari di quell'appello.[115] Questa denominazione collettiva era usata per descrivere uno spazio d'identificazione omogeneo, che includeva, unendoli, i luoghi dell'immigrazione a quelli d'origine. Un processo simile di astrazione si osserva intorno alla metà del Settecento anche all'interno del mondo delle comunità albanofone dei Regni di Napoli e di Sicilia. Nonostante le differenze esistenti tra gli albanesi che vivevano nell'Impero ottomano e quelli d'Italia, il «Popolo Albanese» di Palazzo Adriano, Piana, Mezzoiuso e Contessa, in un memoriale, esprimeva il suo rammarico per «gl'infelici nazionali rimasti colà sotto la tirannide del turco [...] sin'oggi privi del lume della S. Fede». Per ridurre questa distanza, quel «popolo» sollecitava l'invio di missionari della nazione nelle regioni dell'Epiro e dell'Albania.[116] Qui, in particolare nella regione di Himara, sin dal secolo precedente sacerdoti italo-albanesi e greci orientali avevano operato insieme come agenti della Congregazione di Propaganda fide soprattutto per l'istruzione dei giovani greco-albanesi della provincia.[117] Negli anni settanta, pochi anni dopo la fine di quella missione, il tenente del Reggimento macedone Costantino Cristoforo Casnezi, «greco cattolico», tornò a invocare la spedizione nella provincia albanese di ecclesiastici italoalbanesi dalla Calabria e dalla Sicilia. In virtù delle loro antiche, e ancora vive, origini epirote, questi ultimi erano ritenuti i soggetti più idonei per ridar vita all'impegno missionario in quella regione.[118]

In una relazione inviata nel 1764 al rettore del seminario greco- albanese di Palermo, il papàs siculo-albanese Andrea Figlia identificava come membri di uno stesso popolo gli albanesi delle colonie meridionali e quelli provenienti dal Levante, i quali dagli anni trenta del Settecento avevano cominciato a riempire le fila del Reggimento real macedone. In questa scrittura, l'ecclesiastico italo-albanese manifestava il suo interesse per la stesura, ad opera del capitan Dandolo, di una storia di quel reggimento, di cui egli era stato cappellano: la sua speranza era che in quell'opera letteraria potesse essere finalmente riconosciuto «il valore dei nostri Albanesi», che Rodotà, nella sua storia sul rito greco in

115. ASPF, SC, Greci, vol. 2, 1701-1736, c. 243v.

116. ASPF, SC, Italogreci, vol. 4, *Memoriale del Popolo Albanese del Palazzo Adriano di Sicilia, Piana, Mezzoiuso e Contessa*, 1756, cc. 345r-346v.

117. È quanto emerso da alcune prime ricerche svolte all'interno dell'Archivio storico di Propaganda Fide sulle missioni cattoliche nei Balcani e nel Mediterraneo orientale.

118. ASPF, SC, Greci, vol. 3, Napoli, 12 maggio 1775, c. 337r.

Italia, aveva al contrario taciuto, «dando lode solamente alli due Greci Corafà».[119] In quegli stessi anni, alcuni esponenti della élite ecclesiastica italo-albanese avevano cominciato a reinventare la memoria collettiva delle comunità albanofone dei Regni di Napoli e Sicilia attraverso la narrazione storico-culturale di un popolo, quello albanese, le cui origini affondavano nell'antica Macedonia.[120]

La diaspora, descritta da Arjun Appadurai come una condizione di frammentazione della memoria ed esperienza vissuta tra luoghi plurimi d'appartenenza, favoriva dunque «il gioco delle identità, del movimento e della riproduzione culturale», all'interno di configurazioni e di esiti molteplici e contraddittori.[121]

3. *Comunità e società locale*

La necessità di presentare la nazione, sul piano retorico e ufficiale, come un'unità coesa, così come l'esistenza di meccanismi in grado di garantire nel tempo la creazione incessante della comunità, erano entrambe legate alla natura fragile, vulnerabile della comunità, attraversata da conflitti e continui cambiamenti. La solidarietà, anche nei gruppi più piccoli, non escludeva la presenza delle differenze.[122] Nel caso delle comunità ortodosse, l'eterogeneità era un carattere costitutivo del corpo sociale. Come osserva Kitromilides, la diversità era intrinseca al *γένος* ortodosso: il «mondo delle diaspore» era uno spazio confessionale e multiculturale «privo di un centro in grado di livellarlo, imponendo uniformità e sradicando la diversità».[123] Gli elementi di eterogeneità erano più accentuati nello spazio della diaspora a causa della molteplicità delle affiliazioni dei migranti ortodossi: le solidarietà regionali o lo status politico generavano forme di appartenenza altre rispetto a quella definita dai legami confessionali. Inoltre, l'opposizione tra élite laiche e poteri ecclesiastici e la contraddizione tra logiche collettive e strategie personali facevano della comunità «un campo sociale e politico» in cui convergevano

119. *Relazione del Rev. Papàs Andrea Figlia*, pp. 6-7.

120. Su questo aspetto, vedi in particolare gli studi di Matteo Mandalà: *Mundus vult decipi*; *Paolo Maria Parrino*; *Alle origini del mito pelasgico*.

121. Appadurai, *Modernità in polvere*, p. 222.

122. MacIver, Page, *Society: an introductory analysis*, p. 304; Exertzoglou, *Reconstituting community*, pp. 137-154.

123. Kitromilides, *Diaspora, identity, and Nation-building*, p. 326.

e si contrapponevano forze contraddittorie.[124] Lo stesso processo migratorio e il contatto con la società d'accoglienza potevano generare profonde differenze all'interno della comunità: i *transferts* culturali, l'integrazione e l'inserimento in nuove cerchie sociali potevano innescare processi di differenziazione in grado di alterare gli equilibri all'interno della comunità e di minacciarne in alcuni casi l'integrità.

Il rapporto dei migranti con le società d'accoglienza è stato generalmente analizzato in riferimento a due principali dinamiche: alcuni studi hanno interpretato l'esperienza migratoria come un processo di progressiva acculturazione e perdita dei caratteri distintivi, durante il quale nuove forme di appartenenza soppiantavano nel tempo le affiliazioni originarie. Altri, invece, hanno compreso questo rapporto all'interno della concettualizzazione della «diaspora» elaborata da autori come Stuart Hall, Homi Bhabha, Paul Gilroy e James Clifford. In un'ottica post-modernista, questi studiosi hanno inteso la diaspora soprattutto come espressione di «ibridità, eterogeneità, frammentazione e (ri)costruzione identitaria, duplice coscienza, fratture della memoria, ambivalenza [...] *multi-locationality* e così via».[125] Anche all'interno degli studi sulla diaspora greca, il «*living between*» e la liminalità sono stati interpretati come condizioni prodotte da un'esistenza perennemente vissuta tra sistemi culturali e sociali diversi:[126] nel contatto con la società d'accoglienza, i soggetti diasporici erano indotti a «rinegoziare l'associazione tra [...] la propria cultura d'origine e quella del loro insediamento».[127] Mentre questa visione privilegia la dimensione individuale rispetto alle dinamiche comunitarie, nelle analisi dei processi d'acculturazione e d'integrazione la comunità è analizzata come un insieme compatto, i cui membri erano investiti in modo uniforme dalle trasformazioni indotte dal processo migratorio.

In realtà, «l'esperienza dei migranti in qualsiasi comunità rappresenta la somma totale di centinaia di decisioni individuali e di esperienze

124. Grenet, *La fabrique communautaire*, p. 244.

125. Baumann, *Dispora: genealogies of semantics and transcultural comparison*, p. 324; cfr. Anthias, *Evaluating 'diaspora': beyond ethnicity?*, pp. 565-566. Per una disussione critica sui *diaspora studies* e sulla loro proliferazione, vedi anche: Tölölyan, *The contemporary discourse of diaspora studies*; Brubaker, *The 'diaspora' diaspora*; Edwards, *The uses of diaspora*; Hovanessian, *La notion de diaspora.*

126. Tziovas, *Introduction*, p. 5.

127. Seirinidou, *The "old" diaspora, the "new" diaspora, and the Greek diaspora*, p. 156.

individuali».[128] Queste esperienze erano spesso tra loro divergenti: la divisione tra membri residenti e temporanei costituiva una delle espressioni più significative delle differenze che caratterizzavano l'esperienza dei membri di una comunità. Mentre i migranti di passaggio avevano scarso interesse a radicarsi nella realtà urbana ed erano più ancorati ai costumi e agli usi della loro patria di origine, in chi sceglieva di insediarsi stabilmente nella società d'arrivo la percezione della propria alterità era nel tempo attenuata, sebbene non dissolta, dalla propensione ad inserirsi all'interno di nuove cerchie sociali, alla quale si accompagnava talvolta l'imitazione di pratiche sociali e culturali locali.[129] Lo scarto esistente tra queste due esperienze poteva in alcuni casi diventare fonte di divisioni dentro la comunità. Ad esempio, all'interno delle *enclaves* scozzesi presenti nei Paesi Bassi e nei territori polacco-lituani durante il XVIII secolo, i membri residenti percepivano i loro connazionali itineranti come una minaccia al proprio status e reputazione all'interno della società locale.[130] Dinamiche simili di rivalità e competizione si osservano anche all'interno delle comunità ortodosse presenti sulla penisola. A Napoli, ma non solo, la divisione tra membri stabili e migranti temporanei spesso assunse i contorni di uno scontro confessionale.

Nel 1717, Dionisio Cigala, divenuto parroco della chiesa greca di Napoli con il sostegno della Congregazione di Propaganda, cominciò ad impedire a tutti i «Greci forestieri» che capitavano in città di partecipare alla messa e alle funzioni religiose.[131] Quei greci, per lo più mercanti, si trovarono perciò costretti a celebrare i riti sacri nelle loro case segretamente, oppure in quelle dei prìncipi e delle dame della città, che un prete greco-corso, Antonio Stefanopoli, era riuscito ad ingraziarsi «affettando santità, ed ipocrita umiltà».[132] In una lettera del 1722 indirizzata al dicastero romano, Cigala riferiva che quei mercanti forestieri potevano contare sulla protezione del barone di Fleximan, ministro cesareo inviato nel Regno per lo stabilimento del commercio, il quale era entrato in contatto con uno di quei scismatici a Costantinopoli nel tempo in cui ricopriva la carica di

128. Friedrichs, *Immigration and urban society*, p. 65.

129. Cfr. Canepari, *Arrivare in città, conoscersi, associarsi*, p. 1; cfr. Arru, Ehmer, Ramella, *Premessa*; Cerutti, Descimon, Prak, *Premessa*; *La città italiana e i luoghi degli stranieri*.

130. Catterall, *At home abroad*, pp. 347-349.

131. ASPF, SC, Italogreci, vol. 3, Napoli, 20 febbraio 1717, cc. 43r-45r.

132. Ivi, 1731, Relazione sulla condotta di Dionisio Cigala, c. 441r.

ambasciatore asburgico nella capitale ottomana.[133] In una lettera indirizzata al delegato della nazione, gli oppositori di Cigala, definendosi cattolici, raccontavano di essere «costretti di andare ritrovando altre chiese» e di non potersi tuttavia confessare «perché non intesi nel di loro linguaggio».[134] Finalmente nel 1730 questi ultimi riuscirono a privare Cigala del seggio di cappellano. Nel luglio di quell'anno il parroco greco-cattolico scrisse a Propaganda una lettera contro i suoi persecutori. Nella lettera egli raccontava come questi, tutti originari di Giannina, si fossero «ingegnati» per introdurre nella chiesa un prete greco nativo di Corsica, Antonio Stefanopoli: tumultuosamente erano entrati in chiesa «come in trionfo» e a sua «onta» avevano sfondato la porta di una stanza, dove il prete corso fu posto ad abitare; dopodiché, quei greci, capeggiati da Stefanopoli, con mazzole di legno lo avevano cacciato via dalla chiesa, costringendolo a rivolgere una nuova e disperata supplica a Roma.[135] Dopo qualche mese, i «Greci Confratelli della Venerabile Parochial Chiesa di detta Nazione di Napoli [...] accasati, e con figli procreati, e permanenti da più anni veri cattolici Apostolici Romani», inviarono a Propaganda una lettera apologetica a sostegno di Cigala, contro la perfidia dei greci di Giannina «che di passaggio capitano in quella».[136]

Nella corrispondenza ufficiale, entrambe le fazioni si definivano cattoliche e, nell'intento di screditare la fazione rivale davanti alle autorità ecclesiastiche, ciascuna accusava l'altra di scisma o di ateismo. Le due fazioni in conflitto non costituivano in realtà due gruppi completamente distinti tra loro sul piano confessionale e internamente omogenei: Stefanopoli, a capo dei greci scismatici «orientali», era un italogreco, nato in Cristianità all'interno di una colonia fondata sotto l'egida della Chiesa romana.[137] Cigala, invece, originario di Santorini, aveva abiurato lo scisma solo una volta giunto a Roma, dopo aver ricoperto la carica di protosincello del Patriarca ortodosso d'Alessandria e aver guidato la parrocchia greca di Tunisi.[138] Nella supplica indirizzata al dicastero di Propaganda in supporto di Cigala, un ecclesiastico italoalbanese, Antonio Tamburi, compare come firmatario accanto a due greci originari del Levante, Giovanni Emanue-

133. Ivi, Napoli, 9 maggio 1722, c. 184rv; Napoli, 16 maggio 1722, cc. 186r-187v.
134. Ivi, Napoli, s.d., cc. 433r-434v.
135. Ivi, Napoli, 4 luglio 1730, c. 410v.
136. Ivi, Napoli, 26 agosto 1730, cc. 416r-420v.
137. Vedi *supra*, cap. 1, pp. 75-81.
138. Vedi *supra*, cap. 2, pp. 128-129.

le e Paolo di Demetrio, i quali erano stati governatori della confraternita nel 1728.[139] Negli anni in cui sorse il conflitto, un profondo cambiamento sociale e demografico investì la comunità greca di Napoli. Alla fine del XVII secolo, l'arrivo di nuovi migranti a Napoli, in gran parte commercianti, «provocò questioni giurisdizionali tra i vecchi e i nuovi coloni».[140] La distinzione nei documenti tra greci «commoranti» e «accasati» e greci «forestieri» e «di passaggio» è un'eco delle tensioni prodotte dall'innesco di questo processo di differenziazione all'interno della nazione. L'evoluzione dei rapporti tra i membri della comunità portò nella seconda metà del Settecento al rinnovarsi del conflitto tra residenti e forestieri. I mercanti forestieri e di passaggio che all'inizio del secolo erano stati esclusi dalla comunità e dalla chiesa da coloro che da più tempo abitavano in città, divennero allora una presenza più stabile e numerosa. In forza di ciò, nel 1764 promossero la stesura di un nuovo statuto comunitario allo scopo di escludere dalla confraternita chi non avesse un domicilio fisso in città.

La contrapposizione tra residenti e forestieri ricorre anche nelle lettere trasmesse dai greci uniti di Livorno alla Congregazione di Propaganda nei decenni precedenti il *motu proprio* del 1757 e la successiva fondazione nel porto toscano di una chiesa dei greci non uniti. In una di queste lettere, nel 1742, Giovanni Bocti, greco melchita di Damasco, denunciava che «caduto il nuovo Governo della detta Chiesa in persone d'alcuni Greci d'Arcipelago non qui stabiliti», questi ultimi, essendo forestieri, avevano rifiutato di riconoscere come primo parroco della chiesa Anastasio Demori, nato a Livorno da genitori greci, pretendendo la nomina di un sacerdote ordinato in Levante.[141] Come soluzione di compromesso, l'arcivescovo di Pisa nominò allora parroco della chiesa greca unita della Santissima Annunziata un monaco di Patmos, Metodio Calogerà, il quale, nonostante la sua vicinanza e fedeltà alle gerarchie romane, fu accettato ed eletto dai greci forestieri. Allo scopo di sedare ogni contesa tra greci orientali da una parte e greci livornesi e melchiti dall'altra, l'arcivescovo dispose che la chiesa fosse amministrata alternativamente da entrambi quei parroci.[142] Nel 1756, alla vigilia della separazione, Nicola Calat accusò i greci eterodossi di aver conquistato il

139. Korinthios, *I greci di Napoli,* p. 251.

140. Hassiotis, *Sull'organizzazione, incorporazione sociale e ideologia politica dei greci a Napoli*, p. 430.

141. ASPF, Acta, 24 gennaio 1746, *Chi debba essere il primo parroco dei greci di Livorno, o Atanasio Demori, o Metodio Calogera*, n. 9, cc. 6r-8r.

142. *Ibidem.*

dominio della chiesa grazie ai voti di alcuni ospiti e marinai di passaggio e di aver cercato di «levare dalla fratellanza tutti gli Itali Greci veri Ortodossi qui domiciliati».[143] I greci di Napoli e di Livorno, oriundi o residenti da tempo in quelle città, avvertivano come una minaccia l'arrivo dei nuovi venuti, nella misura in cui la superiorità demografica di questi ultimi avrebbe garantito loro il dominio sulle cariche elettive della confraternita e sulle sue rendite. Nel tentativo di far valere dinanzi all'autorità le proprie istanze contro quelle dei nuovi venuti, i greci domiciliati cercavano di trarre vantaggio dal sospetto con cui le autorità politiche erano solite guardare i migranti itineranti e dal valore, in termini di risorse economiche, connesso al proprio domicilio stabile nello stato.

Nonostante argomenti di natura confessionale fossero utilizzati per dare significato al conflitto e ottenere il sostegno delle autorità locali, le fazioni in lotta non sempre erano schierate su posizioni confessionali rigidamente contrapposte l'una all'altra, soprattutto a Napoli. Qui, nel mezzo della lotta tra abitanti e forestieri, le alleanze e gli schieramenti potevano variare con il mutare degli interessi e delle circostanze. Quando alcuni individui cercarono di imporre un parroco latino a guida dell'amministrazione della chiesa, Cigala inviò alla Congregazione di Propaganda una petizione sottoscritta dai «Greci cattolici di Napoli», tra cui compaiono anche alcuni dei suoi persecutori. La comunità si era allora ricompattata intorno alla difesa del diritto della «nazione» ad avere un «Paroco nazionale», diritto questo stabilito dai fondatori della chiesa «per l'intelligenza del linguaggio, come per esercitio del loro Rito».[144] Anche a Livorno, le alleanze e le contrapposizioni erano mutevoli, legate a interessi variabili. Dopo la fuo-

143. ASPF, SC, Italogreci, vol. 4, Livorno, 21 giugno 1756, cc. 355r-356r. In un'opera sulla storia della comunità greco-cattolica di Livorno composta intorno alla metà del XIX secolo, lo storico uniate Nicola Ulacacci annotava piuttosto il comportamento ambiguo dei greci cattolici nei confronti dei marinai e mercanti scismatici di passaggio: «Ogni qual volta un bastimento Greco approdava nel Porto di Livorno nel giorno della sua libera pratica un Sacerdote Greco della nostra Chiesa si recava a bordo del Naviglio per benedire l'equipaggio, questo poi col suo Capitano la prossima Domenica interveniva in Chiesa ove il Provveditore della medesima gli presentava una candella benedetta, ascoltava la S. Messa e faceva offerta di cera e di denaro ; a questo fine si teneva appositamente una cassetta per accogliere le elargizioni dei devoti marini col titolo di cassetta dei Capitani. E benché la maggior parte di essi appartenesse alla Chiesa Eterodossa, i nostri non sdegnavano accoglierli nella propria sperando attirarli coll'esempio loro alla Cattolica fede.» (Ulacacci, *Cenni storici della chiesa nazionale greco-cattolica di Livorno*, p. 21).

144. ASPF, SC, Italogreci, vol. 3, Napoli, 3 novembre 1723, cc. 305r-306r.

riuscita dei greci scismatici dalla chiesa e dalla confraternita della Santissima Annunziata, i sacerdoti e i confratelli greci uniti si schierarono contro i latini, tra cui molti erano gli oriundi greci e gli arabi, inclusi fino ad allora all'interno della comunità.[145] Invocando il ritorno al rito greco di coloro che erano diventati latini, gli esponenti della comunità greco-cattolica miravano ad aumentare il numero dei suoi membri – drasticamente ridotto in seguito alla fondazione della chiesa scismatica – e, in tal modo, a difendere l'esistenza stessa della comunità.

Com'è stato messo in luce anche all'interno di altri studi, l'integrazione all'interno della società locale non sempre implicava il venir meno, nella coscienza dei membri della comunità, di un senso di alterità e dell'attaccamento al proprio status particolare.[146] Il processo d'integrazione, come abbiamo visto, poteva tuttavia incidere profondamente sui caratteri e sulla coesione della comunità, accentuando l'eterogeneità tra i membri del corpo sociale. I conflitti si sviluppavano il più delle volte dall'intreccio di dinamiche contrapposte di rottura e di conservazione,[147] al di fuori dell'antagonismo tra identità confessionali stabili.[148]

L'analisi dei modi in cui i processi d'integrazione dei migranti influivano sugli equilibri comunitari non esaurisce la descrizione delle dinamiche legate al rapporto tra comunità e società locale. Il profilo socio-economico della comunità e del contesto d'insediamento è generalmente considerato una determinante importante all'interno di questo rapporto. Mentre il carattere rurale degli insediamenti è stato messo in relazioni con la creazione di relazioni più stabili e durature con il territorio e con una più precoce assimilazione dei forestieri nel tessuto locale, i forestieri abitanti all'interno dei grandi centri urbani sono stati invece spesso descritti come degli eterni *outsiders*. Il carattere spesso itinerante di questi ultimi è stato in genere evocato per giustificare il loro scarso interesse a radicarsi nello spazio segmentato della città e la maggiore propensione a tessere relazioni all'interno del gruppo di origine.

La contrapposizione sociologica e storiografica tra città e campagna ha influenzato anche lo studio e rappresentazione delle comunità ortodos-

145. ASPF, SC, Italogreci, vol. 4, Livorno, 7 giugno 1756, cc. 218r-219r.

146. Cfr. Weber, *Conectores comerciales y culturales*, pp. 295-312; Bartolomei, *Identidad e integración*, pp. 359-376.

147. Rosental, *Maintien/rupture*, pp. 1409-1410.

148. Cfr. Bartlett, *Medieval and modern concepts of race and ethnicity*, pp. 39-56.

se. L'interpretazione della diaspora come fenomeno essenzialmente urbano affonda le sue radici in una storiografia che ha molto insistito sulla vocazione marittima e commerciale dei sudditi greci dell'Impero ottomano:[149]

> La mancanza di o l'inaccessibilità alle risorse dovuta a ragioni geografiche, a misure amministrative restrittive che incombevano sui greci sudditi del Sultano, la pesante tassazione e le difficoltà nell'acquisizione di appezzamenti di terra produttivi e sufficienti aprirono la strada alla navigazione, al commercio e alla migrazione.[150]

Anche la presunta staticità delle popolazioni rurali ha spesso indotto a considerare i migranti greci come soggetti per lo più di origine urbana.[151] In realtà, anche le popolazioni delle campagne e delle aree montuose partecipavano ai fenomeni di mobilità, circolazione e connettività mediterranei e le attività agricole e quelle commerciali non costituivano sempre due ambiti separati. Nel XIX secolo, nei Balcani, la massa degli agricoltori era costituita da piccoli mercanti-produttori.[152] A Patrasso, situata tra due piccole pianure alluvionali, l'aumento nel XVIII secolo delle esportazioni agricole attraverso le navi greche fu legato allo sviluppo della produzione agricola, in cui era impiegata la maggior parte della popolazione cristiano-ortodossa della regione.[153]Anche gli abitanti delle regioni montuose della Macedonia occidentale, caratterizzate da un'economia pastorale o ad economia mista come Moschopolis e Giannina, cominciarono nel Settecento ad innestare attività di tipo commerciale sul proprio retroterra economico agricolo-pastorale e a migrare soprattutto verso i paesi dell'Europa centrale e settentrionale.[154] Da Giannina proveniva la maggior parte dei mercanti di nazione greca residenti in Terra di Bari. Una parte di questi mercanti/agricoltori si insediò, come abbiamo visto, anche nell'entroterra pianeggiante a ridosso

149. Cfr. Quataert, *The Ottoman empire, 1700-1922*, p. 67.

150. Sifneos, *"Cosmopolitanism" as a feature of the greek commercial diaspora,* p. 98.

151. La presunta staticità delle popolazioni rurali è stata negli ultimi anni messa in discussione da diversi studi, come quello di Purcell e Horden, che ha mostrato l'ampia varietà dei modelli e delle cause della mobilità nell'area mediterranea, e quelli di Sutton e di Forbes sulla mobilità della popolazione rurale greca nei territori veneti e ottomani (Forbes, *Early modern Greece: liquid landscapes and fluid populations*, p. 112).

152. Todorov, *La ville balkanique aux XV-XIX siècle*, p. 196.

153. Wagstaff, Frangakis-Syrett, *The port of Patras in the second Ottoman period*, pp. 86-89.

154. Katiardì-Hering, *Greek merchant colonies in central and south-eastern Europe*, pp. 129-130, 136-137.

del litorale. Nella provincia adriatica del Regno di Napoli, la cui economia era fondata soprattutto sulla coltivazione e il commercio del grano, i mercanti greci, accanto al commercio marittimo, gestivano anche botteghe per la fabbricazione di cappotti, industrie di campo o masserie. I membri della nazione intrattenevano relazioni sociali e d'affari con i loro connazionali residenti a Napoli e nelle altre città mercantili della penisola e con i loro corrispondenti in Levante. Parallelamente, partecipavano alle reti del commercio regnicolo e all'economia locale ed erano legati da alleanze matrimoniali alle altre famiglie di mercanti e imprenditori agricoli locali.

Nella geografia della diaspora tracciata da Katsiardi-Hering, tuttavia, la divisione tra comunità centrali (urbane) e comunità periferiche (agricole) condiziona l'interpretazione delle dinamiche migratorie. A est di Vienna, in particolare in Russia e in Ungheria, dove gli ortodossi vivevano in piccole comunità fluviali e agricole, il coinvolgimento dei coloni nell'economia agricola e nella proprietà della terra è individuata come la causa di un graduale e inevitabile processo di assimilazione dei migranti nella società locale. Un destino diverso riguardò invece le comunità che sorgevano nei centri urbani e mercantili della Russia meridionale e dell'Europa centrale e quelle situate a ovest di Vienna, nelle principali città portuali del Mediterraneo centrale e occidentale.[155] Queste «comunità centrali» – osserva Katsiardi-Hering – in virtù della loro ubicazione e vocazione mercantile, riuscirono a mantenere nel tempo una connettività costante con i territori d'origine attraverso le reti familiari e commerciali. La vocazione agro-pastorale degli insediamenti greco-albanesi dell'Italia meridionale è evocata da Katsiardi-Hering per spiegare la loro esclusione dalla «prospettiva d'incorporazione nelle reti terrestri e marittime in cui erano invece incorporati gli stabilimenti dei loro più nordici compaesani».[156] Allo stesso modo, anche Hassiotis, comparando le colonie rurali del Regno con quella della capitale,[157] afferma come le colonie urbane, per la natura delle attività svolte dai loro membri, avrebbero saputo meglio preservare la loro identità originaria rispetto a coloro che s'insediarono nei centri rurali dell'entroterra, caratterizzati da un maggiore isolamento e immobilismo.

All'interno degli studi sulle comunità greche della diaspora, la mag-

155. Katsiardi-Hering, *Central and peripheral communities in the Greek diaspora*, p. 179.

156. Katsiardi-Hering, *The Greek diaspora: geography and typology*, p. 228.

157. Hassiotis, *La comunità greca di Napoli dal XV al XIX secolo*, p. 479.

giore attenzione rivolta alle comunità urbane è stata funzionale alla costruzione di un quadro in cui la mobilità – connessa alla duplice dimensione urbana e commerciale – avrebbe nel tempo favorito il mantenimento dei legami con la patria di origine e, attraverso questi legami, il successo economico e la preservazione dell'identità del gruppo. Il coinvolgimento nell'economia della terra, tuttavia, come abbiamo visto, non implicava automaticamente una condizione di isolamento e di progressiva assimilazione al tessuto locale. Fuori dai porti franchi e dalle città capitali, la sfera delle attività agricole non era completamente separata da quella mercantile. La differenza tra comunità urbane e comunità rurali, perciò, costituisce un'impossibile contrapposizione sul piano dell'analisi delle dinamiche d'integrazione e assimilazione nella società locale e delle condizioni che determinavano il mantenimento di uno status singolare. A Napoli e in Terra di Bari, come abbiamo visto nei capitoli precedenti, l'integrazione profonda nella società e nell'economia locale e la preservazione dei confini e dei legami «nazionali» non si escludevano a vicenda, ma spesso coesistevano all'interno delle traiettorie biografiche dei migranti. Anche in Abruzzo la colonia di Villa Badessa, composta prevalentemente da braccianti e proprietari terrieri, ancora nel XIX secolo intratteneva relazioni con le vicine comunità ortodosse dell'Adriatico residenti ad Ancona e a Barletta, e con quella di Napoli.[158] Come per gli ebrei che abitavano nei territori rurali del Ducato di Modena, la più intensa interazione con l'ambiente economico e sociale locale contribuì a rendere più sfumati i confini interconfessionali, senza dissolvere il bisogno e il senso di comunità.[159] Il profilo socio-economico dei migranti e dei loro insediamenti risulta dunque insufficiente per spegare la diversità e complessità delle dinamiche migratorie.[160]

Anche nelle colonie italoalbanesi, soprattutto quelle di Calabria, la vocazione agricolo-pastorale non innescò un processo di assimilazione alla realtà locale. Arroccati su colline boscose, gli abitanti dei casali calabro-albanesi si muovevano all'interno di un contesto economico micro-regionale, basato per lo più sulla produzione agricola locale e su un sistema di scambi e comunicazioni ridotto. I raccolti erano qui destinati in gran parte al pagamento del canone feudale, all'autoconsumo locale o allo scambio

158. Vedi *supra*, cap. 1, p. 81.
159. Aron-Beller, *Outside the ghetto*, pp. 260-261.
160. MacIver, Page, *Society: an introductory analysis*, p. 284.

di derrate con i paesi vicini.[161] L'isolamento dell'insediamento, dunque, più che il suo carattere rurale, causò nel tempo l'interruzione delle relazioni con il Levante. Il mantenimento dei confini comunitari, perciò, non fu determinato, come altrove, dalle reti di relazione con il Levante e con le altre comunità di rito greco. Più importanti furono i meccanismi di natura istituzionale, in particolare la riproduzione nel tempo dello *jus* dell'università sul territorio e sulla chiesa greca attraverso il richiamo alle capitolazioni, così come la memoria delle origini che quei meccanismi contribuirono ad alimentare. I processi di mescolamento a livello sociale e demografico con la popolazione calabrese non interferirono con il mantenimento dell'antico status comunitario e confessionale. L'intensità delle relazioni intercomunitarie a livello micro-regionale tra i casali albanesi presenti nell'area fece sì che anche dove il rito latino divenne dominante, la popolazione continuasse a serbare la lingua e i costumi originari. Questa condizione di relativo isolamento creò i presupposti per la formazione di una forte identità locale. Facendo leva su questa identità, greca e regnicola a un tempo, nell'Ottocento alcuni coloni calabro-albanesi giunsero a rivendicare il possesso della chiesa e della confraternita greca di Napoli.

Come abbiamo osservato all'interno di questo capitolo, l'affiliazione confessionale e le forme istituzionali dell'appartenenza religiosa non definivano in modo esclusivo, né prevalente, i confini e la prassi della comunità. Quest'ultima consisteva in un insieme variabile di pratiche, azioni e legami generati da interessi e finalità diverse. La comunità, in ultima analisi, non rappresentava in termini assoluti il luogo dell'appartenenza. Questa, a sua volta, si scomponeva in plurime e variabili declinazioni, ciascuna legata ad azioni e situazioni particolari. All'analisi di queste ultime è dedicato il capitolo finale di questo libro.

161. Cfr. Mazziotti, *Immigrazioni albanesi in Calabria,* pp. 215-216; De Rosa, *The Balkan minorities,* pp. 452-53; vedi anche i saggi raccolti in: *Gli albanesi in Calabria..*

5. Le dimensioni dell'appartenenza

L'analisi dei comportamenti individuali, degli spazi di relazione e delle pratiche comunitarie ha sin qui mostrato l'inadeguatezza del concetto d'identità per comprendere la complessa fenomenologia sociale e culturale di una minoranza religiosa. Negli ultimi decenni, la critica all'uso di questo concetto come categoria interpretativa ha portato sociologi e antropologi verso la ridefinizione dell'identità da strumento analitico a oggetto di studio, cioè a fenomeno da analizzare attraverso un'indagine dei discorsi e delle pratiche individuali e collettive ispirate all'identità.[1] L'applicazione di questo approccio allo studio delle fonti può consentire, anche nel campo della ricerca storica, una più profonda comprensione dei «gruppi», soprattutto delle minoranze, e delle dinamiche sociali ad essi connesse.[2] Nei documenti gli attori sociali evocano continuamente, in situazioni diverse, una molteplicità di fattori per definire e quindi identificare se stessi. All'interno di questa prospettiva, l'espressione di uno status, di un'appartenenza deve essere letta innanzitutto come un'azione, e non come un attributo in base al quale tracciare confini e geografie culturali.

Nel campo della ricerca storica i tentativi di superare le rappresentazioni essenzialiste dei gruppi e di disarticolare il concetto d'identità hanno insistito soprattutto sulla natura fluida delle divisioni linguistiche, politiche e religiose. In particolare all'interno della storiografia sul Mediterraneo

1. Cfr. Remotti, *L'ossessione identitaria*; Brubaker, *Ethnicity without groups*.

2. Per una rassegna storiografica sul tema dell'identificazione e registrazione dell'identità personale nell'età moderna, vedi: Buono, *Identificazione e registrazione dell'identità*. In questo articolo Buono insiste sul ruolo non coercitivo della registrazione dell'identità, la quale avrebbe agito piuttosto come mezzo per l'attribuzione di appartenenza, finalizzata all'accesso dell'individuo a un insieme di risorse materiali e immateriali.

moderno, la prossimità geografica e la permeabilità delle frontiere politiche e confessionali sono continuamente evocate per spiegare i fenomeni d'interazione, di scambio e di metissage che storicamente hanno connotato l'esperienza dei popoli e delle culture della regione.[3] La visione «soft» o debole d'identità[4] prodotta da questi studi, mentre ci consente di comprendere alcuni aspetti delle società del passato, offre una comprensione solo parziale della realtà storica e dei fenomeni sociali. L'enfasi sulla fluidità, infatti, ha finito per elidere il problema dell'identità. Un simile approccio non contribuisce a spiegare, ad esempio, il significato delle pratiche e delle azioni messe in campo dagli individui per affermare o costruire il proprio status, o come le istituzioni condizionavano queste azioni e il valore che attributi culturali, come la lingua o la religione, avevano nelle strategie d'identificazione collettive e individuali.

I fenomeni di ambiguità confessionale, l'attraversamento dei confini religiosi e i processi d'integrazione non implicavano l'assenza di istanze identitarie, né rendevano gli individui che vivevano e si muovevano attraverso le società mediterranee meno consapevoli delle differenze reciproche di status, linguistiche e religiose.[5] La consapevolezza di queste differenze, i legami comunitari e le tradizioni religiose non erano espressione di un'identità primordiale, definita da un nucleo immutabile di caratteristiche sociali e culturali.[6] Come osserva Eric Dursteler, nell'età moderna l'identità:

> non era un oggetto ma piuttosto un processo, "un fascio di interazioni mutevoli", una "parte di un continuum". Essa era socialmente costruita, un processo di definizione e ridefinizione o, forse meglio, d'immaginazione di confini. Essa era allora, come oggi, "contingente e relazionale".[7]

Perciò, le denominazioni collettive e le distinzioni linguistiche, religiose, politiche e giuridiche di cui si trova traccia nei documenti, mentre da un lato non definivano appartenenze e attributi immutabili, dall'altro acquisivano significato nel corso di un processo continuo di definizione

3. Cfr. *Mediterranean identities in the premodern era*; per una critica alla proliferazione delle rappresentazioni «polifoniche» delle identità nel Mediterraneo, vedi: Bromberger, *Bridge, Wall, Mirror.*

4. Brubaker, *Ethnicity without groups,* pp. 37-39.

5. Cfr. Quataert, *The Ottoman empire, 1700-1922*, pp. 175-176.

6. Per un esempio di costruzione sociale dell'identità etno-confessionale, vedi: Allegra, *Identità in bilico.*

7. Dursteler, *Venetians in Constantinople,* p. 18.

e ridefinizione dei confini. Nelle situazioni di crisi o di conflitto queste distinzioni potevano essere utilizzate allo scopo di rivendicare determinati diritti e condizioni;[8] o, al contrario, potevano essere celate all'interno di una consapevole strategia di negoziazione del proprio status, finalizzata all'inclusione nel contesto culturale dominante.[9]

Nelle pagine seguenti, si tratterà allora non tanto di analizzare le molteplici affiliazioni di un individuo, di osservare quest'ultimo all'intersezione tra differenti sfere sociali.[10] Piuttosto, saranno analizzate le molteplici forme e significati che il ricorso all'identità poteva assumere all'interno di piani distinti di azione. Ci soffermeremo perciò prima sui processi plurimi di definizione dell'appartenenza sul piano politico e giuridico e, successivamente, tenteremo di comprendere il modo in cui attributi culturali come la religione e la lingua erano percepiti, manipolati, mobilitati dall'individuo all'interno di diverse strategie d'identificazione. Si vedrà, dunque, come la rivendicazione di uno status, di un vincolo di appartenenza, fosse quasi sempre contingente e non definisse in modo assoluto l'identità di un individuo. Quest'ultima emergerà piuttosto come l'esito di un processo di costruzione pragmatica, di cui la religione non costituiva la determinante unica, né prevalente. L'identità, perciò, sarà qui considerata come una «categoria di pratica»,[11] un atto consapevole compiuto dagli individui o dalla collettività per determinati scopi e in determinati frangenti. L'oggetto attorno a cui si articolerà l'analisi dell'appartenenza e delle sue molteplici dimensioni non saranno quindi i gruppi, bensì le «azioni situate», le costruzioni discorsive, le strategie sociali.[12]

1. *Estraneità e appartenenza locale*

I modi in cui la categoria di forestiero si declinava sul piano empirico sono centrali per la comprensione delle dinamiche legate all'appartenenza.

8. Cfr. Buono, *Identificazione e registrazione dell'identità,* pp. 116-117. Brubaker sostiene che i gruppi e dunque le identità non esistano come entità concrete, bensì come «social, cultural, and political project». Brubaker, *Ethnicity without groups,* pp. 13-15.

9. Cfr. Rothman, *Brokering Empire*, pp. 24-25; Ortega, *Negotiating transcultural relations in the early modern Mediterranean*, pp. 47-51.

10. Questi aspetti sono stati trattati nel capitolo 3 di questo libro.

11. Brubaker, *Ethnicity without groups*, pp. 31-41.

12. Ivi, p. 11.

Gli studi sulle migrazioni in età moderna hanno mostrato come all'interno delle società d'antico regime uno dei confini più rilevanti fosse quello che separava la popolazione residente da quella mobile, itinerante, al di là della loro provenienza geografica.[13] Questa distinzione pratica influenzava quella tra cittadino e forestiero. Questi due status spesso non corrispondevano ad una condizione sancita sul piano legale. Il processo d'integrazione, ovvero l'adesione alle pratiche sociali della comunità locale e l'inserimento all'interno di una solida rete sociale, potevano essere sufficienti a trasformare uno straniero in un cittadino.[14]

In alcuni contesti, lo status legale di forestiero mostrava di avere una certa rilevanza nella misura in cui dava accesso ad alcuni privilegi e risorse particolari. Ad esempio, nei porti franchi, come quello di Livorno, l'«estraneità», definita in base alla provenienza politico-geografica, costituiva una risorsa nella misura in cui era ritenuta un requisito legale importante per avere accesso alle esenzioni e al privilegio del porto franco.[15] Oppure, come abbiamo accennato nel primo capitolo, in certi luoghi, come nel Regno di Napoli, lo status di forestiero dava accesso ad una giustizia sovralocale, più rapida ed efficace.[16]

I vantaggi connessi allo status legale di forestiero e le molteplici risorse derivanti dal radicamento sociale spesso si sommavano nella condizione del migrante: mentre sul piano ufficiale lo status di forestiero era rivendicato allo scopo di avere accesso alle risorse legali e ai privilegi ad esso connessi, la creazione di legami sociali stabili nel territorio d'insediamento conferiva importanti risorse sul piano economico e sociale. Agendo su entrambi questi piani, quello giuridico – dove lo status di forestiero era definito all'interno di una dimensione interstatale – e quello sociale – costruito in *loco* attraverso le interazioni sociali – i sudditi ottomani residenti nel Regno napoletano af-

13. Cfr. Arru, Ehmer, Ramella, *Premessa*, pp. 4-23; Cerutti, Descimon, Prak, *Premessa*, pp. 281-286; *La città italiana e i luoghi degli stranieri*; Canepari, *Arrivare in città, conoscersi, associarsi*, p. 1; Feci, *Cambiare città, cambiare norme*; pp. 12-14.

14. Vedi in particolare Herzog, *Defining nations*; cfr. Moatti, Kaiser, *Introduction*, p. 12, e gli studi di Cerutti, *Étrangers*; Ead., *Les "misérables" en droit italien*. Nel caso studiato da Cerutti la fragilità dello straniero, rilevata soprattutto sul piano dei rapporti patrimoniali e successori, era superata attraverso la costruzione sociale dell'appartenenza dentro lo spazio urbano, nella misura in cui quest'ultima dava allo straniero accesso a una serie di risorse sociali e istituzionali.

15. Calafat, *Être étranger dans un port franc*, pp. 110-118.

16. Cerutti, *Giustizia sommaria*; Ead., *Statut juridique individuel, statut juridique corporatif*, pp. 237-254.

fermavano la propria appartenenza *de jure* e *de facto* a molteplici comunità particolari. All'indomani della firma del trattato siglato nel 1740 tra la Porta e lo Stato borbonico, i sudditi ottomani nelle loro suppliche cominciarono a rivendicare la speciale protezione delle autorità napoletane in virtù di quel trattato e del proprio status di «vassalli» del Gran Signore. Significativo a questo proposito è il caso dei negozianti ottomani di Messina. Pur essendo «accasati» e stabiliti con le loro famiglie in quella città da diverso tempo, questi chiesero alla Corte vicereale d'impedire al Senato di Messina di includerli nel ceto dei negozianti «paesani», come richiesto da questi ultimi per alleggerire il peso delle loro imposte. In questo caso i greci ottomani desideravano essere trattati come «forestieri» per godere dell'immunità fiscale, «maggiormente ch'essendo eglino sudditi della Porta ottomana, la medesima nel trattato perpetuo di Pace, e Commercio stabilito con Vostra Maestà ha conceduto ai vostri Vassalli maritati e non maritati una simile esenzione».[17] Fu richiesto allora un parere alla Segreteria di Stato, guerra e marina, la quale si pronunciò a favore dei greci ottomani: il domicilio o il matrimonio con una paesana non furono giudicati sufficienti per decretare la cessazione delle immunità, la quale era prevista solo in caso di acquisizione della «civilità», ovvero dello status legale di cittadino.

I greci forestieri utilizzavano il proprio status legale come risorsa strategica anche per avere accesso a una giustizia più rapida ed equa. Arrestato a Napoli perché «sotto il colore di esser sospetto di fuga», benché non sapesse «dove porre mano» essendo solo un «povero forestiere», nel 1745 Teofilo Giorgivalo si appellò al Supremo magistrato di commercio per chiedere giustizia, essendo egli come i suoi connazionali «Vassalli della Porta ottomana» sotto la regia «protezione».[18] Quando Teofilo rivolse la sua supplica al tribunale napoletano, era in corso la trasformazione di questa magistratura in un tribunale per stranieri.[19] Nelle province i Consolati di mare, i quali avevano funzionato sino ad allora come corti di prima istanza per le dispute legate al credito e alle transazioni commerciali, dopo il 1746 esercitarono la loro giurisdizione solo sui mercanti stranieri residenti nel Regno, seppur in competizione con le corti di giustizia ordinaria. Perciò,

17. ASN, MAE, Nazione greca, b. 4403, fasc. Napoli, 16 febbraio 1743, *Al Principe Corsini si rimette il memoriale dei negozianti greci residenti in Messina affinché si mantenga l'esenzione per lo scalo franco, come si è praticato in passato.*

18. ASN, MAE, Nazione greca, b. 4403, fasc. Palazzo, 18 giugno 1745.

19. Cfr. Zaugg, *Judging foreigners*; Id., *Stranieri di antico regime*; Id., *Mercanti stranieri e giudici napoletani.*

sebbene fossero soliti trascorrere diversi mesi dell'anno fuori dal Regno, i mercanti greci prendevano in affitto delle botteghe per lunghi periodi di tempo, requisito previsto dalla legge per ottenere l'assistenza stabile di un ufficiale consolare.[20]

Secondo la pratica giuridica del tempo, questo privilegio di foro consentiva ai forestieri, poveri di risorse relazionali e ignari delle norme locali, di essere giudicati esclusivamente in base alla verità dei fatti. Nella procedura sommaria, generalmente adottata all'interno di questi tribunali, alla responsabilità individuale era riconosciuto un ruolo primario rispetto a quella di corpo e gli scritti e il giuramento costituivano i principali elementi probatori. Al contrario, i testimoni, i quali costituivano un patrimonio di relazioni e di fiducia di cui solo un abitante stabile poteva godere, avevano un ruolo nullo o secondario.[21] I forestieri allora insistevano sulla povertà (di risorse immateriali) connessa al proprio status per sottrarsi al giudizio delle corti ordinarie, in cui i vincoli di *patronage* tra l'istituzione e i cittadini tendevano a orientare le pratiche e il giudizio a favore di questi ultimi.[22] Quando Costantino Zavojani, abitante ad Ascoli di Puglia, chiese la restituzione di una parte del capitale investito in una società stipulata con alcuni commercianti locali, i suoi soci, per «dispettarlo, ed inquietarlo, e profittando di essere forestiero», lo condussero illegittimamente dinanzi alla corte locale. Per sottrarsi alle violenze e irregolarità di quella corte, protesa all'esclusiva difesa e tutela dei suoi cittadini, Zavojani pretese che il giudizio si svolgesse dinanzi al Supremo magistrato di commercio, il tribunale «competente de forestieri».[23] Anche i migranti di seconda generazione continuavano ad appellarsi alle corti dei forestieri nonostante che il loro status legale fosse quello di sudditi del Re cattolico. Così, ad esempio, Giuseppe Candido denunciava davanti al Supremo magistrato di commercio il comportamento di Spiridione Chiriachì, figlio del console Attanasio: mentre gli altri suoi creditori si erano rivolti alla Suddelegazione dei cambi di Foggia ottenendo versure 20, «più crudele il Chiriachì, quantunque non più estero, ne creditore per mani forestiere, ottenne le lettere esecutoriali dal Consolato di Barletta» nell'intento di farlo arrestare.[24]

20. ASN, PA, PV, b. 132, fasc. 3, cc. 1r-2r (Agosto 1792). Questa pratica è confermata anche dai contratti d'affitto custoditi nel fondo notarile di Barletta.

21. Sulla differenza tra procedura sommaria e ordinaria, vedi: Cerutti, *Giustizia sommaria*; Ead., *Fatti e fatti giudiziari*; Caracausi, *Procedure di giustizia in età moderna*.

22. Cfr. Calafat, *Être étranger dans un port franc*, p. 112.

23. ASN, PA, SMC, b. 23, fasc. 30, 1798.

24. ASN, TA, SMC-Dispacci, b. 1731 (1796-99), fasc. 27 novembre 1797.

In realtà, i migranti ortodossi, non soltanto quelli di seconda generazione, non erano privi *in loco* di risorse relazionali. Privi di un istituto consolare stabile e legittimato dal Sultano, così come dei privilegi garantiti dallo Stato napoletano alle nazioni più favorite, i mercanti ottomani di passaggio o residenti nel Regno di Napoli erano in grado di compensare la minorità intrinseca al proprio status mobilitando a proprio favore plurime risorse locali. Le reti commerciali e creditizie che, come abbiamo visto, legavano l'attività della nazione greca al tessuto economico e sociale regnicolo, fornivano ai mercanti greci risorse relazionali strategiche da impiegare anche dentro il tribunale, ad esempio quando si rendeva necessaria la convocazione di testimoni o la presentazione di «fedi di verità».[25] Se, dunque, come osserva Tamar Herzog, l'appartenenza rinvia a un processo sociale d'identificazione e di accettazione all'interno di una rete sociale, la posizione dei mercanti ottomani nel Regno era quella di *insider-outsider*. Questa condizione era comune anche ad altri gruppi di migranti, come ad esempio gli armeni residenti nell'Impero savavide,[26] gli ebrei sefarditi di Amsterdam[27] o gli scozzesi residenti nei paesi nordici d'Europa, i quali giocarono un ruolo centrale nei territori d'accoglienza, negli affari politici, economici e militari, pur mantenendo un forte «senso di ethnicity».[28]

Nel caso dei nostri mercanti greci lo status legale si rivelò in alcuni casi strumentale anche alla difesa delle prerogative della comunità. All'interno dello scontro che agli inizi del XIX secolo si aprì nella comunità di Napoli tra «greci orientali» e greci «regnicoli», i primi declinarono le loro rivendicazioni non sul piano religioso bensì su quello giuridico. Quando nel 1826 il neo-commissario regio acconsentì all'iscrizione nel sodalizio greco del calabrese Giuseppe Jeno, medico di corte, i greci si opposero con fermezza. Presto, fomentati da Jeno, altri calabresi provenienti dalle colonie italo-albanesi del Regno pretesero di avere accesso alla confraternita. Fu allora che i governatori greci, esautorati dal regio commissario, presentarono un'istanza alla Consulta del Regno. Ciò che i greci orientali contestavano era il leso «diritto di nazionalità voluto dalle regole fondamentali della confraternita». Ieno e i suoi conterranei non godevano della qualità di «nazionale greco» in quanto cittadini napoletani e sudditi del Re di Napoli.[29] Nella supplica non vi

25. ASN, PA, PV, b. 18, fasc. 33; b. 99, fasc. 23; b. 121, fasc. 12.
26. Cfr. Baghdiantz McCabe, *The Shah's Silk*.
27. Cfr. Swetschinski, *Reluctant cosmopolitans*; Israel, *Diasporas within a diaspora*.
28. Catterall, *At home abroad*, pp. 340-354.
29. ASN, MAE, Chiese greche nei domini napoletani, Diversi, (s.d.), b. 4240, fasc. 30

era alcun riferimento allo status confessionale, né alla nazione in senso etnoculturale. I greci orientali rivendicavano la proprietà e «nazionalità estera» della chiesa, dalla quale dovevano perciò essere esclusi tutti i regnicoli.[30] Suoi legittimi membri erano invece i sudditi britannici originari delle isole Ionie e quelli ottomani, i quali già negli anni precedenti si erano rivolti ai rispettivi sovrani in cerca di aiuto e protezione contro le ingerenze della Curia latina.[31] A Livorno, all'indomani del rescritto imperiale che nel 1757 assegnò la chiesa della Santissima Annunziata e i suoi beni ai greci uniti di Livorno, un certo Demetrio Marcacchi, nativo dell'Arcipelago, si recò ad Algeri, dove assunse «il titolo di Servo, e domestico» alla corte di quel Bey, firmatario nel 1749 di un trattato con il Granduca. Tornato a Livorno in veste di inviato del Bey di Algeri, cercò di fare pressioni sulla corte, chiedendo che quel rescritto fosse riformulato a vantaggio dei greci non uniti.[32]

A Napoli come a Livorno, al centro del conflitto non c'era la contrapposizione tra due gruppi etno-confessionali, quanto piuttosto il controllo delle risorse, materiali e immateriali, connesse al possesso della chiesa greca. A Napoli, ciò è dimostrato anche dal fatto che, almeno all'inizio del conflitto, la nomina regia dei nuovi governatori, tra cui c'era anche il calabrese Jeno,[33] non segnò alcuna discontinuità sul piano confessionale. Nel dicembre 1828 i nuovi governatori accolsero e inoltrarono al prefetto di polizia la richiesta del cappellano della fregata russa ancorata nel porto, di poter celebrare nella chiesa le funzioni religiose per l'equipaggio.[34] Ancora in quell'anno, inoltre, nella Chiesa officiavano tre sacerdoti «nazionali greci», circostanza che spinse allora il nunzio apostolico a protestare per la presenza di una chiesa scismatica nella capitale.[35] Fu proprio la Nunziatura

settembre 1859, *Per la confraternità della chiesa de' SS. Pietro e Paolo de' nazionali greci in Napoli*, c. 50rv.

30. Ivi, 51r.

31. ASPF, Acta, 26 novembre 1827, cc. 520a rv, 520b rv, 520c rv, 520d r; nella prima metà del XIX secolo anche i greci di Barletta e di Messina rivolsero appelli analoghi ai loro rispettivi sovrani e al Patriarca di Costantinopoli affinché sollecitasse l'intervento della Porta ottomana. Questi appelli suscitarono grande clamore sui giornali europei e sulla stampa greca (vedi: ASN, MAE, Chiese greche nei domini napoletani, Diversi, (s.d.), b. 4240).

32. ASPF, SC, Italogreci, vol. 4, Firenze, 15 agosto 1758, c. 458rv; SC, vol. 5 (1761-1780), Livorno, s.d., c. 382rv.

33. Gli altri erano Marco Dacorò, Demetrio Gallo, Basilio Gargiani (Korinthios, *I greci di Napoli,* p. 320).

34. Ivi, p. 322.

35. Ivi, pp. 322-323.

apostolica che, sulla base del concordato del 1818,[36] fece pressioni affinché il sovrano riconoscesse con un rescritto l'ordinaria giurisdizione dell'arcivescovo sulla chiesa e confraternita dei greci. In seguito al rescritto del 19 giugno 1828, i governatori si uniformarono alle nuove disposizioni imponendo l'obbligo della professione di fede, licenziando i due cappellani «levantini» e invitando Giorgio Matranga, arciprete di Piana degli Albanesi, a celebrare nella chiesa greca.[37] Alcuni confratelli «greci orientali» si ribellarono, invocando l'intervento dei loro rispettivi sovrani. In seguito a questo atto, molti furono dichiarati decaduti, mentre altri si piegarono alla nuova situazione.[38]

Lo status politico-legale costituiva, dunque, una risorsa, più che un terreno di appartenenza. I vincoli di lealtà politica, così come l'affiliazione confessionale, spesso solo dichiarati, rivendicati o ostentati, devono essere perciò compresi prevalentemente come l'esito di un calcolo delle risorse, dei fini e delle contingenze.

2. *Sotto «l'Arme dell'Imperador delle Russie»*

Nell'età moderna, dunque, i vincoli di lealtà politica, specie nel caso dei migranti, erano innanzitutto espressione di uno status, a cui erano associati interessi, costrizioni e prerogative particolari. Ragioni di convenienza e opportunità potevano, perciò, spingere un migrante a dichiarare uno status politico diverso dal proprio o a mobilitare vincoli di fedeltà politica o religiosa *ad hoc*, utili al raggiungimento di determinati scopi. Ad esempio, per potersi arruolare nel Reggimento macedone del sovrano borbonico, i sudditi veneti dichiaravano di essere sudditi della Porta in modo da sottrarsi agli obblighi di fedeltà nei confronti della Serenissima, la quale in tutti modi cercava di osteggiare quel continuo transito di uomini e soldati verso altri

36. In questo anno il Papato stipulò un concordato con il Regno di Napoli in base al quale il sovrano conservò il diritto di nominare i vescovi, mentre la Chiesa romana venne riconosciuta come Chiesa ufficiale dello Stato e ottenne la restituzione di parte dei beni confiscati (Cfr. Di Leo, *Clero, politica e cultura nel Mezzogiorno*; *Storia del Mezzogiorno*).

37. Korinthios, *I greci di Napoli,* pp. 324-325.

38. Ivi, pp. 324-334; cfr. ASPF, Acta 26 novembre 1827, *Sullo stato di scisma in cui trovasi la Chiesa Parrocchiale di rito greco [...] esistente in Napoli, trasmessa da Monsignor Amat nunzio apostolico in Napoli con lettere de' 5 giugno 1827* (Estratto dal Ristretto del cardinal Ponente Emanuele De Gregorio, cc. 521r-537r), cc. 225r-526v.

Stati.[39]A Costantinopoli capitava che i greci di nazione ottomana sfruttassero la propria "grecità" per godere, al pari dei loro correligionari sudditi dello Repubblica veneta, dei benefici e della protezione concessi dal bailo ai membri della nazione veneziana.[40] Questa consuetudine spiega perché a Napoli un mercante napoletano, Giuseppe Calafiere, assunse come proprio agente un suddito ottomano, Teofilo Giorgivalo, per condurre a Costantinopoli «sotto l'ambasciata veneta» alcuni drappi di seta per suo conto.[41]

Mentre lo storico tende a distinguere l'uno dall'altro gli elementi costitutivi dell'identità, nella percezione e nelle strategie dei contemporanei questi aspetti erano spesso tra loro correlati e gerarchizzati. A seconda delle circostanze, l'uno o l'altro poteva essere mobilitato o celato allo scopo di ottenere supporto o riconoscimento da parte delle autorità. Così ad esempio, i mercanti greci che cadevano preda dei corsari in virtù del loro status di sudditi ottomani, nel tribunale maltese si appellavano alla propria identità cristiana per sostenere il diritto alla restituzione dei beni depredati. Come afferma Greene, i mercanti greci ottomani «asserivano la loro identità non territoriale ma religiosa. Essi sono cristiani, dicono, come lo è il cargo, la nave, e qualsiasi altra cosa che potesse servire come testimonianza».[42] Facendo leva sulla propria identità cristiana, gli ortodossi sudditi del Sultano erano in grado di mobilitare una complessa rete di ecclesiastici cattolici e ortodossi allo scopo di ottenere l'intervento e la protezione del Pontefice romano. Al contrario, nel caso dei coloni scozzesi studiati da Douglas Catterall, la necessità di adattarsi ai processi di confessionalizzazione promossi attraverso l'Europa dagli Stati, portò quei migranti a considerare l'appartenenza religiosa un fattore secondario nella

39. I residenti veneziani a Napoli negli anni quaranta del Settecento riferiscono dell'arrivo continuo di «disertori» nel Regno, nonostante gli sforzi e le proteste della Repubblica. Nel gennaio del 1741 il residente Bartolini informava il Senato dell'invio nella capitale di quattro disertori «per la via di Livorno», dove si trovava un fratello del Capitano del Reggimento, pure lui suddito veneto, il corfiota Giorgio Corafà (Bartolini al Senato, Napoli, 17 gennaio 1741 (1740 m.v.), n. 244, in *Corrispondenze diplomatiche veneziane da Napoli. Dispacci. Vol. XVII: 30 giugno 1739 - 24 agosto 1751*, p. 216). Nella regione di Himara, da cui provenicano molte reclute, la concorrenza tra Venezia e Napoli provocò il nascere di contrasti tra lealtà opposte all'interno della società locale (ASPF, Acta 1738, cc. 94v-97v).

40. Dursteler, *Venetians in Constantinople,* pp. 77-88.

41. ASN, MAE, Nazione greca, b. 4403, Fascicoli diversi relativi all'affare di Teofilo Giorgivalo, fasc.18 giugno 1745.

42. Greene, *Catholic pirates and Greek merchants,* p. 155.

definizione del proprio status individuale e collettivo e a prediligere altri principi di organizzazione, basati sull'*ethnicity*, ovvero su forme di lealtà più propriamente politiche.[43]

Per gli ortodossi che vivevano negli stati cattolici della penisola, la rivendicazione o la costruzione di vincoli di lealtà politica con gli zar di Russia nel Settecento divenne strumentale alla difesa delle proprie prerogative laddóve queste erano minacciate dagli abusi e prevaricazioni delle gerarchie ecclesiastiche latine.[44] In questo periodo, infatti, il diffondersi della presenza russa nel Mediterraneo e in molti Stati della penisola offrì agli ortodossi qui stabiliti un'importante risorsa politica per affermare o rivendicare la propria autonomia religiosa da Roma. I primi segni dell'influenza degli zar sulle comunità ortodosse dell'immigrazione cominciarono ad emergere agli inizi del Settecento. Già nel 1711, prima che la Russia, attraverso i suoi agenti e ufficiali, diventasse una presenza diffusa all'interno del Mediterraneo, la confraternita greca di Venezia aveva sollecitato l'intervento dello zar contro la politica ecclesiastica della Repubblica: nel 1708, infatti, con un decreto le autorità venete avevano imposto ai cappellani di San Giorgio l'obbligo di fare la professione di fede cattolica dinanzi al Patriarca veneziano.[45] Intorno agli stessi anni a Napoli il parroco greco-cattolico Dionisio Cigala, in una supplica rivolta al dicastero romano, accusava i suoi persecutori scismatici di aver ammesso in chiesa un sacerdote moscovita, di aver intonato i canti liturgici in lingua russa e, soprattutto, di aver preteso da lui «che nelli Divini Officij, e Sacrificij fosse nominato [...] il nome del loro Patriarca di Costantinopoli, e del Zar di Moscovia, e non già il nome del Sommo Romano Pontefice, e della Maestà dell'Imperatore Carlo Sesto».[46] Nel 1780 anche a Venezia i fratelli Maruzzi, ricchi mercanti greci, cercarono di favorire l'elezione di un «papasso» di Pietroburgo al seggio di metropolita di Filadelfia, mossi dal desiderio di «alettare la fantasia della Sovrana delle Russie colla notizia del loro impegno per l'estensione della sua Religione».[47] A Livorno, in seguito al rescrit-

43. Catterall, *At home abroad*, p. 321.

44. Sui legami dei greci della diaspora con la Russia, vedi anche: Grenet, *La fabrique communautaire*, pp. 355-368.

45. *Insediamenti greco-ortodossi,* p. 111.

46. ASPF, SC, Italogreci, vol. 3, *Alla Sagra CONGREGAZIONE di Propaganda Fide per il padre D. Dionisio Cigala*, cc. 442r-449v; SOCG, vol. 610, 20 settembre 1717, cc. 184r-187v.

47. ASPF, SC, Italogreci, vol. 5, Venezia, 28 ottobre 1780, cc. 617r-618r.

to del 1757 che aveva assegnato la chiesa ai greci uniti, i greci scismatici, approfittando dell'alleanza militare tra gli Asburgo e la Russia, ricorsero all'ambasciatore russo a Vienna nel tentativo di ottenere il sostegno della corte asburgica alla loro causa.[48]

Le radici di questi legami politici e simbolici affondavano in un'eredità culturale condivisa e in una lunga storia di rapporti e scambi reciproci, soprattutto di natura religiosa e intellettuale. Dopo il crollo dell'Impero bizantino, il clero e i sovrani russi avevano supportato economicamente lo sviluppo della cultura greca, finanziando con le loro donazioni numerose fondazioni sacre. Dotti greci, sia laici che ecclesiastici, eredi e custodi della tradizione culturale bizantina, nel corso dei secoli giunsero nei territori russi portando con sé le risorse intellettuali di cui disponevano al fine di proteggere l'universo ortodosso dalla penetrazione della Chiesa uniate e dall'influenza del protestantesimo.[49]All'epoca di Pietro il Grande e soprattutto dopo la metà del XVIII secolo, queste relazioni assunsero una forte connotazione politica. Il coinvolgimento per la prima volta della Russia ortodossa all'interno del fronte «variabile» delle alleanze antiottomane, non comportò soltanto un riorientamento nella politica estera moscovita.[50] Agli inizi del XVIII secolo la Russia, anche grazie alla forza del simbolismo religioso ortodosso, cominciò ad emergere nella coscienza delle popolazioni ortodosse come un punto di riferimento soprattutto, ma non solo, contro il potere ottomano.[51] Sotto l'impatto delle vicende belliche, un'opinione pubblica ortodossa cominciò a formarsi dentro e fuori i confini balcanici, alimentata dalla pubblicazione di opere storiografiche, di fogli e di gazzette.[52] Antonio Catiforo, un abate greco veneto, per alcuni anni diresse un periodico veneziano di attualità politica, la «Storia dell'anno».[53] Nel 1737 Atanasio Schiadàn (Athanassios Skiadas) di Cefalonia, il quale era stato insegnante di lingua greca a Mosca, presentò ai riformatori dello Studio di Padova una supplica perché gli fosse consentito di «stampare tradotti in lingua greca li foglietti che vengono da

48. ASPF, SC, Italogreci, vol. 4, 25 aprile 1757, Estratto d'una lettera del Signor Nicola Calat agente in Livorno della S. Congregazione di PF, diretta al sacerdote Dionisio Haggiar, cc. 399r-400v.

49. Kitromilides, *From Orthodox commonwealth to national communities*, pp. 4-9.

50. Cfr. Anisimov, *The imperial heritage of Peter the Great*, pp. 21-35.

51. Cfr. Roudometof, *From Rum millet to Greek nation*, pp. 17-21.

52. Cfr. Kitromilides, *War and political consciousness*.

53. Falcetta, *Diaspora ortodossa e rinnovamento culturale*, pp. 11-12.

Amsterdam».[54] Schiadan tradusse in lingua greca anche la «Vita di Pietro il Grande», pubblicata a Venezia dall'abate Catiforo nel 1736, lo stesso anno in cui ad Azov l'armata russa combatteva contro le forze ottomane. In uno degli ultimi capitoli della biografia, il suo autore spiegava con toni profetici il significato dell'emergere dello zar sulla scena politica internazionale e nella coscienza di tutti i «Popoli del rito greco»:

> i Popoli di quelle due Provincie (Valcchia e Moldavia), come pure tutti gli altri Popoli del rito Greco, che gemono sotto il giogo dell'Ottomano, cominciato avevano a riguardare il Czar Pietro come l'Angelo mandato dal cielo per metter fine alla Tirannia dei Turchi. Anzi l'istesso Czar [...] avea concepito speranze, che il Cielo l'avesse destinato, per rovesciare la tirannia de'barbari Maomettani, e rimetter la gloria del Greco Imperio [...] onde lusingavasi che tutti i Greci sudditi del Turco alla prima occasione si solleverebbero in suo favore.[55]

Il tradizionale supporto russo alla *Graecia capta* durante il secolo crebbe di pari passo con l'espansione del potere politico russo.[56] Anche i legami dei greci con la Russia divennero sempre più intensi. Un forte impulso allo sviluppo di questi legami fu impresso dalle guerre russo-turche della fine del Settecento, quando migliaia di cristiani ortodossi dei Balcani entrarono nei ranghi delle armate moscovite.[57] Dalla metà degli anni sessanta, di fronte alla crescente minaccia di una guerra russo-turca, il conte Aleksej Orlov con l'aiuto di Panos Maroutses, ambasciatore russo a Venezia e incaricato d'affari negli Stati italiani, aveva organizzato una rete di spie e agenti slavi e greci che da Trieste a Venezia ad Ancona, attraverso l'Adriatico, si estendeva fino ai territori ottomani.[58] Questi consoli e agenti non agivano soltanto come reclutatori o marinai sulle navi corsare russe, né la loro azione era diretta soltanto ad alterare e ridefinire gli equilibri di potere nel Mediterraneo orientale.[59] Nelle corti europee o nelle città portua-

54. ASVe, *Riformatori dello Studio di Padova,* filza 15, c. 111. Athanasios Skiadas fu anche autore nel 1711 di un proclama, scritto con l'intento di incitare i greci ad unirsi agli eserciti di Pietro il Grande contro il Turco oppressore (Kitromilides, *War and political Consciousness*, p. 356).

55. Catiforo, *Vita di Pietro il Grande Imperador della Russia, libro quinto*, pp. 220-221.

56. Kitromilides, *From Orthodox commonwealth to national communities*, cap. 6, p. 9.

57. Pappas, *Greeks in Russian military service,* p. 61.

58. Ivi, p. 66

59. Giunto a Corfù Pano Bizzilli, tenente colonnello e console al servizio russo, dall'iso-

li gli emissari e i consoli russi, i quali erano spesso greci o slavi ortodossi, agivano anche come protettori dei mercanti ortodossi attivi nel commercio del grano tra la penisola e il Mar Nero e soprattutto come rappresentanti degli zar in difesa del rito greco nei territori cattolici.

Nel trattato di Kuchuk Kainarji, concluso al termine della guerra russo-turca del 1768-1774, una clausola formalizzò per la prima volta il ruolo degli zar come protettori dei sudditi ortodossi del Sultano. Quel vincolo di protezione si estese progressivamente, e in modo affatto informale, a tutti gli ortodossi che vivevano fuori dai confini dell'Impero russo. Le autorità ecclesiastiche cattoliche guardavano naturalmente con preoccupazione ai legami tra gli zar e i greci scismatici residenti nelle diocesi latine. A Livorno i greci non uniti si rivolsero al gran cancelliere di Moscovia, il conte Woronzow, di passaggio con la sua famiglia nel porto toscano, chiedendogli di perorare presso la Corte di Vienna la loro causa, affinché fosse loro concesso il diritto al pubblico culto, al pari delle altre chiese cattoliche della città.[60] All'indomani della spedizione russa nel Peloponneso guidata dai fratelli Orlov, l'«agente de' Moscoviti» in Ancona, a nome di tutti i «Greci» di quella città, nel 1773 invocò l'intervento del conte Orlov contro gli abusi dei confratelli latini: il conte rispose a quell'appello ordinando ad un ufficiale russo di presentarsi in sua vece al cospetto del nunzio di Firenze per chiedere di porre rimedio a quell'abuso.[61] Durante la guerra russo-turca, un membro della comunità, Giorgio Protopsalti, fu nominato console russo. Da allora, le autorità ecclesiastiche latine cominciarono a considerare con crescente preoccupazione gli stretti legami che univano la nazione greca alla corte russa.[62] Nel 1794 il vescovo di Ancona, in una lettera al dicastero di Propaganda, esprimeva il timore che il perdurare delle sopraffazioni dei latini a danno dei poveri greci, avrebbe spinto questi ultimi a porsi sotto la protezione dell'Imperatrice delle Russie.[63]

la inviò lettere a tutte le comunità dell'Albania, invitando quei primati a sostenere la Russia contro i turchi in cambio della perpetua protezione dell'Imperatrice, di onori, gradi e ricchezze (ASN, MAE, Affari con l'Albania, b. 4253, inc. 6, *Ristretto di lettera del Ten.te Giovanni Spiro al Brigad.r Naselli in data 9 luglio 1789 da Cimarra nell'Albania*, cc. 9r-10v).

60. ASPF, SC, Italogreci, vol. 5, Livorno, 16 gennaio 1764, cc. 93r-94r; Firenze, 14 febbraio 1764, c. 106r.

61. Ivi, 3 novembre 1773, cc. 447r-450r.

62. ASPF, Acta, 4 aprile 1803, *Storia della occupazione fatta dagli scismatici della chiesa di S. Anna in Ancona, Ristretto*, c. 301rv.

63. ASPF, SOCG, v. 904, 1 agosto 1796, Lettera di Filippo Ruffini (vicario dell'arcivescovo di Ancona Vincenzo Ranuzzi), Ancona, 16 novembre 1794, cc. 437r-438r.

Al tempo delle guerre napoleoniche, quando gli ufficiali della flotta russa giunsero a Napoli, a Roma e ad Ancona per liberare quelle città dai francesi e arrestarne l'avanzata sulla penisola e nel Mediterraneo,[64] i greci residenti in quelle città seppero sfruttare il cambiamento del quadro politico per ridefinire il proprio status giuridico e ottenere una nuova legittimazione sul piano confessionale. Durante l'assedio della città di Ancona, il comandante delle forze russe, il conte Volnovich, originario delle Bocche di Cattaro,[65] pose sopra la porta della chiesa greca «l'Arme dell'Imperador delle Russie».[66] Anche quando il governo pontificio sulla città fu ripristinato, lo status giuridico della chiesa e dei suoi fedeli rimase inalterato. L'incaricato d'affari russo presso la Santa Sede, Paolo Conte Cassini, scrisse nel 1803 al vescovo amministratore di Ancona per prevenire ogni intervento da parte di Roma, facendo leva sui legami personali che lo univano al suo interlocutore. Nella lettera il ministro russo definiva il diritto dei greci alla proprietà della chiesa una concessione della Russia, che i greci – «sudditi» del suo augusto signore – avevano sempre servito con onore: perciò, in caso di nuovi abusi, egli avrebbe risolto la controversia sul piano politico.[67] A questa minaccia il prelato cattolico replicò sostenendo che l'affare non era di governo, bensì di religione, e doveva perciò essere risolto secondo le leggi ecclesiastiche.[68]

Il vincolo di lealtà nei confronti della Russia ortodossa non era affermato soltanto da coloro che, entrati al servizio degli zar come militari, consoli o agenti, avevano acquisito in modo più o meno formale lo status di suddito russo. Il nuovo ruolo politico assunto dalla Russia nel Mediterraneo e i legami religiosi che univano i greci all'Impero russo erano alla base di questo processo d'identificazione. Anche dopo la nascita dello Stato ellenico, i migranti greci residenti sulla penisola continuarono a cercare la protezione dello zar. Nel 1840 a Barletta i mercanti ottomani si trovavano sotto la tutela del console russo. Benché l'affare non fosse di governo ma di religione, anche un ecclesiastico siculo-albanese di Piana invocò il vin-

64. Cfr. Saul, *Russia and the Mediterranean, 1797-1807*, pp. 105-125.

65. Pappas, *Greeks in Russian military service*, p. 88.

66. ASPF, SC, Italogreci, vol. 6, Ancona, 27 agosto 1802, c. 400rv; SOCG, vol. 910, 4 aprile 1803, Memoria scritta dai fratelli della compagnia di S. Anna «di nazione latini, e Greci», cc. 161r-165r.

67. Ivi, Lettera del conte Cassini ministro di Russia presso la Corte di Roma al vescovo amministratore di Ancona (Roma, 19 marzo 1803), cc. 182r-183r.

68. Ivi, Risposta alla lettera del conte Cassini (Ancona, 31 marzo 1803), c. 187r.

colo di appartenenza e di lealtà del suo popolo allo zar di Russia in difesa dell'autonomia confessionale della colonia. Nel 1825, il papàs Giovanni Borgia indirizzò una supplica al Conte Nesselrode, segretario di Stato russo per gli affari esteri,[69] per denunciare il «dispotismo» dell'Arcivescovo di Monreale.[70] In quella scrittura l'ecclesiastico italoalbanese affermava con forza l'appartenenza della nazione greca, di cui la colonia di Piana era parte, a un corpo confessionale più ampio, posto sotto la protezione politica dello zar ortodosso:

> [...] la Greca Nazione colla sua Oriental Chiesa in qualunque Regno stabilita non conosce altra ancora salutare, difesa, e protezione che il solo braccio potentissimo del Russo Imperatore... e sono questi sacri vincoli indissolubili, che il Gran Cesare Greco ha sposati nel santo battesimo, e per questo oggetto grandioso essa Greca Chiesa in tutte le remote arene dell'orbe terraqueo, ove rinviensi, ha lo stretto obbligo giornalmente ben cinque volte per i Sovrani Ortodossi di Lei figli pregare nella messa, e altre quattro nella Divina Salmodia, e che oggi al giorno, unico figlio riconosce della sua professione santissima, ch'è appunto il Gran Cesare delle Russie, non essendovi altri sovrani di rito greco...[71]

L'emergere della Russia come protettrice dei popoli ortodossi fu in grado di mobilitare un'umanità variegata, i cui caratteri riflettevano la complessità dell'universo culturale greco. Nello stesso tempo, gli sforzi compiuti dagli zar per liberare gli antichi territori bizantini dal dominio turco suscitarono

69. ASPF, Acta 19 settembre 1825, Lettera scritta a nome della colonia greca della Piana a S. Eccellenza il signor conte Nesselrode, consigliere ministro, segretario di stato per gli affari esteri di S.M. Alessandro I Imperatore di tutte le Russie (26 febbraio 1825), (Estratta dal *Nuovo ristretto con sommario sulla richiesta erezione di una Collegiata di rito greco*, cc. 542r-579r), cc. 577r-579r.

70. L'arcivescovo di Monreale osteggiava in quegli anni il progetto di erezione in quella colonia di una Collegiata di rito greco (ASN, MAE, Chiese greche nei domini napoletani, Diversi, (s.d.), b. 4240, fasc. Napoli, 31 marzo 1824: *Al conte di Staichelberg si rimette una dettagliata esposizione in riguardo alle popolazioni delle colonie greche in Sicilia*).

71. ASPF, Acta 19 settembre 1825, Lettera scritta a nome della colonia greca della Piana a S. Eccellenza il Signor Conte Nesselrode, c. 578r. L'interesse del clero italoalbanese verso la Russia ortodossa è precedente a questo episodio. Già agli inizi degli anni ottanta del Settecento in una lettera al dicastero di Propaganda un parroco di Palazzo Adriano commentava con entusiasmo l'arrivo nel regno dell'ambasciatore russo, esprimendo la speranza che l'Imperatrice di Moscovia favorisse l'unione fra le chiese. Questa speranza era stata suscitata dalle parole di un ufficiale albanese impiegato al servizio della corte russa (ASPF, SC, Italoalbanesi, vol. 6, 5 giugno 1783, c. 62rv).

intorno al sogno di una rinascita greca l'emergere di un sentimento nuovo, secolare di "grecità". Quando nel 1771, mentre era in corso la spedizione russa nel Peloponneso, Giorgio Corafà, comandante del Reggimento macedone, si fece promotore a Napoli di una silloge poetica «in lode di Caterina II», l'iniziativa non fu sostenuta soltanto dai suoi correligionari: accanto ai greci ortodossi residenti o di passaggio nella capitale e ad alcuni letterati napoletani e regnicoli, a questa impresa letteraria parteciparono anche un gesuita greco di Chio, Tommaso Stanislao Velasti, residente a Messina, e un letterato erudito italoalbanese, Pasquale Baffi, autore di una «Grammatica greca».[72] All'interno di questo consesso, le differenze religiose si dissolvevano nel riconoscimento di una comune identità greca, linguistica, letteraria, colta. Non sorprende, perciò, che il cattolico Velasti, il quale dedicò all'imperatrice anche la traduzione della sua «Dissertatio de Litterarum Graecarum pronuntiatione», fosse un convinto sostenitore dell'«unità culturale del mondo greco e latino, malgrado la frattura causata dallo scisma».[73]

3. *Affiliazioni confessionali, nicodemismo e secolarizzazione*

Nonostante i processi di confessionalizzazione in atto durante l'età moderna, le «frontiere delle fede erano più porose di quanto non si sia creduto in precedenza».[74] Nel suo saggio sulle relazioni veneto-ottomane a Costantinopoli, Dursteler ritrae l'«ambiguità confessionale del Mediterraneo», una realtà in cui – osserva lo storico americano – gli individui, quando non si muovevano da una religione all'altra, si mostravano spesso indifferenti alle questioni religiose. La diffusa «cultura mediterranea della peregrinazione» generava tra coloro che ne erano partecipi un senso di familiarità, un sistema culturale condiviso; dentro un simile contesto la conversione non costituiva un'esperienza di rottura, bensì una transizione all'interno di una comune cultura religiosa.[75]

72. D'Oria, *Cultura napoletana e diaspora greca nell'età dei riformatori*, pp. 340-347.
73. Ivi, p. 342.
74. Vedi in particolare i lavori di: Dursteler, *Venetians in Constantinople*, pp. 11-12; Id., *Renegade women*; cfr. Rothman, *Conversion and convergence in the Venetian-Ottoman borderlands*; Molho, *Ebrei e marrani fra Italia e Levante ottomano*; Scaraffia, *Rinnegati: per una storia dell'identità occidentale*; Chelaru, *Between coexistence and assimilation*; Stahl, *Chrétiens et musulmans balkaniques*.
75. Cfr. Lappa, *Religious conversions within the Venetian military milieu*, pp. 16-17.

Anche fuori dal Levante, le conversioni di musulmani ed ebrei alla fede cristiana costituivano soltanto uno dei numerosi comportamenti religiosi di confine osservabili all'interno del Mediterraneo cattolico.[76] Nelle relazioni e nelle suppliche inviate al dicastero di Propaganda, gli ecclesiastici latini riferivano con preoccupazione dei continui passaggi da un rito all'altro nelle colonie italoalbanesi. Questa pratica, la quale divenne oggetto di numerosi tentativi di regolamentazione da parte dei pontefici, era il più delle volte ispirata da ragioni di pragmatismo. Nel 1732 l'arciprete di Chieuti (Capitanata), a nome degli italoalbanesi «di nazione, idioma, e di rito», si rivolse alla Congregazione di Propaganda per chiedere che la colonia non fosse molestata a causa del suo spontaneo ritorno al proprio rito: battezzati secondo la consuetudine della Chiesa orientale, gli abitanti della colonia erano vissuti nell'osservanza del rito latino, violando il divieto imposto nei decreti dei concili e delle costituzioni apostoliche, unicamente per godere di alcune comodità, come quella di una sola quaresima.[77] Il ritorno al rito greco era necessario e funzionale alla preservazione dei confini comunitari e dunque delle antiche prerogative concesse all'*universitas* albanese al momento della sua fondazione. L'esigenza di preservare l'esistenza della chiesa e del suo spazio singolare, a Livorno aveva portato il parroco e rappresentante della «chiesa greca cattolica» a chiedere a Roma di consentire ai battezzati secondo il rito greco, «o si vero nazionali Greci, che praticano il rito latino», di ritornare al loro rito. Questa misura – com'era riferito nella supplica – serviva «unicamente per mantenere, et aumentare il troppo scarso numero de' Greci cattolici di questa città».[78] Evidentemente, nel contesto storico qui considerato la religione implicava più «l'appartenenza a una comunità che l'adesione a un insieme di principi o credenze».[79]

Il comportamento religioso, dunque, era spesso guidato dall'esigenza di preservare delle prerogative o uno status particolare o di negoziare le condizioni della propria inclusione all'interno di un contesto culturale domi-

76. Sul fenomeno delle conversioni nella regione mediterranea, vedi in particolae: Cafiero, *Battesimi, libertà e frontiere*; Rothman, *Becoming Venetian*; Ortega, *Negotiating transcultural relations in the early modern Mediterranean*; Plakotos, *Christian and Muslims converts from the Balkans in early modern Venice*; Pullan, *The Jews of Europe and the Inquisition of Venice*; Siebenhüner, *Conversion, mobility and the Roman Inquisition in Italy.*

77. ASPF, Acta, 5 maggio 1732, Supplica dell'arciprete di Chieuti, Diocesi di Larino di rito greco, n. 19, c. 226v; SOCG, vol. 672, 5 maggio 1732, c. 240r.

78. ASPF, SC, Italogreci, vol. 4 (1741-1760), Livorno, s.d., c. 513rv.

79. Bartlett, *Medieval and modern concepts of race and ethnicity*, p. 42.

nante. Anche la dissimulazione religiosa non era una semplice espressione d'inerzia, di accettazione passiva di prescrizioni imposte dall'alto. Come nelle forme "classiche" di «nicodemismo»,[80] nelle parrocchie greche dove più forte era l'ingerenza del clero latino, la dissimulazione era praticata dai greci scismatici come una consapevole strategia di resistenza nei confronti del potere della Chiesa romana, nella misura in cui essa consentiva l'inclusione (e non l'assimilazione) all'interno del contesto culturale dominante. Talvolta, l'adesione simulata alla Chiesa cattolica costituiva solo un espediente per soddisfare interessi immediati, come nel caso di Demetrio Gagioj, giunto da Giannina in Terra di Bari per apprendere l'arte del «negozio» nella bottega di suo zio Teodoro Papateodoro. Nel 1791 il giovane abiurò la fede natia nel convento dei frati domenicani, secondo lo zio solo per sottrarsi alla restituzione di un debito ingente.[81]

I passaggi di rito, la dissimulazione o l'abiura sottendevano l'esistenza di un rapporto dialettico tra un potere che tentava di governare e incorporare la diversità e degli individui che utilizzavano a proprio vantaggio le regole e le forme imposte da quel potere.[82] D'altro canto, le autorità latine erano consapevoli che il controllo romano sulle minoranze non cattoliche restava, ancora nel XVIII secolo, poco più di un'ideale, nonostante gli sforzi messi in campo per estendere e fortificare i confini del cattolicesimo romano attraverso la costruzione di un fronte dogmatico e di apparati di controllo e di disciplinamento. Il Collegio di Sant'Atanasio, fucina del cattolicesimo orientale, era considerato un luogo «sospetto nella purità della fede», come denunciavano le autorità cattoliche che operavano in Levante.[83] Agli inizi del Settecento l'arcivescovo cattolico di Corinto e l'ambasciatore francese a Costantinopoli, in alcune lettere, mettevano in guardia il dicastero romano sulla condotta dei missionari greci in Levante:

> [...] i giovani Greci, che sono stati alunni in Roma tornando alla loro patria sono i più fieri nemici e persecutori della religione cattolica in quelle parti, abusandosi in danno della medesima delle scienze imparate in Collegio, sen-

80. Vedi in particolare Ginzburg, *Il nicodemismo*; Biondi, *La giustificazione della simulazione nel Cinquecento*, pp. 7-68.

81. ADPB, Capitolo della cattedrale di Santa Maria Maggiore, Cause e liti, Controversia tra Greci, zio e nipote, 1789-1791, b. 13, Lettera indirizzata da Giuseppe Baldacchino Gargano e Orazio Spera alla Segreteria di Stato, guerra, e commercio (Barletta, 16 luglio 1791), cc. 25r-27r.

82. Lappa, *Religious conversions within the Venetian military milieu,* pp. 2-4.

83. ASPF, SC, Italogreci, vol. 5, Venezia, 31 luglio 1762, c. 35r.

za alcun riguardo al giuramento in esso prestato di promoverla, o difenderla tra loro nazionali.[84]

Anche nelle diocesi occidentali, il clero latino mostrava diffidenza nei confronti dei fedeli e del clero di rito greco, nonostante la loro adesione ufficiale alla dottrina romana. In una lettera indirizzata al dicastero di Propaganda nel 1721, l'arcivescovo di Pisa si mostrava dubbioso nei confronti delle rassicurazioni ricevute dal parroco della nazione greca di Livorno, un monaco basiliano di nome Gabriello Veneri, circa la fedeltà dei suoi parrocchiani al calendario gregoriano. La sua preoccupata comunicazione al dicastero romano si concludeva con queste eloquenti parole: «Può essere però, che detto Monaco assai accorto a me dica in un modo, e poi osservi al buio in un altro, e che diversa sia la bocca dal cuore».[85] Quando, verso la metà del Settecento, la divisione tra greci cattolici e scismatici all'interno della chiesa greca unita divenne un affare pubblico, Roma puntò il dito non soltanto contro i mercanti greci appena giunti dal Levante, ma soprattutto contro gli «scismatici simulanti in addietro la ortodossia».[86] Ad Ancona, fino all'arrivo delle truppe francesi nel 1797, i greci del Levante, quando non furono esclusi dalle istituzioni comunitarie, furono costretti ad accettare le prescrizioni romane. Perciò, quando le autorità francesi restituirono la chiesa alla nazione greca, anche «quei pochi che erano Fratelli della Confraternita e però professi» rasero al suolo gli altari latini e smisero di riconoscere il primato del Pontefice.[87] A Napoli, i prelati latini e i sacerdoti greco-cattolici erano costantemente sospettosi nei confronti dei «greci orientali», giudicati solo in apparenza obbedienti alla Chiesa cattolica. Come spiega Cigala in una lettera indirizzata al dicastero romano, i greci pensavano che, ingannando i latini con atti e dichiarazioni formali, avrebbero potuto vivere spensierati.[88]

Anche all'interno delle colonie italoalbanesi la piena sottomissione alla giurisdizione latina non si tradusse in una completa adesione all'or-

84. ASPF, Acta, 19 giugno 1719, *I giovani greci stati alunni in Roma sono i più fieri persecutori della cattolica religione*, n. 57, cc. 247r-248r. Queste preoccupazioni furono comunicate nel 1708 dall'arcivescovo cattolico di Corinto e trasmesse al cardinale protettore del Collegio urbano; nel 1711 l'ambasciatore di Francia in Costantinopoli rinnovò quell'allarme nella sua corrispondenza con Roma.

85. ASPF, SC, Italogreci, vol. 3, Pisa, 21 aprile 1721, cc. 154r-157v.

86. ASPF, SC, Italogreci, vol. 4, Pisa, 17 settembre 1759, cc. 488r-489v.

87. ASPF, SC, Italogreci, vol. 6, Ancona, 29 marzo 1802, cc. 384r-388v.

88. ASPF, SC, Italogreci, vol. 3, Napoli, 24 settembre 1718, cc. 69r-70v.

todossia romana. Qui, piuttosto, le pratiche simulatorie e dissimulatorie nel tempo produssero forme di sincretismo religioso e un sentimento di duplice affiliazione confessionale. Quando nei primi anni del Settecento il tesoriere della cattedrale di Rossano visitò le colonie italoalbanesi della sua diocesi, scrisse una relazione indirizzata alla Congregazione dei riti per riferire dei diversi «inconvenienti» riscontrati nella pratica del rito, come la devozione di famosi santi scismatici e altre forme di devianza nella celebrazione della messa e nell'amministrazione dei sacramenti.[89] In un memoriale depositato nel 1750 dal segretario di Propaganda nell'archivio della Congregazione, si racconta che le popolazioni italoalbanesi – che pur «non ardiscono negare il primato del sommo pontefice» – erano ancora legate al Patriarca di Costantinopoli, così come al culto di santi apocrifi e all'uso del calendario antico, proibiti dalle prescrizioni romane.[90] Ancora nel 1841, Monsignor Antonio Mussabini, nella sua visita «ai greci italoalbanesi ed italogreci» delle chiese di Napoli, Barletta, Lecce, Villa Badessa e della Calabria, denunciava tra i «mali generali» la presenza di sacerdoti sospetti di scisma, accanto alla penuria di libri liturgici di edizione cattolica e alla comune avversione verso i latini.[91]

Il passaggio da un rito all'altro e i comportamenti simulatori e dissimulatori rivelano una certa indifferenza verso le forme e le credenze religiose. Nello stesso tempo, queste pratiche mettono in discussione il primato della religione nel determinare e influenzare i comportamenti individuali e le relazioni sociali, specie nei contesti caratterizzati dalla coesistenza tra fedi e confessioni diverse. Come nella «cultura mediterranea della peregrinazione» evocata da Daphne Lappa,[92] all'interno del Mediterraneo cattolico la familiarità religiosa tra cattolici e ortodossi, rafforzata dall'esperienza quotidiana della coesistenza, attenuava sul piano sociale il senso reciproco di alterità. All'interno della chiesa greca di Napoli, il conflitto tra i membri orientali della comunità e il clero italoalbanese non deve essere perciò interpretato in termini di contrapposizione tra due distinte identità etniche e confessionali. Marcello Modinò, un monaco basiliano originario della

89. ASPF, Acta, 21 agosto 1713, *Inconvenienti trovati tra i greci della diocesi di Rossano in materia di fede*, n. 1, c. 485rv-486r.

90. ASPF, SC, Italogreci, vol. 4, 1751, Memoriale trasmesso dal segretario della Congregazione di Propaganda Fide all'archivio, cc. 268r-271r.

91. ASPF, Acta 1841, *Ristretto con voto e sommario sulla visita fatta da Mons. Mussabini*, cc. 480r-487v.

92. Lappa, *Religious conversions within the Venetian military milieu*, pp. 16-17.

colonia siculo-albanese di Mezzojuso, nominato cappellano nel 1746, rimase in carica per diversi anni e fu rieletto dai governatori orientali anche dopo l'approvazione degli statuti del 1764.[93] Soltanto in alcune circostanze le differenze tra greci e italoalbanesi provocavano scontri e tensioni all'interno della comunità: durante il Settecento ciò avvenne in particolare quando i sacerdoti italoalbanesi manifestarono manie di latinizzazione oppure quando i candidati eletti dall'arcivescovo di Napoli o dal dicastero romano non possedevano un'adeguata conoscenza del greco letterale e volgare, necessaria per la celebrazione delle liturgie e dei sacramenti. All'interno di questa dimensione contingente, le azioni e le rivendicazioni identitarie erano perciò dettate da ragioni di pragmatismo più che da irriducibili differenze culturali.

L'emergere nel corso del XVIII secolo di un'identità cattolica italoalbanese deve essere compresa all'interno di una dimensione diversa da quella in cui si situano le dinamiche e i comportamenti sin qui descritti. La costruzione di questa identità fu opera soprattutto di un élite intellettuale composta da alcuni esponenti del clero italo-albanese. Questi ultimi avevano appreso e rielaborato la coscienza storica delle proprie origini all'interno dei collegi romani e dei seminari italoalbanesi.[94] Secondo la vulgata romana, gli albanesi erano «stati sempre in pienissimo possesso, e credito di ottimi cattolici, non solo in Occidente, ma in Oriente stesso in mezzo al bollore e furore della contrarietà de Greci scismatici».[95] Nel tempo essi avevano conservato l'unione con la Santa Sede non solo «nello spirituale» ma anche «nel politico», come dimostravano le gesta di Scanderbeg, definito da Pio II «Fortissimus Christi Atleta, et indefessus religionis nostre propugnator». Intorno alla metà del XVIII secolo, nella sua opera sul rito greco in Italia, lo storico ed ecclesiastico italoalbanese Pompilio Rodotà diede una forma compiuta e coerente alla storia del rito greco nella penisola, inserendo all'interno di un *continuum* storico la vicenda degli italogreci dell'Italia meridionale, dallo scisma del 1054 ai secoli successivi alla caduta di Costantinopoli (1453):

93. ASN, Camera di Santa Chiara, Carte e processi riguardanti i greci di Barletta e Sicilia, inc. 1, cart. 46 - Diversi II parte B (ex Sommaria – Diversi, II/27), fasc. c, Scritture diverse relative al 1767, cc. 1r-37v.

94. Cfr. Mandalà, *Paolo Maria Parrino e le origini dell'ideologia albanista*; Fortino, *Funzione dei seminari di rito greco di Calabria e di Sicilia.*

95. ASPF, SC, Italogreci, vol. 3 (1716-1740), s.d., *Riflessioni sopra la lettera circolare per gli Ordinari d'Italia nelle cui diocesi vi sono Greci*, c. 363rv.

> Dell'arbore sì eccelso miseramente caduto, volle nondimeno Iddio, secondo gli eterni disegni della sua providenza, che il tronco e le radici ne fossero salve; cioè, che le venerabili cerimonie, cui i SS.Apostoli, e gli uomini Apostolici avevano aperto il teatro nelle chiese Orientali, non fossero profanate da gente infetta dalla scismatica perfidia [...]; ma che, trapiantate nel grembo della Chiesa Romana, si servassero sotto la cura, e providenza del Sommo Pontefice pure ed illese [...]. Ebbero questa sorte gl'Italiani de' due Reami di Napoli, e di Sicilia, i quali hanno giusto motivo di rincorare il loro spirito, e di formare di loro stessi una gloriosa idea, per aver veduto due volte nascere nelle loro Chiese il rito greco.[96]

Agli occhi della Curia romana e del clero latino, i greci autoctoni di origine bizantina formavano con i loro correligionari albanesi uno stesso gregge. Al contrario, i «Greci orientali di rito, e nazione propriamente tali» e «li Greci puramente di rito» costituivano due nazioni distinte, per origini, idioma e soprattutto per la «purità di fede»:

> Nelle quattro diocesi di Calabria, e di Sicilia vi sono l'Albanesi puramente; e precisè di rito greco, e non Greci orientali: li primi cioè li Albanesi hanno idioma proprio, che non corrisponde, anzi è totalmente diverso dal greco litterale, e volgare, e siccome li Greci orientali commoranti nelle Chiese di Napoli, Venezia, Livorno... hanno forse di bisogno d'istruire nel dogma; perché sospetti; così gli Albanesi non hanno altra necessità, che di essere sovvenuti in tutt'altro fuorché nel dogma, essendo sempre stata detta Nazione...conservatrice della purità di fede, come potrà riconoscersi da tutti li Archivi delle Sacre Congregazioni dalle relazioni de loro Ordinari e dalla prattica stessa della S. Apostolica...[97]

La purezza della fede che contraddistingueva i coloni albanesi rispetto ai loro correligionari orientali, era evocata qui nel tentativo di respingere i continui tentativi romani di controllare e normare con nuove istruzioni le pratiche sociali e culturali di quelle popolazioni. La necessità di negoziare l'autonomia e la singolarità del proprio status all'interno di un contesto in cui i confini sociali e confessionali erano molto porosi, giocò probabilmente un ruolo importante nella costruzione, alla fine del Settecento, di un'identità etnica *arbëreshë*, la quale includeva l'appartenenza del popolo italoalbanese al cattolicesimo romano.

96. La prima volta ciò avvenne – continua l'autore – nell'VIII secolo, al tempo delle lotte iconoclaste; la seconda molti secoli più tardi, al tempo dell'oppressione turca in Albania (Rodotà, *Dell'origine, progresso e stato presente del rito greco in Italia,* vol. I, pp. 3-6).

97. ASPF, SC, Italogreci, vol. 3 (1716-1740), s.d., *Riflessioni sopra la lettera circolare per gli Ordinari d'Italia [...],* cc. 363r-366v.

Negli stessi anni, al tempo della discesa delle armate francesi sulla penisola, nella chiesa greca di Ancona Marino Crassan, mercante e avvocato di Cefalonia, pronunciò un discorso in onore di Bonaparte, per celebrare la libertà di culto concessa da Napoleone alla sua nazione. Accostando il suo nome a quello dei grandi oratori dell'antichità classica, l'avvocato di Cefalonia paragonava la vittoria delle armate francesi a quelle di Salamina e di Maratona; alla celebrazione del passato facevano eco nel discorso le speranze e le attese di liberazione della «Patria madre»:

> Oh! Notizia ben lieta, e grata, di cui voi sarete apportatori col vostro ritorno alla Patria madre [...] Rintracciate al vostro giungere diligentemente dove riposano le gloriose Ceneri di Platone, di Demostene, di Melciade, di Temistocle, e di tanti altri illustri Campioni, e dite loro, che la Libertà và spandendo felicemente le sue Ali, e che non tarderà molto a scuotere anche in quel fortunato Clima li Semi della Virtù, delle Scienze, e della Gloria, che una lunga vergognosa schiavitù tiene imprigionati.[98]

La schiavitù evocata nel testo non era soltanto quella imposta dal giogo ottomano. Le invettive dell'avvocato greco erano soprattutto rivolte contro «il mostro dell'impostura, e della superstizione Sacerdotale», il quale era stato finalmente abbattuto dalla «legge», dalla «giustizia» e da un «governo libero». Il vecchio ordine – denunciava Crassan – aveva abusato della «Religione», utilizzandola come un pretesto, come un «manto» per far «deserti li regni» e armare «di ferro l'uomo per scannare il suo simile». Le stesse «mascherate umane ambizioni« avevano prodotto «la fatale divisione della Nostra Chiesa Orientale dall'Occidentale». Quello di Crassan era un discorso secolarizzato, permeato dalla retorica rivoluzionaria e dall'immaginazione di un ordine politico nuovo. Le azioni e le parole di Crassan devono essere lette anche alla luce della sua esperienza vissuta. Giunto ad Ancona con sua moglie e i suoi figli pochi anni prima della Rivoluzione, Crassan aveva fatto la professione di fede cattolica. Grazie a questo atto, egli non soltanto era stato ammesso alla chiesa e alla confraternita di S. Anna, allora dominate dai latini, ma aveva ricevuto anche un sussidio dal vicario Ranuzzi.[99] Solo un anno prima della declamazione del discorso

98. ASPF, SC, Italogreci, vol. 6, *Discorso pronunciato dal cittadino Marino Crassan di Ceffalonia dottore in ambe le leggi ed avvocato in Ancona per la Repubblica Francese, nella chiesa di S. Anna de' Greci nel giorno 15 agosto 1797* [...], cc. 316r-325r.

99. ASPF, Acta, 4 aprile 1803, *Storia dell'occupazione fatta dagli scismatici della chiesa di S. Anna in Ancona*, Ristretto, cc. 296v.

nella chiesa greca, da Senigallia, dove aveva fissato il proprio domicilio, Crassan aveva scritto una lettera alla Congregazione di Propaganda. Nella missiva, per compiacere i suoi interlocutori, l'avvocato raccontava di aver cercato di condurre un parroco latino al capezzale di un suo cliente moribondo, un mercante greco scismatico, il quale però, spinto da un'indole superstiziosa, aveva respinto con caparbia il suo gesto.[100]

Nei suoi studi condotti sui testi e sulle pratiche sociali del dissenso e del «nicodemismo» libertino nell'Europa della prima età moderna,[101] Jean-Pierre Cavaillé ha sostenuto l'esistenza di un nesso tra dissimulazione religiosa e «deconfessionalizzazione».[102] Queste intuizioni sembrano trovare riscontro anche all'interno del contesto qui descritto. Alla luce di questa ipotesi interpretativa, appaiono eloquenti le parole riferite dall'arcivescovo di Ancona Bufalini in una lettera indirizzata al segretario di Stato pontificio negli anni settanta del Settecento, al tempo delle rivendicazioni dei greci d'Ancona contro i confratelli latini di Sant'Anna. Così il prelato cattolico commentava la partecipazione dei greci cattolici alla causa promossa dagli scismatici: «quando non gli scusasse forse tal seduzione sarebbe questo pur troppo un chiaro argomento, che all'amor della fede, prevale in essi quello della nazionalità, e che la loro professione è più apparente, che sincera».[103]

Tra gli ortodossi d'occidente, come tra gli altri gruppi di forestieri di obbedienza diversa da quella romana, la dissimulazione della propria fede religiosa prese forma all'interno di una condizione di transizione e adattamento ad un contesto culturale regolato, come abbiamo visto, da rapporti di potere asimmetrici. L'assimilazione all'interno della società locale non costituiva il naturale esito di questo processo. I gruppi minoritari potevano essere spinti in questi casi a costruire le proprie solidarietà intorno a principi diversi da quello confessionale o a costruire ed elaborare nuove forme di appartenenza.[104] Il relativismo religioso e la crisi di ogni affiliazione confessionale, generati dalla dissimulazione, potevano causare un indebolimento del valore della religione come fattore di definizione del sé individuale e collettivo e favorire l'emergere di riferimenti identitari nuovi.

100. ASPF, SC, Italogreci, vol. 6, Senigallia, 24 settembre 1796, cc. 308r-309v.
101. Cavaillé, *Nicodemism and deconfessionalisation in early modern Europe.*
102. Cavaillé, *Pour une histoire de la dis/simulation*, p. 17.
103. ASPF, SOCG, vol. 882, 20 aprile 1789, Copia di lettera scritta dall'arcivescovo di Ancona Bufalini al segretario di stato di Clemente XIV (15 ottobre 1773), c. 293rv.
104. Cfr. Catterall, *At home abroad,* p. 321.

4. *Pratiche linguistiche, bilinguismi, incroci*

Nei discorsi e nelle pratiche dei nazionalismi ottocenteschi, la lingua divenne l'incarnazione dell'identità culturale di un popolo, il simbolo della sua perennità nella storia. La varietà dei registri e degli usi linguistici si dissolse allora nell'equazione tra lingua di cultura e linguaggio quotidiano, tra norma e uso linguistico, tra linguaggio e metalinguaggio.[105] Gli autori di questa costruzione ideologica e i loro epigoni hanno immaginato per ciascun popolo l'esistenza di una sola lingua, il cui sviluppo lineare avrebbe accompagnato quello della nazione.

Il misconoscimento dell'esistenza di linguaggi e registri plurimi in fasi e domini sociali diversi ha a lungo influenzato la comprensione della lingua come fenomeno storico e più in generale le declinazioni del significato di appartenenza e identità. Negli studi sulla diaspora greca, la lingua è stata generalmente riconosciuta come un elemento cruciale nella formazione di un'identità greca e nella sua preservazione fuori dai confini temporali e spaziali dello Stato nazionale ellenico.[106] L'uso del greco volgare come lingua franca nel commercio e il suo impiego nella stampa di testi di argomento religioso e secolare giocarono in realtà un ruolo importante nella trasformazione della lingua greca in uno dei principali simboli e agenti della costruzione di un'identità ellenica e pan-balcanica nel Settecento.[107] Questo processo, tuttavia, non deve oscurare la complessità del nesso che legava lingua e comunità nei secoli che precedono la nascita delle moderne nazioni.

In particolare gli studi di Burke sulla storia sociale del linguaggio[108] e le riflessioni di Anderson sulle radici delle «comunità nazionali»[109] hanno indagato la natura complessa e mutevole del rapporto tra queste due dimensioni. Mettendo in relazione la lingua, i suoi usi e il suo sviluppo con il contesto/i sociale e culturale, questi studi hanno consentito di «denatu-

105. Cfr. Kakridis, *The religious roots of linguistic nationalism*; cfr. Fishman, *Language and nationalism*; Mackridge, *Language and national identity in Greece.*

106. Una delle prime formulazioni di questa visione culturalista dell'identità diasporica greca si trova in: Geanakoplos, *The diaspora Greeks.* Per una critica all'idea di continuità implicita in questo approccio, vedi: Liakos, *The construction of national time*; Carras, *Greek Identity.*

107. Cfr. Roudometof, *From Rum Millet to Greek nation.*

108. Vedi in particolare: Burke, *Languages and communities in early modern Europe*; Id., *The social history of language.*

109. Anderson, *Imagined communities.*

ralizzare» il rapporto tra lingue e popoli. Mentre «l'uso di una particolare varietà di linguaggio esprime, mantiene e persino aiuta a creare solidarietà tra i membri del gruppo», la lingua è in grado di esprimere e costruire una varietà di relazioni sociali.[110] All'interno di questa prospettiva, ogni gruppo o comunità – regionale, nazionale, ecclesiastica o professionale – trova nel linguaggio uno strumento di comunicazione o un simbolo di coesione, senza che ciò generi confini chiusi e appartenenze esclusive. Nello spazio dell'immigrazione ortodossa, lingue e registri plurimi coesistevano per il sovrapporsi di molteplici «comunità linguistiche». Una di queste era definita dall'uso condiviso di una stessa lingua liturgica.

Le lingue sacre furono a lungo simboli e agenti d'unità nelle grandi comunità religiose «globali». Se queste comunità poterono diventare «immaginabili» ai loro membri e affiliati, ciò avvenne «attraverso il *medium* di un linguaggio sacro e di un testo scritto».[111] All'interno dell'Oriente ortodosso la tradizione ecclesiastica greca costituiva, accanto a quella slava, il principale sistema scrittorio, liturgico e culturale. La liturgia slava era una variante linguistica e regionale del rito bizantino. Per i popoli slavi ortodossi lo *slavěnskij,* l'antico slavo ecclesiastico – il quale a sua volta comprendeva diverse varianti regionali – identificava una comunità linguistica sovranazionale, la «Slavia ortodossa», che comprendeva sia i popoli slavi meridionali sia quelli orientali.[112] Nel XVIII secolo, questo linguaggio liturgico e sacrale esercitò una funzione modellante sulla prassi scrittoria vernacolare, sui testi cioè destinati all'uso pratico o popolare.[113] Nonostante la compresenza di due tradizioni liturgiche e pratiche scrittorie, all'interno dell'Impero ottomano l'egemonia del Patriarcato ecumenico di Costantinopoli, custode della tradizione culturale e liturgica greco-bizantina, storicamente garantì al greco lo status di lingua colta ed ecclesiastica per eccellenza.[114] Nei territori bulgari e danubiani, dove lo slavo ecclesiastico era la lingua liturgica tradizionale, le élite laiche ed ecclesiastiche adottarono gradualmente il greco come lingua dotta e sacrale. Le popolazioni albanofone di fede ortodossa che, come i vlacchi, non avevano sviluppato una prassi scrit-

110. Burke, *Languages and communities in early modern Europe,* p. 5.

111. Anderson, *Imagined communities,* pp. 12-13.

112. Morabito, *Tradizione e innovazione linguistica nella cultura serba,* pp. 71-72.

113. Ivi, pp. 75-76.

114. Il greco liturgico costituiva una varietà linguistica, distinta dal greco moderno formale utilizzato dalla gerarchia ecclesiastica e nelle opere di carattere pedagogico (cfr. Mackridge, *Language and national identity in Greece*).

toria e liturgica propria, sin dal loro ingresso nella sfera religioso-culturale bizantina adottarono la lingua greca nella liturgia e nell'istruzione. Dopo la conquista ottomana, anche gli altri Patriarcati orientali, soprattutto quelli di Alessandria e di Gerusalemme, cominciarono ad utilizzare il greco come lingua ufficiale e liturgica,[115] mentre quello melchita d'Antiochia, con sede a Damasco, preservò la liturgia in lingua araba, la quale dal XVII secolo era subentrata definitivamente a quella siriaca.[116]

Queste diverse comunità linguistico-liturgiche erano comprese in diversa misura all'interno dell'Ortodossia occidentale: accanto ad una maggioranza di rito greco-bizantino, composta dai migranti provenienti dai territori grecofoni e albanofoni del Levante e dai coloni italo-albanesi, a Livorno e a Malta esisteva anche una presenza arabo-melchita e a Trieste un gruppo consistente di slavofoni. All'interno di ciascun insediamento, i confini tra queste diverse comunità linguistico-liturgiche dipendevano da molteplici fattori, demografici, politici, sociali e culturali. Ad esempio, nelle comunità in cui gli elementi slavofoni costituivano una minoranza, per lo più proveniente dai domini veneti dell'Adriatico, l'uso del greco come lingua liturgica prevalse senza generare scontri e tensioni. Una situazione differente emerse negli ultimi decenni del Settecento a Trieste. Qui, l'elevato numero di mercanti slavi («illirici»), stabili e di passaggio, aveva portato già nel 1749 alla nomina di un sacerdote «di rito serviano» accanto a quello greco. La presenza di un Patriarca slavo-ortodosso all'interno dei confini asburgici consentì alla «nazione illirica» di rito slavo-ortodosso di rivendicare una condizione di «perfetta uguaglianza con li Greci» di rito costantinopolitano nella gestione delle strutture sia laiche che ecclesiastiche della comunità; e successivamente, dinanzi all'opposizione dei greci, di ottenere la separazione da questi ultimi e la fondazione di una chiesa propria.[117]

A Livorno e a Malta, la presenza di greci melchiti di lingua araba non si tradusse nella nomina permanente di un sacerdote arabo-melchita. Per questa ragione a Livorno i melchiti, nonostante praticassero il rito greco e fossero membri della chiesa e confraternita greco-unita della Santissima Annunziata, spesso frequentavano la cappella arabo-maronita, suscitando

115. Ciò determinò presto l'emergere a Gerusalemme di una dicotomia tra l'alto clero grecofono e il basso clero e i fedeli di lingua araba (Valognes, *Vie et mort des chrétiens d'Orient des origines à nos jours*, p. 287).

116. Ivi, p. 288.

117. Falcetta, *Comunità ortodosse nell'alto Adriatico e in Dalmazia veneta*, p. 124.

le proteste del clero greco unito. La fondazione di una cappella maronita[118] portò molte famiglie greco-melchite ad abbandonare temporaneamente la chiesa e il rito greco cattolico, per poi tornarvi in caso di presenza in città di un sacerdote di rito greco capace d'intendere la lingua araba.[119] Le differenze liturgiche perdevano rilevanza di fronte alla condivisione di una stessa fede (cattolica) e di uno stesso idioma (arabo). Perciò, intorno al 1727, alcuni «cattolici Levantini» residenti a Livorno, «che non hanno altra lingua fuori dell'arabica», supplicarono il dicastero romano di assegnare loro qualche sacerdote «siasi di qualsivoglia nazione, purché possa capire il loro idioma».[120]

In una lettera indirizzata al dicastero romano da un sacerdote melchita della comunità greca unita di Livorno, Daniele Fragella d'Egitto, si racconta che:

> da diversi viandanti di qui passati di nazione Orientale provenienti da Malta, mi è stata fatta la proposizione di passar io in quell'isola, per supplire alla necessità ch'anno quei Orientali Arabi, e Greci d'un confessore, mentre quello che li serviva essendo passato all'altra vita se ne trovavano privi, soggiungendomi che vi sarebbe anche da far del profitto in avvantaggio dell'anime, poiché capitando continuamente in quell'Isola Orientali da tutte le parti per causa di Negozio, questi nella loro colà dimora vivono spensierati circa la Religione, per non avere chi li possa risvegliare a far il loro debito verso la medesima...[121]

A Malta la nomina di sacerdoti arabofoni suscitava proteste nella popolazione greca locale. Quando Neofito Name, sacerdote greco-cattolico di Aleppo, fu nominato parroco della chiesa greca dell'isola, quei greci «non solo di rito greco, ma anche di loquela», indirizzarono al vescovo un memoriale per rivendicare il loro diritto ad avere un parroco della loro lingua con cui potersi confessare, comunicare, sentire i catechismi, i sermoni, i vespri e i mattutini.[122] Nel suo progetto di costruzione di un cattolicesimo orientale, la Curia romana cercò di superare le differenze esistenti tra le di-

118. ASPF, SC, Italogreci, vol. 5, Firenze, 1 agosto 1769, c. 245rv.

119. ASPF, SC, Italogreci, vol. 6, Pisa, 24 settembre 1781, c. 29r.

120. ASPF, Acta, 31 marzo 1727, *Graziano Salemi melchita d'Aleppo: si danno libri e tre commendatizie per il ritorno in Patria, ma si fa trattenere per due mesi in Livorno [...]*, n. 13, cc. 139r-140v; SOCG, vol. 655, 31 marzo 1727, c. 603rv.

121. ASPF, SC, Italogreci, vol. 5, Livorno, 24 settembre 1764, c. 130rv.

122. ASPF, SOCG, vol. 632, 24 novembre 1721, Supplica di Emanuele Castrizio, cc. 146v-149r.

verse nazioni orientali favorendo tra il clero la pratica del multilinguismo. In quest'ottica si comprende come mai, tra la fine del Settecento e gli inizi del secolo successivo, la Congregazione romana accolse la candidatura di un sacerdote greco-melchita Salomone Ruma, segretario del Patriarca di Antiochia, alla carica di vescovo greco-cattolico di Roma. Quest'ultimo, il quale aveva frequentato il Collegio urbano e partecipato a diverse missioni in Oriente, era in grado di dir messa tanto in lingua araba quanto in quella greca e conosceva sia la lingua latina sia quella italiana, necessarie per «esaminare» le parrocchie degli italogreci.[123]

Al di fuori di questa dimensione pratica, le lingue liturgiche potevano assumere in certi contesti e situazioni una valenza identitaria, nella misura in cui erano funzionali alla perpetuazione dei confini della comunità. All'interno delle colonie italo-albanesi, in particolare, il rapporto tra lingua greca, latina e italiana e le molteplici dimensioni comunitarie connesse a ciascuna di queste lingue, si pone in termini più complessi che altrove. Nel Seminario di Palermo,[124] come nel Collegio greco di San Benedetto Ullano, in Calabria, allo studio delle materie teologiche, filosofiche e della grammatica latina si univa quello della lingua greca e del canto liturgico greco.[125] Per le popolazioni italoalbanesi, l'uso della lingua liturgica greca non era semplicemente espressione di un antico retaggio culturale come per i monaci basiliani del monastero di Sant'Agrippino di Napoli, i quali avevano preservato l'uso del greco ecclesiastico nella celebrazione del battesimo, nonostante avessero ormai da secoli adottato la liturgia latina.[126] Nelle colonie italoalbanesi, dove i confini confessionali erano più porosi, la preservazione della lingua liturgica greca era essenziale per mantenere in equilibrio il rapporto tra clero greco e quello latino.

123. ASPF, SC, Italogreci, vol. 6, s.d., cc. 579r-580r. Il sacerdote Vincenzo Ancora, proveniente dalle colonie otrantine di origine bizantina, era stato impiegato per quarant'anni a Roma come interprete di lingua greca, per assistere i membri delle gerarchie ecclesiastiche cattoliche nella comunicazione con i vescovi e prelati di «nazione greca» (ASPF, Acta, 27 maggio 1715, *Vincenzo Ancora italo-greco d'Otranto espone le sue benemerenze, e supplica d'esser raccomandato per la chiesa di Castro*, n. 6, cc. 264r-265r).

124. ASPF, SC, Italogreci, vol. 4, Palermo, 5 febbraio 1745, c. 122rv.

125. ASN, Camera di Santa Chiara, Carte e processi riguardanti i greci di Barletta e Sicilia, inc. 1, cart. 46 - Diversi II parte B (ex Sommaria – Diversi, II/27), fasc. b, Relazione sullo stato del Collegio Greco di Bisignano, inviata da S. Benedetto Ullano il 18 gennaio 1770 al Marchese Tanucci, segretario di Stato di Sua Maestà in Napoli, cc. 1r-22r.

126. ASPF, SC, Italogreci, vol. 2, 24 giugno 1709, Attestato dei monaci basiliani del monastero di S. Agrippino di Napoli, c. 358rv.

Le carenze nell'insegnamento della «lingua greca letterale», infatti, spingevano molti sacerdoti italoalbanesi a chiedere a Roma di poter passare al rito latino. Sebbene l'ignoranza della lingua greca fosse la ragione comunemente addotta, dietro queste richieste spesso si celava il desiderio di aver accesso a un beneficio ecclesiastico o a un seggio parrocchiale latino in assenza di uno greco vacante.[127] Contro le intromissioni del clero latino o l'emergere di forze latinizzanti tra gli esponenti di quello greco, i riti, i canti e le cerimonie in lingua greca servivano a ricreare continuamente i confini della comunità.

Anche la lingua parlata, l'albanese, nelle fasi di conflitto era trasformata in un simbolo identitario. Nel 1751 la «comunità della terra di S. Benedetto» contestò con forza l'elezione di un «italiano di rito latino» al seggio di rettore del Seminario: «come italiano, non sa la lingua albanese, necessaria a predicare, ed a confessare particolarmente la gente più bassa, e le donne che sono ignare della lingua italiana».[128] Come abbiamo visto nel primo capitolo di questo libro, le divisioni linguistiche tra la popolazione di rito greco e quella di rito latino non erano tali da impedire la costruzione di legami sociali. La familiarità con il latino e con l'italiano consentiva inoltre al clero greco di impartire i sacramenti anche ai latini che si erano stabiliti nel tempo all'interno delle colonie albanofone.[129] Le rivendicazioni dell'identità linguistica albanese erano perciò espressione

127. ASPF, SC, Italogreci, vol. 4, S. Demetrio, 12 maggio 1750, c. 210r.

128. ASPF, SOCG, vol. 746, 19 gennaio 1751, cc. 188r-189r. Nella scrittura di un consultore, redatta in risposta alla denuncia del sindaco di Castroreggio contro i frequenti passaggi al rito latino della popolazione italoalbanese del suo casale, è scritto: «Quanto poi sia necessario l'esserci tra gl'italo Greci sacerdoti celibi dell'istessa nazione, i quali sappiano la di loro particolare favella, et abili a poter amministrare in rito latino i sagramenti a quell'italo Greci, i quali osservano il rito latino, et ad insegnarli in lingua albanese per non intendere già l'italiana» (ASPF, SC, Italogreci, vol. 4, 1750, c. 194v). Dove le comunità ortodosse subirono la forte pressione del clero locale e furono latinizzate, alla perdita del rito e dunque dell'uso della lingua liturgica non seguì, almeno non subito e non ovinque, la perdita della lingua volgare. La lingua albenese continuò ad essere a lungo parlata anche nelle colonie passate nel XVII secolo al rito latino; a Sovana, nella Maremma toscana, venti anni dopo l'arrivo dei maniotti, «L'intero Popolo e natione Greca», in una lettera sottoscritta in caratteri greci, comunicava al dicastero romano di essere «universalmente» passato al rito latino (ASPF, SC, Italogreci, vol. 2, Sovana, 4 giugno 1694, cc. 240r-241r).

129. ASPF, Acta, 22 aprile 1720, Greci di Paomia, n. 17, cc. 244r-248r. Viceversa, un prelato cattolico e latino «prattico dell'idioma, e rito greco», come Tommaso Giustiniani dell'isola di Chio, poteva amministrare una parrocchia grecofona e di rito bizantino come quella maniotta di Corsica (ASPF, Acta, 24 maggio 1723, Greci di Paomia, n. 31, 330r- 331v).

più di una consapevole strategia di resistenza culturale e confessionale, che dell'esistenza di rigidi confini linguistici e sociali.

Nelle comunità levantine del litorale, dove continuo era l'afflusso di nuovi migranti dai paesi grecofoni, il greco volgare era per molti l'unica lingua parlata.[130] Perciò, il problema della conoscenza del greco volgare da parte del clero chiamato ad amministrare queste parrocchie costituiva una questione di ordine soprattutto pratico, come nel caso dei greci di Malta. In diverse occasioni i governatori orientali della confraternita greca di Napoli si opposero perciò alla nomina da parte delle autorità cattoliche di sacerdoti «non Greci Itali come Siciliani, Calabresi, e simili» perché non «prattici de riti, e molto meno della lingua greca».[131] Nel 1745, i governatori chiesero formalmente che fosse eletto come «cappellano uno della loro Nazione ad esclusione degli altri, che sono di diversi paesi, e di altro linguaggio, benché del medesimo rito greco».[132] Come è stato argomentato già altrove, questa rivendicazione non esprimeva una contrapposizione di natura confessionale, né sottendeva la volontà di tutelare un'egemonia linguistica e culturale.[133] Come spiegava un consultore in una lettera indirizzata alla Congregazione di Propaganda, un sacerdote italoalbanese non avrebbe potuto soddisfare pienamente le esigenze di quei greci nel sacramento della penitenza e nel catechismo, «non potendo un Italo mai havere la lingua perfetta, quanto bisogna».[134] Anche il vescovo greco-cattolico di Roma,

130. Ad esempio, a Lecce Giorgio Ruffo di Atene, a nome di tutti i suoi compatrioti di nazione greca, nel 1734 rivolse al vescovo una supplica chiedendo che fosse nominato un parroco di rito greco, di cui erano privi da tre anni, «per non sapersi ben confessare ad altra lingua, non intendendo l'idioma italiano» (ASPF, SC, Italogreci, vol. 3, Lecce, 12 marzo, 1734, c. 513r).

131. ASPF, SOCG, vol. 682, 16 maggio 1735, Supplica dei «Nazionali Greci commoranti nella città di Napoli», c. 182rv. In una memoria scritta probabilmente dai governatori della confraternita si sottolinea come quella chiesa fosse sempre stata amministrata da sacerdoti greci orientali «non altrimenti, che le chiese delli Genovesi, Spagnuoli, ed altri Nazionali, che ritrovansi in Napoli, hanno sempre li suoi Rettori di quelle medesime Nazioni» (ivi, *Memoria sulla chiesa parrocchiale dei SS. Pietro e Paolo della nazione greca di Napoli*, c. 190r).

132. *Ibidem.* Nell'inventario (n. II) dell'archivio della confraternita dei SS. Pietro e Paolo dei greci le stesse parole sono citate all'interno di una delibera dei governatori della confraternita, datata 2 gennaio 1754.

133. Contro l'italoalbanese Tamburi, già economo di quella chiesa, i greci orientali di Napoli sostennero con forza l'elezione del greco Gavalà, nonostante questi avesse professato la sua fede nei dogmi della Chiesa romana nel Santo Uffizio (ivi, Lettera del sacerdote Gabriele Gavalà, c. 186rv).

134. Ivi, Supplica dei «Nazionali Greci commoranti nella città di Napoli», c. 182r.

l'italoalbanese Monsignor Matranga, nel 1735 scriveva che la «Chiesa Greca Orientale» di Napoli

> ricerca per espressa necessità un cappellano, o sia Parroco, che intenda, e parli perfettamente la lingua greca volgare orientale, e che sia prattico dell'officiatura, e canto greco orientale per render facile l'intelligenza de peccati nelle confessioni, e per non rendersi ridicolo nell'officiare, e cantare in Chiesa.[135]

L'apprendimento del greco volgare all'interno del Collegio greco di Roma o, in alcuni casi, in Levante poteva rendere perciò anche i membri del clero italoalbanese idonei a ricoprire il ruolo di cappellano nelle chiese greco-levantine. Fu questo il caso di Domenico Mamula, un giovane sacerdote siculo-albanese, il quale durante un lungo soggiorno in Epiro aveva imparato a parlare il greco e aveva appreso in un collegio gli inni ecclesiastici greci.[136]

La lingua greca non costituiva dunque un attributo identitario. Soprattutto, l'importanza che quest'ultima aveva per le comunità ortodosse del litorale non implicava un sentimento esclusivo d'identificazione e di appartenenza. Queste comunità erano spesso linguisticamente plurali:[137] gli orientali stabiliti da più tempo a Napoli, ad esempio, parlavano anche italiano,[138] mentre i migranti di «nazione albanese», originari del sud

135. Ivi, Lettera di monsignor Matranga vescovo di Acrida deputato della S. Sede in S. Attanasio, c. 206rv.

136. SPF, Acta, 17 dicembre 1715, *Domenico Mamula Greco Siciliano viene eletto dalla nazione per la suddetta parrocchia, e sue qualità*, n. 10, cc. 652v-653v.

137. Già nel 1824 nella chiesa greco-melchita di Marsiglia, eretta nel 1821 per i mercanti greci melchiti e per tutti «gli orientali della favella Araba che ivi ritovansi», il clero predicava anche in francese affinché i giovani della nazione nati in Francia, che non capivano bene l'arabo, potessero comprendere la predica (ASPF, 31 gennaio 1825, Lettera indirizzata a Propaganda nel luglio 1824 dal clero melchita della chiesa di San Niccolò di Mira di Marsiglia, cc. 13r-35r). Anche a Vienna – fa notare Kitromilides – nei primi decenni del XIX secolo un commentatore notava con indignazione il fatto che i bambini figli di famiglie greche apprendessero la lingua dei padri non spontaneamente dai loro genitori, bensì nelle scuole o attraverso l'aiuto d'insegnati privati (Kitromilides, *Diaspora, identity, and Nation-building*, p. 328). Sul problema della lingua nelle comunità greche di Vienna e Trieste, vedi: Katsiardi-Hering, *Εκπαίδευση στη διασπορά*.

138. Nelle suppliche rivolte contro Cigala dai suoi persecutori orientali, molti firmano in entrambi gli idiomi o solo in quello italiano (ASPF, SC, Italogreci, vol. 3, Copia del ricorso dei greci di Napoli contro il parroco Cigala, allegata ad una lettera del nunzio di Vienna (Vienna, 8 ottobre, 1718), cc. 75r-76r). In molti casi i parroci greci comunicavano in chiesa i provvedimenti e le decisioni emanate dalla Curia romana in entrambe le lingue (ivi, Napoli, 21 settembre 1717, cc. 51r-52v).

dell'Albania, parlavano sia greco che albanese.[139] Inoltre, come riferisce in una lettera il vescovo calabro-albanese Francesco Bugliari: «la [lingua] greca volgare [...] neppur si studia, non essendo lingua erudita, ma che s'apprende coll'uso da chi deve commerciare nell'Oriente».[140] Nel Settecento, infatti, la lingua greca volgare era anche e soprattutto una lingua d'uso, veicolare. Anche all'interno dello spazio sacro della chiesa la sua conoscenza rispondeva a un'esigenza pratica di comunicazione tra il parroco e la comunità dei fedeli. Esplorando l'«ecologia linguistica» del Mediterraneo in età moderna, Dursteler ha osservato come in quest'epoca la lingua fosse primariamente una questione di comunicazione e il multilinguismo implicasse la negoziazione di una comunicazione efficace attraverso livelli variabili di capacità. La diffusa pratica del multilinguismo implicava più della semplice coesistenza tra differenti gruppi linguistici.[141] Nei Balcani ortodossi le denominazioni etniche corrispondevano ad una divisione del lavoro più che all'esistenza di identità linguistiche e culturali distinte e separate: «vlacco», ad esempio, era sinonimo di pastore transumante, «bulgaro» era il nome generalmente attribuito ai contadini, mentre erano identificati come «greci» tutti gli ortodossi appartenenti al milieu commerciale.[142] Nei Balcani, sulle coste africane o negli scali italiani ed europei, il greco volgare era utilizzato come lingua franca dai commercianti che operavano tra il Levante e i centri mercantili d'Europa e del Mediterraneo occidentale.[143] Perciò non sorprende che anche in Terra di Bari un panettiere abruzzese, un certo Gregorio Romito, dopo aver acquistato alcune quantità di grano dal negoziante greco di Barletta Giovanni Papasimo, nel suo libro contabile annotasse in idioma greco i dati relativi alla vendita.[144] Viceversa, i mercanti greci della provincia utilizzavano correntemente l'italiano e i caratteri latini per firmare atti e documenti legali. Non bisogna dimenticare che la maggior parte di questi

139. Sulle origini del multilinguismo in Epiro, vedi: Osswald, *The ethnic composition of medieval Epirus.*

140. ASPF, SC, Italogreci, vol. 6, S. Adriano, 12 settembre 1796, cc. 306r-307r. Dal 1794 il Collegio Corsini fu trasferito da San Benedetto Ullano, luogo povero e insalubre, nel sito di S. Adriano.

141. Dursteler, *Speaking in tongues*, pp. 52-53.

142. Mackridge, *Language and national identity in Greece,* p. 56.

143. Drettas, *Le Grec pour tous: théorie et pratiques des langues véhiculaires*, p. 47. Sulle lingue del commercio vedi i saggi raccolti in *Langues et langages du commerce en Méditerranée*; Janin-Thivos, *Pratiques commerciales, pratiques linguistiques.*

144. ASBT, NB, vol. 1027, 25 giugno 1788, cc. 298r-299v.

mercanti aveva strette relazioni con Corfù, dove, come in tutte le Isole Ionie, l'italiano rimase la principale lingua ufficiale fino al crollo della Repubblica veneta.[145]

Anche fuori dall'ambito pratico del commercio, la lingua greca aveva una dimensione inter-balcanica. Come spiega Peter Mackridge, ai popoli ortodossi dei Balcani il «greco non solo dava accesso ai testi dell'antica cultura greca e cristiana; esso esprimeva anche un'aspirazione, era un oggetto di capitale culturale che offriva vantaggi materiali di prestigio sociale, di mobilità geografica, di superiorità economica».[146] Perciò, nei territori ottomani, ortodossi di diversa lingua e provenienza andavano ad apprendere la dottrina, la lingua e le lettere greche nelle accademie principesche di Jassy e Bucharest, in quelle del Monte Athos e di Costantinopoli, nel monastero di San Giovanni sull'isola di Patmos[147] oppure all'interno delle scuole fondate da ricchi e facoltosi mercanti nei centri dell'immigrazione o nei loro territori d'origine, soprattutto tra l'Epiro, la Tessaglia e la Macedonia, dove insieme alle lettere greche erano insegnate anche le scienze pratiche.[148] Non è sorprendente, perciò, che il mercante bocchese di Catelnuovo, Stefano Zupcovich, nel 1755 presentasse ai magistrati veneziani la candidatura del nipote Alessandro per l'ammissione alla scuola greca della comunità ortodossa di Venezia, il Collegio Flangini.[149]

L'egemonia del greco come lingua dotta e di commercio non comportò una completa dissoluzione della diversità linguistica all'interno dei centri di cultura e d'insegnamento ortodossi. Nelle accademie principesche di Bucharest e di Jassy lo slavo ecclesiastico e il rumeno erano insegnati insieme al greco, il quale rimaneva la lingua dell'istruzione per eccellenza. Nel XVIII secolo, nei Principati danubiani gli intellettuali crearono una letteratura rumena in greco, proprio come prima avevano creato una letteratura rumena in slavo antico.[150] Fino al primo decennio del XIX secolo, l'istruzione greca in Romania mantenne un carattere pan-balcanico e il greco continuò a godere di un alto prestigio fino alla metà dell'Ottocento.[151]

145. Mackridge, *Venise après Venise*, p. 69.
146. Mackridge, *Aspects of language and identity.*
147. Kitromilides, *Orthodox culture and collective identity*, p. 138.
148. Cfr. Clogg, *The Greek mercantile bourgeoisie,* pp. 2-14.
149. Falcetta, *Comunità ortodosse nell'alto Adriatico e in Dalmazia veneta*, p. 126.
150. Cfr. Camariano-Cioran, *Les Academies princieres de Bucarest et de Jassy*; Mackridge, *Language and national identity in Greece,* p. 41.
151. *Ibidem.*

Incroci linguistici, bilinguismi e varie forme di diglossia erano comuni anche in altre regioni ottomane, in particolare nei territori dell'Albania meridionale. Qui la popolazione di fede ortodossa e i molti cristiani convertiti all'Islam parlavano in maggioranza sia greco che albanese.[152] In tutta la regione, tuttavia, il greco rimase a lungo l'unica lingua scritta e i membri dei ceti più elevati e istruiti erano «per necessità orientati verso la lingua e la cultura greca».[153] Tra i secoli XVII-XIX, nelle province di Delvino, Himara e Argirocastro, l'insegnamento in lingua greca fiorì anche grazie all'opera di ricchi mercanti espatriati,[154] mentre soltanto a partire dalla fine del Settecento cominciò a diffondersi nella regione l'uso della lingua albanese in caratteri greci.[155] Il processo di «ellenizzazione» culturale e linguistica e la successiva adesione di molti ortodossi albanofoni, arumeni e slavofili al «progetto nazionale ellenico», furono facilitati dal fatto che «le loro lingue erano quasi interamente non scritte».[156]

Dai territori dell'Albania meridionale provenivano molti dei migranti greci che nel Settecento si stabilirono nel Regno di Napoli. Nei registri parrocchiali questa regione è identificata anche con il nome di «Regno d'Epiro» e più spesso con quello delle sue città e province interne, soprattutto quelle di Giannina e di «Cimarra» (Himara). I «cimariotti», in particolare, erano identificati come individui di «nazione albanese», per ragioni di toponomastica ma probabilmente anche per la lingua da loro parlata. Nella comunità e nelle fila del Reggimento macedone, in cui erano arruolati soprattutto soldati originari delle Isole Ionie e dell'Epiro, l'elemento linguistico-culturale greco e quello albanese si fondevano e sovrapponevano. Nel 1740, in un dispaccio indirizzato al Senato, il residente veneto Bartolini raccontava che il tenente Corafà di Cefalonia si era presentato per la prima volta al re «in divisa da albanese» e gli aveva fatto omaggio della propria spada, «asserendo essere

152. Kondis, *The Greeks of northern Epirus and Greek-albanian relations*, pp. 8-9; Elsie, *Albanian literature in Greek script*, p. 20.

153. Ivi, p. 21.

154. Kondis, *The Greeks of northern Epirus and Greek-albanian relations*, pp. 7-10; Skendi, *The Millet system and its contribution to the blurring of orthodox national identity in Albania*, p. 246.

155. Elsie, *Albanian literature in Greek script*, pp. 20-30.

156. Mackridge, *Language and national identity in Greece*, p. 61; cfr. Schulz, *Port cities, diaspora communities and emerging nationalism in the Ottoman Empire*, p. 136; Skendi, *The Millet system and its contribution to the blurring of Orthodox national identity in Albania*, p. 245.

appartenuta allo Scanderbeg», come provato da alcuni documenti e dall'antica impugnatura che custodiva nella sua casa di Cefalonia.[157] La stessa mescolanza culturale caratterizzava, ancora negli anni quaranta dell'Ottocento, la colonia greco-albanese di Villa Badessa. Nel 1843 Edward Lear nei suoi diari di viaggio raccontava di aver ascoltato un giovane cantare «venti interminabili versi di una canzone greca sulla battaglia di Navarino».[158] Nella piccola biblioteca del sacerdote cretese Gregorio Callonà, Lear riportava di aver notato la presenza di alcuni classici greci, di due traduzioni della Bibbia, una in greco e l'altra in albanese, e di una copia della *l'Histoire Ancienne* di Charles Rollin, la quale terminava, non a caso, con la descrizione del Regno macedone di Filippo II e di Alessandro il Grande.[159] Nel 1750, un greco di Venezia, Alexandros Kanghellarios, aveva tradotto in lingua greca l'*Histoire* di Rollin, nell'intento di far conoscere al *γένος* ortodosso le imprese dei suoi antenati.[160] Ancora negli anni ottanta del XIX secolo, diversi autori greci nelle loro opere avrebbero continuato a rivolgersi agli albanesi come ai loro fratelli pelasgici, evocando contro i turchi le loro comuni origini autoctone.[161]

Sviluppi divergenti da quelli appena tracciati cominciarono a maturare all'interno del clero italoalbanese intorno alla seconda metà del XVIII secolo, quando alcuni ecclesiastici iniziarono ad elaborare una visione nuova della lingua e della storia del popolo albanese. Non è un caso che la lingua albanese abbia conosciuto i suoi primi sviluppi sul piano letterario in Occidente. I primi testi in lingua albanese, infatti, furono stampati all'interno della tipografia di Propaganda Fide a Roma.[162] In Levante questi testi circolarono solo all'interno della ristretta cerchia del clero, tra gli ecclesiastici cattolici dell'Albania settentrionale e tra i missionari inviati nella provincia di Himara e nelle colonie italoalbanesi. La diffusione del libro e della scrittura in lingua albanese nelle terre ottomane ricevette un forte impulso solo agli inizi del XIX secolo, grazie all'iniziativa della protestante *British and Foreign Bible Society* di Londra.[163] Intanto nel Settecento, nel

157. Bartolini al Senato, Napoli, 12 gennaio 1740 (1739 m. v.), n. 104, in *Corrispondenze diplomatiche veneziane da Napoli. Dispacci*, vol. XVII, p. 107.
158. Lear, *Illustrated excursion in Italy*, p. 105.
159. *Ibidem*.
160. Tabaki, *Historiographie et identité nationale dans le sud-est de l'Europe*, pp. 2-3.
161. Cfr. Kain Hart, *Culture, civilization, and demarcation at the northwest borders of Greece*.
162. Clayer, *Le goût du fruit défendu ou de la lecture de l'albanais*, pp. 227-228.
163. Ivi, pp. 228-229.

Seminario greco-albanese di Palermo, accanto ai testi per l'insegnamento delle scienze filosofico-teologiche e della lingua greca, era già in uso una traduzione in lingua albanese della *Dottrina cristiana* di Bellarmino e un dizionario «Latino=Epiroticum».[164] Tra i secoli XVII-XVIII, nelle colonie italoalbanesi fiorì una vasta produzione di opere in dialetto albanese. Questa produzione non consisteva soltanto di abbecedari e traduzioni di testi di carattere dottrinale, ma comprendeva anche poemetti di carattere religioso e didascalico, scritti in lingua greca e albanese. In seguito, tra la fine del Settecento e il secolo successivo, alcuni esponenti del clero siculo-albanese cominciarono a comporre opere di carattere storico-etnografico sui macedoni e sulle loro antiche origini pelasgiche.[165] All'interno di queste opere, attraverso l'identificazione dei coloni italoalbanesi con le popolazioni albanofone del Levante, prese forma l'idea di un'identità linguistica e culturale albanese. Così scriveva nel 1825 l'arciprete di San Costantino (Basilicata), Michele Scutari, in un breve trattato «sull'origine, e stabilimento degli albanesi nel Regno delle due Sicilie»:

> si sa, che costoro (i militari albanesi del Reggimento) non parlavano, che la lingua Albanese. Perché dunque non dire esser quella, che oggi si parla nel nostro Regno delle due Sicilie dagli Albanesi, che vi soggiornano, un'istessa con quella, che pronunciano i Naturali di Macedonia, dell'Albania, dell'Epiro, dell'Illirico, se quella, e questa son d'un medesimo conio?[166]

Il greco, invece – aggiungeva l'Arciprete – «non si conosce, che dai soli Ecclesiastici, i quali indispensabilmente devono apprenderla per eseguire le sacre cerimonie...».[167] Mentre il papàs italoalbanese riconosceva l'esistenza di diversi registri linguistici, egli affermava il primato della lingua parlata, espressione culturale di un medesimo popolo.[168] Simili intuizioni

164. ASPF, SC, Italogreci, vol. 4, 20 settembre 1759, Relazione di Saverio Bavestrelli sulle colonie siculo-albanesi, cc. 463v-464r.

165. Fortino, *Funzione dei seminari di rito greco di Calabria e di Sicilia*, p. 66.

166. Scutari, *Notizie istoriche sull'origine, e stabilimento degli Albanesi nel Regno delle due Sicilie, sulla loro indole, linguaggio, e rito*, p. 23.

167. Ivi, p. 22.

168. Nel Settecento, anche all'interno del mondo ortodosso, le lingue volgari avevano cominciato ad assumere un'importanza crescente sul piano della produzione letteraria. A questo secolo risale l'elaborazione sul piano intellettuale e ideologico del significato della lingua come elemento di unione e di appartenenza di un popolo alla stessa comunità. Sul dibattito intorno alla lingua tra gli intellettuali greci tra la fine del XVIII secolo e l'inizio del XIX, vedi: Mackridge, *Language and national identity in Greece*, pp. 79-125.

emergevano all'interno di un ecosistema linguistico ancora fluido, lontano dalle concezioni monolitiche ed esclusive di appartenenza che avrebbero connotato il nazionalismo tardo-ottocentesco. Dentro questo ecosistema, in cui si sovrapponevano pratiche, usi e costruzioni linguistiche diverse, Alexandros Mavrocordatos, primo ospodaro fanariota di Moldavia e Valacchia, poteva ancora immaginare l'esistenza di un legame di continuità storico-culturale tra i greci moderni e l'antica Grecia e nello stesso tempo esprimere un senso vivo di appartenenza all'ecumene ortodosso e all'Impero ottomano.[169]

169. Kitromilides, *Orthodox identities in a world of Ottoman power*, pp. 8-9.

Conclusioni

Negli ultimi anni, storie molteplici di minoranze, comunità, diaspore hanno contribuito a ridisegnare la geografia culturale e sociale del Mediterraneo, facendo emergere gli interstizi e i contorni frastagliati di un mondo interconfessionale a lungo diviso in blocchi omogenei e contrapposti. Il Mediterraneo, incorporato nelle esistenze e nelle immaginazioni delle persone che vivevano sulle sue sponde, è emerso non come uno spazio unitario, ma piuttosto come una realtà frammentata in una successione di terre di confine, in una sovrapposizione di sfere di potere, nell'intrico vario degli itinerari.[1]

L'interesse prevalente rivolto al tema delle relazioni tra mondo islamico e cristiano ha tuttavia spesso portato a offuscare la varietà e frammentazione che caratterizzavano le realtà sociali situate ai lati opposti della frontiera islamico-cristiana. Questo libro ha voluto porre al centro dell'analisi questa complessità. Situati al confine tra Mediterraneo cattolico e ottomano, i migranti ortodossi hanno offerto un terreno d'analisi proficuo per comprendere, almeno in parte, i modi in cui questi due mondi interagivano attraverso una molteplicità di confini politici, culturali e confessionali. L'enfasi rivolta a queste interazioni ha consentito, nello stesso tempo, di sottrarre la vicenda dei migranti ortodossi nei territori cattolici alla dimensione identitaria e settaria che ne ha sin qui plasmato il racconto. Le fonti vaticane riguardanti i cristiani orientali presenti nei territori di giurisdizione latina hanno consentito di scardinare questa rappresentazione. Non contrapponendo ad essa una contro-storia cattolica della diaspora gre-

1. Cfr. Brummett, *Visions of the Mediterranean*, pp. 9-10; Ortega, *Negotiating transcultural relations in the early modern Mediterranean*, p. 5.

ca, ma facendo emergere le interazioni, i legami e le tensioni tra i migranti ortodossi e il contesto cattolico.

Nel contesto storico qui analizzato, le relazioni di potere asimmetriche che governavano la diversità religiosa erano accentuate da un processo di definizione dall'alto degli spazi confessionali. Le norme e le pratiche disposte dalla Curia romana per marcare ed estendere i confini cattolici a est nel Mediterraneo non riuscirono a cristallizzarsi in una realtà stabile e uniforme. Tuttavia, questo orizzonte pratico-normativo tese a moltiplicare i comportamenti di confine. Nella visione della Curia romana, dei vescovi e dei missionari cattolici, l'insieme di tutti i cristiani costituiva un unico corpo, al di là delle differenze dogmatiche interne. Sebbene questa visione riflettesse poco più che un *desideratum*, numerosi ecclesiastici originari dell'Oriente ortodosso erano inseriti all'interno delle reti di affiliazione organizzate intorno al dicastero romano di Propaganda Fide. Operando all'intersezione tra aree linguistiche, religiose e politiche diverse, i migranti ortodossi manipolavano – e rimarcavano – le divisioni interne al mondo mediterraneo.

I fenomeni di dissimulazione e conversione costituiscono il segno dell'influenza che il potere cattolico era in grado di esercitare soprattutto sui cristiani ortodossi che giungevano in Italia. Il grado con cui questa influenza si manifestava non era ovunque lo stesso. A Roma e nel Regno di Napoli, gli effetti del potere cattolico sui migranti/coloni ortodossi furono più intensi che altrove. La comparazione di questi contesti con altre realtà – su cui maggiormente si è concentrata la letteratura – ha consentito una comprensione più articolata della minoranza ortodossa e, più in generale, delle dinamiche che plasmavano l'organizzazione di un gruppo minoritario. Dove ai migranti ortodossi fu garantita una maggiore autonomia dalla Chiesa latina, come a Livorno e a Trieste, i processi d'istituzionalizzazione dei legami comunitari favorirono la creazione di comunità più compatte e organizzate, separate da più rigidi confini dalla popolazione di rito latino. L'attraversamento dei confini confessionali era invece un'esperienza comune ai migranti ortodossi che vivevano nel Regno di Napoli, dove più forte fu l'influenza delle gerarchie ecclesiastiche cattoliche. A Napoli, inoltre, il dualismo confessionale – esito di dinamiche soprattutto di natura sociale – attraversava all'interno la comunità ortodossa: generando contrasti o, più spesso, zone interstiziali, in cui il confine tra cattolicesimo e ortodossia era reso ambiguo da frequenti atteggiamenti dissimulatori. In Terra di Bari, l'assenza *in loco,* fino al 1789, di una chiesa di rito greco, favorì lo sviluppo di relazioni interconfessionali più profonde. La comunicazione *in divinis* con i latini era praticata in tacito contrasto con le pretese di uniformità e controllo espresse dalla Chiesa romana. La familiarità religiosa tra cattolici e ortodossi era rafforzata dalla continuità delle interazioni economiche e sociali, le quali attenuavano il senso reciproco di alterità. Sul piano economico-sociale, in tutto il Regno di Napoli, i negozianti greci non operavano soltanto come intermediari tra la penisola e il Levante, ma erano uniti da molteplici relazioni alla società locale. L'assenza o la vulnerabilità delle istituzioni e dei confini comunitari non condusse qui a processi di assimilazione, quanto al dispiegarsi di processi d'integrazione più profondi.

Quindi, sul piano dei rapporti con il potere cattolico, si osservano dinamiche differenti. In alcuni casi i migranti ortodossi cercarono di aggirare il monopolio chc la religione cattolica aveva nell'attribuzione e nell'esclusione dalle risorse locali attraverso l'adattamento ad un contesto regolato da rapporti di potere asimmetrici. Dove le pretese di ortodossia delle gerarchie ecclesiastiche locali minacciarono con forza le prerogative – legali, materiali e morali – acquisite nel tempo dalla comunità, osserviamo strategie di tipo diverso. Gli appelli alla Russia ortodossa o gli statuti e i privilegi tramandati nei documenti e nelle memorie scritte, furono impiegati in questo caso per affermare e inventare i confini della comunità, per forgiare un'autorappresentazione del gruppo come entità omogenea, definita da chiari confini culturali e confessionali.

Nel complesso, l'esperienza della comunità è apparsa piuttosto eterogenea, articolata in una serie di pratiche, azioni e legami diversi. Nella maggior parte dei casi, nonostante le differenze, le istituzioni o i legami comunitari informali non definirono quasi mai sistemi sociali completamente chiusi e omogenei. Soprattutto, il sentimento comunitario non sempre era generato da legami di natura religiosa, espressi e garantiti dalla creazione di spazi collettivi istituzionalizzati. Inoltre, il relativismo religioso e la crisi di ogni affiliazione confessionale, generati dalla dissimulazione, potevano indebolire il valore della religione come fattore di definizione del sé individuale e collettivo. Questo quadro ha portato perciò a mettere in discussione il ruolo dell'appartenenza confessionale nella costruzione dei legami comunitari, così come nella definizione dello status e delle strategie sociali dei membri di una minoranza diasporica.

Nel solco della recente discussione critica sulla formazione delle solidarietà diasporiche, il quadro emerso all'interno di questo libro concorre anch'esso alla messa in discussione dell'unità delle diaspore e della validità delle categorie etniche o confessionali. Gli epiroti di Terra di Bari costruirono i propri legami comunitari intorno a principi di solidarietà diversi da quello confessionale, soprattutto intorno ad una comune appartenenza regionale. Inoltre, in linea con quanto emerso nella letteratura più recente sui greci e l'Impero ottomano, questo libro ha confermato l'importanza dell'affiliazione politica nel definire l'auto-percezione e lo status dei migranti ortodossi all'interno delle società cattoliche. Mentre sul piano ufficiale lo status di forestiero era rivendicato per avere accesso ai privilegi ad esso connessi, il radicamento nel territorio d'insediamento conferiva importanti risorse sul piano economico e sociale. Agendo su entrambi questi piani, quello giuridico e quello sociale, i sudditi greco-ottomani residenti nel Regno di Napoli affermavano la propria appartenenza *de jure* e *de facto* a molteplici comunità particolari. Il mondo dell'immigrazione ortodossa si scomponeva in spazi plurimi di affiliazione e in molteplici reti e circuiti mercantili. Esso inglobava al suo interno differenti campi di relazione, le reti religiose greco-ortodosse, le reti della nazione e le relazioni interculturali, i quali spesso erano intersecati tra loro.

Articolando l'analisi intorno a domini diversi – ecclesiastico, mercantile e socio-istituzionale – e su scale plurime di osservazione – individuale, relazionale, comunitaria – si è tentato, quindi, di comprendere più in profondità la realtà di una minoranza all'interno di un mondo in transizione. Analizzando una molteplicità di percorsi e frammenti biografici, si è cercato di tessere un quadro più articolato e più sfumato delle identità e delle interazioni culturali nel lungo Settecento, interpretato sin qui dagli storici come un'epoca segnata dal progressivo irrigidimento delle appartenenze.

Bibliografia

Fondi archivistici

Archivio storico *"de Propaganda Fide"*

- Acta sacrae congregationis
- Scritture originali riferite nelle congregazioni generali
- Scritture riferite nei congressi

Archivio Segreto Vaticano

- Congregazione del Concilio
- Missioni
- Nunziatura apostolica di Napoli

Archivio di Stato di Napoli

- Cappellano maggiore
- Ministero degli Affari esteri
- Processi antichi - Pandetta Vassallo
- Processi antichi - Supremo magistrato di commercio
- Real camera di S. Chiara
- Regia camera della sommaria-catasti onciari
- Tribunali antichi - Supremo magistrato di commercio

Archivio storico diocesano di Napoli

- Arcivescovi (da Filangieri a Giudice Caracciolo)
- Processetti matrimoniali
- Registri parrocchiali della parrocchia dei SS. Pietro e Paolo dei greci
- Sacre visite

Archivio di Stato di Trani / Sezione Archivio di Stato di Bari

- Notai di Barletta
- Sacra regia udienza provinciale di Trani

Archivio diocesano Pio IX di Barletta

Capitolo della cattedrale di Santa Maria Maggiore
Processetti matrimoniali
Registri parrocchiali del Capitolo della cattedrale di Santa Maria Maggiore
Stati delle anime
Visite pastorali Barletta

Archivio di Stato di Venezia

Consultori in jure
Riformatori dello Studio di Padova

Archivio diocesano di Altamura

Capitolo di S. Niccolò dei greci

Biblioteca provinciale S. Teresa dei Maschi di Bari

Fondo De Gemmis: Altamura-Chiese

Archivio Biblioteca Museo Civico di Altamura

Capitolo di S. Niccolò dei greci

Fonti e studi

Abulafia D., *Mediterranean encounters, economic, religious, political, 1100-1550*, Ashgate, Aldershot 2000

Abulafia D., *The Great Sea. A human history of the Mediterranean*, Allen Lane, London 2011

Ajello R., *Il problema della riforma giudiziaria e legislativa nel Regno di Napoli durante la prima metà del XVIII secolo*, I, *La vita giudiziaria*, Napoli 1961

Gli Albanesi in Calabria. Secoli XV-XVIII, a cura di C. Rotelli, vol. 1, Edizione Orizzonti Meridionali, Cosenza 1988

Alfani G., Gourdon V., *Entrepreneurs, formalization of social ties and trustbuilding in Europe (fourteenth to twentieth centuries),* in «Economic History Review», 65 (2012), pp. 1005-1028

Alifano E., *Il grano, il pane e la politica annonaria a Napoli nel Settecento*, Edizioni Scientifiche Italiane, Napoli 1996

Allatii L., *De Ecclesiae Occidentalis atque Orientalis perpetua consensione libri tres,* apud Jodocum Kalcovium, Coloniae Agrippinae 1648

Allegra L., *Identità in bilico. Il ghetto di Torino nel Settecento,* S. Zamorani, Torino 1996

Anagnostopoulou, A., *L'historicité des termes: les Grecs et la domination otto-*

mane, XVIe-XIXe siècles, in *Méditerranée ruptures et continuités*, a cura di M. Chehad, Y.E. Ioannou, F. Métral, Maison de l'Orient méditerranéen, Lyon 2003, pp. 187-196

Anderson, B.R. O'G., *Imagined communities: reflections on the origin and spread of nationalism,* Verso, London 1991

Anisimov E.V., *The imperial heritage of Peter the Great in the foreign policy of his early successors,* in *Imperial Russian foreign policy*, a cura di H. Ragsdale, V.N. Ponomarev, Cambridge University Press, Cambridge 1993, pp. 21-35

Anthias F., *Evaluating 'diaspora': beyond ethnicity?,* in «Sociology», 32, 3 (1998), pp. 557-580

Antunes, C., *Cross-cultural business cooperation in the Dutch trading world, 1580-1776*, in *Religion and trade* [v.], pp. 150-168

Appadurai A., *Modernità in polvere,* Meltemi, Roma 2001 [ed. orig. 1996]

Arbel B., *Roman Catholics and Greek Orthodox in the early modern Venetian State,* in *The three religions*, a cura di N. Cohen, A. Heldrich, Herbert UTZ, Munich 2002, pp. 73-86

Aron-Beller K., *Outside the ghetto*: *Jews and Christians in the Duchy of Modena*, in «Journal of Early Modern History», 17 (2013), pp. 245-271

Arru A., Ehmer J., Ramella F., *Premessa*, in «Quaderni storici», 106 (2001), pp. 3-23

Arru A, Ramella F., *Introduzione*, in *L'Italia delle migrazioni interne* [v.], pp. IX-XXII

Aslanian, S.D., *From the Indian Ocean to the Mediterranean. The global trade networks of Armenian merchants from New Julfa*, University of California Press, Berkeley-Los Angeles 2011

Aslanian, S.D., *Social capital, "trust" and the role of networks in Julfan trade: informal and semi-formal institutions at work*, in «Journal of Global History», 1 (2006), pp. 383-402

Atlantic diasporas: Jews, conversos, and crypto-Jews in the age of mercantilism, 1500-1800, a cura di R.L. Kagan, P.D. Morgan, Johns Hopkins University Press, Baltimore 2009

Augustinos G., *The Greeks of Asia Minor*: *confession, community, and ethnicity in the nineteenth century,* Kent State University Press, Kent-London 1992

Aymes M., *La communauté d'historicité. La nation à l'horizon de la confession*, in «Labyrinthe», 21, 2 (2005) [*Communauté en pièces: d'Europe, d'Islam et d'ailleurs*], pp. 53-59

Babudieri F., *Maritime commerce of the Habsburg Empire: the port of Trieste, 1789-1913*, in *Southeast European maritime commerce* [v.], pp. 221-244

Bade K.J., *Migration in European history*, Blackwell, Oxford 2003

Baghdiantz McCabe I., *No diaspora network is an island. Collaboration and com-*

petition between trade-diaspora in the early modern period, in *Diaspora as a resource: comparative studies in strategies, networks and urban space*, a cura di W. Kokot *et alii*, LIT Verlag, Münster 2013, pp. 143-170

Baghdiantz McCabe, I. *La diaspora marchande arménienne de la Nouvelle-Djoulfa et sa fonction dans l'État Séfévide: un modèle théorique à revisiter,* in *Grecs et Arméniens en diaspora. Approches comparatives,* a cura di C. Mouradian, M. Bruneau, Ecole francaise d'Athènes, Athens 2007, pp. 77-85

Baghdiantz McCabe I., *Opportunity and legislation: how the Armenians entered trade in three Mediterranean ports,* in *Merchant colonies* [v.], pp. 61-83

Baghdiantz McCabe I., *The Shah's silk for Europe's silver. The Eurasian trade of the Julfan Armenians in Safavid Iran and India (1590-1750)*, Scholar's Press, Atlanta 1999

Barth F., *Introduction*, in *Ethnic groups and boundaries. The social organization of culture difference*, a cura di F. Barth, Bergen, Oslo 1969, pp. 9-38

Bartlett R., *Medieval and modern concepts of race and ethnicity*, in «Journal of Medieval and Early Modern Studies», 31, 1 (2001), pp. 39-56

Bartolomei A., *Identidad e integración de los comerciantes extranjeros en la España moderna. La colonia francesa de Cádiz a finales del siglo XVIII,* in *Comunidades transnacionales* [v.], pp. 359-376

Basile V., *La comunità greca di Altamura dal sec. XIII al sec. XVI*, Buona stampa, Altamura 1977

Battistoni M., *Comportamenti di confine. Cattolici e valdesi nell'età della confessionalizzazione,* Istituto di Politica, Amministrazione, Storia, Territorio–PAST, Alessandria 2012 (Past Monografie, 1), http://past.unipmn.it/pubbl/past_m001.pdf

Baumann M., *Dispora. Genealogies of semantics and transcultural comparison,* in «Numen», 47 (2000), pp. 313-337

Bayly C.A., *Archaic and modern globalization in the Eurasian and African arena, ca. 1750-1850*, in *Globalization in world history*, a cura di A.G. Hopkins, Pimlico, London 2002, pp. 45-72

Belli C., *La comunità greca a Napoli. Una cerniera nel Mediterraneo fra Oriente e Occidente,* in *Integrazione ed emarginazione: circuiti e modelli: Italia e Spagna nei secoli XV-XVIII*, a cura di L. Barletta, Cuen, Napoli 2002, pp. 453-483

Bellizzi L., *Villa Badessa: colonia greco-albanese in terra d'Abruzzo. Memorie storico-artistico linguistico-liturgiche*, Edizioni Tracce, Pescara 1994

Benigni E., *Terre cristiane e confini d'Europa: il viaggio di Fakhr al-Dīn al-Ma'nī II (1613-1618) fra le sponde del Mediterraneo*, in *Miscellanea arabica 2013-2014*, a cura di A. Arioli, Aracne editrice, Ariccia 2014, pp. 105-124

Bentley J.H., *Old world encounters: cross-cultural contacts and exchanges in pre-modern times*, Oxford University press, New York 1993

Bertrand G., *Pour une approche comparée des modes de contrôle exercés aux frontières des anciens états italiens: les exemples du Dauphiné et de la Toscane dans la seconde moitié du XVIIIe siècle,* Ecole française de Rome, Roma 2004

Bevilacqua P., *Il Mezzogiorno nel mercato internazionale (secoli XVIII-XIX),* in «Meridiana», 1 (1987), pp. 19-45

Bevilacqua P., *Società rurale e emigrazione*, in *Storia dell'emigrazione italiana* [v.], pp. 95-112

Beyond the cultural turn. New directions in the study of society and culture, a cura di V.E. Bonnell, L. Hunt, R. Biernacki, University of California Press, Berkeley 1999

Bhabha H.K., *The location of culture*, Routledge, London-New York 1994

Biondi A., *La giustificazione della simulazione nel Cinquecento,* in AA. VV., *Eresia e Riforma nell'Italia del Cinquecento*, Sansoni-The Newberry Library, Firenze-Chicago 1974, pp. 7-68

Bisaha N., *Creating East and West. Renaissance humanists and the Ottoman Turks,* University of Pennsylvania Press, Philadelphia 2004

Bonacich E., *A theory of middleman minorities,* in «American Sociological Review», 38 (1973), pp. 583-594

Bosher J.F., *Huguenot merchants and the Protestant international in the seventeenth century*, in «The William and Mary Quarterly», LII, 1 (1995), pp. 77-102

Brambilla E., *Statuto delle minoranze religiose e secolarizzazione della cittadinanza (da Giuseppe II all'età francese),* in *Diversità e minoranze nel Settecento*, Atti del seminario di Santa Margherita Ligure 2-4 giugno 2003, a cura di M. Formica, A. Postigliola, Edizioni di Storia e Letteratura, Roma 2006, pp. 173-202

Braude B., *Venture and faith in the commercial life of the Ottoman Balkans, 1500-1650,* in «The International History Review», 7, 4 (1985), pp. 519-542

Braudel F., *Civiltà e imperi del Mediterraneo nell'età di Filippo II,* nuova ed., 2 voll., Giulio Einaudi editore, Torino 1982 [ed. or. *La Mediterranée et le Monde méditerranéen à l'époque de Philippe II,* Librairie Armand Colin, Paris c1949]

Brickell K., A. Datta, *Translocal geographies*: *spaces, places, connections*, Ashgate, Burlington 2001

The brokered world: *go-betweens and global intelligence, 1770-1820,* a cura di S. Schaffer, L. Roberts, K. Raj, J. Delbourgo, Science History Publications/Usa, Sagamore Beach 2009

Bromberger C., *Bridge, wall, mirror: coexistence and confrontations in the Mediterranean world*, in «History and Anthropology», 18, 3 (2007), pp. 291-307

Brubaker R., *The 'diaspora' diaspora*, in «Ethnic and racial studies», 28, 1 (2005), pp. 1-19

Brubaker R., *Ethnicity without groups*, Harvard University Press, Cambridge-Massachusetts-London 2004

Brummett P., *Ottoman seapower and Levantine diplomacy in the age of discovery*, State University of New York Press, Albany 1994

Brummett P., *Visions of the Mediterranean: a classification*, in «Journal of Medieval and Early Modern Studies», 37, 1 (2007), pp. 9-55

Bucci G., *Relazioni tra greci e latini a Barletta*, in «Nicolaus», IV, 1 (1976), pp. 243-248

Bugliari F., *Vita di mons. Francesco Bugliari vescovo tit. di Tagaste e presidente del Collegio italo-greco di Sant'Adriano (1742-1806),* in «Bollettino della Badia greca di Grottaferrata», n. s., XXIV (1970), pp. 73-105

Bulgarelli Lukacs A., *Le 'Universitates' meridionali all'inizio del Regno di Carlo di Borbone: la struttura amministrativa*, in «Clio», XVII, 1 (1981), pp. 5-25

Buono A., *Identificazione e registrazione dell'identità. Una proposta metodologica,* in «Mediterranea. Ricerche storiche», 30 (2014), pp. 107-120

Burke P., *Civilizations and frontiers. The anthropology of the early modern Mediterranean*, in *Early modern history and the social science: testing the limits of Braudel's Mediterranean*, a cura di J.A. Marino, Truman State University Press, Kirksville 2002, pp. 123-141

Burke P., *Cultural hybridity*, Polity press, Cambridge-Malden 2009

Burke P., *Languages and communities in early modern Europe*, Cambridge University Press, Cambridge 2004

Burke P., *The social history of language*, Cambridge University Press, Cambridge 1987

Caffiero M., *Battesimi, libertà e frontiere. Conversioni di musulmani ed ebrei a Roma in età moderna,* in «Quaderni storici», 126 (2007), pp. 819-840

Calabi D., *Gli stranieri e la città*, in *Storia di Venezia*, a cura di A. Tenenti, U. Tucci, vol. V: *Il Rinascimento: società ed economia*, Roma 1996, pp. 913-946

Calafat G., *Être étranger dans un port franc. Droit, privilèges et accès au travail à Livourne (1590-1715),*in «Cahiers dela Méditerranée», LXXXIV (2012), pp. 103-122

Calafat G., *Ottoman North Africa and ius publicum europeaum. The case of the treaties of peace and trade (1600-1750)*, in *Trade and neutrality. Europe and the Mediterranean in the seventeenth and eighteenth centuries*, a cura di A. Alimento, FrancoAngeli, Milano 2011, pp. 171-187

Calafat G., *Topographies de «minorités». Notes sur Livourne, Marseille et Tunis au XVIIe siècle,* in «Liame», 24 (2012): http://liame.revues.org/271 (consultato il 01/07/2013)

Calafat, G. Goldblum, *Diaspora(s): liens, historicité, échelles,* in «Tracées», 23 (2012), pp. 7-18

Camariano-Cioran A., *Les academies princieres de Bucarest et de Jassy et leurs professeurs,* Institute for Balkan Studies, Thessaloniki 1974
Canale Cama F., Casanova D., Delli Quadri R.M., *Storia del Mediterraneo moderno e contemporaneo*, Guida Editore, Napoli 2009
Canepari E., *Arrivare in città, conoscersi, associarsi: immigrazione e inurbamento nella Roma del Seicento,* in «Archivio storico dell'emigrazione italiana», 1 (2007), pp. 1-8
Capalbo C., *Il paesaggio agrario e gli insediamenti urbani*, in *Gli Albanesi in Calabria* [v.], pp. 43-70
I capitoli delle colonie greco-albanesi di Sicilia dei secoli XV e XVI, a cura di G. La Mantia, Stab. Tip. A. Giannitrapani, Palermo 1904
Caracausi A., *Procedure di giustizia in età moderna: i tribunali corporativi,* in «Studi storici», 2 (2008), pp. 323-360
Caracciolo A., *Il porto franco di Ancona: crescita e crisi di un ambiente mercantile,* Quaderni monografici di Proposte e ricerche, Ancona 2002 [ed. or. Paris 1966]
Caridi G., *Una riforma borbonica bloccata: il Supremo magistrato di commercio nel Regno di Napoli (1739-1746),* in «Mediterranea. Ricerche storiche», VIII, 21 (2011), pp. 89-124
Carras C., *Greek identity: a long view*, in *Balkan identities: nation and memory*, a cura di M.N. Todorova, Hurst & Co., London 2004, pp. 294-326
Carras I., *Εμπόριο, πολιτική και αδελφότητα: Ρωμιοι στη Ρωσια 1700-1774* [Commercio, politica e confraternita: greci in Russia 1700-1774], PhD tesi, Università di Atene 2011
Carrino A., *Il mondo rurale: massari e bracciali*, in *Storia della Puglia* [v.], vol. 1, pp. 214-227
Cassar C., *Latins versus uniates in sixteenth century Malta*, in «Studi sull'Oriente Cristiano», 6, 1 (2004), pp. 203-218
Cassiano D., *Le comunità arbresh nella Calabria del XV secolo*, Brenner, Cosenza 1977
Castignoli P., *La comunità livornese dei greci non uniti*, in «La Canaviglia», 1 (1979), pp. 3-7
Catiforo A., *Vita di Pietro il Grande Imperador della Russia estratta da varie memorie pubblicate in Francia, e in Olanda,* appresso Francesco Pitteri, Venezia 1736
Catlos B.A., *Ethno-religious minorities*, in *A Companion to Mediterranean history* [v.], pp. 361-377
Catterall D., *At home abroad. Ethnicity and enclave in the world of Scots traders in northern Europe*, c. 1600-1800, in «Journal of Early Modern History», 8 (2004), pp. 319-357
Cavaillé J.P., *Nicodemism and deconfessionalisation in early modern Europe*, in «Les Dossiers du Grihl», Les dossiers de Jean-Pierre Cavaillé, Secret et

mensonge. Essais et comptes rendus: http://dossiersgrihl.revues.org/5376 (consultato il 17/01/2016)
Cavaillé J.P., *Pour une histoire de la dis/simulation – Per una storia della dis/simulazione*, in «Les Dossiers du Grihl», 2 (2009): http://dossiersgrihl.revues.org/3666 (consultato il 17/01/2016)
Ceci R., Mascolo R., *Barletta: leggere la città,* Edizioni Libreria Liverini, Barletta 1986
Ceraldi N., *Memoria per la chiesa, e confraternita de' nazionali greci sotto il titolo de SS. Pietro e Paolo, esistente nella città di Napoli contro D. Nicola Jeno, e D. Giaginto Bidulco non che altri indigeni del Regno delle due Sicilie. Nella Real Consulta di Stato a rapporto dell'ornatissimo Signor Consultore Canofari,* Dalla tipografia del Tasso, Napoli 1836
Cerutti S., *Étrangers. Étude d'une condition d'incertitude dans une société d'Ancien Régime,* Bayard, Paris 2012
Cerutti S., *Giustizia sommaria. Pratiche e ideali di giustizia in una società di Ancien Régime (Torino XVIII secolo),* Feltrinelli, Milano 2003
Cerutti S., *Les «misérables» en droit italien au XVIIIe siècle*, in *Gens de passage* [v.], pp. 223-242
Cerutti S., *Statut juridique individuel, statut juridique corporatif. Le Consulat de commerce de Turin au XVIIIe siècle,* in *Statuts individuels, statuts corporatifs et statuts judiciaires dan les villes européennes (Moyen Age et temps modernes),* a cura di M. Boone, M. Prak, Garant, Louvain 1996
Cerutti, S., Descimon R., Prak M., *Premessa*, in «Quaderni storici», 89 (1995), pp. 281-286
Chatziioannou M.C., *Greek merchant networks in the age of empires (1770-1870),* in *Diaspora entrepreneurial networks* [v.], pp. 371-382
Chatziioannou M.C., *Mediterranean pathways of Greek merchants to Victorian England,* in «The Historical Review/La revue Historique», VII (2010), pp. 213-237
Chaudhury S., *Trading networks in a traditional diaspora: Armenians in India, c. 1600-1800,* in *Diaspora entrepreneurial networks* [v.], pp. 51-72
Chauvard J.F., *Scale di osservazione e inserimento degli stranieri nello spazio veneziano tra XVII e XVIII secolo*, in *La città italiana e i luoghi degli stranieri* [v.], pp. 85-107
Chelaru R.D., *Between coexistence and assimilation: Catholic identity and Islam in the western Balkans (seventeenth-eighteenth centuries),* in «Revista istorică», XXIII, 3-4 (2012), pp. 291-324
Chelaru R.D., *Il problema della conversione al cattolicesimo nella Moldavia del Sei-Settecento nelle fonti della Sacra Congregazione «de Propaganda Fide»,* in *La storia di un ri-conoscimento: i rapporti tra l'Europa centro-orientale e la penisola italiana dal Rinascimento all'età dei Lumi,* a cura di C. Luca, G. Masi, Brăila-Udine 2012, pp. 393-407

Chelaru R.D., *Venezia e l'attività missionaria cattolica nell'Europa centro-orientale durante il XVII secolo,* in *L'Europa centro-orientale e la penisola italiana: quattro secoli di rapporti e influssi intercorsi tra stati e civiltà (1300-1700),* a cura di C. Luca, G. Masi, Istros Editrice, Brăila 2007, pp. 121-129

Chetta-Schirò F., *Memorie sulle chiese e il rito greco in Malta,* Tip. del Malta, Valletta 1930

La chiesa greca di Santa Maria degli Angeli a Barletta, a cura di C. Dicorato, Pubblicazioni Mutec, Barletta 2003

La chiesa greca in Italia dall'VIII al XVI secolo, Atti del Convegno storico interecclesiale (Bari, 30 apr.-4 magg. 1969), II-III, Editrice Antenore, Padova 1972

Chiocchetta P., *Tra Fede e disciplina: l'opera delia S. C. per i fedeli di rito greco in Italia,* in *Sacrae Congregationis de Propaganda Fide memoria rerum: 350 anni a servizio delle missioni,* a cura di J. Metzler, vol. II: *1700-1815,* Herder, Roma-Freiburg-Wien 1973, pp. 555-576

Christ G, *Diasporas and diasporic communities in the eastern Mediterranean. An analytical framework,* in *Union in separation* [v.], pp. 19-36

Christian W.A, *Local religion in sixteenth-century Spain,* Princeton University press, Princeton 1981

Christopoulos M.D., *Greek communities abroad. Organization and integration. A case study of Trieste,* in *Communities in European History. Representations, jurisdictions, conflicts,* a cura di J. Pan-Montojo, F. Pedersen, Edizioni Plus-Pisa University Press, Pisa 2007, pp. 23-46

Cicanci O., *Companiile Grecesti din Transilvania si comertul European in anii 1636-1746* [Le compagnie greche di Transilvania e il commercio europeo negli anni 1636-1746], Editura Academici Republicii Socialiste România, Bucarest 1981

Cicanci O., *Formes d'organisation de l'activité commerciale dans le Sud-Est de l'Europe aux XVIIIe et XVIIIe siècles jusqu'au commencement du XIXe siecle,* in *Économies méditerranéennes* [v.], pp. 77-90

Cigni C., *Le chiese greche di Messina. Ricerche di topografia e toponomastica/ The Greek churches in Messina. Researches on the topography and place names,* in AA. VV., *Immagine e scrittura* [v.], pp. 281-316

Cigni C., *Le proprietà immobiliari della comunità greca a Messina nel XVIII secolo/The real estate properties of the Greek community in Messina in the 18th century,* in AA. VV., *Immagine e scrittura* [v.], pp. 317-332

Cinque secoli di cultura albanese in Sicilia. Giornate di studi offerte a Antonino Guzzetta, Atti del XXVIII Congresso Internazionale di Studi Albanesi (Palermo-Piana degli Albanesi-Mezzojuso-Contessa Entellina, 16-19 maggio 2002), a cura di M. Mandalà, A.C. Mirror, Palermo 2003

Citizenship and identity in a multinational commonwealth: Poland-Lithuania in context, 1550-1772, a cura di K. Friedrich, B.M. Pendzich, Brill Academic Publishers, Leiden 2008

La città italiana e i luoghi degli stranieri: XIV-XVIII secolo, a cura di D. Calabi, P. Lanaro, Laterza, Roma-Bari 1998

Ciuffreda A., *Massari e mercanti di piazza. Storie di famiglia e percorsi individuali nelle medie città pugliesi tra Sei e Settecento*, in «Mélanges de l'Ecole française de Rome. Italie et Méditerranée», 112/1 (2000), pp. 173-191

Clayer N., *Le goût du fruit défendu ou de la lecture de l'albanais dans l'Empire ottoman finissant*, in «Revue des mondes musulmans et de la Méditerranée», 87-88 (1999), pp. 225-250

Clogg R., *A concise history of Greece*, Cambridge University Press, Cambridge 2002

Clogg R., *The Greek mercantile bourgeoisie: 'progressive' or 'reactionary'?*, in Id., *Anatolica. Studies in the Greek East in the 18th and 19th centuries*, Aldershot, Brookfield 1996, cap. X, pp. 1-20

Clogg R., *The Greek mercantile diaspora: the Greek community of Bengal*, in Id., *The movement for Greek independence, 1770-1821: a collection of documents,* Macmillan, London 1976, pp. 38-41

Coccopalmerio F., *La partecipazione degli acattolici al culto della Chiesa cattolica nella pratica e nella dottrina della Santa Sede dall'inizio del secolo XVII ai nostri giorni*, Morcelliana, Brescia 1969

Coco P., *Casali albanesi nel Tarentino. Ricerche storiche con documenti inediti*, in «Roma e l'Oriente», XV (1918), pp. 32-47, pp. 137-155; XVI (1918), pp. 88-105

Coco P., *Vestigi di grecismo in Terra d'Otranto. Appunti e documenti*, in «Roma e l'Oriente», XV (1918), pp. 25-31, pp. 110-136

Codignola L., G. Pizzorusso, *Les lieux, les méthodes et les sources* de *l'expansion missionnaire du Moyen-Age au XVIIe siècle: Rome sur la voie de la centralisation,* in *Transferts culturels en Amérique et ailleurs (XVIe-XIXe siècle)*, a cura di L. Turgeon, D. Delage, R. Quellet, Les Presses de l'Université Laval-L'Harmattan, Québec-Paris 1994, pp. 489-512

Cohen A., *Cultural strategies in the organization of trading diasporas*, in *The development of indigenous trade and markets in West Africa,* a cura di C. Meillassoux, Oxford University Press, London 1971, pp. 266-284

Il collegio greco di Roma: ricerche sugli alunni, la direzione, l'attività, a cura di A. Fyrigos, Pontificio Collegio Greco di S. Atanasio, Roma 1983

A Companion to Mediterranean history, a cura di P. Horden, S. Kinoshita, Wiley Blackwell, Oxford 2014

Comunidades transnacionales. Colonias de mercaderes extranjeros en el Mundo Atlántico (1500-1830), a cura di A. Crespo Solana, Doce Calles, Madrid 2010

Confessional identity in east-central Europe, a cura di M. Crăciun, O. Ghitta, G. Murdock, Ashgate, Aldershot 2002

Corrales E.M., *Greek-Ottomains captains in the service of Spanish commerce in the late eighteenth century*, in *Trade and cultural exchange* [v.], pp. 203-222

Corrispondenze diplomatiche veneziane da Napoli. Dispacci. Vol. XVII: 30 giugno 1739-24 agosto 1751, a cura di E. Tonetti, Istituto poligrafico e Zecca dello Stato-Libreria dello Stato, Roma 1994

Corsi P., *Altamura bizantina e sveva*, Biblios edizioni, Bari 2005

Corsi P., *La comunità greca di Altamura*, in «Nicolaus», V, 2 (1977), pp. 145-174, pp. 365-403; VI, 2 (1978), pp. 289-325; VII, 1 (1979), pp. 91-135

Costante-Fortino I., *Funzione dei seminari di rito greco di Calabria e di Sicilia nella formazione del laicato italo-albanese*, in «Oriente Cristiano», 35, 2-3 (1985), pp. 54-76

Costantini V., *Commerci ed economie nell'Adriatico d'età moderna*, in *Balcani occidentali, Adriatico e Venezia fra XIII e XVIII secolo/Der westliche balkan, der Adriaraum und Venedig (13th-18th Jahrhundert)*, a cura di G. Ortalli, O.J. Schmitt, Osterreichische Akademie der Wissenschaften, Venezia-Wien 2009, pp. 363-372

Courier P.L., *Correspondance générale, présentée et annotée par G. Viollet Le-Duc*, 2 voll., Klincksieck, Paris 1976

Crespo Solana A., *Las comunidades mercantiles y el mantenimiento de los sistemas comerciales de Espana, Flandes y la República holandesa, 1648-1750,* in *Espana y las 17 provincias de los Países Bajos: una revision historiográfica (XVI-XVIII),* vol. 2, a cura di M. Herrero Sánchez, A. Crespo Solana, Universidad de Córdoba, Ministerio de Asuntos Exteriores y Fundación Carlos de Amberes, Córdoba 2002, pp. 443-468

Croce G.M, *La stratégie missionnaire de l'église romaine à l'égard des communautés orthodoxes grecques et russes en Italie et en France aux époques moderne et contemporaine (XVe-XXe siècles),* in *Les missions intérieures en France et en Italie du XVIe siècle au XXe siècle,* Actes du colloque de Chambéry 18-20 marzo 1999, a cura di C. Sorrel, F. Meyer, Inst. d'Études Savoisiennes, Chambéry 2001, pp. 63-72

Cultural encounters between East and West, 1453-1699, a cura di M. Birchwood, M. Dimmock, Cambridge Scholars Press, Cambridge 2005

Curtin P.D., *Cross-cultural trade in world history*, Cambridge University Press, Cambridge 1984

D'Addabbo L., *San Michele e una colonia serba*, in «Japigia», VII, 3 (1936), pp. 289-310

D'Oria F. *Cultura napoletana e diaspora greca nell'età dei Riformatori*, in «*Ιταλοελληνικά*. Rivista di cultura greco-moderna», 6 (1997-1998), pp. 331-348 [Atti del V Convegno Nazionale di Studi Neoellenici, (Napoli, 15-18 maggio 1997), Università degli studi di Napoli "l'Orientale"]

Dal Passo F., *Il sistema clanico e la "vendetta" corsa*, in «Geografia. Trimestrale di ricerca scientifica e di programmazione regionale», gennaio-giugno (2003), pp. 1-32

Dale S.F., *Indian merchants and Eurasian trade, 1600-1750,* Cambridge University Press, Cambridge 1994

De Leo P., *Condizioni economico-sociali degli albanesi in Calabria tra XV e XVI secolo. L'esempio di Santa Sofia d'Epiro*, in «Bollettino della Badia greca di Grottaferrata», n. s., XXXV (1981), pp. 45-57

De Nicolò M.L., *Microcosmi mediterranei: le comunità dei pescatori nell'età moderna*, Clueb, Bologna 2004

De Rosa L., *The Balkan minorities (Slavs and Albanians) in South Italy*, in «Journal of European Economic History», 36 (2007), pp. 445-456

De Rosa L., *Navi, merci, nazionalità, itinerari in un porto dell'età preindustriale: il porto di Napoli nel 1760*, in AA. VV., *Saggi e ricerche sul Settecento Italiano*, Istituto Italiano per gli Studi Storici, Napoli 1968, pp. 332-400

De Vries W., *Communicatio in Sacris. An historical study of the problem of liturgical services in common with eastern Christians separated from Rome*, in «Concilium», 4 (1965), pp. 18-40

Defining community in early modern Europe, a cura di M.J. Halvorson, K.E. Spierling, Ashgate, Aldershot 2008

Delille G., *Famiglia e proprietà nel Regno di Napoli, XV e XIX secolo,* Einaudi, Torino 1988

Delille G., *I meccanismi sociali*, in *Gli Albanesi in Calabria* [v.], pp. 101-113

Demiryürek M., *The legal foundations of the commercial relations between the Ottomans and Neapolitans*, in «bilig», 69 (2014), pp. 53-74

Di Ciommo E., *Piccole e medie città meridionali tra antico regime e periodo napoleonico*, in *Villes et territoire pendant la période napoléonienne (France et Italie)*, Actes du colloque de Rome (3-5 mai 1984), École Française de Rome, Roma 1987, pp. 355-421

Di Leo A., *Clero, politica e cultura nel Mezzogiorno*: *studi di storia socio-religiosa dal XVII al XX secolo*, Edisud, Salerno 1991

Di Marco P., *La Chiesa bizantina di Sicilia*, in *Cinque secoli di cultura albanese in Sicilia* [v.], pp. 207-214

Di Miceli F., *Contessa Entellina. Per una storia attraverso cronache e documenti,* A.C. Mirror, Palermo 2003

Di Vittorio A., *Il commercio tra Levante ottomano e Napoli nel secolo XVIII*, Giannini, Napoli 1979

Diaspora entrepreneurial networks: four centuries of history, a cura di I. Baghdiantz McCabe, G. Harlaftis, I. Pepelase Minoglou, Berg, Oxford-New York 2005

Dibenedetto L.N., *La chiesa e l'iconostasi,* in *La chiesa greca di Santa Maria degli Angeli* [v.], pp. 12-16
Dimaras K.T., *Νεοελληνικός Διαφωτισμός* [Illuminismo neo-greco], Ermis, Athens 1989
Diversity and dissent. Negotiating religious differences in central Europe, 1500-1800, a cura di H. Louthan, G.B. Cohen, F.A.J., Szabo, New York 2011
Do Paço D., *Institutionnaliser la coexistence religieuse? «Turcs et sujets turcs de Vienne», dans la seconde moitié du XVIIIe siècle*, in *Des religions dans la ville. Ressorts et stratégies de coexistence dans l'Europe des XVIe-XVIIIe siècle*, a cura di D. Do Paço *et alii*, Presses Universitaire de Rennes, Rennes 2010, pp. 141-161
Do Paço D., *L'Orient à Vienne au dix-huitième siècle*, Voltaire Foundation, Oxford 2015
Dogo M., *La comunità serbo-illirica di Trieste 1751- 1914*, in *Genti di San Spiridione. I serbi a Trieste, 1751-1914*, a cura di L. Resciniti, M. Messina, M. Bianco Fiorin, Silvana, Cinisello Balsamo 2009, pp. 19-37
Dogo M., *"A respectable body of nation": religious freedom and high-risk trade: the Greek merchant in Trieste, 1770-1830,* in «The Historical Review / La Revue Historique», VII (2010), pp. 199-211
Drettas G., *Le Grec pour tous: théorie et pratiques des langues véhiculaires,* in AA. VV., *Language, Society, History in the Balkans*, Centre for the Greek Language, Thessaloniki 2007, pp. 43-55
Driessen H., *Mediterranean port cities: cosmopolitanism reconsidered*, in «History and Anthropology», 16, 1 (2005), pp. 129-141
Droulia L., *Towards modern Greek consciousness*, in «The Historical Review / La Revue Historique», vol. I (2004), pp. 51-67
Ducellier A., Doumerc B., Imhaus B., de Miceli J., *Les Chemins de l'exil. Bouleversements de l'Est Européen et migrations vers l'Ouest à la fin du Moyen Âge*, Armand Colin, Paris 1992
Dupâquier J., *Mobilité et migrations en France au XIXe siècle,* in *Movilidad y migraciones internas en la Europa latina/Mobilité et migrations internes de l'Europe latine,* Actes del Coloquio europeo (Santiago de Compostela 9-11 de noviembre de 2000), a cura di A. Eiras Roel, D.L. Gonzáles Lopo, Universidade de Santiago de Compostela publicacións, Santiago de Compostela 2002, pp. 101-119
Dursteler E., *On bazaars and battlefelds: recent scholarship on Mediterranean cultural contacts*, in «Journal of Early Modern History», 15 (2011), pp. 413-434
Dursteler E., *Renegade women: gender, identity, and boundaries in the early modern Mediterranean,* Johns Hopkins University Press, Baltimore 2011
Dursteler E., *Speaking in tongues: multilingualism and multicultural communica-*

tion in the early modern mediterranean, in «Past & Present», 217 (2012), pp. 47-77

Dursteler E., *Venetians in Constantinople: nation, identity, and coexistence in the early modern Mediterranean*, Johns Hopkins University Press, Baltimore 2006

Économies méditerranéennes équilibres et intercommunications: XIIIe-XIXe siecle, Actes du IIe Colloque international d'histoire (Athens, 18-25 septembre 1983), tome I, a cura di M.C. Chatzioannou *et alii*, Centre de recherches neohelleniques-Foundation nationale de la recherche scientifique, Athens 1985

Edwards B.H., *The uses of diaspora*, in «Social Text», 19, 1 (2001), pp. 45-73

Edwards G., Ogilvie S., *Contract enforcement, institutions, and social capital: the Maghribi traders reappraised,* in «Economic History Review», 65 (2012), pp. 421-44

Eldem E., *La circulation de la lettre de change entre la France et Constantinople au XVIIIe siècle,* in *L'Empire Ottoman, la République de Turquie et la France,* a cura di H. Batu, J.L. Bacque-Grammont, Éditions ISIS, Istanbul 1986, pp. 87-98

Οι Έλληνες στη Διασπορά [I greci in diaspora], a cura di J.K. Hassiotis, O. Katsiardi-Hering, E. Ambatzi, Βουλή των Ελλήνων (Parlamento greco), Athens 2006

Elsie R., *Albanian literature in Greek script. The eighteenth- and early nineteenth-century Orthodox tradition in Albanian writing*, in «Byzantine and Modern Greek Studies», 15 (1991), pp. 20-34

Encounters in Europe's Southeast. Habsburg and the Orthodox world in the 18th century, a cura di H. Heppner, Winkler Verlag, Bochum 2012

Epstein S.A., *Hybridity,* in *A Companion to Mediterranean history* [v.], pp. 345-358

Epstein S.A., *Purity lost. Transgressing boundaries in the eastern Mediterranean, 1000-1400*, The Johns Hopkins University Press, Baltimore 2007

Exertzoglou H., *Reconstituting community: cultural differentiation and identity politics in Christian Orthodox communities during the late Ottoman era*, in *Homelands and diasporas* [v.], pp. 137-154

Fabietti U., *L'identità etnica. Storia e critica di un concetto equivoco,* Carocci, Roma 1995

Falcetta A., *Comunità ortodosse nell'alto Adriatico e in Dalmazia veneta durante il XVIII secolo: spazi politico-sociali, religione, identità*, in «Annali della Fondazione Einaudi», XLIV (2010), pp. 95-130

Falcetta A., *Diaspora ortodossa e rinnovamento culturale: il caso dell'abate greco-veneto Antonio Catiforo (1685-1763),* in «Cromhos», 15 (2010), pp.1-24

Farella V., *I decreti sinodali dell'arcivescovo Lelio Brancaccio relativi ai greco-albanesi del Tarentino*, Estratto da: *Studi di Storia pugliese in onore di Giuseppe Chiarelli*, vol. II, Congedo, Galatina 1973, pp. 659-683

Feci S., *Cambiare città, cambiare norme. Circolazione di uomini e donne e trasformazione delle regole in antico regime*, in *L'Italia delle migrazioni interne* [v.], pp. 6- 32

Fedalto G., *La comunità greca, la Chiesa di Venezia, la Chiesa di Roma*, in *I greci a Venezia* [v.], pp. 83-102

Fedalto G., *Le minoranze straniere a Venezia tra politica e legislazione*, in *Venezia: centro di mediazione tra Oriente e Occidente (secoli XV-XVI). Aspetti e problemi*, a cura di H.G. Beck, M. Manoussacas, A. Pertusi, L.S. Olschki, Firenze 1977, vol. I, pp. 143-162

Fedalto G., *Stranieri a Venezia e a Padova, 1550-1700*, in *Storia della cultura veneta. Il Seicento*, vol. IV/2, a cura di G. Arnaldi, M. Pastore Stocchi, Neri Pozza Editore, Vicenza 1984, pp. 251- 279

Fehleison J., *Boundaries of faith*: *Catholics and Protestants in the diocese of Geneva,* Truman State University Press, Kirksville 2010

Ferrari G., *Gli italo-albanesi tra Costantinopoli e Roma*, in «Nicolaus», 9 (1981), pp. 349-356

Fettah S., *Livourne: cité du Prince, cité marchande (XVIe-XIXe siècle)*, in *Florence et la Toscane, XIVe-XIXe siècles. Les dynamiques d'un État italien*, a cura di J. Boutier, S. Landi, O. Rouchon, Presses Universitaires de Rennes, Rennes 2004, pp. 179-195

Fiorella D.A.R., *L'Albania d'Italia. Comunità albanesi nel Mezzogiorno tra XV e XVI secolo*, Edizioni Cannarsa, Vasto 1998

Fiorella D.A.R., *La comunità greca di Barletta*, in *La Chiesa greca di Santa Maria degli Angeli* [v.], pp. 8-11

Fishman J.A., *Language and nationalism: two integrative essays,* in Id., *Language and ethnicity in minority sociolinguistic perspective*, Multilingual Matters, Clevedon 1989, pp. 97-175

Fitzpatrick J.P., *The importance of "community" in the process of immigrant assimilation*, in «International Migration Review», I, 1 (1966), pp. 5-16

Following the Nereids. Sea routes and maritime business, 16th-20th centuries, a cura di G. Harlaftis, M.C. Chatziioannou, Kerkyra Publications, Athens 2006

La fonction consulaire à l'époque moderne, a cura di G. Le Bouëdec, J. Ulbert, Presses Univesitaires de Rennes, Rennes 2006

Fontaine L., *Montagnes et migrations de travail. Un essai de comparaison globale (XVe-XXe siècle),* in «Revue d'histoire moderne et contemporaine», 52 (2005), pp. 26-48

Fontaine L., *Solidarités familiales et logiques migratoires en pays de montagne à l'époque moderne,* in «Annales ESC», 6 (1990), pp. 1433-1450

Forbes H., *Early modern Greece: liquid landscapes and fluid populations*, in *Between Venice and Istanbul: colonial landscapes in early modern Greece*, American School of Classical Studies at Athens, Princeton 2007 («Hesperia» Supplements, 40), pp. 111-135

Forgetting faith? Negotiating confessional conflict in early modern Europe, a cura di I. Karremann *et alii*, de Gruyter, Berlin 2012

Formica M., *Sguardi: topoi e forme di rappresentazione dell'altro nelle città di antico regime,* in *Il Mediterraneo delle* città [v.], pp. 169-185

Forster M.R., *With and without confessionalization. Varieties of early modern German Catholicism,* in «Journal of Early Modern History», 1 (1997), pp. 315-343

Fortescue A., *The Uniate eastern Churches: the byzantine rite in Italy, Sicily, Syria and Egypt*, Burns Oates & Washbourne Ltd., London 1923

Fortino E.F., *Esempio significativo di ecclesiologia di comunione tra Chiese. Aspetti ecclesiologici della Chiesa italo-albanese,* in «Oriente Cristiano», XXXIV, 1-2 (1994), pp. 3-25

Foscolos M., *I Vescovi ordinanti per il rito greco a Roma. Nota bibliografica ed archivistica*, in *Il collegio greco di Roma* [v.], pp. 289-302

Franchini V., *Ancona porto franco e centro di commerci ebraico-levantini nel secolo XVIII*, in «Deputazione di storia patria per le Marche. Atti e memorie», VII, 3 (1948), pp. 83-108

Frangakis-Syrett E., *Greek mercantile activities in the eastern Mediterranean, 1780-1820*, in «Balkan Studies», 28/1 (1987), pp. 73-86

Frasca F., *L'origine e l'evoluzione della "militärgrenze" nella storia della difesa dei Balcani,* in «Ricerche di storia sociale e religiosa», XXIX, 60 (2001), pp. 253-257

Frattarelli Fischer L., *Alle radici di una identità composita. La "nazione" greca a Livorno,* in *Le iconostasi di Livorno. Patrimonio iconografico post-bizantino*, a cura di G. Passarelli, Pacini Editore, Pisa 2001, pp. 49-61

Frattarelli Fischer L., *Gli ebrei toscani dalla città alla campagna*, in *Town and country: historiographical traditions and research propspects*, a cura di A.K. Isaacs, Colloquium in History, Università di Pisa- Università di Leicester, Pacini, Pisa 1997, pp. 143-152

Frattarelli Fischer L., *Livorno 1676: la città e il porto franco*, in *La Toscana nell'età di Cosimo III,* a cura di F. Angiolini, V. Becagli, M. Verga, Edifir, Firenze 1993, pp. 45-66

Frattarelli Fischer L., *Livorno città nuova 1574-1609*, in «Società e storia», 46 (1989), pp. 873-893

Frattarelli Fischer L., *Urban forms of Jewish settlement in Tuscan cities (Florence, Pisa, Leghorn) during the 17th century*, in *Papers in Jewsh Demography,* a cura di U.O. Schmelz, S. della Pergola, Institute of Contemporary Jewry, Jerusalem 1993, pp. 48-60

Frazee C.A., *Catholics & Sultans. The Church and the Ottoman empire 1453-1923,* Cambridge University Press, Cambridge 1983

Friedrichs C.R., *Immigration and urban society: seventeenth-century Nördlingen,* in *Immigration et société urbaine en Europe occidentale, XVI*[e]*-XX*[e] *siècle*, a cura di E. François, Èditions Recherche sur les civilisations, Paris 1985, pp. 65-77

Frigo D., *Trieste, Venezia e l'equilibrio italiano nel Settecento: uomini, territori, traffici*, in *Trieste e l'Adriatico. Uomini, merci, conflitti*, a cura di D. Andreozzi, C. Gatti, EUT, Trieste 2006, pp. 11-33

Frontiers of faith. Religious exchange and the constitution of religious identities 1400-1750, a cura di E. Andor, I.G. Tóth, Central European University, European Science Foundation, Strasbourg-Budapest 2001

Fusaro M., *After Braudel. A reassessment of Mediterranean history between the northern invasion and the caravane maritime,* in *Trade and cultural exchange* [v.], pp. 1-22

Fusaro M., *Cooperating mercantile networks in the early modern Mediterranean,* in «Economic History Review», 65 (2012), pp. 701-718

Fusaro M., *Coping with transition: Greek merchants and shipowners between Venice and England in the late sixteenth century*, in *Diaspora entrepreneurial networks* [v.], pp. 95-124

Fusaro M., *Politics of justice/politics of trade: foreign merchants and the administration of justice from the records of Venice's Giudici del Forestier,* in «Mélanges de l'École française de Rome-Italie et Méditerranée modernes et contemporaines»: http://mefrim.revues.org/1665 (consultato il 11/03/2015)

Füves Ö., *Οι Ελληνες της Ουγγαριας* [I Greci dell'Ungheria], Εταιρεια Μακεδονικων Σπουδων, Salonicco 1965

Fyrigos A., *Catalogo cronologico degli alunni e dei convittori del pontificio collegio greco in Roma (1701-1803),* in *Il collegio greco di Roma* [v.], pp. 23-77

Gallo C.D., *Annali della città di Messina capitale del Regno di Sicilia dal giorno di sua fondazione fino a tempi presenti,* Tomo I, Per Francesco Gaipa Regio Impressore, Messina 1756

Gara E., *In search of communties in seventeenth century Ottoman sources: the case of the Kara Ferye district*, in «Turcica», 30 (1998), pp. 135-162

Geanakoplos D.J., *The diaspora Greeks. The genesis of modern Greek national consciousness,* in *Hellenism and the first Greek war of liberation (1821-30). Continuity and change,* a cura di N.P. Diamandouros *et alii*, Institute for Balkan studies, Thessaloniki 1976, pp. 59-77

Geanakoplos D.J., *Greek scholars in Venice. Studies in the dissemination of Greek learning from Byzantium to western Europe*, Harvard University Press, Cambridge (MA) 1962

Geanakoplos D.J., *Interaction of the "sibling" Byzantine and western cultures in the Middle Ages and Italian Renaissance (330-1600)*, Yale University Press, New Haven-London 1976

Gekas S., Grenet M., *Trade, politics and city space(s) in Mediterranean ports*, in *Port Cities. Dynamic landscapes and global networks*, a cura di C. Hein, Routledge-Taylor & Francis Group, London-New York 2011, pp. 89-103

Gens de passage en Méditerranée de l'antiquité à l'époque moderne. Procédures de contrôle et d'identification, a cura di C. Moatti, W. Kaiser, Maisonneuve et Larose, Paris 2007

Geografie confessionali. Cattolici e ortodossi nel crepuscolo della Repubblica di Venezia (1718-1797), a cura di G. Gullino, E. Ivetić, FrancoAngeli, Milano 2009

Getting along? Religious identities and confessional relations in early modern England: essays in honour of Professor W.J. Sheils, a cura di A. Morton, N. Lewycky, Ashgate, Farnham 2012

Ghorbel H., *Études sur le XVIII*[e] *siècle: Montesquieu et Rousseau ou les conditions de la liberté*, L'Harmattan, Paris 2013

Giacomarra M.G., *Albanesi di Sicilia: costruzione d'identità nell'isolamento dei municipi*, in *Cinque secoli di cultura albanese in Sicilia* [v.], pp. 265-280

Giannotti D., *Il rito greco a Lecce. Note per uno studio storico dal secolo XVI ai nostri*, Grafischena, Fasano 2001

Gilroy P., *The Black Atlantic: modernity and double consciousness*, Verso, London 1993

Ginzburg C., *Il nicodemismo. Simulazione et dissimulazione religiosa nell'Europa del '500*, Einaudi, Torino 1970

Girard A., *Le christianisme oriental (XVII*[e]*-XVIII*[e] *siècles). Essor de l'orientalisme catholique en Europe et construction des identités confessionnelles au Proche-Orient*, Tesi di dottorato, Ecole pratique des Hautes etudes, Paris 2011

Girard A., *Entre croisade et politique culturelle au Levant: Rome et l'union des chrétiens syriens (première moitié du XVII*[e] *siècle)*, in *Papato e politica internazionale* [v.], pp. 419-437

Girard A., *Impossible independence or necessary dependency? Missionaries in the Near East, the 'protection' of the Catholic States and the Roman arbitrator*, in *Papacy, religious orders and international politics in the sixteenth and seventeenth centuries*, a cura di M.C. Giannini, Viella, Roma 2013, pp. 67-94

Giura V., *La vita economica degli albanesi in Calabria nei secoli XV-XVIII*, in *Gli Albanesi in Calabria* [v.], pp. 71-100

Goffman D., *The Ottoman empire and early modern Europe*, Cambridge University Press, Cambridge 2002
Goris J.A., *Etude sur les colonies marchandes méridionales (Portugais, espagnols, Italiens) à Anvers de 1488 à 1567. Contribution à l'histoire des débuts du capitalisme moderne,* Uystpruyst, Louvain 1925
I greci a Venezia, a cura di M.F. Tiepolo, E. Tonetti, Istituto veneto di scienze, lettere ed arti, Venezia 2002
Greco G., *Le forme del ministero cristiano alle soglie della secolarizzazione*, in *Cristiani d'Italia. Chiese, società e Stato, 1861-2011,* a cura di A. Melloni, Fondazione Treccani, Roma 2011, pp. 121-133
Greco M., *Immigrazione di albanesi e levantini in Manduria (desunta dal Libro Magno),* in «Rinascenza salentina», VI (1940), pp. 208-220
Greene M., *Catholic pirates and Greek merchants: a maritime history of the Mediterranean,* Princeton University Press, Princeton 2010
Greene M., *The early modern Mediterranean,* in *A Companion to Mediterranean history* [v.], pp. 91-106
Greene M., *Introduction,* in *Minorities in the Ottoman Empire* [v.], pp. 1-12
Greene M., *A shared world: Christians and Muslims in the early modern Mediterranean*, Princeton University Press, Princeton 2000
Greif A., *Cultural beliefs as a common resource in an integrating world*, in *The economics of transnational commons*, a cura di P. Dasgupta *et alii*, Clarendon Press, Oxford 1997, pp. 238-296
Greif A., *The organization of long-distance trade: reputation and coalitions in the Geniza documents and Genoa during the eleventh and twelfth centuries,* in «The Journal of economic history», 51 (1991), pp. 459-462
Greif A., *Reputation and coalitions in medieval trade: evidence on the Maghribi traders,* in «Economic History Review», II ser., XLIX (1989), pp. 857-82
Grenet M., *Al servizio del Gran Signore? Niccolò Petrococchino e Angelo Cazzaiti, consoli ottomani a Livorno, c. 1807-1824*, in *Cosmopolitismo tra conflitti e mediazioni,* a cura di A. Addobbati, M. Aglietti, Pisa University Press, Pisa in corso di stampa
Grenet M., *Appartenances régionales, expérience diasporique et fabrique communautaire: le cas grec, fin XVIe-début XIXe siècle*, in «Tracés. Revue de Sciences humaines»: http://traces.revues.org/5544 (consultato il 31/01/2013)
Grenet M., *Entangled allegiances: Ottoman Greeks in Marseille and the shifting ethos of Greekness (c. 1790-c. 1820),* in «Byzantine and Modern Greek Studies», 36, 1 (2012), pp. 56-71
Grenet M., *«Grecs de nation», sujets ottomans: expérience diasporique et entre-deux identitaires, v.1770-v.1830*, in *Les musulmans dans l'histoire de l'Europe*, t. II, *Passages et contacts en Méditerranée*, a cura di J. Dakhlia, W. Kaiser, Albin Michel, Paris 2013, pp. 311-344

Grenet M., *La fabrique communautaire. Les Grecs à Venise, Livourne et Marseille, v. 1770-v.1830*, Ph.D Thesis, European University Institute, Department of History and Civilization, 2010

Grenet M., *Vivre chez l'autre, travailler sans lui? Les capotteri grecs de Venise, 1764-1804,* in «Cahiers de la Méditerranée», 84 (2012): http://cdlm.revues.org/6400 (consultato il 17/01/2016)

Gribaudi G., *La metafora della rete. Individuo e contesto sociale,* in «Meridiana», 15 (1992), pp. 91-108

Guinnane, T.W., *Trust: a concept too many*, in «Jahrbuch für Wirtschaftsgeschichte» (2005), pp. 77-92

Gullino G., *La politica ecclesiastica veneziana nella seconda metà del XVIII secolo*, in *Geografie confessionali* [v.], pp. 13-28

Hakki Kadi I., *Ottoman and Dutch merchants in the 18th century*, Brill, Leiden 2012

Halevi L., *Religion and cross-cultural trade. A framework for interdisciplinary inquiry*, in *Religion and trade* [v.], pp. 24-61

Hall S., *Cultural identity and diaspora*, in *Identity: community, culture and difference,* a cura di J. Rutherford, Lawrence & Wishart, London 1990, pp. 222-237

Hancock D., *Citizens of the world*: *London merchants and the integration of the British Atlantic community, 1735-1785*, Cambridge University Press, New York 1995

Hanlon G., *Confession and community in seventeenth-century France: Catholic and Protestant coexistence in Aquitaine,* University of Pennsylvania Press, Philadelphia 1993

Harlaftis G., *The 'eastern invasion': Greeks in Mediterranean trade and shipping in the eighteenth and early nineteenth centuries*, in *Trade and cultural exchange* [v.], pp. 223-252

Harlaftis G., *From diaspora traders to shipping tycoons: the Vagliano bros*, in «Business History Review», 81 (2007), pp. 237-268

Harlaftis G., *The fleet "dei Greci": Ottoman and Venetian Greeks in the Mediterranean sea-trade of the eighteenth century*, in *Making the waves in the Mediterranean*, a cura di M. d'Angelo, G. Harlaftis, C. Vassalo, Istituto di studi storici Gaetano Salvemini, Messina 2010, pp. 492-523

Harlaftis G., *Greek maritime business in the nineteenth and twentieth centuries. A paradigm for comparative studies on family capitalism and diaspora networks*, in *Entrepreneurs and institutions in Europe and Asia 1500-2000,* a cura di F. De Goey, J.W. Veluwenkamp, Aksant, Amsterdam 2002, pp. 71-90

Harlaftis G., *A history of Greek-owned shipping: the making of an international tramp fleet, 1830 to the present day*, Routledge, London 1996

Harlaftis G., *International business of southeastern Europe and the eastern Medi-*

terranean, 18th century: sources, methods and interpretative issues, in *Dove va la storia economica?: metodi e prospettive, secc. XIII-XVIII/Where is economic history going?: methods and prospects from the 13th to the 18th centuries,* a cura di F. Ammannati, Firenze University Press, Firenze 2011, pp. 389-415

Harlaftis G., *Mapping the Greek maritime diaspora from the early eighteenth to the late twentieth centuries*, in *Diaspora entrepreneurial networks* [v.], pp. 147-171

Harlaftis G., Laiou, S., *Ottoman state policy in Mediterranean trade and shipping, c. 1780- c. 1820: the rise of the Greek-owned Ottoman merchant fleet,* in *Networks of power in modern Greece,* a cura di M. Mazower, Hurst & co., London 2008, pp. 1-44

Harris J., *La comunità greca e i suoi avamposti nell'Europa settentrionale*, in *I greci a Venezia* [v.], pp. 185-195

Harris J., *Silent Minority. The Greek community of eighteenth-century London*, in *Greek diaspora and migration since 1700: society, politics and culture*, a cura di D. Tziovas, Ashgate, Farnham-Burlington 2009, pp. 31-43

Harris J., Porfyriou H., *The Greek diaspora: Italian port cities and London, c. 1400-1700,* in *Cultural in early modern Europe*, a cura di R. Muchembled, vol. II: *Cities and cultural exchange in Europe, 1400-1700*, a cura di D. Calabi, S. Turk Christensen, Cambridge University Press, Cambridge 2007, pp. 65-86

Hart L.K., *Culture, civilization, and demarcation at the Northwest borders of Greece*, in «American Ethnologist», 26, 1 (1999), pp. 196-220

Hassiotis I.K., *La comunità greca di Napoli dal XV al XIX secolo*, in «Il Veltro», XXVII, 3-4 (1983), pp. 477-494

Hassiotis I.K., *La comunità greca di Napoli ed i moti insurrezionali nella penisola balcanica meridionale durante la seconda metà del XVI secolo,* in «Balkan Studies», 10 (1969) pp. 279-288

Hassiotis I.K., *Ελληνικοί αποικισμοί στο βασίλειο της Νεάπολης κατά τον 17ο αιώνα* [Colonizzazione greca nel Regno di Napoli nel corso del XVII secolo], in «Ελληνικά», 22 , 1 (1969), pp. 116-163

Hassiotis I.K., *Sull'organizzazione, incorporazione sociale e ideologia politica dei greci a Napoli (dal XV alla metà del XIX sec.)*, in «Επιστημονική Επετηρίδα της Φιλοσοφικής Σχολής του Αριστοτέλειου Πανεπιστημίου Θεσσαλονίκης», 20 (1981), pp. 409-452

Herzog T., *Defining nations. Immigrants and citizens in early modern Spain and Spanish America*, Yale University Press, New Haven 2003

Hess A.C., *The Forgotten frontier. A history of the sixteenth century Ibero-African frontier*, University of Chicago Press, Chicago 1978

Heyberger B., *"Pro nunc, nihil respondendum". Recherche d'informations et prise de décision à la Propagande: l'exemple du Levant (XVIII*[e] *siècle),* in

«Mélanges de l'Ecole française de Rome. Italie et Méditerranée», 109/2 (1997), pp. 539-554

Heyberger B., *Le Catholicisme tridentin au Levant (XVIIe-XVIIIe siècles),* in «Mélanges de l'Ecole française de Rome. Italie et Méditerranée», 101/2 (1989), pp. 897-909

Heyberger B., *Les chrétiens du Proche-Orient au temps de la réforme catholique (Syrie, Liban, Palestine, XVIIe-XVIIIe siècles),* École française de Rome, Roma 1994

Heyberger B., *Chrétiens orientaux dans l'Europe catholique (XVIIe-XVIIIe siècles)*, in *Hommes de l'entre-deux* [v.], pp. 61-93

Heyberger B., *Eastern Christians, Islam, and the West: a connected history*, in «International Journal of Middle East Studies», 42 (2010), pp 475-478

Heyberger B., *La frontière méditerranéenne du XVe au XVIIe siècle: introduction,* in *La frontière méditerranéenne du XVe au XVIIe siècle: échanges, circulations et affrontements,* a cura di A. Fuess, B. Heyberger, Centre d'Études Supérieures de la Renaissance, Tours 2014, pp. 9-27

Heyberger B., *Pour une «histoire croisée» de l'occidentalisation et de la confessionnalisation chez les chrétiens du Proche-Orient*, in «The MIT-Electronic Journal of Middle Eastern Studies», 3 (2003), pp. 36-49

Heyberger B., Verdeil C., *Introduction*, in *Hommes de l'entre-deux* [v.], pp. 7-20

Historical image of the Turk in Europe: 15th century to the present. Political and civilizational aspects, a cura di M. Soykut M., The Isis Press, Istanbul 2003

Homelands and diasporas. Greeks, Jews and their migrations, a cura di M. Rozen, I.B. Tauris & Co Ltd., London-New York 2008

Hommes de l'entre-deux: parcours individuels et portraits de groupes sur la frontière de la Méditerranée (XVIe-XXe siècle), a cura di B. Heyberger, C. Verdeil, Les Indes savantes, Paris 2009

Horden P., *Mediterranean excuses. Historical writing on the Mediterranean since Braudel,* in «History and Anthropology», 16, 1 (2005), pp. 25-30

Horden P., Purcell N., *The corrupting sea: a study of Mediterranean history*, Blackwell, Oxford 2000

Hösch E., *Storia dei Balcani. Dalle origini ai giorni nostri*, Giulio Einaudi Editore, Torino 2005 [ed. or. *Geschichte der Balkanländer. Von der Frühzeit bis zur Gegenwart*, Verlag C.H. Beck oHG, München 1988]

Hovanessian M., *Le lien communautaire: trois générations d'Arméniens*, A. Colin, Paris 1992

Hovanessian M., *La notion de diaspora. Usages et champ sémantique*, in «Journal des anthropologues», 72-73 (1998), pp. 11-30

Husain A.A., *Introduction. Approaching Islam and the religious cultures of the medieval and early modern Mediterranean*, in *A Faithful sea. The religious cultures of the Mediterranean, 1200-1700,* a cura di A.A. Husain, K.E. Fleming, Oneworld, Oxford 2007, pp. 1-26

L'identità dissimulata: giudaizzanti iberici nell'Europa cristiana dell'èta moderna, a cura di P.C. Ioly Zorattini, Olschki, Firenze 2000

Iliou F., *Βιβλία με συνδρομητές: τα χρόνια του Διαφωτισμού (1749-1821)* [Sottoscrizioni di libri: gli anni dell'Illuminismo], in «Ὁ Ἐρανιστὴς», 12 (1975), pp. 101-179

Immagine e scrittura: presenza greca a Messina dal Medioevo all'età moderna, AA. VV., Fondazione Federico II editore, Palermo 2013

Imperial Russian foreign policy, a cura di H. Ragsdale, Cambridge University Press, Cambridge 1993

Incampo V., *La fine del rito greco in Altamura,* in «Nicolaus», V, 2 (1977), pp. 439-446

Insediamenti greco-ortodossi, protestanti, ebraici, a cura di R. D'Antiga, G. Fedalto *et alii,* Gregoriana Libreria editrice, Padova 2008

Iorga N., *«Byzance après Byzance»: continuation de l'histoire de la vie byzantine,* Institut d'etudes Byzantines, Bucarest 1971

Israel J.I., *Diasporas within a diaspora. Jews, Crypto-Jews and the world maritime empires, 1540-1740,* Brill, Leiden 2002

L'Italia delle migrazioni interne. Donne, uomini, mobilità in età moderna e contemporanea, a cura di A. Arru, F. Ramella, Donzelli, Roma 2003

Ivetić E., Cattolici e ortodossi nell'Adriatico orientale veneto, 1699-1797, in *Geografie confessionali* [v.], pp. 98-101

Janin-Thivos M., *Pratiques commerciales, pratiques linguistiques. Les langues du commerce entre Gênes et Lisbonne (fin XVIe-début XVIIIe siècle),* in «The Historical review/La Revue Historique», 7, 1 (2010), pp. 59-75

Jurlaro R., *Gli slavi a Brindisi fino al XVIII secolo,* in *Das östliche Mitteleuropa in Geschichte und Gegenwart. Acta Congressus Historiae Slavicae Salisburgensis in memoriam SS. Cyrilli et Methodii anno 1963,* Harrassowitz, Wiesbaden 1966, pp. 149-162

Kakridis Y., *The religious roots of linguistic nationalism,* in «The Historical Review/La Revue Historique», V (2009), pp. 7-19

Kaplan B., *Divided by faith: religious conflict and the practice of toleration in early modern Europe,* Harvard University Press, Cambridge (MA) 2007

Kardasis V., *Diaspora merchants in the Black Sea: the Greeks in southern Russia, 1775-1861,* Lexington Books, Lanham-Boulder-New York-Oxford 2001

Katsiardi-Hering O., *Η Αυστριακή Πολιτική και η ελληνική ναυσιπλοΐα (1750-*

1800) [Lo Stato austriaco e la navigazione greca (1750-1800], in «Parousia», 5(1987), pp. 445-537

Katsiardi-Hering O., *Central and peripheral communities in the Greek diaspora: interlocal and local economic, political, and cultural networks in the eighteenth and nineteenth centuries*, in *Homelands and diasporas* [v.], pp. 169-180

Katsiardi-Hering O., *Christian and Jewish Ottoman subjects: family, inheritance and commercial networks between East and West (17th-18th),* in *La famiglia nell'economia europea. Secc. XIII-XVIII. The economic role of the family from the 13th to the 18th centuries* (Prato, 6-10 Aprile 2008), a cura di S. Cavaciocchi, Firenze University Press, Firenze 2009, pp. 409-440

Katsiardi-Hering O., *Εκπαίδευση στη διασπορά. Προς μια παιδεία ελληνική ή προς «θεραπεία» της πολυγλωσσίας»* [Istruzione e diaspora. Per una educazione greca o 'terapia' del multilinguismo], in *Νεοελληνική παιδεία και κοινωνία. Πρακτικά Διεθνούς Συνεδρίου αφιερωμένου στη μνήμη του Κ.Θ. Δημαρά* [Cultura e società greche moderne. Atti del Colloquio internazionale in memoria di K. Th. Dimaras], Omed, Athens 1995, pp. 153-176

Katsiardi-Hering O., *Η ελληνική παροικία της Τεργέστης (1751-1830)* [La colonia greca di Trieste (1751-1830)], 2 voll., Presses de l'Université Nationale Capodistrienne, Athens 1986

Katsiardi-Hering O., *The Greek diaspora: its geography and typology*, in *Greek Economic History: 15th-19th centuries,* vol. I, a cura di S.I. Asdrachas *et alii*, Piraeus Group Bank, Athens 2007, pp. 226-235

Katsiardi-Hering O., *Greek merchant colonies in central and south-eastern Europe in the eighteenth and early nineteenth centuries*, in *Merchant* colonies [v.], pp. 127-139

Katsiardi-Hering O., *Greeks in the Habsburg lands (17th-19th centuries): expectation, realities, nostalgias*, in *Austrian-Greek encounters over the centuries: history, diplomacy, politics, arts, economics*, a cura di H. Kroll, Studienverlag, Innsbruck 2007, pp. 147-158

Katsiardi-Hering O., *Λησμονημένοι ορίζοντες ελλήνων εμπόρων: το πανηγύρι στη Senigallia (18ος - ἀρχές 19ου αἰώνα)* [Orizzonti dimenticati dei mercanti greci: la fiera di Senigallia], Βιβλιοπωλειο Διονυσιου Νοτη Καραβια, Athens 1989

Katsiardi-Hering O., *Il mondo europeo degli intellettuali greci della diaspora* (sec. XVIII-XIX), in *Niccolò Tommaseo: popolo e nazioni: italiani, corsi, greci, illirici,* Atti del Convegno internazionale di studi nel bicentenario della nascita di Niccolò Tommaseo, Venezia, 23-25 gennaio 2003, a cura di F. Bruni, Antenore, Roma-Padova 2004, pp. 69-85

Kechagioglou G., *Ξενόγλωσσες εκδόσις ελληνικων τυπογραφείων της Βενετίας. Συμπληρωματικά στοιχεία για τον 18ο αιώνα* [Pubblicazioni straniere delle tipografie greche di Venezia. Dati supplementari per il XVIII secolo], in «Ελληνικά», 41, 2 (1990), pp. 287-311

Kitromilides P.M., *Balkan mentality: history, legend, imagination*, in Id., *An Orthodox commonwealth* [v.], cap. I, pp. 163-191
Kitromilides P.M., *Diaspora, identity, and Nation-building*, in *Homelands and diasporas* [v.], pp. 323-331
Kitromilides P.M., *The Enlightenment as social criticism: Iosipos Moisiodax and Greek culture in the eighteenth century*, Princeton University Press, Princeton 1992
Kitromilides P.M., *From Orthodox commonwealth to national communities: Greek-Russian intellectual and ecclesiastical ties in the Ottoman era*, in Id., *An Orthodox commonwealth* [v.], cap. VI, pp. 1-18
Kitromilides P.M., *In the pre-modern Balkans...: loyalties, identities, anachronisms*, in Id., *An Orthodox commonwealth* [v.], cap. IV, pp. 18-29
Kitromilides P.M., *Νεοελληνικός Διαφωτισμός. Οι πολιτικές και κοινωνικές ιδέες* [Illuminismo neoellenico. Le idee politiche e sociali], MIET, Athens 1996
Kitromilides P.M., *An Orthodox commonwealth. Symbolic legacies and cultural encounters in southeastern Europe*, Ashgate-Variorum, Aldershot 2007
Kitromilides P.M., *Orthodox culture and collective identity in the Ottoman Balkans during the eighteenth century*, in Id., *An Orthodox commonwealth* [v.], cap. II, pp. 131-145
Kitromilides P.M., *Orthodox identities in a world of Ottoman power*, in I., *An Orthodox commonwealth* [v.], cap. III, pp. 1-11
Kitromilides P.M., *Orthodoxy and the West: Reformation to Enlightenment*, in *The Cambridge history of Christianity*, vol. 5: *Eastern Christianity*, a cura di M. Angold, Cambridge University press, Cambridge 2008, pp. 187-209
Kitromilides P.M., *War and political consciousness: theoretical implications of eighteenth century Greek historiography*, in Id., *Enlightenment, nationalism, orthodoxy: studies in the culture and political thought of southeastern Europe*, Ashgate/Variorum, Burlington 1994
Kondis B., *The Greeks of northern Epirus and Greek-Albanian relations*, in «Historical review from the Greek edition», vol. I: *1897-1918*, vol. II: *1919-1921*, Hestia publishers & booksellers, Ioannina 1995
Korinthios J., *I greci di Napoli e del Meridione d'Italia dal XV al XX secolo*, AM&D Edizioni, Cagliari 2012
Koutmanis S., *Το τρίτο είδος. Θρησκευτική υβριδικότητα και κοινωνική αλλαγή στην ορθόδοξη κοινότητα της Βενετίας (τέλη 17ου- αρχές 18ου αιώνα)* [La terza specie. Ibridazione religiosa e cambiamento sociaie nella comunità ortodossa di Venezia], in «Θησαυρισματα», 37 (2007), pp. 389-420
Krstić T., *Contested conversions to Islam. Narratives of religious change in the early modern Ottoman empire*, Stanford Univesity Press, Stanford 2011
Kuran-Burcoglu N., *Reflections on the image of the Turk in Europe*, Isis Press, Istanbul 2009

Laiou S., *Christian women in an Ottoman world: interpersonal and family cases brought before the shari'a courts during the seventeenth and eighteenth centuries (cases involving the Greek community,* in *Women in the Ottoman Balkans: gender, culture and history,* a cura di A. Buturovic, I. Schick, I.B. Tauris, London 2007, pp. 243-271

Lamacchia L., *La Chiesa italo-albanese,* tesi di dottorato, Università degli Studi di Urbino Carlo Bo, Urbino 2007

Langues et langages du commerce en Méditerranée, a cura di G. Buti, M. Janin-Thivos, O. Reveux, Presses universitaires de Provence, Aix-en-Provence 2013

Lappa D., *Religious conversions within the Venetian military milieu (17th and 18th centuries),* in «Studi Veneziani», LXVII (2013), pp. 183-200

Lavenia V., *Quasi haereticus. Lo scisma nella riflessione degli inquisitori dell'età moderna,* in «Mélanges de l'École française de Rome-Italie et Méditerranée modernes et contemporaines», 126/2 (2014): http://mefrim.revues.org/1838 (cosultato il 01/07/2015)

Lear E., *Illustrated excursion in Italy*, vol. 1, T. Mc Lean, London 1846

LeDonne J.P., *The grand strategy of the Russian empire, 1650-1831*, Oxford University Press, Oxford 2004

Leontis A., *Mediterranean topographies before balkanization: on Greek diaspora, emporion, and revolution*, in «Diaspora: A Journal of Transnational Studies», 6, 2 (1997), pp. 179-194

Lepre A., *Feudi e masserie: problemi della società meridionale nel Sei e Settecento*, Guida, Napoli 1973

Liakos A., *The construction of national time: the making of the modern Greek historical imagination*, in «Mediterranean Historical Review», 16, 1 (2001), pp. 27-42

Lisi G., *La fine del rito greco in Terra d'Otranto*, Amici della "A. De Leo", Brindisi 1988

Livanios D., *The quest for hellenism: religion, nationalism and collective identities in Greece (1453-1913)*, in «The Historical Review/La Revue Historique», III (2006), pp. 33-70

Living with religious diversity in early-modern Europe, a cura di C. Scott Dixon, D. Freist, M. Greengrass, Farnham 2009

Lo Sardo E., *Tra greci e turchi. Fonti diplomatiche italiane sul Settecento ottomano,* Consiglio Nazionale delle Ricerche, Roma 1999

Locality and belonging, a cura di N. Lovell, Routledge, London 1998

Lombardini S., Battistoni M., *Fedi diverse in spazi condivisi. Forme di pluralismo nel saluzzese tra il secolo XVI e il XVII,* in *L'annessione sabauda del marchesato di Saluzzo. Tra dissidenza religiosa e ortodossia cattolica, secc. XVI-XVIII,* Atti del 41. Convegno di studi sulla Riforma e sui movimenti religiosi in Italia: Torre Pellice-Saluzzo, 1-2 settembre 2001, a cura di M. Fratini, Claudiana, Torino 2004, pp. 147-192

Lotz-Heumann U., *Confessionalization*, in *Reformation and early modern Europe: a guide to research*, a cura di D.M. Whitford, Truman State University Press, Kirksville 2015, pp. 136-157

Louthan H., *Multiconfessionalism in central Europe,* in *A companion to multiconfessionalism in the early modern world,* a cura di T.M. Safley, Brill, Leiden 2011, pp. 369-392

Lupi G., *Il rito greco a Malta*, in *La chiesa greca in Italia* [v.], III, pp. 1247-1259

Luria K.P., *Sacred boundaries: religious coexistence and conflict in early-modern France*, Catholic University of America Press, Washington, D.C. 2005

Mably G.B., de, *Le droit public de l'Europe, fondé sur les traités,* Tome premier, Bailly, Libraire, Genève-Paris 1766

Macfarlane A., *Reconstructing historical communities*, Cambridge University Press, Cambridge 1977

MacIver R.M., Page C.H., *Society: an introductory analysis*, Macmillan & Co. Ltd, London 1949

Mackridge P., *Aspects of language and identity in the Greek peninsula since the eighteenth century*, in «The Newsletter of the Society Farsarotul», XXI-XXII, 1-2 (2008), pp. 1-19, http://www.farsarotul.org/nl29_1.htm

Mackridge P., *Language and national identity in Greece, 1766-1976*, Oxford University Press, New York-Oxford 2009

Mackridge P., *Venise après Venise: official languages in the Ionian Islands, 1797-1864,* in «Byzantine and Modern Greek Studies», 38, 1 (2014), pp. 68-90

Mafrici M., *Diplomazia e commerci tra il Regno di Napoli e la Sublime Porta: Guglielmo Maurizio Ludolf (1747-1789),* in *Rapporti diplomatici e scambi commerciali* [v.], pp. 151-172

Mafrici M., *Il Mezzogiorno d'italia e il mare: problemi difensivi nel Settecento*, in *Mediterraneo in armi (secc. XV-XVIII),* a cura di R. Cancila, tomo II, Palermo 2007, pp. 637-663

Malcom N., *Crypto-Christianity and religious amphibianism in the Ottoman Balkans: the case of Kosovo,* in *Religious quest and national identity in the Balkans*, a cura di C. Hawkesworth, M. Heppell, H. Norris, London 2001, pp. 91-110

Mandalà, M., *Alle origini del mito pelasgico: Girolamo De Rada e Giovanni Emanuele Bidera,* in *Opera omnia di Girolamo De Rada - Opere filologiche e storico-culturali - Fiamuri Arbërit (1883-1887),* a cura di M. Mandala, Rubbettino editore, Soveria Mannelli 2009, pp. 9-24

Mandalà M., *Mundus vult decipi: i miti della storiografia arbëresche*, A.C. Mirror, Palermo 2007

Mandalà M., *Paolo Maria Parrino e le origini dell'ideologia albanista*, in *Aspetti della cultura bizantina ed albanese in Sicilia,* a cura di P. Di Marco, A. Musco, Officina di Studi medievali, Palermo 2005, pp. 1-60

Mango C., *The Phanariots and the byzantine tradition*, in *The struggle for Greek independence: essays to mark the 150th anniversary of the Greek war of independence*, a cura di R. Clogg, Macmillan, London 1973, pp. 41-66

Manoussacas M.I., *La comunità greca di Venezia e gli arcivescovi di Filadelfia*, in *La chiesa greca in Italia* [v.], pp. 45-88

Mantouvalos I., *Miskolc-Sátoraljaújhely-Βουδαπέστη: αναζητώντας τα ίχνη της ελληνικής εμπορικής διασποράς στην Ουγγαρία* [Miskolc-Sátoraljaújhely-Budapest: alla ricerca di tracce sul commercio della diaspora greca in Ungheria], in «Εώα και Εσπέρια», 7 (2007), pp. 335-365

Mantouvalos I., *Οψεις του παροικιακού ελληνισμού. Από το Μοναστήρι στην Πέστι. Επιχείρηση και αστική ταυτότητα της οικογένειας Μάνου (τέλη 18ου-19ου αιώνας)* [Aspetti della diaspora greca. Da Monastir a Pest. L'identità urbana e imprenditoriale della famiglia Manos (fine XVIII-XIX secolo], PhD tesi, Athens 2007

Mantouvalou M., *Romaios-Romios-Romiossyni: la notion de 'Romain' avant et apres la chute de Constantinople*, in «Ἐπιστημονικὴ Ἐπετηρὶς τῆς Φιλοσοφικῆς Σχολῆς τοῦ Πανεπιστημιου Αθηνῶν», II s., 28 (1979-85), pp. 169-198

Marino J.A., *Mediterranean studies and the remaking of pre-modern Europe*, in «Journal of Early Modern History», 15 (2011), pp. 385-412

Markovits, C., *Des «diasporas commerçantes» aux circulations marchandes: à propos d'un texte d'Abner Cohen,* in «Tracés. Revue de Sciences humaines», 23 (2012): http://traces.revues.org/5560 (cosultata il 01/07/2015)

Markovits C., *The global world of Indian merchants, 1750-1947. Traders of Sind from Bukhara to Panama*, Cambridge University Press, Cambridge 2008

Marzagalli S., *La circulation de l''information, révélateur des modalités de fonctionnement propres aux réseaux commerciaux d''ancien régime*", in «Rives nord-méditerranéennes», 27 (2007), pp. 123-139

Marzagalli S., *Trade across religious and confessional boundaries in early modern France,* in *Religion and trade* [v.], pp. 169-191

Marzari M., *Trabaccoli e pieleghi nella marineria tradizionale dell'Adriatico*, Mursia, Milano 2008

Masci A., *Discorso del consigliere di stato Angelo Masci sull'origine, i costumi e lo stato attuale degli albanesi nel Regno di Napoli,* ristampato per cura di Francesco Masci, Stabilimento tip. Di Gaetano Nobile, Napoli 1847 (I ed. 1807)

Mascilli Migliorini L., *Il sistema delle arti: corporazioni annonarie e di mestiere a Napoli nel Settecento*, Guida Editori, Napoli 1992

Massafra A., *Campagne e territorio nel Mezzogiorno fra Settecento e Ottocento*, Edizioni Dedalo, Bari 1984
Mauro F., *Merchant communities, 1350-1750,* in *The rise of merchant empires: long distance trade in the early modem world 1350-1750*, a cura di J. Tracy, Cambridge University Press, Cambridge 1990, pp. 255-286
Mavroidi F., *Aspetti della società veneziana del '500. La confraternita di S. Nicolò dei greci*, a cura di P. Piccinini, Diamond Byte Editrice, Ravenna 1989
Mavroidi F., *I serbi e la confraternita greca di Venezia,* in «Balkan Studies», 24/2 (1983), pp. 511-529
Mazur, P.A., *A Mediterranean port in the confessional age: religious minorities in early modern Naples*, in AA. VV., *A Companion to early modern Naples,* Brill, Leiden 2013, pp. 215-234
Mazziotti I., *Immigrazioni albanesi in Calabria nel XV secolo e la colonia di San Demetrio Corone (1471-1815),* Il Coscile, Castrovillari 2004
McKee S., *Uncommon dominion: Venetian Crete and the myth of ethnic purity,* University of Pennsylvania Press, Philadelphia 2000
Il Mediterraneo delle città: scambi, confronti, culture, rappresentazioni, a cura di F. Salvatori, Viella, Roma 2008
Mediterranean identities in the premodern era: *entrepôts, islands, empires,* a cura di J. Watkins, K.L Reyerson, Ashgate, Farnham-Burlington 2014
Meola V., *Delle Istorie della chiesa greca in Napoli esistente*, presso Vincenzo Mazzola-Vocola, Napoli 1790
Il mercato della terra, a cura di G. Delille, G. Levi, Il Mulino, Bologna 1987
Merchant colonies in the early modern period, a cura di O. Katsiardi-Hering *et alii*, Pickering and Chatto, London 2012
Middell M., Naumann K., *Global history and the spatial turn. From the impact of area studies to the study of critical junctures of globalization*, in «Journal of Global History», 5 (2010), pp. 149-170
Le migrazioni in Europa: secc. XIII-XVIII, Atti della Venticinquesima Settimana di Studi dell'Istituto internazionale di Storia economica "F. Datini", a cura di S. Cavaciocchi, Le Monnier, Firenze 1994
*Migrations et diasporas méditerranéennes (X*e*-XVI*e *siècles),* Actes du Colloque de Conques (octobre 1999), a cura di M. Balard, A. Ducellier, Publications de la Sorbonne, Paris 2002
Minchella G., *Forntiere aperte: musulmani, ebrei e cristiani nella Repubblica di Venezia (XVII secolo)*, Viella, Roma 2014
Minorities in the Ottoman empire, a cura di M. Greene, Markus Wiener Publishers, Princeton 2005
Moatti C., *Introduction,* in *La mobilité des personnes en Méditerranée* [v.], pp. 1-24
Moatti C., Kaiser W., *Introduction*, in *Gens de passage* [v.], pp. 9-21

La mobilité des personnes en Méditerranée de l'antiquité à l'époque moderne. Procédures de controle et documents d'identification, a cura di C. Moatti, Ecole Francaise de Rome, Roma 2004
Molho A., *Comunità e identità nel mondo mediterraneo*, in *Conflitti, migrazioni e diritti dell'uomo. Il Mezzogiorno laboratorio di un'identità mediterranea*, a cura di F. Barca, M. Aymard, Rubbettino, Soveria Mannelli 2002, pp. 29-44
Molho A., *Ebrei e marrani fra l'Italia e l'Impero Ottomano*, in *Annali di Storia d'Italia,* vol. 11, parte 2, a cura di C. Vivanti, Einaudi, Torino 1997, pp. 1011-1043
Molho A., Ramada Curto D., *Les réseaux marchands à l'époque moderne,* in «Annales. Histoire, sciences sociales», 58 (2003), pp. 581-603
Molnár A., *Baluardi mediterranei del cattolicesimo sul confine d'Europa*: *Ragusa e Cattaro tra missioni romane, politica veneziana e realtà balcaniche*, in *Papato e politica internazionale* [v.], pp. 363-372
Molnár A., *Le Saint-Siège, Raguse et les missions catholiques de la Hongrie Ottomane* 1572-1647, METEM, Roma-Budapest 2007
La montagna mediterranea: *una fabbrica d'uomini? Mobilità e migrazioni in una prospettiva comparata (secoli XV-XX)*, a cura di D. Albera, P. Corti, Gribaudo, Cavallermaggiore 2000
Montesquieu C. de Secondat, *De l'esprit des lois*, Libro XX, cap. I, in *Oeuvres complètes de Montesquieu*, Paris 1834
Morabito R., *Tradizione e innovazione linguistica nella cultura serba del XVIII secolo*, Laboratorio di comparatisica, Dipartimento di linguistica e letterature comparate, Università di Cassino, Cassino 2001
Moschonas N.G., *Navigation and trade in the Ionian and lower Adriatic seas in the eighteenth century*, in *Southeast European maritime commerce* [v.], pp. 189-196
Moutafidou A., *Giovanni di Niccolò Pappaffy: identities and philanthropies of an Ottoman Greek broker in Malta*, in «Mediterranean Historical Review», 28, 2 (2013), pp. 191-224
Müge Göçek F., *The legal recourse of minorities in history. Eighteenth-century appeals to the Islamic court of Galata,* in *Minorities in the Ottoman Empire,* [v.], pp. 47-69

Η ναυτιλία των Ελλήνων 1700-1821. Ο αιώνας της ακμής πριν από την Επανάσταση [La navigazione greca 1700-1821. Il secolo d'oro prima della Rivoluzione], a cura di G. Harlaftis, K. Papaconstantinou, Kedros, Athens 2013
Nicholas N., *History of the Greek colony of Corsica*, in «Journal of the Hellenic Diaspora», 31, 1 (2005), pp. 33-78
Nicholas N., *Negotiating a Greco-Corsican identity*, in «Journal of Modern Greek Studies», 24, 1, 2006, pp. 91-133

Nikas C., *La chiesa e confraternita dei greci di Napoli,* in «Jahrbuch der Osterreichischen Byzantinistik», 32, 6 (1982), pp. 43-50
Nikolaidis T., *'Local religion' in Corfù: sixteenth to nineteenth centuries,* in «Mediterranean Historical Review», 29, 2 (2014), pp. 155-168
Nostos, Montresta e i greci. Diaspore, emigrazioni e colonie nel Mediterraneo dal XVIII al XIX secolo, a cura di S. Pira, AM&D Edizioni, Cagliari 2012

O'Mahony A.,*'Between Rome and Constantinople': the Italian-Albanian Church: a study in eastern Catholic history and ecclesiology,* in «International Journal for the Study of the Christian Church», 8, 3 (2008), pp. 232-251
Ortega S., *Negotiating transcultural relations in the early modern Mediterranean: Ottoman-Venetian encounters*, Ashgate, Farnham- Burlington 2014
Osswald B., *The ethnic composition of medieval Epirus,* in *Imaging frontiers, contesting identities*, a cura di S.G. Ellis, I. Klusakova, Edizioni PLus-Pisa University Press, Pisa 2007, pp. 125-154
Ozil A., *Orthodox christians in the late Ottoman empire. A study of communal relations in Anatolia*, Routledge, London-New York 2013

Pagden A., *European encounters with the New World: from Renaissance to Romanticism,* Yale University Press, New Haven 1993
Pagratis G.D., *Chiesa latina e missionari francescani conventuali nelle isole venete del mar Ionio. Documenti dell'archivio della Sacra Congregazione di Propaganda Fide (17° secolo),* in «Il Santo. Studi e testi», XLIX (2009), pp. 305-426
Pagratis G.D., *Greek commercial shipping from the fifteenth to the seventeenth century. Literature review and research perspective,* in «Journal of Mediterranean Studies», 12 (2002), pp. 411-433
Pagratis G.D., *Shipping enterprise in the eighteenth century: the case of the Greek subjects of Venice*, in «Mediterranean Historical Review», 25, 1 (2010), pp. 67-81
Palestina C., *Fuochi albanesi nella provincia di Potenza nel secolo XVI*, S.T.E.S, Potenza 2004
Panessa G., *Presenze greche ed orientali a Livorno*, in «Nuovi Studi Livornesi», 4 (1996), pp. 123-143
Panopoulou A., *The civic communities in the Venetian-ruled Greek lands (13th-18-th centuries): a synthetic approach*, in «Mediterranean Historical Review», 25, 1 (2010), pp. 96-102
Papacosta C.E., *Ηπειρώτες έμποροι στη Βενετία (16ος-19ος αιώνας)* [Mercanti epiroti a Venezia ('500-'800)], in «Θησαυρίσματα», 37 (2007), pp. 435-448
Papadia-Lala A., *Collective expatriations of Greeks in the fifteenth through seventeenth centuries*, in *Homelands and diasporas* [v.], pp. 127-133

Papadia-Lala A., *The Jews in early modern Venetia Crete: community and identities*, in «Mediterranean Historical review», 27, 2 (2012), pp. 141-150

Papadia-Lala A., *Ο θεσμός των αστικών κοινοτήτων στον ελληνικό χώρο κατά την περιοδο της βενετοκρατίας (13ος-18ος αι.). Μια συνθετική προσέγγιση* [Comunità civiche nelle terre greche sotto il dominio veneziano (XIII-XVIII secoli): un approccio sintetico], Istituto ellenico di studi bizantini e post-bizantini di Venezia, Venezia 2008

Papadopoulos T.H., *Μανιάτες έποικοι στην Ιταλία τὸν 17ο αἰώνα* [Maniotti emigrati in Italia nel XVII secolo], in «Λακωνικαί Σπουδαί», 4 (1979), pp. 396-474; 6 (1982), pp. 182-257

Papadopoulos T.H., *Studies and documents relating to the history of the Greek Church and people under Turkish domination*, Scaldis Publishers, Brussels 1952 (Bibliotheca graeca aevi posterioris, 1)

Papageorgiou G.P., *Συμβολή στην ιστορία της Ελληνικής παροικίας της Αγκώνας κατά τον 19ον Al.* [Contributo alla storia della comunità greca di Ancona durante il XIX secolo], in «Δωδώνη», 4 (1975), pp. 293-341

Papagna E., *Grano e mercanti nella Puglia del Seicento*, Edipuglia, Bari 1990

Papato e politica internazionale nella prima età moderna, a cura di M.A. Visceglia, Viella, Roma 2013

Pappas N.C., *Greeks in Russian military service in the late eighteenth and early nineteenth centuries*, Institute for Balkan Studies, Thessaloniki 1991

Parker C.H., *Global interactions in the early modern age, 1400-1800*, Cambridge University Press, Cambridge 2010

Passarelli G., *Le icone e le radici: le icone di Villa Badessa*, Il comune, Rosciano 2006

Patiniotis M., *Scientific travels of the Greek scholars in the eighteenth century*, in *Travels of learning. A geography of science in Europe*, a cura di A. Simões, A. Carneiro, M.P. Diogo, Kluwer Academic Publishers, Dordrecht 2003, pp. 47-75

Pedio T., *Contributo alla storia delle immigrazioni albanesi nel Mezzogiorno d'Italia*, Accademia d'Italia. Centro di Studi per l'Albania, Roma 1943

Pellegrini A., *Benedetto XIV e le Chiese orientali*, in «Roma e l'Oriente», 8, 47-48 (1914), pp. 263-273

Pellegrino B., *L'ulivo e l'aldilà: la Chiesa meridionale dal possesso materiale al beneficio spirituale*, Congedo, Galatina 2002

Pepelasis Minoglou I., *Toward a typology of Greek-diaspora entrepreneurship,* in *Diaspora entrepreneurial networks* [v.], pp. 173-190

Peri V., *Chiesa romana e "rito" greco: G.A. Santoro e la Congregazione dei greci (1566-1596),* Paideia Editrice, Brescia 1975

Peri V., *Il Concilio di Trento e la Chiesa greca*, in *Il Concilio di Trento nella prospettiva del terzo millennio,* Atti del Convegno tenuto a Trento il 25-28 settembre 1995, a cura di G. Alberigo, I. Rogger, Morcelliana, Brecia 1997, pp. 403-441

Peri V., *La Congregazione dei Greci (1573) e i suoi primi documenti*, in «Studia Gratiana», 13 (1967), [Collectanea Stephan Kuttner, III], pp. 131-256

Peri V., *Culto e pietà popolare degli albanesi d'Italia prima della riforma tridentina,* in «Oriente Cristiano», 30, 3 (1980), pp. 9-41

Peri V., *I metropoliti orientali di Agrigento. La loro giurisdizione in Italia nel XVI secolo*, in AA.VV., *Bisanzio e l'Italia. Raccolta di studi in memoria di Agostino Pertusi*, Pubblicazioni della Università Cattolica del Sacro Cuore, Milano 1982, pp. 274-321

Peri V., *Orientalis varietas. Roma e le Chiese d'Oriente - Storia e diritto canonico*, Pontificio istituto orientale, Roma 1994

Petalà A., *Ιταλοί έμποροι στον Ιόνιο χώρο και Ιόνιοι στην Κάτω Ιταλία* [Mercanti italiani nella regione ionica e mercanti delle Isole Ionie nell'Italia meridionale], in AA. VV., *Ελληνισμός και κάτω Ιταλία από τα Ιόνια νησία στην Grecìa Salentina* [Ellenismo e Italia meridionale dalle isole Ionie alla Grecia Salentina], Τόμος A, Ιονιο Πανεπιστήμιο επιτροπή ερευνών, Κερκυρα 2002, pp. 241-374

Peters-Custot A., *Les grecs de l'Italie méridionale post-byzantine, IX*ᵉ*-XIV*ᵉ *siècle: une acculturation en douceur,* École française de Rome, Roma 2009 (Collection de l'École française de Rome, 420)

Petmezas S., *Christian communities in eighteenth- and early neneteenth-century Ottoman Greece: their fiscal functions*, in *Minorities in the Ottoman Empire* [v.], pp. 71-127

Petta P. *L'esodo dei coronei. Una pagina della storia degli italo-albanesi,* Rubbettino, Soveria Mannelli 1996

Pillai C., *La comunità dei greci a Cagliari tra la fine del XVIII e la prima metà del XIX secolo*, in *Sardegna, Mediterraneo e Atlantico tra medioevo ed età moderna. Studi storici in onore di Alberto Boscolo*, vol. I: *La Sardegna*, a cura di L. D'Arienzo, Bulzoni, Roma 1993, pp. 611- 630

Pira S., *Il gremio dei sarti e i cappottari greci a Cagliari: tradizione e rinnovamento nell'abbigliamento,* in *Corporazioni, gremi e artigianato tra Sardegna, Spagna e Italia nel medioevo e nell'età moderna*, a cura di A. Mattone, AM&D Edizioni, Cagliari 2000, pp. 616-631

Piselli F., *Reti sociali e comunicative*, in *Reti. L'analisi di network nelle scienze sociali,* a cura di F. Piselli, Donzelli, Roma 2001, pp. IX-LXXIVI

Pizzorusso G., *I movimenti migratori in Italia in antico regime,* in *Storia dell'emigrazione italiana* [v.], pp. 3-16

Plakotos G., *Christian and Muslims converts from the Balkans in early modern Venice. Patterns of social and cultural mobility and identities,* in *Developing cultural identity in the Balkans*: *convergence vs. divergence*, P.I.E.-Peter lang, Brussels 2005, pp. 125-145

Plokhy S., *The Cossacks and religion in early modern Ukraine*, Oxford University Press, Oxford 2001

Ploumidis G., *La confraternita greco-cattolica di Santo Spiridione a Venezia (1708),* in «Bollettino della Badia greca di Grottaferrata», n. s., XXVI (1972), pp. 51-70

Ploumidis G., *Τό βενετικόν τυπογραφείον του Δημητρίου και του Πάνου Θεοδοσίου (1755-1824)* [La tipografia veneziana di Demetrio e Pano Teodosio], Perimenēs, Athens 1969

Poli G., *Città contadine: la Puglia dell'olio e del grano in età moderna*, Progedit, Bari 2004

Poli G., *Organizzazione produttiva e articolazione sociale nella diocesi di Trani tra Cinque e Settecento*, in *Vescovi, disciplinamento religioso e controllo sociale. L'arcidiocesi di Trani fra medioevo ed età moderna*, Atti del convegno di studi Trinitapoli, Auditorium dell'Assunta 20-21 ottobre 2000, a cura di P. di Biase, Società di storia patria per la Puglia, Bari 2001, pp. 257-299

Poli G., *Paesaggio agrario e società rurale nella Puglia moderna*, Cacucci, Bari 1996

Porfyriou H., *La diaspora greca fra cosmopolitismo e coscienza nazionale nell'Impero asburgico del XVIII secolo*, in «Città e Storia», II, 1 (2007), pp. 235-252

Poumarède G., *Consuls, réseaux consulaires et diplomatie à l'époque moderne*, in *Sulla diplomazia in età moderna: politica, economia, religione*, a cura di R. Sabbatini, P. Volpini, Franco Angeli, Milano 2011, pp. 193-218

Poumarède G., *Pour en finir avec la croisade: mythes et réalités de la lutte contre les turcs aux XVIe et XVIIe siècles*, PUF, Paris 2009

Prévélakis G., *Introduction. Les réseaux des diasporas*, in *Les réseaux des diasporas. The network of diasporas,* a cura di G. Prévélakis, Kikem, Nicosia 1996, pp. 29-36

Problemi di storia delle campagne meridionali nell'età moderna e contemporanea, a cura di A. Massafra, Edizioni Dedalo, Bari 1981

The publishing centres of the Greeks: from the Renaissance to the Neohellenic Englightenment, a cura di K.S. Staikos, T E. Sklavenitis, National Book Centre of Greece, Athens 2001

Pullan B., *The Jews of Europe and the Inquisition of Venice, 1550-1670*, Basil Blackwell, Oxford 1983

Quataert D., *The Ottoman empire, 1700-1922*, Cambridge University press, Cambridge 2005

Ragosta R., *Napoli, città della seta. Produzione e mercato in età moderna*, Donzelli editore, Roma 2009

Ramella F., *Reti sociali, famiglie e strategie migratorie*, in *Storia dell'emigrazione italiana* [v.], pp. 143-160
Rao A.M., *La Méditerranée: une frontière? Le cas de Naples au XVIIIe siècle*, in «International Review of Eighteenth-Century Studies (IRECS)», 1 (2007) [*Boundaries in the Eighteenth Century – Frontières au dix-huitième siècle*, a cura di Pasi Ihalainen *et alii*], pp. 91- 107
Rao A.M., *Napoli e il Mediterraneo nel Settecento: frontiera d'Europa?*, in *Il Mediterraneo delle* città [v.], pp. 15-53
Rapporti diplomatici e scambi commerciali nel Mediterraneo moderno, a cura di M. Mafrici, Rubbettino, Soveria Mannelli 2004
Raveux O., *Entre réseau communautaire intercontinental et intégration locale: la colonie marseillaise des marchands arméniens de la Nouvelle-Djoulfa (Ispahan), 1669-1695,* in «Revue d'histoire moderne et contemporaine», 59, 1(2012), pp. 83-102
Redes de nación y espacios de poder. La Comunidad irlandesa en España y la América Española, 1600-1825, a cura di O. Recio Morales, Albatros Ediciones, Madrid 2012
Reinhard W., *Disciplinamento sociale, confessionalizzazione, modernizzazione. Un discorso storiografico*, in *Disciplina dell'anima, disciplina del corpo e disciplina della società tra medioevo ed età moderna*, a cura di P. Prodi, C. Penuti, Il Mulino, Bologna 1994, pp. 101-123
Relazione alla Congregazione del Sacro Concilio fatta da mons. Giovanni Battista Costantini, vescovo di Castro, il 12 aprile 1736, pubblicata da L. Maggiulli, *Castro, Monografia*, Tipografia Pietro Galatino, Galatina 1896
Relazione del rev. papàs Andrea Figlia da Mezzojuso diretta al reverendissimo papàs Paolo Parrino, rettore del Seminario greco- albanese di Palermo e parroco della parrocchia greca della medesima città, sugli albanesi stanziatisi nella Capitanata di Puglia. Scritta da Napoli il 12 giugno 1764 [Manoscritto inedito del Papàs Andrea Figlia (1764), trascrizione a cura di G. Di Marco, P. Di Marco, Mezzojuso 2008]
Religion and trade: cross-cultural exchanges in world history, 1000-1900, a cura di F. Trivellato, L. Halevi, and C. Antunes, Oxford University Press, Oxford 2014
Remotti F., *Contro l'identità*, Laterza, Bari 1997
Remotti F., *L'ossessione identitaria,* Laterza, Roma-Bari 2010
Rentetzi E., *La chiesa di Sant'Anna dei greci di Ancona*, in «Θησαυρίσματα», 37 (2007), pp. 343-358
Ricci G., *Ossessione turca. In una retrovia cristiana dell'Europa moderna*, Il Mulino, Bologna 2002
Ricci G., *I turchi alle porte*, Il Mulino, Bologna 2008
Rodotà P.P., *Dell'origine progresso, e stato presente del rito greco in Italia os-*

servato dai greci, monaci basiliani, e albanesi, libro terzo: *Degli albanesi, chiese greche moderne, e collegio greco*, Per Giovanni Generoso Salomoni, Roma 1763

Roitman J., *The same but different? Inter-cultural trade and the Sephardim, 1595-1640*, Brill, Leiden 2011

Romano R., *Le commerce du Royaume de Naples avec la France et les pays de l' Adriatique au XVIII*e *siècle,* Librairie Armand Colin, Paris 1951

Ronchey S., *Bessarion Venetus*, in *Φιλαναγνωστης. Studi in onore di Marino Zorzi,* a cura di C. Maltezou, P. Schreiner, M. Losacco, Istituto ellenico di studi bizantini e postbizantini di Venezia, Venezia 2008, pp. 375-401

Rosa M., *Sviluppo e crisi della proprietà ecclesiastica: Terra di Bari e Terra d'Otranto nel Settecento*, Estratto da: AA. VV., *Economia e classi sociali in Puglia nell'età moderna*, Guida, Napoli 1974, pp. 62-86

Rosental P.A., *Maintien/rupture*: *un nouveau couple pour l'analyse des migrations,* in «Annales. Economies, sociétés, civilisations», 6 (1990), pp. 1403-1432

Rothman N, *Becoming Venetian*: *conversion and transformation in the seventeenth-century Mediterranean,* in «Mediterranean Historical Review», 21 (2006), pp. 39-75

Rothman N., *Brokering empire. Trans-Imperial subjects between Venice and Istanbul,* Cornell University Press, Ithaca NY 2011

Rothman N., *Conversion and convergence in the Venetian-Ottoman borderlands,* in «Journal of medieval and early modern studies», 41 (2011), pp. 601-633

Roudometof V., *From Rum millet to Greek nation: Enlightenment, secularization, and national identity in Ottoman Balkan society, 1453-1821,* in «Journal of modern Greek studies», XVI, 1 (1998), pp. 11-48

Rubiés J.P., *Travel and ethnology in the Renaissance: South India through European eyes, 1250-1625,* Cambridge University Press, Cambridge-New York, 2000

Runciman S., *The great Church in captivity. A study of the Patriarchate of Constantinople from the eve of the Turkish conquest to the Greek war of independence,* Cambridge University press, Cambridge 1968

Safley T.M., *Multiconfessionalism: a brief introduction,* in *A Companion to multiconfessionalism in the early modern world,* a cura di T.M. Safley, Brill, Leiden 2011, pp. 1-19

Sakellariou E., *The cities of Puglia in the fifteenth and sixteenth centuries: their economy and society*, in *Mediterranean urban culture, 1400-1700,* a cura di A. Cowan, University of Exeter press, Exeter 2000, pp. 97-114

Salice G., *Colonizzazione sabauda e diaspora greca*, Edizioni Sette città, Viterbo 2015

Salvemini B., *L'arroganza del mercato. L'economia del Settecento meridionale fra Europa e Mediterraneo*, in Id., *Il territorio sghembo. Forme e dinamiche degli spazi umani in età moderna. Sondaggi e letture*, Edipuglia, Bari 2006, pp. 361-384

Salvemini B., *Far negozio senza informazioni. 'Marinai' pugliesi nell'Adriatico settecentesco,* in «Quaderni storici», 124 (2007), pp. 155-205

Salvemini B., *Flussi economici e organizzazione del territorio*, in *Storia della Puglia* [v.], vol. III, pp. 25-47

Salvemini B., *L' innovazione precaria: spazi, mercati e società nel Mezzogiorno tra Sette e Ottocento*, Meridiana libri, Catanzaro 1995

Salvemini B., *Prima della Puglia. Terra di Bari e il sistema regionale in età moderna*, in *Storia d'Italia. Le regioni dall'Unità ad oggi: La Puglia,* a cura di L. Masella, B. Salvemini, Einaudi, Torino 1989, pp. 1-218

Salvemini B., *Storia e semantica di una 'professione'. Appunti su negozio e negozianti a Bari fra Cinquecento e Ottocento,* in «Meridiana», 17 (1993), pp. 43-111

Salvemini B., Carrino A., *Come si costruisce uno spazio mercantile: il Tirreno nel Settecento*, in «Studi storici», 1 (2012), pp. 47-74

Salvemini B., Carrino A., *Porti di campagna, porti di città. Traffici e insediamenti del Regno di Napoli visti da Marsiglia (1710-1846),* in «Quaderni storici», 121 (2006), pp. 209-254 Salvemini B., Visceglia M.A., *Marsiglia e il Mezzogiorno d'Italia (1710-1846). Flussi commerciali e complementarietà economiche,* in «Mélanges de l'Ecole Française de Rome. Italie et Méditerranée», 1 (1991), pp. 103-163

Salvemini B., Carrino A., *Il territorio flessibile. Flussi mercantili e spazi meridionali nel Settecento e nel primo Ottocento*, in *Le mappe della storia. Proposte per una cartografia del Mezzogiorno e della Sicilia in età moderna*, a cura di E. Iachello, G. Giarrizzo, Franco Angeli, Milano 2002, pp. 99-122

Salzmann A., *Notes from Rome: Islam, Italy's internal frontier,* in *Views from the edge: essays in honor of Richard W. Buleim,* a cura di N. Yavari, L.G. Potter, J.R. Oppenheim, Columbia University Press, New York 2004, pp. 240-254

Sanfilippo M., *Problemi di storiografia dell'emigrazione italiana*, Sette Città, Viterbo 2002

Santus C., *La communicatio in sacris con gli «scismatici» orientali in età moderna,* in «Mélanges de l'École française de Rome-Italie et Méditerranée modernes et contemporaines», 126/2 (2014), pp. 325-340

Saul N.E., *Russia and the Mediterranean, 1797-1807*, University of Chicago Press, London-Chicago 1970

Scaraffia L., *Rinnegati. Per una storia dell'identità occidentale*, Laterza, Bari 1993

Scaramella P., *"Sotto manto de santità". L'Inquisizione romana, i calabrovaldesi e l'accusa di simulazione religiosa,* in «Les Dossiers du Grihl», 2 (2009): http://dossiersgrihl.revues.org/3668 (consultato il 17/01/2016)

Schirò G., *Cenni sulla origine e fondazione delle colonie albanesi di Sicilia*, Rubbettino, Soveria Mannelli 1998

Schulz O., *Port cities, diaspora communities and emerging nationalism in the Ottoman empire: Balkan merchants in Odessa and their network in the early nineteenth century*, in *Trade, migration and urban networks in port cities, c. 1640-1940,* a cura di A. Jarvis, R.W. Lee, St. John's, Newfoundland 2008, pp. 127-147

Schurer K., *The Role of the family in the process of the migration*, in *Migrants, emigrants and immigrants*, a cura di C. Pooley, I. White, Routledge, London 1991, pp. 106-142

Sciambra M., *Clero di rito greco che ha servito la comunità greco-albanese di Palermo*, in «Bollettino della Badia greca di Grottaferrata», n. s., XVII (1963), pp. 3-28, pp. 99-146

Sciambra M., *Prime vicende della comunità greco-albanese di Palermo e suoi rapporti con l'Oriente bizantino*, in «Bollettino della Badia greca di Grottaferrata», n. s., XVI (1962), pp. 95-115

Scutari M.D., *Notizie istoriche sull'origine, e stabilimento degli albanesi nel Regno delle due Sicilie, sulla loro indole, linguaggio, e rito, compilate dal R. arciprete di S. Costantino D. Michele Scutari*, nella tipografia di Basilicata, Potenza 1825

Seirinidou V., *Η εγκατάσταση των Εκκήνων στη Βιέννη (1780-1820): οργάνωση του Χώρου και ταυτότητες»* [L'insediamento dei greci di Vienna (1780-1820): organizzazione dello spazio e identità], in *Ο Ελληνικός κόσμος ανάμεσα στην Ανατολή και τη Δύση, 1453-1981* [Il mondo greco tra Oriente e Occidente, 1453-1821], 2 voll., a cura di A. Argyrou, K. Dimadis, A.D. Lazaridou, Nea Grammata, Athens 1999, t. II, pp. 237-245

Seirinidou V., *Έλληνες στη Βιέννη, 18ος- μέσα 19ου αιώνα* [Greci a Vienna, XVIII-metà XIX], Herodotos, Athens 2010

Seirinidou V., *"Griechischer Handelsmann": anatomizing a collective subject,* in *Austrian-Greek encounters over the centuries. History, diplomacy, politics, arts, economics*, a cura di H. Kröll, StudienVerlag, Innsbruck-Wien-Bozen 2008, pp. 129-137

Seirinidou V., *Grocers and wholesalers, Ottomans and Habsburgs, foreigners and 'our own': the Greek trade diasporas in central Europe, seventeenth to nineteenth centuries*, in *Merchants in the Ottoman empire*, a cura di S. Faroqhi, G. Veinstein, Peeters, Paris-Louvain-Dudley 2008, pp. 81-95

Seirinidou V., *The "old" diaspora, the "new" diaspora, and the Greek diaspora in the eighteenth through nineteenth centuries Vienna*, in *Homelands and diasporas* [v.], pp. 155-159

Senatore F., *Gli archivi delle universitates meridionali: il caso di Capua ed alcune considerazioni generali*, in *Archivi e comunità tra medioevo ed età moderna*, a cura di A. Bartoli Langeli, A. Giorgi, S. Moscadelli, Edizioni Cantagalli, Siena 2009, pp. 447-520

Sereni E., *Storia del paesaggio agrario italiano*, Laterza, Roma-Bari 1961

Siebenhüner K., *Conversion, mobility and the Roman Inquisition in Italy around 1600,* in «Past and Present», 200 (2008), pp. 5-36

Siegmund S.B., *The Medici State and the ghetto of Florence. The Construction of an early modern Jewish community*, Stanford University Press, Stanford 2006

Sifneos E., *"Cosmopolitanism" as a feature of the Greek commercial diaspora,* in «History and Anthropology», 16, 1 (2005), pp. 97-111

Simmel G., *Conflict and the web of group-affiliations,* Free Press, New York 1951

Skendi S., *The millet system and its contribution to the blurring of Orthodox national identity in Albania*, in *Christians and Jews in the Ottoman Empire. The functioning of a plural society*, vol. 1: *The central lands*, a cura di B. Braude, B. Lewis, Holmes & Meier, London-New York 1982, pp. 243-257

Skinner B., *The western front of the eastern Church: Uniate and Orthodox conflict in eighteenth-century Poland, Ukraine, Belarus, and Russia*, Northern Illinois University Press, DeKalb 2009

Skoufari E., *La Chiesa ortodossa nelle Isole Ionie. Un bilancio sulla storiografia greca*, in *Geografie confessionali* [v.], p. 159-185

Slezkine Y., *The Jewish century*, Princeton University Press, Princeton 2005

Slot B., *Archipelagus turbatus: les Cylades entre colonisation latine et occupation ottomane c. 1500-1718*, 2 voll., Nederlands Historisch-Archaeologisch Instituut te Istanbul, Istanbul 1982

Smyrnelis, M.C., *Colonies européennes et communautés ethnico-confessionnelles à Smyrne, coexistence et réseaux de sociabilité (fin du XVIIIe-milieu du XIXe siècle),* in *Vivre dans l'Empire ottoman. Sociabilités et relations intercommunautaires (XVIIIe-XXe siècles),* a cura di F. Georgeon, P. Dumont, L'Harmattan, Paris 1997, pp. 173-194

Sola-Corbacho J.C., *Review of "Crespo Solana, Ana, Mercaderes atlánticos: Redes del comercio fla- menco y holandés entre Europa y el Caribe" and "Crespo Solana, Ana (ed.), Communidades transnacionales: Colonias de mercaderes extranjeros en el mundo atlántico, 1500-1830",* in «H-Atlantic, H-Net Reviews», June 2012: http://www.h-net.org/reviews/showrev.php?id=33830 (consultato il 15/02/2015)

Southeast European maritime commerce and naval policies from the mid-eighteenth century to 1914, a cura di A.E. Vacalopoulos, C.D. Svolopoulos, B.K. Kiraly, Columbia University Press, New York 1988

The spatial turn: interdisciplinary perspectives, a cura di B. Warf, S. Arias, Routledge, London-New York 2009

Spiliotakis K.K., *Νεώτερα στοιχεία περί της μετοικήσεως των Μεδίκων της Μάνης εις Τοσκάνην (1670-1671)* [Nuovi dati sul trasferimento dei Medici del Mani in Toscana (1670-1671)], in «Λακωνικαί Σπουδαί», 1 (1972), pp. 199-211

Stahl P.H., *Croyances communes des chrétiens et des musulmans balkaniques*, in «Buletinul Bibliotecii Române», n. s., VII (XI), 1979, pp. 79-126

Statuto con cui deve regolarsi la chiesa e confraternita de' Santi Pietro e Paolo de' nazionali greci in Napoli, munito di regio exequatur del 20 febbraio 1764. Estratto a parola dall'originale esistente nell'archivio della chiesa e confraternita: http://host.uniroma3.it/progetti/cedir/cedir/Ist-rel/ss_p_p.pdf (consultato il 22/04/2013)

Stephanopoli de Comnène M., *Les grecs-maniotes en Sardaigne 1754,* in «Λακωνικαί Σπουδαί», 14 (1998), pp. 119-163

Stoianovich T., *The conquering Balkan Orthodox merchant*, in «The Journal of Economic History», 20, 2 (1960), pp. 234-313

Stopani A., *Établissement des colonies étrangères dans le grand-duché de Toscane au XVIe siècle,* in *La mobilité des personnes en Méditerranée* [v.], pp. 425-451

Storia del Mezzogiorno, a cura di G. Galasso, R. Romeo, Edizione del sole, Napoli 1992

Storia dell'emigrazione italiana. Partenze, a cura di P. Bevilacqua, A. De Clementi, E. Franzina, Donzelli, Roma 2009

Storia dell'Impero ottomano, a cura di R. Mantran, Argo, Lecce 2004 [ed. or. *Histoire de l'empire ottoman*, Paris 1989]

Storia della Puglia, a cura di A. Massafra, B. Salvemini, Laterza, Roma-Bari 2005

Storia religiosa di Serbia e Bulgaria, a cura di L. Vaccaro, Centro Ambrosiano, Milano 2008

Studnicki-Gizbert D., *La Nación among the nations: Portuguese and other maritime trading diasporas in the Atlantic, sixteenth to eighteenth centuries,* in *Atlantic diasporas* [v.], pp. 75-98

Studnicki-Gizbert D., *A nation upon the ocean sea: Portugal's Atlantic diaspora and the crisis of the Spanish empire, 1492-1640,* Oxford University Press, Oxford 2007

Svoronos N., *Η ελληνική παροικία της Μινόρκας. Συμβολή στην ιστορία του ελληνικού εμπορικού ναυτικού τον 18^ον^ αιώνα* [La colonia greca di Minorca. Contributo alla storia del commercio marittimo greco nel XVIII secolo], in AA. VV., *Mélanges offerts à Octave et Melpo Merlier*, vol. II, Athens 1956, pp. 323-349

Swetschinski D, *Reluctant cosmopolitans. The Portuguese Jews of seventeenth-century Amsterdam*, The Littman library of Jewish civilization, London 2000

Tabaki A., *Historiographie et identité nationale dans le sud-est de l'Europe (XVIIIe siècle-début du XIXe). Antiquité et Byzance dans l'exemple grec*, in «Cromohs», 13 (2008), pp. 1-9

Tabaki A., *Les Lumières néo-helléniques. Un essai de définition et de périodisation,* in *The Enlightenment in Europe, Les Lumières en Europe, Aufklärung in Europa. Unity and diversity, Unité et diversité, Einheit und vielfalt*, a cura di W. von Schneiders, Wissenschafts-Verlag, Berliner 2003, pp. 45-56

Tenenti A., *Introduzione*, in *Rapporti diplomatici e scambi commerciali* [v.], pp. 13-18

Thiriet F., *Sur les communautés grecque et albanaise à Venise,* in *Venezia, centro di mediazione tra Oriente e Occidente (secoli XV-XVI): aspetti e problemi,* a cura di H.G. Beck, M. Manoussacas, A. Pertusi, 2 voll., L.S. Olschki, Firenze 1977, pp. 217-231

Tocci G., *Memorie storico-legali dei comuni albanesi di S. Giorgio, Vaccarizzo, S. Cosma, S. Demetrio e Macchia*, Cosenza 1875

Todorov N., *La ville balkanique aux XVe-XIXe siècle. Développement socio-économique et démographique,* in «Association internationale d'etudes du Sud-Est européen, Bulletin», XV-XVI (1977-1978), pp. 5-496

Tölölyan K., *The contemporary discourse of diaspora studies*, in «Comparative Studies of South Asia, Africa and the Middle East», 27, 3 (2007), pp. 647-655

Tomai-Pitinca E., *Comunità di rito greco in diocesi di Benevento (secolo XVI)*, in «Bollettino della badia greca di Grottaferrata», 39 (1985), pp. 217-232

Tomai-Pitinca E., *Comunità greco-albanesi in diocesi di Larino. Aspetti ecclesiali e di costume (sec. XVI),* in «Bollettino della badia greca di Grottaferrata», n. s., XXXVIII (1984), pp. 19-66

Torre A., *Luoghi. La produzione di località in età moderna e contemporanea,* Donzelli, Roma 2011

Tóth I.G., *Politique et religion dans la Hongrie du XVIIe siècle. Lettres des missionnaires de la Propaganda Fide*, Honoré Champion, Paris 2004

Trade and cultural exchange in the early modern Mediterranean: Braudel's maritime legacy, a cura di M. Fusaro, C. Heywood, M.S. Omri, Tauris Academic Studies, London-New York 2010

Transregional and transnational families in Europe and beyond: experiences since the middle ages, a cura di C.H. Johnson, D.W. Sebean, S. Teuscher, F. Trivellato, Berghahn Books, New-York-Oxford 2011

Trivellato F., *The familiarity of strangers: the Sephardic diaspora, Livorno, and cross-cultural trade in the early modern period,* Yale University Press, New Haven-London 2009

Trivellato F., *Introduction. The historical and comparative study of cross-cultural trade,* in *Religion and trade* [v.], pp. 1-23

Trivellato F., *Juifs de Livourne, Italiens de Lisbonne, Hindous de Goa: réseaux marchands et échanges interculturels a l'époque moderne,* in «Annales HSS», 58/3 (2003), pp. 581-603

Trivellato F., *Sephardic merchants in the early modern Atlantic and beyond: toward a comparative historical approach to business cooperation,* in *Atlantic diasporas* [v.], pp. 99-112

Trust: making and breaking cooperative relations, a cura di D. Gambetta, Basil Blackwell Inc., New York 1988

Tselenti-Papadopoulou N., *Les communautés grecques en Italie (XVe-XVIIIe siècles) à partir des données d'archives et d'objets d'art,* in «Θησαυρίσματα», 34 (2004), pp. 459-471

Tsilis G., *Η ελληνική παροικία της Μασσαλίας (1820-1922)* [La comunità greca di Marsiglia], PhD tesi, Ioannina 2000

Tsirpanlis Z.N., *Gli alunni del Collegio greco di Roma (1576-1700): dati statistici e costatazioni generali*, in *Il collegio greco di Roma* [v.], pp. 1-21

Tsirpanlis Z.N., *Οι Μανιάτες στην Παόμια της Κορσικής (1676 1731). Στοιχεία δημογραφίας, συλλογικής νοοτροπιας και θρησκευτικής προπαγάνδας* [Mainotti in Paomia di Corsica (1676-1731). Elementi di demografia, mentalità collettiva e propaganda religiosa], in «Λακωνικαί Σπουδαί», 10 (1990), pp. 368-414

Tsirpanlis Z.N., *Οι Μανιάτες της Τοσκάνης και της περιοχής του Τάραντα (β΄ μισò τοθ 17^ου αἰ.)* [I Mainotti di Toscana e della regione di Taranto (seconda metà del XVII secolo)], in «Λακωνικαί Σπουδαί», 4 (1979), pp. 105-159

Tsirpanlis Z.N., *Memorie storiche sulle comunità e chiese greche in Terra d'Otranto (XVI sec.),* in *La chiesa greca in* Italia [v.], II, pp. 845-877

Tsirpanlis Z.N., *La posizione della comunità greco-ortodossa rispetto al Patriarcato ecumenico di Costantinopoli (XV-XVIII secolo). Saggio interpretativo di istituzioni e avvenimenti*, in *I greci a Venezia* [v.], pp. 123-149

Tsirpanlis Z.N., *Il primo e secondo Collegio greco di Roma*, in «Il Veltro», 27 (1983), pp. 507-521

Tsirpanlis Z.N., *Η 'Σοσιετά των Γραικών' στην Αυτοκρατορία των Αψβούργων (1720)* [La 'Società dei greci' nella Monarchia degli Asburgo (1720)], in «Δωδώνη», 3 (1974), pp. 151-172

Tucci U., *Liaisons commerciale et mouvement de navires entre la Méditerranée orientale et occidentale (XVe-XIXe siècles),* in *Économies méditerranéennes* [v.], pp. 3-17

Tziovas D., *Introduction,* in *Greek diaspora and migration since 1700: society, politics and culture*, a cura di D. Tziovas, Ashgate, Farnham-Burlington 2009

Ulacacci N., *Cenni storici della chiesa nazionale greco-cattolica di Livorno sotto il titolo della Santissima Annunziata*, tipografia La Fenice, Livorno 1856

Union in separation: diasporic groups and identities in the eastern Mediterranean (1100-1800), a cura di G. Christ *et alii*, Viella, Roma 2015

Vacca N., *La Grecia e l'Albania Sallentine nell' "Atlante" del Pacelli*, in «Rinascenza salentina», 3 (1935), pp. 139-150

Vaccaro A., *Fonti storiche e percorsi della storiografia sugli albanesi d'Italia (secc. XV-XVII). Un consuntivo e prospettive di ricerca*, in «Studi sull'Oriente Cristiano», 8/1 (2004), pp. 131-192

Valensi L., *L'exercice de la comparaison au plus proche, à distance: le cas des sociétés plurielles*, in «Annales HSS», 1 (2002), pp. 27-30

Vallone, *Aspetti giuridici e sociali nell'età aragonese: i Castriota in Terra d'Otranto*, Congedo, Galatina 1986

Valognes J.P., *Vie et mort des chrétiens d'Orient. Des origines à nos jours*, Fayard, Paris 1994

Varnalidis S.L., *Contributo alla storia dei greci Mainoti di Corsica,* in «Nicolaus», 5 (1977), pp. 97-144

Varnalidis S.L., *Le implicazioni del Breve Accepimus nuper di Papa Leo X (18 meggio 1521) e del Breve Romanus Pontifex di Papa Pio IV (16 febbraio 1564) nella vita religiosa dei greci e degli albanesi dell'Italia meridionale*, in «Nicolaus», 9 (1981), pp. 359-382

Véghseö T., *Il cardinale Leopoldo Kollonich e i greco-cattolici dell'eparchia di Munkács,* in *Da Roma in Hungaria*, Atti del convegno nel terzo centenario della morte di Giovanni Giuseppe De Camillis, vescovo di Munkács/Mukačevo (1689-1706), Nyíregyháza, 29-30 settembre 2006, a cura di T. Véghseö, Szent Atanáz Kiadó, Nyíregyháza 2009, pp. 255-271

Viazzo P.P., *Frontiere e "confini": prospettive antropologiche*, in *Confini e frontiere nell'età moderna: un confronto fra discipline*, a cura di A. Pastore, FrancoAngeli, Milano 2007, pp. 21-44

Viazzo P.P., *Migrazione e mobilità in area alpina: scenari demografici e fattori socio-strutturali,* in «Histoire des Alpes», 3 (1998), pp. 37-48

Viggiano A., *Riti, consuetudini, istituzioni ecclesiastiche ortodosse dello Stato da mar. Un'inchiesta veneziana di fine Settecento,* in *Geografie confessionali* [v.], pp. 121-145

Villani P., *Documenti e orientamenti per la storia demografica del Regno di Napoli nel Settecento*, in «Annuario dell'Istituto storico italiano per l'età moderna e contemporanea», XV-XVI (1963-1964), pp. 5-145

Visceglia M.A., *Commercio estero e commercio peninsulare*, in *Stato, finanza, economia (1650-1760),* vol. 1, a cura di L. De Rosa, L.M. Enciso Recio, Edizioni scientifiche italiane, Napoli 1997, pp. 73-125

Visceglia M.A., *Due problemi del Mezzogiorno moderno*, in «Prospettive Settanta», n. s., VII (1985), pp. 69-110

Visceglia M.A., *Rendita feudale e agricoltura in Puglia nell'età moderna (XVI-XVIII sec.),* in «Società e storia», 9 (1980), pp. 527-560

Vista F.S., *La Madonna degli Angeli e la colonia greca*, in Id., *Note storiche sulla città di Barletta*, vol. VII, fasc. VII, Stab. Tip. G. Dellisanti, Barletta 1907, pp. 86-104

Vlami D., *Commerce and identity in the Greek communities. Livorno in the eighteenth and nineteenth centuries*, in «Diogene», 177 (1997), pp. 73-95

Vlami D., *Η οἰκογένεια τῶν ελλήνων ἐμπόρων τῆς διασπορᾶς: μερικές παρατηρήσεις γιά τήν περίπτωση τοῦ Λιβόρνο»* [La famiglia dei mercanti greci della diaspora: alcune osservazioni sul caso di Livorno], in «Τα ιστορικα / Historica», 24-25 (1996), pp. 177-204

Vlami D., *Το φιορίνι, το σιτάρι και η οδός του κήπου. Έλληνες εμποροι στο Λιβόρνο, 1750- 1868* [Il fiorino, il grano e la via del giardino. Commercianti greci a Livorno, 1750-1868], Solonos, Themelio 2000

Vlami D., Mantouvalos I., *Entrepreneurial forms and processes inside a multiethnic pre-capitalist environment: Greek and British enterprises in the Levant* (1740s-1820s), in «Business History», 55, 1 (2013), pp. 98-118

Vlassi Sponza D., *I greci a Venezia*: *una presenza costante nell'editoria (sec. XV-XX),* in *Armeni ebrei greci stampatori a Venezia,* a cura di S. Abbiati, Casa editrice armena, Venezia 1989, pp. 71-99

Vourkatioti K., *The house of Ralli bros (c. 1814-1961),* in *Following the Nereids. Sea routes and maritime business, 16th-20th centuries*, a cura di G. Harlaftis, M.C. Chatziioannou, Kerkyra Publications, Athens 2006, pp. 99-110

Wagstaff M., Frangakis-Syrett E., *The port of Patras in the second Ottoman Period. Economy, demography and settlements c.1700-1830,* in «Revue du monde musulman et de la Méditerranée», 66 (1992), pp. 79-94

Ware T.K., *Eustratios Argenti. A study of the Greek Church under Turkish rule,* Clarendon Press, Oxford 1964

Ware T.K., *Orthodox and Catholics in the seventeenth century: schism or intercommunion?,* in *Schism, heresy and religious protest,* Cambridge University Press, Cambridge 1972, pp. 259-276

Weber K., *Conectores comerciales y culturales*: *mercaderes alemanes en Cádiz, 1680- 1830,* in *Comunidades transnacionales* [v.], pp. 295-312

Williamson O.E., *Calculativeness, trust, and economic organization*, in «Journal of Law and Economics», 36, 1 (1993), pp. 453-486

Wood G.S., Judikis J.C., *Conversations on community theory*, Purdue University Press, West Lafayette (IN) 2002

Woodcock G., *The Greeks in India*, Faber, London 1966

Zakharov V.N., Harlaftis G., Katsiardi-Hering O., *Introduction*, in *Merchant colonies* [v.], pp. 1-10
Zarinebaf F., *Intercommunal life in Istanbul during the eighteenth century,* in «Middle East Studies Association Bulletin», 46, 1 (2012), pp. 79-85
Zaugg R., *Judging foreigners. Conflict strategies, consular interventions and institutional changes in eighteenth-century Naples*, in «Journal of Modern Italian Studies», 13, 2 (2008), pp. 171-195
Zaugg R., *Mercanti stranieri e giudici napoletani. La gestione dei conflitti in antico regime,* in «Quaderni storici», 1 (2010), pp. 139-169
Zaugg R., *On the use of legal resources and the definition of group boundaries. A prosopographic analysis of the French nation and the British factory in eighteenth-century Naples,* in *Union in separation* [v.], pp. 699-713
Zaugg R., *Stranieri di antico regime. Mercanti, giudici e consoli nella Napoli del Settecento*, Viella, Roma 2011

Indice dei nomi

Finito di stampare
nel mese di settembre 2016
da Arti Grafiche CDC s.r.l.
Città di Castello